LE GUIDE
HACHETTE
DES **VINS**

PRÉSENTE

LES **600** MEILLEURS **VINS** DE **FRANCE**

www.hachette-vins.com

Sommaire

MODE D'EMPLOI	4
L'ALSACE ET LA LORRAINE	6
LE BEAUJOLAIS ET LE LYONNAIS	24
LE BORDELAIS	36
LA BOURGOGNE	84
LA CHAMPAGNE	122
LE JURA	140
LA SAVOIE ET LE BUGEY	150
LE LANGUEDOC	156
LE ROUSSILLON	184
LE POITOU ET LES CHARENTES	200
LA PROVENCE	206
LA CORSE	218
LE SUD-OUEST	228
LA VALLÉE DE LA LOIRE ET LE CENTRE	250
LA VALLÉE DU RHÔNE	284
INDEX	310

Mode d'emploi

Des principes intangibles

Le Guide Hachette des Vins existe depuis plus de trente ans ; une vénérable institution qui s'appuie sur les mêmes principes depuis la première édition, à savoir :

- **des dégustations à l'aveugle** : les dégustateurs ne connaissent ni le nom du producteur, ni celui du vin ou de la cuvée qu'ils goûtent. Cela leur permet de s'affranchir de paramètres subjectifs, tels que la notoriété du domaine ou l'esthétique de l'étiquette. Les jurés connaissent seulement l'appellation et le millésime qu'ils jugent.
- **des dégustations collégiales et professionnelles** : les dégustateurs sont tous des professionnels du monde du vin (œnologues, négociants, courtiers, sommeliers…). Ils possèdent tous les repères pour juger de la qualité d'un vin et maîtrisent le vocabulaire de la dégustation, ce qui leur permet de bien décrire les vins et donc d'apporter au lecteur l'information la plus complète possible. Et ils dégustent à plusieurs (trois à cinq) une série limitée de vins (une quinzaine en moyenne).
- **des dégustations en région** : chaque session de dégustations (environ 150 pour une édition du Guide) se fait dans les vignobles concernés, par des dégustateurs de la région.
- **des dégustations gratuites** : l'inscription des cuvées à déguster est entièrement libre et gratuite pour les vignerons.
- **des dégustations exhaustives** : tous les vignobles de France (en AOC et en IGP) sont soumis à la dégustation, sans ostracisme aucun.
- **des dégustations entièrement renouvelées chaque année** : les vins sélectionnés dans cette édition ont été dégustés dans l'année 2019, et pour chaque édition, le Guide remet les compteurs à zéro pour déguster le dernier millésime mis en bouteilles. Le vin n'étant pas un produit industriel, chaque nouveau millésime possède des caractéristiques propres. Un producteur peut avoir très bien réussi une année et moins bien la suivante… ou l'inverse ! De plus, chaque année, de nouveaux producteurs s'installent ou arrivent aux commandes de domaines existants. Le Guide vous fait découvrir les meilleurs d'entre eux.

Des vins notés de 0 à 5

Les vins sont décrits (couleur, qualités olfactives et gustatives) et notés par les dégustateurs sur une échelle de 0 à 5.

- 0 : vin à défaut (éliminé)
- 1 : petit vin ou vin moyen (éliminé)
- 2 : vin réussi (cité sans étoile)
- 3 : vin très réussi (★)
- 4 : vin remarquable (★ ★)
- 5 : vin exceptionnel (★ ★ ★)

Les notes doivent être comparées au sein d'une même appellation. Il est en effet impossible de juger des appellations différentes avec le même barème.

Les vignerons de l'année

Derrière ces vins de haute volée, des hommes et des femmes de talent. Chaque année, le Guide Hachette, avec l'appui éclairé de ses auteurs, tous des spécialistes régionaux et fins connaisseurs des appellations, élit parmi eux les vignerons – au sens large : viticulteurs, négociants, coopératives – de l'année. Des personnalités qui ont particulièrement brillé avec leurs cuvées, qui ont marqué de leur empreinte la sélection du Guide Hachette 2020.

Des talents qui nous content plusieurs histoires, la leur, parfois celle des générations précédentes, et toujours celle d'un terroir et d'une culture locale. Alors bravo à eux, et qu'ils continuent à faire chanter la vigne pour notre plus grand plaisir !

Les coups de cœur

À la fin de chaque session de dégustation, a lieu le « Grand Jury des Coups de cœur » : chaque table de dégustateurs peut – à sa convenance, il n'y a aucun quota – proposer un ou plusieurs vins pour un coup de cœur ; des vins qui représentent le meilleur de l'appellation.

Deux conditions à cela : la note, qui doit être de 4 (★ ★) ou 5 (★ ★ ★) ; l'unanimité, l'ensemble des dégustateurs d'un même jury devant tous être d'accord pour proposer le(s) vin(s) au Grand Jury.

Le Grand Jury, composé de 5 à 7 dégustateurs en moyenne, parmi les plus expérimentés de la session, déguste à nouveau, et toujours à l'aveugle, les cuvées proposées et élit les coups de cœur à la majorité des voix.

Le vin élu coup de cœur aura dès lors son étiquette reproduite dans le Guide, et cela librement, sans qu'aucune participation financière directe ou indirecte ne soit demandée au producteur concerné.

Le Guide des Coups de cœur : le meilleur des vins de France
Les Coups de cœur représentent donc le meilleur de la sélection, appellation par appellation. Une sélection très sévère puisque, pour chaque édition du Guide, entre 40 et 45 000 vins sont dégustés, et seulement 9 à 10 000 sont retenus, dont quelques 5 à 600 coups de cœur !
Ce Guide Hachette des Vins Spécial Coups de cœur est donc un condensé de que ce qui se fait de plus remarquable dans notre vignoble.

Les symboles utilisés

- Vin blanc sec tranquille
- Vin blanc sec effervescent
- Vin blanc doux tranquille
- Vin demi-sec effervescent
- Vin rosé tranquille
- Vin rosé effervescent
- Vin rouge tranquille

- Vin élevé en fût
- Vin élevé en cuve
- Bio Vin produit en agriculture biologique certifiée
- Vin d'un producteur élu Vigneron de l'année
- Adresse du producteur
- Apogée suggérée

Les prix présentés en euros sous forme de fourchette sont soumis à l'évolution des cours et donnés sous toutes réserves. Les fourchettes de prix en rouge signalent un bon rapport qualité/prix.

LE KAYSERSBERG
L'AMI FRITZ

L'Alsace et la Lorraine

Le vignoble alsacien est un long ruban de 170 km de long, situé au pied du massif vosgien, qui s'étire de Marlenheim au nord à Thann au sud, complété par un îlot viticole à la limite de l'Allemagne, autour de Wissembourg et de Cleebourg. Les nombreuses sinuosités du relief et la variété des sols permettent à l'Alsace de proposer une vaste gamme de vins, secs et doux, tranquilles et effervescents. Mais, grâce à son climat tempéré et frais, le principal atout du vignoble réside dans la maturation optimale des raisins blancs, le pinot noir étant l'exception. L'identification des vins par leur cépage – riesling, gewurztraminer, sylvaner… – est l'une des autres spécificités alsaciennes, ainsi que la présence de grands crus.

Autrefois florissant, le vignoble lorrain est quant à lui aujourd'hui l'un des plus petits de France. Produits sur les départements de la Meuse, de la Moselle et de la Meurthe-et-Moselle, les vins lorrains sont déclinés dans les trois couleurs, mais ce sont surtout les vins gris, des rosés de couleur… grise ou pelure d'oignon issus de pinot et de gamay, qui font leur réputation.

L'ALSACE

Superficie : 15 500 ha
Production : 1 150 000 hl
Types de vins : blancs (secs majoritairement, moelleux et liquoreux), effervescents (25 %), rouges ou rosés (10 %)

CÉPAGES :

Blancs : riesling, pinot blanc, gewurztraminer, pinot gris, auxerrois, sylvaner, muscats, chasselas, klevener de Heiligenstein
Rouges : pinot noir

LA LORRAINE

Superficie : 100 ha
Production : 4 200 hl
Types de vins : blancs secs, rosés (vins gris) et rouges tranquilles

CÉPAGES :

Blancs : auxerrois, müller-thurgau, pinot blanc, pinot gris
Rouges et rosés : gamay, pinot noir

L'Alsace

Histoire

L'histoire du vignoble alsacien remonte probablement à l'époque romaine. Si l'invasion des Germains au Ve siècle entraîna un déclin passager de la viticulture, celle-ci s'est rapidement développée sous l'influence des évêchés, des abbayes et des couvents. Au IXe siècle, on recense plus de 160 localités où la vigne est cultivée. Cette expansion se poursuit sans interruption jusqu'au XVIe siècle. Les nombreuses maisons de style Renaissance aux larges porches et pignons témoignent de cet âge d'or. Si la funeste guerre de Trente Ans (1618-1648) a des conséquences néfastes sur la viticulture alsacienne, celle-ci reprend son essor au siècle suivant, fondé sur des cépages communs. En 1828, le vignoble s'étend ainsi sur 30 000 ha. Mais la concurrence des vins du Midi et le phylloxéra dans la seconde moitié du XIXe siècle puis les guerres mondiales du XXe siècle entraînent un long processus de déclin : en 1948, le vignoble ne compte plus que 9 500 ha. Le vignoble s'étend aujourd'hui sur plus de 15 000 ha et produit environ 1,2 millions d'hectolitres par an, un quart des ventes se faisant à l'export.

Sols et climats

La plus grande partie du vignoble est sur les collines qui bordent le massif des Vosges et qui prennent pied dans la plaine rhénane. Les Vosges, dressées entre l'Alsace et le reste du pays, donnent à la région son climat spécifique, à savoir une pluviométrie parmi les plus faibles de France (500 à 600 mm d'eau par an) et des températures élevées l'été. Mais ce sont surtout les différents microclimats, nés des multiples sinuosités du relief, qui jouent un rôle prépondérant dans la répartition et la qualité des vignobles. On trouve aussi ici une grande variété de sols : marno-calcaires, arènes granitiques, marnes schisteuses, marnes caillouteuses…

Cépages et styles de vins

La majorité des vins alsaciens sont des blancs secs (environ 80 %), aromatiques, fruités et floraux, bien typés par leur cépage. Des caractéristiques renforcées par le fait que l'élevage ne se fait pas en fût, mais généralement en foudre, gros tonneau ovale qui ne confère pas d'arômes boisés du fait de sa dimension imposante et de son grand âge. La plupart des vins sont issus d'un seul cépage, à l'exception de quelques grands crus (Kaefferkopf ou Altenberg par exemple), du crémant et de l'edelzwicker. Fréquente sur l'étiquette, la mention du cépage n'est toutefois pas obligatoire. Reconnus en 1984, les alsaces « vendanges tardives » et « sélections de grains nobles » sont des vins doux issus de vendanges surmûries et soumis à des conditions de production très strictes, notamment en ce qui concerne le taux de sucre des raisins. On distingue également 51 grands crus en Alsace, correspondant à des terroirs délimités selon des critères géologiques et climatiques, et répondant à des critères stricts de production et d'élaboration (rendements limités, vendanges manuelles, utilisation de cépages limités). Enfin, l'Alsace se situe en tête de la production de crémants en France.

La Lorraine

Histoire

Installés en Lorraine dès le Ier siècle av. J.-C., les Romains vont développer la culture de la vigne, notamment en Moselle. Durant tout le Moyen Âge, le vignoble poursuit son extension, portée par les ecclésiastiques (les évêchés de Metz, de Toul et de Verdun notamment) et les nobles ; un développement qui se poursuit jusqu'au XIXe siècle. Ainsi, dans les années 1830, le vignoble lorrain compte quelque 35 000 ha, l'équivalent de l'actuelle Champagne. Mais en 1866 le phylloxéra, l'industrialisation, la crise viticole de 1907 puis les guerres mondiales anéantissent une grande partie des vignes. Et si celles-ci sont partiellement replantées, elles ne retrouveront plus jamais leur superficie du XIXe siècle. Ce n'est qu'en 1951 que les pouvoirs publics reconnaissent l'AOC moselle. Aujourd'hui, les deux appellations de la région – côtes-de-toul et moselle – recouvrent une superficie d'environ 100 ha.

Sols et climats

Très morcelé, le vignoble de Moselle couvre les coteaux qui bordent la vallée de la rivière éponyme, implanté sur des sols essentiellement argilo-calcaires. Il se concentre autour des trois pôles : au sud et à l'ouest de Metz, dans la région de Sierck-les-Bains et dans la vallée de la Seille, autour de Vic-sur-Seille. À l'ouest de Toul, le vignoble des côtes-de-toul est implanté sur huit communes situées sur la côte de Meuse, sur des sols d'argiles et d'éboulis calcaires. Le climat lorrain est semi-continental, avec des saisons bien marquées, de bonnes températures estivales et des pluies bien réparties.

Cépages et styles de vins

Influencée par la viticulture luxembourgeoise, la Moselle favorise d'abord les vins blancs secs et fruités, issus de müller-thurgau, de riesling, d'auxerrois, de pinots blanc et gris. Le pinot noir donne quelques rouges fruités et, associé au gamay, des rosés frais. Les côtes-de-toul ont pour spécialité le vin gris, rosé de bonne complexité issu de gamay et de pinot noir. On y trouve aussi des rouges nés du seul pinot et quelques blancs nés de l'auxerrois.

Vigneron de l'année

Mickaël et Stéphane Moltès (Domaine Moltès)

pour l'alsace grand cru Zinnkoepflé Gewurztraminer 2017

Mickaël Moltès est heureux :

les parcelles en grand cru Zinnkoepflé dont il a acheté les raisins ont donné deux belles cuvées; celle de gewurztraminer vaut au domaine son sixième coup de cœur Hachette. Leur propriétaire, vigneron retraité, va les louer avec sérénité aux deux frères Moltès, qui les conduiront en bio comme le reste de leurs vignes : 25 ha au sud de Colmar, bénéficiant d'un climat parmi les plus secs de France.

Quelques mots sur l'histoire du domaine?

En 1930, mon grand-père mettait son vin en bouteille, mais c'est mon père, en 1960, qui a abandonné la polyculture. Il a augmenté la surface en vignes sur de bons terroirs de son village de Pfaffenheim. Quand nous nous sommes installés, mon frère Stéphane en 1995 et moi l'année suivante, BTS en poche, devant la nécessité de faire vivre trois familles, nous avons encore accru la superficie, la portant de 8 à 25 ha. Après des essais en 2008, nous avons engagé en 2012 la conversion bio de l'ensemble du domaine.

L'année 2017 a-t-elle été facile?

Gel de printemps, boarmie – cette chenille croqueuse de jeunes bourgeons qui sévit quand la végétation tarde à démarrer –, grêle, sécheresse prolongée à l'époque de la véraison : pas moins de quatre fléaux à encaisser! Par chance, le gel frappe les bas de pente, et nos parcelles en grand cru Zinnkoepflé sont implantées presque au sommet de ce coteau, à 380 m. Quant à la sécheresse, elle n'a pas touché les très vieilles vignes de ce grand cru, dont les racines puisent l'eau en profondeur. Dominées par deux pins méditerranéens, nos ceps ont juste profité de la lumière de ce «Mont du Soleil» pentu et abrité.

Parlez-nous de vos terroirs...

Soixante parcelles, autant de goûts différents. Nos vignes sont implantées sur trois communes : Pfaffenheim, le berceau familial, où se trouve le grand cru Steinert, Rouffach et Westhalten, qui abrite le Zinnkoepflé. Si ces terrains sont à dominante argilo-calcaire, de multiples variations impriment aux cuvées des traits différents. Le Zinnkoepflé, calcaro-gréseux, donne en majorité des gewurztraminers puissants, fins et floraux, aux caractères de surmaturation. Le riesling y est tout aussi généreux, avec la fraîcheur du cépage. Très calcaire, le grand cru Steinert ajoute à cette puissance un caractère minéral et épicé apprécié de nos clients chinois. Ces grands crus représentent 10 % de nos surfaces, pour 5 % des volumes, en raison des petits rendements. Ajoutons les lieux-dits, ces terroirs délimités qui deviendront peut-être des 1ers crus. Par exemple, sur les flancs du Bollenberg, le Sonnenglaenzle, véritable champ de pierres calcaires qui esquintent mes outils et favorisent le pinot noir. Avec toutes mes cuvées Tradition, expression des sept cépages, nos cinq crémants (25 %), nos vendanges tardives et notre sélection de grains nobles, ce sont 26 cuvées qui sont proposées à nos clients.

Vigneron de l'année

Isabelle Mangeot (Dom. Régina)

pour le côtes-de-toul Auxerrois Cuvée Prestige 2018

À l'usine Kléber de Toul, Jean-Michel Mangeot était informaticien; Isabelle concevait les moules de pneus. Ils se sont rencontrés. La viticulture a permis à ces vignerons autodidactes de réussir leur reconversion dans le cadre bucolique de Bruley, après la fermeture de leur site. Ténacité, goût de l'expérimentation, les résultats sont là : sept coups de cœur en côtes-de-toul. Malgré la disparition de Jean-Michel, le «Bâtisseur», Isabelle a bon espoir de transmettre le domaine à sa fille... Lorraine.

Isabelle Mangeot, la vigne, était-ce une vocation?
Pas du tout. Ma formation? Une maîtrise de métallurgie à l'École des Mines, un DUT de génie mécanique. Fils d'agriculteur, mon mari, lui, rêvait de faire du vin. En 1997, il a loué 1,76 ha à un vigneron retraité. Soirées, week-end, vacances, la vigne a d'abord été un hobby. Elle est devenue l'activité principale de mon mari lorsque le siège de l'entreprise, rachetée par Michelin, a fermé en 2005. Quand l'usine a cessé son activité en 2009, je l'ai rejoint. Indemnités et prêts avantageux de notre ancien employeur ont permis de nous équiper, mais il a fallu tout apprendre. Nous dévorions la littérature technique. Mon époux cultivait les vignes, vinifiait, il me fallait constituer une clientèle, tenir la comptabilité, m'occuper de la chambre d'hôtes. Tout en élevant nos jumeaux, nés en 2002! Achat, locations, notre domaine s'agrandissait (15,5 ha aujourd'hui). Mon mari expérimentait – sélectionnant ses levures avec l'aide d'un laboratoire –, s'impliquait dans la défense de l'appellation, devenant président de l'organisme de défense et de gestion.

En 2015, le drame...
La maladie... Le 29 juillet, je me suis retrouvée seule. Louer mes terres, les vendre? Et puis non, j'ai voulu vendanger, transmettre son vignoble à nos enfants. Une apprentie m'a aidée, un œnologue alsacien conseillée. Aujourd'hui, avec l'aide de deux salariés, j'élabore 14 cuvées, des côtes-de-toul et des effervescents, plus un vin doux à base de pinot gris, dans la catégorie Vin de France.

Un coup de cœur pour l'auxerrois Prestige, un pinot noir et un vin gris superbes. Facile, cette année 2018?
Ni mildiou ni pourriture, des vendanges entre le 10 septembre et le 10 octobre. Le plus difficile? La récolte et le pressurage sous une chaleur torride : 32 °C le 25 septembre, 19 jours au-dessus de 25 °C. Mes 2018 sont riches et intenses (14 % vol pour l'auxerrois et le gris, 15 % vol pour le pinot noir), mais je recherche toujours cette puissance dans mes vins en pratiquant de petits rendements. Mes côtes-de-toul ont de la présence, de la maturité, un certain degré, du fruit.

ALSACE GEWURZTRAMINER
Dom. Dock
VENDANGES TARDIVES 2016 ★★

Production : 800 b. | Élevage :
15 à 20 €

Conduite par Christian Dock, l'exploitation se transmet de père en fils depuis 1870 et couvre 12 ha. Elle est installée à Heiligenstein, village perché sur un coteau dominé par le mont Sainte-Odile. Le klevener-de-heiligenstein est la spécialité de la propriété.
Le millésime 2016 a produit peu de vendanges tardives et pourtant, cette cuvée obtient un coup de cœur. Le vigneron a attendu le 7 décembre pour récolter de petits volumes de raisin. Dans le verre, un jaune d'or éclatant moiré de légers reflets orangés annonce une belle richesse, confirmée au nez par des notes intenses et complexes d'abricot, de fruits confits et de gelée de coing. On retrouve ces accents de surmaturation dans un palais ample et gras, qui trouve son harmonie dans une finale longue et acidulée. (Sucres résiduels : 70 g/l.) ⧗ 2019-2030

DOM. CHRISTIAN DOCK, 20, rue Principale, 67140 Heiligenstein, tél. 03 88 08 02 69, cdock@wanadoo.fr

ALSACE GEWURZTRAMINER
Meyer-Fonné
2017 ★★

Production : 3 500 b. | Élevage :
8 à 11 €

Héritier d'une longue lignée au service du vin, Félix Meyer, installé en 1992, a longtemps suivi la démarche bio, sans certification, avant d'engager la conversion de sa propriété. À la tête d'un vignoble, plus de 15 ha répartis sur sept communes proches de Colmar, complété par une petite structure de négoce, il peut jouer sur une large palette de terroirs, et notamment sur cinq grands crus.
Les dégustateurs ont été emballés par ce gewurztraminer dont la robe jaune d'or aux reflets ambrés annonce la richesse. Complexe au nez, ce vin mêle des notes de raisin frais à des arômes de surmaturité : pêche jaune, pâte de coings, rôti. En bouche, il suit la même ligne, gras, chaleureux et long. Une grande matière. (Sucres résiduels : 25 g/l.) ⧗ 2019-2024

FÉLIX MEYER, 24, Grand-Rue, 68230 Katzenthal, tél. 03 89 27 16 50, felix@meyer-fonne.com

Zoom
Le pinot gris

Cousin proche du pinot noir, ce cépage à peau rosée qui lui vaut le qualificatif de « gris » connaît aujourd'hui un beau succès international : très planté dans le nord-est de l'Italie, il affectionne les climats d'Europe centrale et de Suisse, et progresse dans le Nouveau Monde. En France, il est cultivé en Alsace et dans la région nantaise (coteaux-d'ancenis) sous le nom de malvoisie. Connu pour ses vins blancs ronds et corpulents, secs ou doux, il produit aussi quelques rares vins rosés. Synonymes : pinot grigio, rulander, malvoisie (Nantais).

ALSACE GRAND CRU

Dom. Barmès-Buecher Bio

HENGST GEWURZTRAMINER

2016 ★★★

Production : 900 b. | Élevage :

20 à 30 €

Né en 1985 du mariage de Geneviève Buecher et de François Barmès, héritiers l'un comme l'autre de familles de vignerons-propriétaires remontant au XVIIe s., ce domaine est situé à 5 km au sud-ouest de Colmar. Conduit depuis 1998 en biodynamie (certification en 2001), il compte aujourd'hui sept terroirs, dont trois grands crus. Après la disparition de leur père en 2011, les deux enfants du couple fondateur, Sophie et Maxime (au chai), ont rejoint l'exploitation.

Le gewurztraminer est le cépage le plus cultivé sur ce grand cru marno-calcaire de Hengst, réputé pour ses vins riches et puissants. Pour décrire ce 2016, moelleux léger voire demi-sec, nos dégustateurs utilisent certes l'adjectif « riche », mais ils le complètent du terme « élégant ». Une robe or pâle, un nez intense, fin et précis, sur la rose, une bouche tout aussi aromatique, complexe – les fleurs encore, les fruits mûrs, les épices –, servie par une longue finale minérale. Un vin tout en finesse, à déguster de l'apéritif au dessert. (Sucres résiduels : 21,6 g/l.) ⧗ 2019-2024

DOM. BARMÈS-BUECHER, 30, rue Sainte-Gertrude, 68920 Wettolsheim, tél. 03 89 80 62 92, info@barmes-buecher.com

---

ALSACE GRAND CRU

Bott Frères

GLOECKELBERG PINOT GRIS

2017 ★★

Production : 4 000 b. | Élevage :

15 à 20 €

Maison fondée en 1835 à Ribeauvillé par un brasseur. La famille mena de front activités brassicole et viticole jusqu'au tournant du XXe s. Les Bott sont aujourd'hui vignerons et négociants. Après Pierre, ce sont Laurent et Nicole qui gèrent la maison avec leur fils Paul.

Ce coup de cœur montre une fois de plus l'affinité entre le pinot gris et le coteau granitique du Gloeckelberg, qui domine les villages de Rodern et de Saint-Hippolyte, à la limite des deux départements alsaciens. Ce cépage colonise d'ailleurs largement ses pentes. Récoltés à la mi-octobre, les raisins ont engendré un moelleux plein de personnalité. Une robe jaune d'or, un nez bien ouvert sur l'abricot confit, le coing, le miel et l'écorce d'orange : l'approche est engageante. En bouche, l'orange confite se lie au sous-bois dans une matière riche et onctueuse, vivifiée par une finale saline. Ce vin trouvera sa place de l'apéritif au dessert grâce à son équilibre parfait. (Sucres résiduels : 46,5 g/l.) ⧗ 2019-2029

DOM. BOTT FRÈRES, 13, av. du Gal-de-Gaulle, 68150 Ribeauvillé, tél. 03 89 73 22 50, vins@bott-freres.fr

ALSACE GRAND CRU

Dopff au Moulin

SCHOENENBOURG RIESLING

2016 ★★

Production : 18450 b. | Élevage :

15 à 20 €

Fondée en 1634, une célèbre maison de négoce sise à Riquewihr. Les Dopff ont associé leur nom aux métiers du vin à partir de 1574 et se sont établis dans la cité au XVIIᵉs. Après quatre générations de maîtres tonneliers, Jean Dopff s'installe comme courtier en vins. La société détient en propre l'un des plus vastes domaines de la région : 65 ha (dont 12 ha en grand cru).

Schoenenbourg ? Le terroir pentu qui domine Riquewihr au nord. Voltaire aurait possédé quelques arpents de ce terroir marno-gréseux propice au riesling. La vénérable maison de Riquewihr en a tiré plus d'une fois des vins qui se sont hissés au sommet – comme celui-ci, salué tant pour l'élégance de son nez, entre fleurs blanches et zeste d'agrumes, que pour la tension de son palais droit et pur, à la longue finale saline. (Sucres résiduels : 6 g/l.) ⧗ 2021-2029

DOM. DOPFF AU MOULIN, 2, av. Jacques-Preiss, 68340 Riquewihr, tél. 03 89 49 09 69, domaines@dopff-au-moulin.fr

---

ALSACE GRAND CRU

Eblin-Fuchs Bio

ROSACKER RIESLING 2017 ★★★

Production : 2017 b. | Élevage :

15 à 20 €

Établis à Zellenberg, petit village perché voisin de Riquewihr, José, Henri et Christian Eblin sont les héritiers d'une lignée de vignerons remontant au XIIIᵉs. Ils ont adopté la biodynamie dès 1999. Leur domaine couvre environ 11 ha répartis dans six communes, avec des parcelles dans quatre grands crus.

Le Rosacker est situé à Hunawihr, village voisin de Zellenberg. Sur ce terroir calcaire aux sols profonds, les raisins mûrissent lentement et sûrement. Le riesling y prédomine. Celui-ci offre une superbe expression du terroir comme du cépage. Nos dégustateurs saluent la finesse et la fraîcheur de ses parfums d'agrumes mûrs, nuancés d'une pointe de menthe ; et plus encore son intensité fruitée au palais, sa minéralité et sa longue finale saline. (Sucres résiduels : 4,9 g/l.) ⧗ 2021-2029

EBLIN-FUCHS, 19, rte des Vins, 68340 Zellenberg, tél. 03 89 47 91 14, christian.eblin@orange.fr

Zoom
Les winstubs

Un endroit pour découvrir les vins alsaciens dans une ambiance chaleureuse : les winstubs, ces restaurants typiquement alsaciens qui jalonnent les vignobles de la région et qui associent les vins et la gastronomie régionale : choucroute et baeckeoffe, tarte flambée, jarret de porc, galette de pomme de terre, quenelle de foie, spaetzle…

ALSACE GRAND CRU

Moltès

ZINNKOEPFLÉ GEWURZTRAMINER

2017 ★★★

Production : 3 500 b. | Élevage :

11 à 15 €

Pour compléter leur gamme, Mickaël et Stéphane Moltès ont créé une structure de négoce.

Ce gewurztraminer provient d'un achat de raisins : des vendanges bien choisies, puisque ce vin ajoute un sixième coup de cœur au palmarès de ces vignerons – après un 2016 du même cépage, mais du grand cru Steinert. Récoltés le 1er octobre d'une année précoce, les raisins de ce terroir sudiste ont donné naissance à un moelleux doré, au nez partagé entre minéralité et surmaturation (fruits jaunes confits). Relevés d'épices, ces arômes se prolongent avec exubérance dans un palais rond et très dense. Un « vin de terroir » par excellence, qui gagnera encore à vieillir. (Sucres résiduels : 39 g/l.) ⧗ 2020-2029

MOLTÈS, *8, rue du Fossé, 68250 Pfaffenheim, tél. 03 89 49 60 85, domaine@vin-moltes.com*

Vigneron de l'année

ALSACE GRAND CRU

Dom. Joseph Scharsch Bio

ALTENBERG DE WOLXHEIM

RIESLING VENDANGES TARDIVES

2015 ★★

Production : 770 b. | Élevage :

15 à 20 €

Enracinée depuis 1755 à Wolxheim, non loin de Strasbourg, la famille Scharsch a relancé le vignoble et repris la mise en bouteilles en 1976. Installé à sa tête en 2011, Nicolas Scharsch exploite en bio certifié 12 ha. Le fleuron de la propriété est le riesling du grand cru Altenberg.

Et le fleuron du fleuron, cette cuvée de vendanges tardives, qui a pour seul défaut sa rareté… Car ce moelleux, fruit d'un microclimat idéal (grâce à une exposition plein sud), et d'une année solaire, obtient la « couronne d'or » ! Un terroir propice au riesling, mis en valeur par un amoureux de ce cépage, fort en vue l'an dernier. Doré à l'or fin, ce 2015 a enchanté nos dégustateurs : nez précis et mûr, déployant de nouveaux parfums à chaque coup de nez : fleur de cerisier, pêche blanche, agrumes, avec une touche de fruits exotiques et une pointe de silex; bouche ample et concentrée, marquée par la surmaturation, à la finale longue et fraîche. (Bouteilles de 50 cl, sucres résiduels : 78 g/l.) ⧗ 2019-2029

DOM. JOSEPH SCHARSCH, *12, rue de l'Église, 67120 Wolxheim, tél. 03 88 38 30 61, cave@domaine-scharsch.com*

ALSACE PINOT GRIS
Jean Geiler
VENDANGES TARDIVES 2015 ★★★

Production : 34 000 b. | Élevage :
15 à 20 €

Fondée en 1926 par 36 vignerons, la coopérative d'Ingersheim, proche de Colmar, compte 175 adhérents et vinifie le fruit d'un vignoble de 390 ha dans le Haut-Rhin, avec des parcelles dans dix grands crus. Jean Geiler est sa marque. Son siège abrite un musée du Vigneron et une salle accueillant expositions et événements culturels.

Le millésime 2015 a engendré des volumes appréciables de sélections de grains nobles et de vendanges tardives. Parmi ces dernières, la coopérative signe un pinot gris plébiscité par nos dégustateurs – pour sa robe jaune d'or intense, bien dans le type, comme pour ses arômes de fruits jaunes confiturés et de pâte de coings qui s'épanouissent en bouche, nuancés de notes grillées. Et surtout pour sa remarquable structure : ample, gras et riche, ce vin est équilibré par une pointe d'acidité qui l'affine, l'allège et l'allonge. (Sucres résiduels : 80 g/l.) ⧗ 2019-2029

CAVE JEAN GEILER, 45, rue de la République, 68040 Ingersheim, tél. 03 89 27 90 27, vin@geiler.fr

---

ALSACE PINOT GRIS
Aline et Rémy Simon
VIEILLES VIGNES 2017 ★★★

Production : 2 800 b. | Élevage :
8 à 11 €

Installés dans la maison des grands-parents datant de 1772, Aline et Rémy Simon exploitent depuis 1996 le petit vignoble familial situé au pied du Haut-Kœnigsbourg, à la limite des deux départements alsaciens : 2 ha à l'origine, près de 8 ha aujourd'hui. Leurs fils Xavier et Grégory les ont rejoints sur l'exploitation.

Née de vignes âgées d'un demi-siècle, cette cuvée de pinot gris moelleux est souvent en bonne place dans le Guide. Son 2017 a enchanté nos dégustateurs. La robe jaune d'or annonce la richesse de ce vin, qui se confirme à toutes les étapes de la dégustation. Expressif et mûr, le nez mêle la fleur blanche, la pêche et la poire confite. Dès l'attaque, le palais affirme sa puissance, alliée à une douceur flatteuse et à une acidité policée qui, sans rien d'incisif ni de mordant, donne une belle allonge à la finale fumée. « Une grande élégance », « un équilibre parfait », « un vin tout en finesse », concluent les jurés. (Sucres résiduels : 37,6 g/l.) ⧗ 2019-2026

DOM. ALINE ET RÉMY SIMON, 12, rue Saint-Fulrade, 68590 Saint-Hippolyte, tél. 03 89 73 04 92, alineremy.simon@wanadoo.fr

ALSACE PINOT NOIR

Baron Kirmann

ÉLEVÉ EN FÛT DE CHÊNE

2016 ★★★

Production : 1250 b. | Élevage : fût

15 à 20 €

Le premier de la lignée cultivait la vigne en 1630. Installé en 1993, son descendant, Philippe, exploite 11 ha sur les coteaux de Rosheim, cité du Bas-Rhin au riche patrimoine. Il dédie les meilleures cuvées du domaine à son glorieux ancêtre, officier sous la Révolution et l'Empire, qui fut fait baron par Napoléon Ier.

Après un gewurztraminer vendanges tardives, ce pinot noir reçoit la plus haute décoration du Guide. Les vins rouges du domaine trouvent souvent un bon accueil auprès de nos dégustateurs. Loin d'être écrasé par un élevage de quatorze mois en barrique neuve, le cépage affirme ici pleinement ses qualités aromatiques et joue avec finesse, au nez comme en bouche, la partition de la cerise et de la framboise, embelli par un boisé raffiné aux accents de vanille, de cacao et d'amande grillée. La robe montre des reflets violets de jeunesse, la bouche est charpentée avec élégance, fondue et fraîche. ⧗ 2020-2026

BARON KIRMANN, 2, rue du Gal-de-Gaulle, 67560 Rosheim, tél. 03 88 50 43 01, info@baronkirmann.com

ALSACE PINOT NOIR

Bernard Haegelin Bio

BOLLENBERG 2017 ★★

Production : 1480 b. | Élevage : fût

11 à 15 €

Bernard Haegelin a commencé la mise en bouteilles en 1976. À partir de 1992, il a passé le relais à ses fils Christian et Michel. Ces derniers exploitent plus de 10 ha au sud de la route des Vins, notamment sur la colline sèche du Bollenberg et les pentes du Pfingsberg. Après des essais, ils ont adopté la démarche biodynamique.

Nos dégustateurs ont été enchantés par ce pinot noir originaire d'un terroir renommé, exposé au sud. Une cuvée vinifiée sans intrants – si l'on excepte le soufre, à dose réduite selon le cahier des charges de la biodynamie. Ses atouts : des arômes intenses de fruits rouges, soulignés d'un léger vanillé légué par un séjour de neuf mois en barrique ; une matière ronde et soyeuse, tonifiée par une belle acidité. « Vin plaisir » ? Sans doute, mais il pourrait plaire assez longtemps. ⧗ 2020-2025

BERNARD HAEGELIN, 26, rue de l'Église, 68500 Orschwihr, tél. 03 89 76 14 62, bernard.haegelin@wanadoo.fr

ALSACE PINOT NOIR

Charles Muller et Fils Bio

TRAENHEIM 2017 ★★

Production : 2200 b. | Élevage : fût

11 à 15 €

Domaine de 11 ha établi dans un village de la Couronne d'Or de Strasbourg, groupement des communes viticoles les plus proches de la capitale régionale. Héritier d'une lignée remontant à 1580, Jean-Jacques Muller, installé en 1985, est passé de la viticulture raisonnée au bio (1998, certification en 2001). Ses enfants, Marjorie et Nathan, l'ont rejoint en 2014.

Nos dégustateurs ont plébiscité ce pinot noir issu de vieilles vignes plantées sur des marnes. Après un élevage de douze mois en barrique, le vin arbore une robe colorée, aux reflets violets de jeunesse, et laisse des larmes sur les parois du verre. Il s'ouvre sur un boisé épicé, torréfié et chocolaté, qui fait place à d'intenses notes de fruits rouges, de cerise noire et de cassis. Dans le même registre, le palais s'impose par son harmonie et par son potentiel : ampleur, puissance, fraîcheur, structure, longueur, tout est là ! Encore austères en finale, les tanins commencent à s'assouplir. ⧗ 2021-2027

CHARLES MULLER ET FILS, 89C, rte du Vin, 67310 Traenheim, tél. 03 88 50 38 04, earlmullercharles@hotmail.fr

ALSACE PINOT NOIR

Dom. de la Vieille Forge

LES AMANDIERS 2017 ★★★

Production : 4000 b. | Élevage :

11 à 15 €

Fort de son diplôme d'œnologue, Denis Wurtz fait revivre depuis 1998 le domaine de ses grands-parents, dont le nom évoque le métier de l'un de ses aïeuls. Installé dans une maison à colombages du XVIe s., il exploite 10 ha de vignes répartis dans six communes, de Beblenheim à Riquewihr, avec un tiers des surfaces dans quatre grands crus.

Le nom de cette cuvée suggère qu'elle provient de la colline des Amandiers, en alsacien Mandelberg, qui n'est autre qu'un grand cru – un terroir situé à cheval sur Mittelwihr et Beblenheim et bien exposé au sud. Cependant, le pinot noir n'a pas droit à la mention « grand cru ». Et pourtant, ce vin révèle deux années de suite sa noble origine : le 2015 a lui aussi reçu un coup de cœur l'an dernier. L'approche du 2017 est superbe : une robe profonde, de belles jambes sur les parois du verre, un nez concentré, sur la cerise et la vanille. La bouche confirme ces qualités, aussi puissante que fine, souple en attaque, structurée, persistante et fraîche. « Du bonheur », écrit un dégustateur. ⧗ 2020-2026

DOM. DE LA VIEILLE FORGE, 5, rue de Hoen, 68980 Beblenheim, tél. 03 89 86 01 58, domainevieilleforge68@orange.fr

ALSACE RIESLING

Pierre et Frédéric Becht

STIERKOPF CHRISTINE 2015 ★★★

Production : 6500 b. | Élevage :

8 à 11 €

Pierre Becht et son fils Frédéric sont établis à Dorlisheim, village viticole jouxtant Molsheim, à 25 km à l'ouest de Strasbourg. Ils exploitent 22 ha de vignes, pour moitié dans leur village et pour l'autre au lieu-dit Stierkopf, près de Mutzig.

Bien connus pour leurs vins rouges, ces vignerons montrent ici une autre facette de leur talent. Voyez ce riesling moelleux, né d'une année solaire et d'un coteau baigné de soleil dominant la vallée de la Bruche. Pour le décrire, nos dégustateurs ont noirci avec jubilation leurs fiches : intensité de la robe jaune doré ; intensité et profondeur du nez, alliant la minéralité pétrolée typée du cépage à l'acacia et à la surmaturation – la pêche, l'agrume confit. En bouche, une superbe matière, de l'ampleur, de la puissance, des arômes flatteurs de marmelade de citrons et toujours cette minéralité… Sans oublier la fraîcheur, qui équilibre la douceur et souligne la longue finale. Un modèle de complexité et d'harmonie. (Sucres résiduels : 22,5 g/l.) ⧗ 2019-2029

DOM. PIERRE ET FRÉDÉRIC BECHT, 26, fg des Vosges, 67120 Dorlisheim, tél. 03 88 38 18 22, info@domaine-becht.com

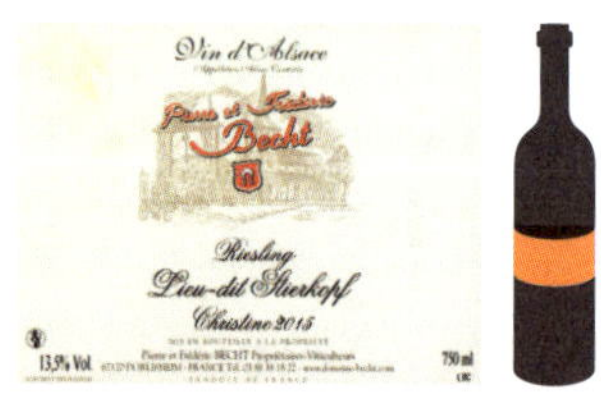

Zoom
L'ancêtre

Son millésime 1472 fait de ce blanc d'Alsace le vin le plus ancien du monde – tant que des informations encore inconnues ne le démentent pas. Il continue de vieillir dans la cave des Hospices civils de Strasbourg, son unique demeure depuis sa naissance. Selon des tests et analyses réalisés en 1994, le vin reste buvable. Mieux, il a conservé ses arômes, même s'ils diffèrent sans doute de ceux qu'il dégageait en 1576, quand on le goûta pour fêter le rapprochement politique de Strasbourg avec Zürich. En 1718, on le dégusta encore autour de la première pierre de l'hôpital civil. Cette fois-là, on le changea de fût. Il fallut renouveler l'opération en 2015, car le tonneau se révéla moins résistant que son vin et accusait des fuites. Entre-temps, une seule personne eut l'honneur de le savourer : le général Leclerc, qui mena la Libération de Strasbourg en 1944.

ALSACE RIESLING

Marie-Claire et Pierre Borès

SCHIEFERBERG RÊVE DE PIERRE FIGURE DE STYLE 2017 ★★★

Production : 2000 b. | Élevage :

15 à 20 €

Au sud de Barr, le village de Reichsfeld est situé en pleine montagne, au fond d'un vallon encaissé abrité par l'Ungersberg, point culminant du Bas-Rhin : le cadre de vie de Marie-Claire et Pierre Borès, installés en 1988. Le couple exploite ses 10 ha de vignes sur les coteaux abrupts du Schieferberg – l'un des rares terroirs de schistes d'Alsace.

De leur vignoble d'altitude, aux sols de schistes, ces vignerons aiment à tirer des vins doux ou liquoreux. Comme ce moelleux or jaune, qui laisse de belles larmes sur les parois du verre. Intense et riche au nez, il mêle les fruits exotiques à des nuances de citron confit, de miel et de coing. Ce registre évoquant la pourriture noble se retrouve au palais, avec de la cire d'abeille pour compléter la palette. La texture, elle aussi, est superbe : ce vin brille par son onctuosité, son ampleur et sa douceur, sans la moindre lourdeur, car l'acidité du cépage est bien là pour donner fraîcheur et longueur. (Sucres résiduels : 33 g/l.) ⧗ 2019-2029

DOM. BORÈS, 15, lieu-dit Leh, 67140 Reichsfeld, tél. 03 88 85 58 87, contact@domaine-bores.fr

---

ALSACE RIESLING

Humbrecht 1619 Bio

CÔTÉ TERRE 2017 ★★

Production : 6826 b. | Élevage :

8 à 11 €

Une famille établie à Gueberschwihr, cité viticole dominée par un superbe clocher roman, au sud de Colmar. Les origines de la propriété se perdent dans la nuit des temps : en 1619, des ancêtres vignerons dans le village; plus récemment, Georges, installé en 1965, puis Claude, qui a pris la tête de l'exploitation en 1997. Un domaine de 8 ha cultivé en bio (certification en 2013); de beaux terroirs à dominante argilo-calcaire.

La gamme Côté terre, disent ces vignerons, privilégie la puissance et la richesse aromatique. Objectif atteint avec cette cuvée plébiscitée par nos jurés qui, tout blasés qu'ils soient, avouent leur plaisir à la déguster… et à la regoûter pour confirmer leur verdict. Tous louent à l'envi sa robe or jaune, son nez complexe et mûr, aux nuances de fruits jaunes et de fruits exotiques, son palais dans le même registre, riche et ample, aussi rond que long. (Sucres résiduels : 5 g/l.) ⧗ 2019-2024

DOM. HUMBRECHT 1619, 33, rue de Pfaffenheim, 68420 Gueberschwihr, tél. 03 89 49 31 51, claude.humbrecht@orange.fr

ALSACE RIESLING
Cave vinicole de Hunawihr
SILBERBERG CALIXTE 2017 ★★

Production : 3500 b. | Élevage :
8 à 11 €

Fondée en 1954 au cœur de la route des Vins, la cave de Hunawihr regroupe majoritairement des viticulteurs de ce village. La coopérative vinifie le fruit de 200 ha et propose une large gamme de vins (dont cinq grands crus). Elle a quatre marques : Peter Weber, L'Unabelle, Armand Schreyer et Kuhlmann-Platz (ancienne maison de négoce rachetée en 1985).

Situé à Rorschwihr, au nord de Hunawihr, le terroir calcaire du Silberberg résiste à la sécheresse et jouit d'une bonne notoriété pour ses vins, construits sur une belle acidité. Encore discret dans son expression aromatique, celui-ci brille par sa finesse et par sa précision, ainsi que par sa fraîcheur citronnée, sa minéralité et sa longueur. Le riesling idéal pour les produits de la mer et la choucroute. (Sucres résiduels : 4 g/l.) ⧗ 2019-2024

CAVE VINICOLE DE HUNAWIHR, 48, rte de Ribeauvillé, 68150 Hunawihr, tél. 03 89 73 61 67, oenologue@cave-hunawihr.com

---

ALSACE RIESLING
Vorburger Bio
2017 ★★

Production : 3000 b. | Élevage :
5 à 8 €

Vignerons à Voegtlinshoffen, village dominant la plaine d'Alsace au sud-ouest de Colmar, les Vorburger vendent leur vin en bouteilles depuis les années 1950. Aujourd'hui, Jean-Pierre et Philippe exploitent le vignoble en bio certifié.

Né d'un terroir argilo-calcaire, ce riesling a intéressé nos dégustateurs par son nez expressif et complexe, mêlant les fleurs blanches et les fruits mûrs à une nuance de tabac. Il s'est imposé en bouche, où le gras et l'ampleur se conjuguent à une belle acidité, en harmonie avec une palette aromatique mûre – citron, fruits frais, miel et touche de garrigue. La finale longue et fraîche est marquée par de nobles amers. Remarquable expression, excellente structure, le jury est conquis. (Sucres résiduels : 4 g/l.) ⧗ 2019-2024

JEAN-PIERRE VORBURGER ET FILS, 3, rue de la Source, 68420 Vœgtlinshoffen, tél. 03 89 49 35 52, jean.pierre.vorburger68@gmail.com

Zoom
Le sylvaner

Ce cépage blanc a été très populaire en Europe centrale, en Allemagne et en Alsace. Apprécié pour sa fiabilité et ses rendements généreux, il produit des vins blancs secs, souvent simples et légers mais capables de plus de complexité dans des sites favorables (notamment sur le Zotzenberg, seul grand cru alsacien où le sylvaner est autorisé). Synonyme : grüner silvaner.

ALSACE SYLVANER
Dom. Schirmer
2017 ★★

Production : 1990 b. | Élevage :

- de 5 €

Les Schirmer sont établis depuis le XIXe s. au sud de Colmar. Lucien Schirmer, qui a spécialisé le domaine dans les années 1970, a passé le relais en 1991 à Thierry. Ce dernier exploite 11 ha de vignes, dont une partie est située dans le grand cru du Zinnkoepflé.

« Il a tout pour plaire », ce sylvaner sudiste, salué tant pour son nez intensément floral et fruité que pour son palais alerte, charnu, d'une réelle persistance. Les dégustateurs soulignent sa présence aromatique et la complexité de sa palette, qui laisse percevoir une touche de violette. Son potentiel semble supérieur à celui de nombreux vins issus de ce cépage.
⧗ 2019-2023

DOM. SCHIRMER, 22, rue de la Vallée, 68570 Soultzmatt, tél. 03 89 47 03 82, vins.alsace.schirmer@orange.fr

---

CÔTES-DE-TOUL
Dom. Migot Bio
AUXERROIS 2018 ★★★

Production : 4000 b. | Élevage :

5 à 8 €

Jeune agriculteur, Camille Migot a repris en 2013 les 2 ha de vignes de son père Alain, bien connu des lecteurs. Il les a convertis à l'agriculture biologique tout en agrandissant peu à peu son domaine (6 ha aujourd'hui) en louant des terres en bio certifié à un viticulteur à la retraite et en plantant.

Cet auxerrois offre une parfaite image de son millésime : robe bien dorée, nez intensément fruité, mariant les fleurs blanches et les fruits mûrs, bouche harmonieuse et persistante, qui conjugue richesse, rondeur et fraîcheur. Un blanc à déguster aussi bien à l'apéritif qu'au repas, avec une viande blanche ou un poisson en sauce. ⧗ 2019-2022

DOM. MIGOT, 108, Grande-Rue, 54200 Lucey, tél. 03 83 63 87 31, domaine-migot@orange.fr

CÔTES-DE-TOUL

Dom. Régina

AUXERROIS CUVÉE PRESTIGE 2018

★★★

Production : 21 300 b. | Élevage :

5 à 8 €

Vigneron de l'année

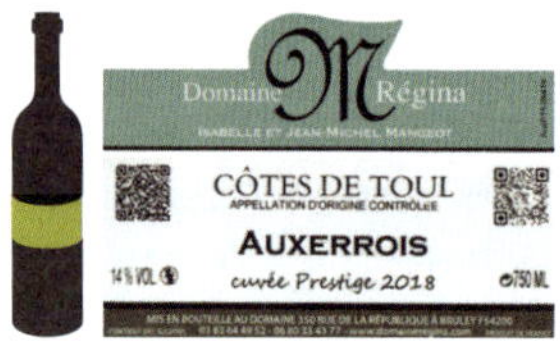

Isabelle et Jean-Michel Mangeot (décédé en 2015) ont repris une vigne de 1,7 ha à Bruley en 1997, un an avant la promotion du côtes-de-toul en AOC. Leur domaine a connu une réelle extension (plus de 15 ha aujourd'hui) et acquis une belle notoriété.

Superbe expression d'un millésime solaire, cet auxerrois vaut au domaine un coup de cœur qui n'est pas le premier pour ce cépage. D'un jaune soutenu aux reflets dorés, la robe annonce sa richesse, tout comme le nez intense, sur les fruits exotiques (ananas) très mûrs, voire confits. La bouche n'est pas en reste : elle déploie des arômes suaves de poire dans une matière ample, ronde et onctueuse, qui n'oublie pas la fraîcheur. La finale fruitée, minérale et très longue laisse le souvenir d'un vin harmonieux, qui pourra accompagner viande blanche ou poisson en sauce. ⌛ 2018-2021

DOM. RÉGINA, 350, rue de la République, 54200 Bruley, tél. 03 83 64 49 52, contact@domaineregina.com

---

IGP CÔTES DE MEUSE

Dom. de Montgrignon

GRIS 2018 ★★★

Production : 11 800 b. | Élevage :

- de 5 €

Les Pierson sont les héritiers d'une lignée de vignerons établis en Lorraine depuis la Révolution. Régulièrement présent dans le Guide, leur domaine a participé à la relance du vignoble meusien dans les années 1970 et notamment des vins de Billy-sous-les-Côtes, renommés dès le début du XIVe s. Aujourd'hui, Daniel Pierson et son fils Renaud, œnologue, qui l'a rejoint en 2010, exploitent 8 ha de vignes, en conversion bio depuis 2017. Ils produisent des effervescents et des mirabelles (le fruit et l'eau-de-vie).

Saumon intense, la robe reflète la richesse du millésime. Bien ouvert et typé, le nez marie la pierre à fusil à un fruité acidulé, tout en finesse, aux nuances de groseille et de fraise. Ces notes pimpantes de fruits rouges, nuancées de touches de fruits exotiques, s'épanouissent dans un palais harmonieux et long, à la fois rond et frais. ⌛ 2019-2020

DOM. DE MONTGRIGNON, 6, chem. des Vignes, 55210 Billy-sous-les-Côtes, tél. 03 29 89 58 02, info@domaine-montgrignon.com

MOSELLE

Ch. de Vaux Bio

PINOT NOIR LES CLOS 2017 ★★★

Production : 5 300 b. | Élevage :

15 à 20 €

Marie-Geneviève Molozay, descendante d'une lignée de négociants de Metz, est œnologue ; Norbert Molozay a été « vinificateur volant », mettant son expertise en vinification au service de nombreux vignobles de France et du Nouveau Monde. Ils ont repris l'exploitation de ce vignoble où l'on produisait du Sekt (mousseux) à l'époque allemande. S'ils proposent des bulles, c'est surtout par leurs vins tranquilles ambitieux qu'ils ont assuré une belle notoriété à ce domaine du pays messin qui couvre aujourd'hui 14 ha (en bio certifié). Issu des meilleurs terroirs du domaine, ce pinot noir est resté seize mois en fût neuf. Il tire de ce séjour une robe grenat dense et profond et un nez intense, associant à la cerise du cépage un boisé complexe, épicé (vanille, clou de girofle) et réglissé. Discrètes et bien intégrées, ces notes d'élevage se retrouvent dans une bouche puissante et ronde, dont les tanins enrobés soulignent des arômes persistants et frais de cerise et de cassis. Du potentiel. ⧗ 2020-2025

CH. DE VAUX, 4, pl. Saint-Rémi, 57130 Vaux, tél. 03 87 60 20 64, contact@chateaudevaux.com

Zoom
La flûte d'Alsace

Les vins d'Alsace sont obligatoirement embouteillés dans la région. Ils doivent être vendus dans la célèbre flûte d'Alsace, bouteille élancée qui participe à leur identité.

Le **Beaujolais** et le **Lyonnais**

Le Beaujolais étend son vignoble sur 50 km de long et 15 km de large à l'est de la Saône, entre Mâcon au nord et Lyon au sud. S'il est légalement rattaché à la Bourgogne viticole, il s'en distingue à plus d'un titre. Par son paysage, jeu varié de douces collines et de vallons, par ses terroirs de sable et de roches anciennes, par son encépagement et la domination quasi sans partage des vins rouges issus de gamay, enfin par ses méthodes de culture et de vinification.

LE BEAUJOLAIS

Superficie : 16 000 ha
Production : 679 000 hl
Types de vins : Rouges très majoritairement, quelques blancs secs et rosés.
SOUS-RÉGIONS : Aires des dix crus (au nord), des beaujolais-villages (autour des crus) et des beaujolais (au sud de Villefranche-sur-Saône principalement).

CÉPAGES :

Rouges : gamay noir à jus blanc
Blancs : chardonnay

LE LYONNAIS

Superficie : 300 ha
Production : 14 000 hl
Types de vins : rouges (80 %), blancs secs et rosés.

CÉPAGES :

Rouges : gamay noir à jus blanc
Blancs : chardonnay, aligoté

Histoire

Si la viticulture existe à l'époque romaine, c'est au XVIIe siècle qu'elle s'est véritablement développée, en particulier autour des villes de Beaujeu, Morgon, Bonnay et Montagny. Les sires de Beaujeu ont assuré l'expansion et la prospérité de leurs domaines, stimulés en cela par la puissance de leurs voisins, les comtes de Mâcon et du Forez, les abbés de Cluny et les archevêques de Lyon. Après la Seconde Guerre mondiale, le succès du beaujolais nouveau renforce encore celui des vins de la région. Aujourd'hui, le vignoble s'étend sur 23 000 ha et produit environ un million d'hectolitres.

Quant au vignoble du Lyonnais, il connaît une période faste à la fin du XVIe siècle, religieux et riches bourgeois favorisant la culture de la vigne. Mais la crise phylloxérique et l'expansion de l'agglomération lyonnaise ont réduit la zone de production à quelques îlots répartis sur 49 communes.

Sols et climats

La vigne prospère en hauteur, les meilleurs terroirs étant situés entre 190 et 350 m. De part et d'autre d'une ligne imaginaire passant par Villefranche-sur-Saône, on distingue traditionnellement le Beaujolais Nord du Beaujolais Sud. Le premier offre un relief plutôt doux aux formes arrondies, aux sols de sables et de roches anciennes (granite, porphyre, schiste, diorite), terroirs privilégiés des crus et des beaujolais-villages. Le sud est marqué par un relief un peu plus vallonné et offre des sols plus riches en calcaire et en grès. C'est aussi la zone de l'AOC beaujolais. Quant au climat, il est tempéré, résultat de trois tendances différentes (continentale, océanique et méditerranéenne) qui peuvent dominer chacune le temps d'une saison. Dans l'ensemble, le vignoble profite d'un bon ensoleillement propice à une bonne maturation.

L'AOC coteaux-du-lyonnais se caractérise par une succession de vallées de 250 m d'altitude et de collines atteignant 500 m, par des sols variés (granite, roches métamorphiques, limons, alluvions…) et par un climat aux influences méditerranéennes plus prononcées que dans le Beaujolais.

Cépages et styles de vins

L'encépagement est composé à 99 % de gamay noir à jus blanc, remarquablement adapté aux terroirs du Beaujolais. Il est à l'origine de vins rouges élaborés selon le principe de la « vinification beaujolaise », dite macération semi-carbonique. Cette technique, qui consiste à laisser les grappes de raisin entières pour une macération courte (de trois à sept jours en fonction du type de vin souhaité), confère aux vins une constitution et des arômes caractéristiques, exaltés en fonction du terroir. Les crus du Beaujolais sont en effet de parfaits exemples de l'influence des terroirs sur le goût et la structure des vins.

Si, schématiquement, les vins du Beaujolais sont secs, peu tanniques, souples, frais, très aromatiques, certains d'entre eux, contrairement aux idées reçues, peuvent avantageusement vieillir quelques années. On trouve aussi en AOC beaujolais et beaujolais-villages quelques rosés et de rares (mais de moins en moins) vins blancs issus de chardonnay, appelés aussi « perles du Beaujolais ».

Quant aux coteaux-du-lyonnais, ce sont des vins rouges et rosés fruités et gouleyants, majoritaires, issus de gamay vinifié selon la méthode beaujolaise, et de rares blancs nés du chardonnay et de l'aligoté.

Vigneron de l'année

Arnaud Aucoeur

pour les moulin-à-vent Tradition Vieilles Vignes 2018, moulin-à-vent 2018 et morgon 2018

Un morgon et deux moulin-à-vent,

Arnaud Aucoeur réalise un triplé sur ses bases. Trois coups de cœur qui récompensent une vingtaine d'années d'efforts et qui hissent le domaine parmi les références incontournables du Beaujolais.

Relancer la clientèle

La récolte 2018 a marqué son vingtième millésime. Un parcours de deux décennies, dans un contexte pas toujours simple, mais qui n'a pas découragé Arnaud Aucoeur. Bien au contraire… Avec pour point d'ancrage familial l'appellation morgon, il a développé avec son épouse Mélanie un domaine d'une quinzaine d'hectares dans les crus du Beaujolais : moulin-à-vent, juliénas, fleurie, saint-amour, chiroubles, etc. « On a la chance de disposer de très beaux terroirs, et pour moi ils jouent le rôle central dans le vin », expose-t-il. « Mon père vendait déjà ses vins en bouteilles, mais ses clients avaient son âge au moins et nous sommes partis de zéro. Il a fallu reconstituer une clientèle particulière, développer les ventes export. Nous nous sommes relevé les manches pour travailler nos produits au mieux. Aujourd'hui, seule la qualité est récompensée. On a abaissé nos rendements, revu la taille de la vigne, etc. » Parallèlement, Arnaud Aucoeur est négociant-vinificateur : il vinifie des raisins de collègues vignerons en nouant des partenariats à longs termes.

Du bois et du coffre

La cuvée de morgon est issue de vignes plantées par le grand-père d'Arnaud Aucoeur. Elles sont âgées de soixante-cinq ans en moyenne, produisant des rendements de 45 hectolitres par hectare. Les sols de schistes granitiques dans lesquels les ceps s'enracinent jusqu'à 3 ou 4 mètres de profondeur sont très pauvres. En vinification, le domaine reste traditionnel : « Je procède comme mon grand-père, avec le moins d'intrants possibles, mais avec des moyens modernes. Les raisins ne sont pas égrappés sauf les années difficiles. Nous pratiquons quelques pigeages et remontages à la bourguignonne pour favoriser la structure ».
Le moulin-à-vent Tradition Vieilles Vignes est réalisé dans le même esprit. La cuvée de moulin-à-vent sans mention complémentaire résulte, quant à elle, d'achats de raisins. Elle est vinifiée dans l'objectif de mettre davantage l'accent sur la fraîcheur, le caractère fruité du gamay. « Ce sont deux vins complémentaires, même si les deux sont amples et charnus ». L'élevage a été revu avec un retour à l'utilisation du demi-muid (500 à 600 litres) plutôt que des foudres ces dernières années. « Je ne cherche pas le boisé, mais j'aime bien la micro-oxygénation apportée par le bois. Cela donne du coffre mais aussi de l'ouverture aux vins », précise le vigneron. Les cuvées du domaine disposent aisément d'un potentiel de garde de 5 à 7 ans. Le puissant millésime 2018 devrait les amener plus loin encore…

BEAUJOLAIS
Dom. J. Boulon
VIEILLES VIGNES 2018 ★★

Production : 25 000 b. | Élevage :
5 à 8 €

«J» comme Jacques, Jules et Jean Boulon, qui se sont succédé à la tête du domaine (28 ha aujourd'hui) transmis de père en fils depuis six générations. La fille (Ludivine) et le gendre (Hugo Matray) de Jacques Boulon sont à la tête du domaine depuis 2017. Ils élaborent des cuvées en beaujolais, morgon, moulin-à-vent et crémant-de-bourgogne.

Une cuvée issue d'une sélection de vieilles vignes (soixante-dix ans en moyenne), qui a connu un élevage de neuf mois en cuve. Ce coup de cœur récompense un beaujolais charnu, d'une grande densité et bâti sur des tanins harmonieux. Un bouquet expressif sur la framboise, la cerise, la pivoine lui apporte une complexité peu commune. Une finale ferme conclut la dégustation. ⧗ 2021-2025

⊶ *EARL BOULON, 1331, rte des Mayets, 69220 Corcelles-en-Beaujolais, tél. 04 74 66 47 94, domaine.j.boulon@wanadoo.fr*

BEAUJOLAIS
Ch. Moulin Favre
CUVÉE ALEXIS 2018 ★★★

Production : 5 000 b. | Élevage :
5 à 8 €

Campé au milieu des vignes sur le coteau de Combiaty, à 427 m d'altitude, ce domaine de 18 ha (dont 11 en brouilly) est travaillé par Armand et Céline Vernus, qui représentent la sixième génération de viticulteurs. Armand Vernus défend l'égrappage total de la vendange.

Alexis, dernier fils d'Armand et Céline Vernus, peut être fier de ses parents : ceux-ci proposent ici un remarquable chardonnay né de vieux ceps de soixante-cinq ans, un vin ouvert sans réserve sur des notes d'agrumes et de gingembre accompagnées d'une fine nuance minérale. La bouche est parfaitement équilibrée, ample, élégante, et sa finale citronnée lui assure une longueur admirable. Un beaujolais blanc particulièrement séducteur. ⧗ 2019-2022

⊶ *ARMAND ET CÉLINE VERNUS, 310, rte de Saint-Vincent, 69460 Saint-Étienne-la-Varenne, tél. 06 70 16 12 68, moulin-favre@wanadoo.fr*

BEAUJOLAIS-VILLAGES
Dom. le Fagolet
GRANIT ROUGE 2017 ★★

Production : 8 000 b. | Élevage :
8 à 11 €

Paul Girard mène ce domaine de 16 ha présent sur les trois couleurs de l'appellation beaujolais-villages. La nouvelle génération s'apprête à prendre le relais.

«Aucun sulfite n'a été ajouté pendant la vinification», précise Paul à propos de cette cuvée issue de 2 ha de gamays d'une quarantaine d'années. Pour le reste, c'est la traditionnelle macération en grappes entières qui a été employée. Le nez déploie des notes complexes de fruits noirs (cassis, mûre) et de réglisse. La bouche conjugue équilibre, rondeur, souplesse et longueur. Un superbe classique. ⧗ 2020-2023

⊶ *PAUL GIRARD, lieu-dit Le Fagolet, 2932, rte d'Arbuissonnas, 69460 Vaux-en-Beaujolais, tél. 06 71 95 83 12, contact@le-fagolet.com*

BEAUJOLAIS-VILLAGES

Cave de Saint-Julien

GRUMAGE 2017 ★★

Production : 7 000 b. | Élevage :

5 à 8 €

Créée en 1988, cette coopérative vinifie aujourd'hui près de 240 ha. Petite structure, comme il en existe de moins en moins, elle voit cependant augmenter les surfaces dont elle dispose. Une cave régulièrement en vue dans ces pages.

Puissant, ample, rond, concentré... Les adjectifs ne manquent pas pour qualifier la belle présence, ainsi que l'équilibre de ce vin qui bouscule les lignes de l'appellation. La grande onctuosité en fait un support idéal des notes de cerise confite. ⧗ 2020-2024

CAVE BEAUJOLAISE DE SAINT-JULIEN, 45, rue du Cep, 69640 Saint-Julien, tél. 04 74 67 57 46, cave.stjulien@wanadoo.fr

---

BROUILLY

Dom. Grange Masson

CLOS CHATARD 2017 ★★

Production : 7 000 b. | Élevage :

5 à 8 €

Une exploitation familiale d'une superficie de 15 ha, qui produit essentiellement du beaujolais-villages, dans les trois couleurs; elle propose aussi du morgon, du brouilly et du bourgogne blanc. Sylvie et Alain Deshayes, installés ici en 1984, mettent aujourd'hui l'accent sur le travail du sol.

Le nez, intense et complexe, mêle des notes de cerise noire, de mûre, de violette et de réglisse. En bouche, on découvre un remarquable brouilly ample, structuré et long, doté d'une grande richesse. Un vin qu'il faudra « oublier » quelque temps en cave pour pouvoir l'apprécier à son apogée. ⧗ 2021-2024

EARL GRANGE MASSON, 461, rte de la Grange-Masson, 69460 Saint-Étienne-des-Oullières, tél. 04 74 03 50 34, asdeshayes@aol.com

---

BROUILLY

Ch. de la Terrière

2018 ★★★

Production : 20 000 b.

11 à 15 €

Un château du XVIe s. face au mont Brouilly et un vignoble sur un sous-sol de porphyre exposé plein sud. Le vigneron Henri Plasse, aidé de son œnologue conseil Frédéric Maignet, veille à la qualité des vins, et d'importants travaux de rénovation ont été menés en cuverie.

Une vinification à la bourguignonne pour des sols argilo-calcaires, une logique qui a fait des étincelles sur ce généreux millésime 2018. Ce brouilly développe au nez des notes intenses de cerise et une touche grillée et torréfiée. Après une attaque tout en rondeur, la bouche dévoile du gras, de la richesse, de la structure et beaucoup de longueur, sans jamais manquer de fraîcheur. Un vin aussi puissant qu'élégant et harmonieux, qui vieillira avec bonheur. ⧗ 2022-2029

SCEA DES DEUX CHÂTEAUX, La Terrière, 1083, rte du Château, 69220 Cercié, tél. 04 74 66 73 19, contact@chateaudelaterriere.fr

CHÉNAS

Cave des Vignerons réunis de Chénas

EN NERVAT 2018 ★★

Production : 7 100 b. | Élevage :

8 à 11 €

Cette « superstructure », réorganisée en 2013, est le fruit de la réunion de cinq coopératives : Cave d'Azé, Cave de Viré, Cave du Ch. de Chénas, Cave du Ch. des Loges et la Cave des Vignerons des Pierres Dorées. Elle assure la commercialisation des vins de 900 producteurs du Beaujolais et du Mâconnais.

Une cuvée issue d'un lieu-dit situé à la Chapelle-de-Guinchay. Ce dernier tiendrait son nom de l'empereur romain ayant autorisé la plantation de vignes en Gaule. S'il pouvait déguster ce vin, on ne doute pas qu'il se féliciterait d'avoir pris cette décision tant ce chénas se montre élégant et très expressif dès l'olfaction (notes florales, fruits mûrs, épices), savoureux, fin et frais en bouche, étayé par des tanins délicats qui apportent une mâche des plus agréables. ⧗ 2020-2025

ALLIANCE DES VIGNERONS BOURGOGNE-BEAUJOLAIS, Les Mouilles, 69840 Juliénas, tél. 04 74 60 64 56, contact@a-v-bourgogne.beaujolais.com

CHIROUBLES

Dom. Poulard

PETITES CÔTES 2017 ★★

Production : 2 000 b. | Élevage :

8 à 11 €

Un domaine familial fondé en 1960, conduit aujourd'hui par Christophe et Jean-Louis Poulard, représentant la troisième génération vigneronne sur ces terres : 17 ha de vignes, principalement en morgon.

Une vinification en grappes entières, suivie d'un élevage d'une année en cuve, le tout parfaitement maîtrisé. Ce chiroubles dégage une grande intensité aussi bien en bouche que sur le plan aromatique. Le nez s'exprime avec complexité autour des fruits rouges et noirs légèrement confits, mâtinés d'épices et de nuances florales. Le palais se révèle ample, gras, structuré, puissant. Un vin au caractère affirmé, qui laisse deviner un avenir radieux. ⧗ 2022-2026

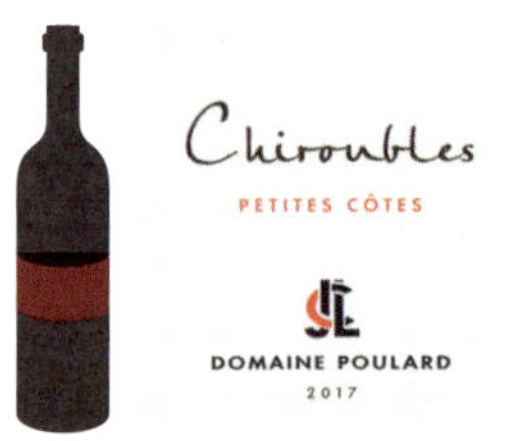

EARL POULARD, 6, imp. des Clos, Les Mulins, 69910 Villié-Morgon, tél. 06 25 89 35 48, domainepoulard@neuf.fr

Zoom
Victor Pulliat, héros de Chiroubles

La commune de Chiroubles a été le théâtre d'essais opiniâtres pour vaincre le fléau du phylloxéra. Ce puceron, apparu en 1865 sur le territoire français, a failli faire disparaître le vignoble. Natif du village, l'agronome Victor Pulliat (1827-1996) préconisa le greffage sur plants américains résistants à l'insecte. Le procédé fut adopté dans tous les vignobles européens. Victor Pulliat a légué son nom à un concours qui, en avril, met en compétition les crus du Beaujolais.

COTEAUX-DU-LYONNAIS

Clos de la Roue

CONSERVATOIRE 2018 ★★

Production : 15 000 b. | Élevage :
5 à 8 €

En 1994, Franck Decrenisse a pris la suite d'André sur ce domaine implanté dans le secteur du mont d'Or, aux portes de Lyon. Du haut de ses vignes, on a une vue imprenable sur la basilique de Fourvière. L'exploitation compte près de 17 ha.
C'est ce qui s'appelle mêler l'utile à l'agréable. Ce vignoble a la particularité d'accueillir plus de mille types de gamays différents pour conserver la variabilité génétique de cépage en collaboration avec l'Inra et l'Institut français du vin. Dans le verre, une cuvée très expressive, ouverte sur les fruits noirs, construite sur des tanins soyeux et fondus, et qui dégage une grande fraîcheur. ⧗ 2020-2022

⊶ *FRANCK DECRENISSE, 911, Le Petit-Fromentin, 69380 Chasselay, tél. 04 72 18 94 67, franck@vinsdecrenisse.com*

CÔTE-DE-BROUILLY

Dom. Baron de l'Écluse

LES GARANCES 2017 ★★

Production : 4 000 b. | Élevage :
15 à 20 €

Cette propriété familiale de 6 ha de vignes d'un seul tenant couvre les pentes sud-est du mont Brouilly. Après avoir vinifié plusieurs années dans divers pays du Nouveau Monde, Jean-François Pegaz, œnologue, a succédé en 2011 à son oncle qui assurait la conduite de l'exploitation depuis 1971. Il vinifie à la bourguignonne avec égrappage.
Un superbe côte-de-brouilly né de la volonté de Jean-François Pégaz d'allier « la méthode beaujolaise traditionnelle et un élevage soigné à la bourguignonne ». Les raisins ont été égrappés à 80 % pour fermenter longuement (vingt jours) avant un vieillissement en fût de quatorze mois. Le résultat est un vin ouvert sur des notes de fruits rouges associées avec un parfait équilibre à des nuances boisées-vanillées. En bouche, les tanins sont très fins, harmonieux, le boisé bien inséré et fondu, et la finale persistante. ⧗ 2021-2025

⊶ *JEAN-FRANÇOIS PEGAZ, montée de l'Écluse, 69460 Odenas, tél. 06 40 57 19 94, baron.delecluse2@orange.fr*

CÔTE-DE-BROUILLY

Vignerons de Bel-Air

LES CORNES VERTES 2018 ★★

Production : 40 000 b. | Élevage :
5 à 8 €

Créée en 1929, la cave coopérative de Bel-Air, installée non loin du secteur des crus, près de Belleville, a fusionné en 2008 avec celle de Chiroubles. Forte de 350 producteurs qui vinifient 1 200 ha, elle propose la plupart des AOC du Beaujolais ainsi que des AOC régionales bourguignonnes.
Quel meilleur compliment peut-on faire sur un vin que de conclure qu'il « a un goût de reviens-y… » C'est le cas de cette cuvée issue d'un terroir de 60 ares planté de vignes de quarante ans. Le nez est élégant, mêlant les petits fruits rouges (framboise) et noirs (myrtille). Une texture à la fois souple, ronde, onctueuse et fine se déploie dans une bouche longue et très équilibrée. Une vraie gourmandise. ⧗ 2020-2023

⊶ *VINESCENCE, 131, rte Henri-Fessy, 69220 Saint-Jean-d'Ardières, tél. 04 74 06 16 08, com@vinescence.fr*

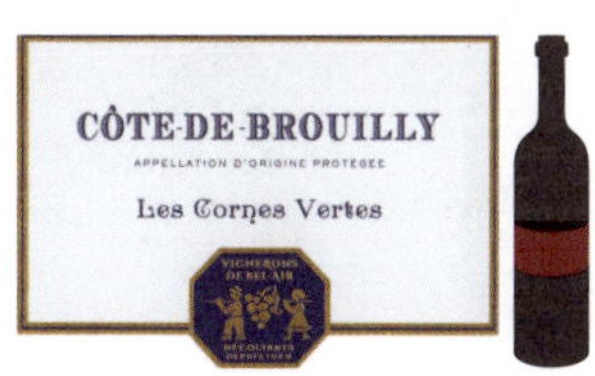

FLEURIE

Dom. de Bel-Air

GRANITS ROSES 2017 ★★★

Production : 8000 b. | Élevage :
11 à 15 €

Dans la famille Lafont depuis plusieurs générations, cette propriété perchée sur la colline de Bel-Air domine la vallée de l'Ardières : des bâtiments de granit bleu construits en 1849, des caves voûtées et un vignoble de 24 ha, avec des parcelles dans cinq crus. À sa tête depuis 1985, Jean-Marc Lafont a créé une structure de négoce à son nom pour compléter sa gamme.

Rien que du traditionnel avec cette cuvée vinifiée en grappes entières et élevée six mois en cuve. Du traditionnel qui fonctionne à merveille puisque cette cuvée se distingue par sa subtilité et sa finesse aromatique autour de notes fruitées intenses, aussi bien au nez qu'en bouche. De beaux et amples tanins lui assurent de la concentration. Une nouvelle preuve qu'un gamay sur terroir granitique peut donner de grands vins. ⧗ 2021-2025

BEL-AIR, Dom. de Bel-Air, 69430 Lantignié, tél. 04 74 04 82 08, info@dombelair.com

FLEURIE

Ch. de Fleurie

2018 ★★★

Production : 60000 b. | Élevage :
11 à 15 €

Une imposante maison de maître du XVIIIᵉ s. avec son cuvage et ses caves, où s'alignent les foudres, un parc et 13 ha de vignes implantées sur des arènes granitiques appelées localement « gore ». Le domaine appartient à la maison Jean Loron.

Il faut l'association d'un bon vigneron et d'un excellent terroir pour donner une cuvée de ce niveau. Le nez, ouvert et complexe, fait une démonstration d'élégance autour des fruits rouges en confiture, de la cerise mûre notamment. En bouche, des tanins ronds et soyeux donnent un caractère gourmand à la bouche, longue, ample et riche sans jamais manquer de fraîcheur. Tous les atouts d'un vin qui, en prime, pourra évoluer sereinement. ⧗ 2021-2025

SCEA CH. DE FLEURIE, Le Bourg, 69820 Fleurie, tél. 03 85 36 81 20, vinloron@loron.fr

JULIÉNAS

Dom. du Bois de la Salle

2018 ★★

Production : 55000 b.
5 à 8 €

Un domaine conduit par Stéphane Mahuet, partenaire de la maison Thorin, maison de négoce fondée en 1843 par une vieille famille du Beaujolais et aujourd'hui filiale du groupe Boisset.

Une remarquable réussite dans un millésime qui a donné des raisins riches et généreux en sucre. Ce juliénas se fait gourmand et charnu. Son fruit s'exprime sur des notes de cassis et de mûre relevées de poivre blanc. Une jolie complexité présente au nez comme en bouche. Les tanins sont doux, enrobés par une pointe de sucrosité en finale. ⧗ 2021-2025

STÉPHANE MAHUET, Les Berthets, 69840 Juliénas, tél. 06 74 06 76 99

JULIÉNAS
Pierre Dupond
LES CAPITANS 2018 ★★

Production : 20 000 b. | Élevage :
11 à 15 €

Terroirs et Talents ? Une structure commerciale ombrelle créée en 2007 par Hervé Dupond et Xavier Barbet, issus de familles installées de longue date dans le Beaujolais. Elle regroupe une activité de négoce (marques Pierre Dupond et Paul Beaudet) et plusieurs domaines entre Beaujolais, Mâconnais et vallée du Rhône : Ch. de la Terrière, Dom. de Boischampt Dom. de La Renjardière, Dom. Romy, Dom des Trois Tilleuls, Dom. Auvigue, Dom. de la Pirolette.

Une vinification en grappes entières et un élevage en cuve, du traditionnel en matière d'élaboration donc. Sur ce sol alluvionnaire de piémont, les gamays semblent s'être admirablement comportés. Le nez fait preuve de puissance mais aussi d'élégance, avec des notes de violette et de cassis.La bouche apparaît charnue en diable, d'une grande densité, dotée de tanins solides. Pour la cave. ⧗ 2022-2026

TERROIRS ET TALENTS (PIERRE DUPOND), La Terrière, 69220 Cercie, tél. 04 74 66 77 80, info@terroirs-et-talents.fr

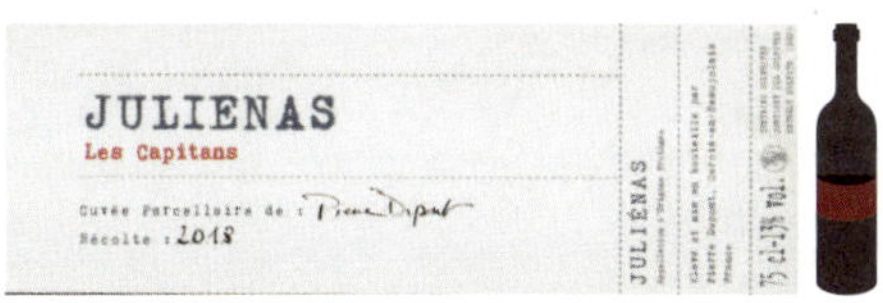

MORGON
Arnaud Aucœur
2018 ★★★

Production : 50 000 b. | Élevage :
8 à 11 €

En 1825, Jean-Claude Aucœur plante les premiers ceps à Villié-Morgon. Œnologue, Arnaud, qui représente la dixième génération sur le domaine, s'est installé en 1998. Une activité de négoce complète la production de l'exploitation familiale (14 ha) et lui permet de proposer une belle palette de neuf crus.

Cette cuvée issue de la partie domaine est loin d'être anecdotique pour Arnaud Aucœur, elle mobilise 7 ha de vignoble plantés de gamays âgés d'environ soixante ans. Des terroirs de schistes granitiques qui ont donné un vin bien représentatif de son appellation, évoquant la cerise burlat, la violette et la pivoine. La bouche fait preuve d'une grande concentration, d'un volume imposant et d'une délicate suavité qui signe le solaire millésime 2018, le tout étayé par des tanins très fins. Un morgon riche et intense. ⧗ 2021-2024

EARL ARNAUD AUCŒUR, Le Colombier, 69910 Villié-Morgon, tél. 04 74 04 16 89, arnaudaucoeur@vignobleaucoeur.com

Vigneron de l'année

MORGON
Guénaël Jambon
CÔTE DU PY RÉSERVE 2017 ★★

Production : 30 000 b. | Élevage :
8 à 11 €

Guénaël Jambon est à la tête de ce domaine implanté au cœur de la Côte du Py, le terroir le plus connu de l'AOC morgon. Il dispose d'une vingtaine d'hectares dans cette appellation, ainsi qu'en fleurie et en beaujolais-villages.

Un vin qui séduit le nez et flatte le palais tout au long de sa dégustation. Les notes de fruits noirs s'accompagnent de touches minérales et réglissées. En bouche, les tanins sont présents tout en restant souples. Une macération en grappes entières et un élevage de huit mois en cuve ont permis à Guénaël Jambon de mettre parfaitement en valeur le potentiel de son terroir. ⧗ 2021-2025

EARL GUÉNAËL JAMBON, 597, rte de la Chaponne, Le Haut-Morgon, 69910 Villié-Morgon, tél. 06 03 49 73 06, guenael-jambon@wanadoo.fr

MOULIN-À-VENT

Arnaud Aucœur

2018 ★★

Production : 25 000 b. | Élevage : ▮

11 à 15 €

Doublé pour Arnaud Aucœur avec ici un vin issu du domaine, un moulin-à-vent remarquablement équilibré et intense. Le nez développe des notes de fruits noirs et de baies sauvages accompagnées d'une touche chocolatée. Un profil gourmand qui se confirme dans une bouche large et généreuse, soutenue par des tanins fins. Le caractère solaire du millésime 2018 s'exprime avec franchise et élégance. ⧗ 2020-2024

MOULIN-À-VENT

Arnaud Aucœur

TRADITION VIEILLES VIGNES

2018 ★★★

Production : 50 000 b. | Élevage : ▮

8 à 11 €

2015, 2016 et donc 2018 : cette cuvée d'Arnaud Aucœur (partie négoce) fait preuve d'une belle régularité dans la qualité. À l'origine, des vignes d'une soixantaine d'années sur un terroir de schistes granitiques. Le vin respire la maturité, la gourmandise et la suavité tout au long de la dégustation. Le nez évoque la violette et les fruits noirs mûrs. La bouche, ample, riche et dense, est construite sur de beaux tanins soyeux. ⧗ 2021-2025

En 1825, Jean-Claude Aucœur plante les premiers ceps à Villié-Morgon. Œnologue, Arnaud, qui représente la dixième génération sur le domaine, s'est installé en 1998. Une activité de négoce complète la production de l'exploitation familiale (14 ha) et lui permet de proposer une belle palette de neuf crus.

Vigneron de l'année

EARL ARNAUD AUCŒUR, Le Colombier, 69910 Villié-Morgon, tél. 04 74 04 16 89, arnaudaucoeur@vignobleaucoeur.com

---

MOULIN-À-VENT

Dom. du Guéret

2018 ★★

Production : 29 400 b. | Élevage : ▮

8 à 11 €

Propriété de la famille Favre, ce domaine élabore des vins des crus du Beaujolais (8 ha en moulin-à-vent). Le fruit de la récolte est vinifié par la cave de Chénas, dont Jean Favre a longtemps été le président. Ses quatre filles sont aujourd'hui aux commandes de la propriété.

Le gamay sur arènes granitiques (sable) est capable de produire de grands vins comme en témoigne ce moulin-à-vent issu d'un peu plus de 3,6 ha. Il parvient à marier à merveille la suavité et l'élégance. De belles notes de fruits rouges confits se déploient au nez. Les tanins sont soyeux et laissent une sensation d'harmonie en bouche. ⧗ 2021-2025

DOM. DU GUÉRET, La Bruyère, 69840 Chénas

RÉGNIÉ

Dom. des Braves

2017 ★★

Production : 10 000 b.

5 à 8 €

Salariés viticoles, puis propriétaires à partir de 1903, les Cinquin sont installés au hameau des Braves à Régnié-Durette. Paul, champion cycliste amateur et ami des coureurs du Tour de France, a laissé en 1988 le guidon à la sixième génération : Franck et Anne-Virginie. À leur carte, les crus régnié et morgon, des beaujolais-villages et des rosés, élaborés à partir de 16 ha de vignes.

Un vin qui dispose de tous les atouts pour séduire les amateurs les plus exigeants. Le nez fait preuve à la fois d'une bonne maturité de fruit, et de fraîcheur. Il évoque les épices, les fruits noirs, le cèdre. La bouche, construite sur des tanins soyeux, apparaît ample, veloutée, fondue à souhait, et persiste longuement en finale. 2020-2023

DOM. DES BRAVES, 804, Les Braves, 69430 Régnié-Durette, tél. 06 10 99 98 30, franck.cinquin@wanadoo.fr

---

SAINT-AMOUR

Dom. le Cotoyon

2017 ★★

Production : 4 000 b. | Élevage :

8 à 11 €

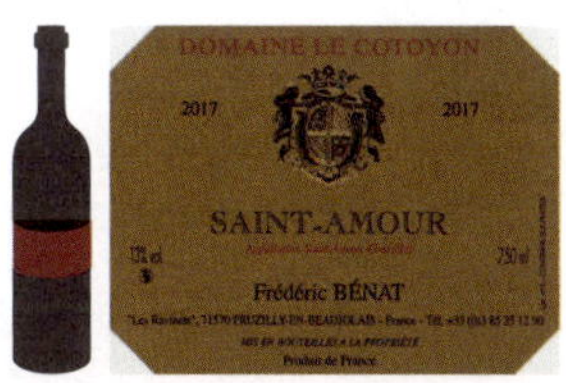

Établi aux confins du Mâconnais dans le village haut perché de Pruzilly, à 400 m d'altitude, Frédéric Bénat conduit depuis 1979 un vignoble de 16 ha partagé entre les crus juliénas et saint-amour.

Un millésime particulièrement réussi pour Frédéric Bénat : son juliénas a obtenu une étoile et sa cuvée de saint-amour se voit donc décerner l'unique coup de cœur de l'appellation. Un vin à la structure ample et fine à la fois. Des qualités qui lui assurent une grande gourmandise, d'autant que l'ensemble fait preuve d'une certaine fraîcheur également. Et pour apporter encore plus de plaisir, il se montre également très expressif, centré sur des notes de fruits noirs. 2021-2025

EARL BÉNAT CHERVET, Les Ravinets, 71570 Pruzilly, tél. 03 85 35 12 90, frederic.benat@wanadoo.fr

Zoom
Le beaujolais nouveau

Depuis 1985, le beaujolais nouveau est mis sur le marché chaque année le troisième jeudi de novembre. Tradition locale et lyonnaise à l'origine, il a été popularisé par les bistrots parisiens après la guerre. Outre l'interprofession, des publicitaires, des négociants comme Georges Dubœuf, des personnalités médiatiques comme Bernard Pivot ou Pierre Bonte, des vedettes de la chanson, des élus même, se sont fait les agents actifs de ce vin gouleyant. Autorisé en 1951, le beaujolais primeur devient à la mode en France dans les années 1970 avant de conquérir le monde entier, grâce à des lancements bien organisés. Très prisé des Asiatiques, c'est un vin pimpant et fruité, issu d'une courte macération de quatre jours, dont l'élaboration demande un grand savoir-faire technique. Car le producteur n'a que peu de temps, entre la vendange en septembre et la commercialisation en novembre, pour réussir un vin que le client attend frais et fruité, quelle que soit l'année.

Le **Bordelais**

Jouissant d'une renommée internationale, le Bordelais constitue le plus vaste vignoble d'appellation de France et l'un des plus prestigieux grâce à ses célèbres crus classés. Ce vignoble contrasté aux sols variés s'organise autour de trois axes fluviaux – la Garonne, la Dordogne et leur estuaire commun, la Gironde. Il offre tous les styles de vins, issus de l'assemblage de plusieurs cépages. En rouge, dominent le merlot et les cabernets franc et sauvignon ; en blanc, le sémillon et le sauvignon. Outre les appellations régionales, on distingue la rive gauche (Médoc et Graves) et la rive droite de la Garonne (Libournais, Blayais-Bourgeais, Entre-deux-Mers), auxquelles il faut ajouter les vignobles des vins doux aux environs du Ciron, affluent de la Garonne.

Superficie : 117 500 ha
Production : 5 700 000 hl
Types de vins : rouges majoritairement, puis blancs secs, moelleux et liquoreux, rosés et quelques effervescents.
SOUS-RÉGIONS : Blayais-Bourgeais, Libournais, Entre-deux-Mers, Graves, Médoc, Côtes.

CÉPAGES :
Rouges : merlot (plus de 60 %), suivi du cabernet-sauvignon (25 %), du cabernet franc (11 %) et dans une très faible proportion des malbec, petit verdot, carmenère.
Blancs : sémillon (53 %), suivi du sauvignon (38 %), de la muscadelle (6 %), du colombard, de l'ugni blanc.

Histoire

Si la vigne est apparue en Gironde au Ier siècle de notre ère, c'est véritablement au XIIe siècle que les vins bordelais prennent leur essor : le mariage d'Aliénor d'Aquitaine avec Henri Plantagenêt, futur roi d'Angleterre, favorisa l'exportation des *clarets* vers le marché britannique. Au XVIIe siècle, la clientèle s'élargit aux Hollandais, qui encouragent la production de vins blancs liquoreux ; et apparaissent à cette époque la mise en bouteille et le vieillissement du vin. Au XVIIIe siècle, le goût des Anglais évolue vers des vins plus fins (les *New French Clarets*), les viticulteurs perfectionnent leurs méthodes de production et la relation terroir-château-grand vin se met en place. Le prestige des grands vins de Bordeaux ne cesse de croître et débouche en 1855 sur le classement des crus du Médoc et du Sauternais. Parallèlement, le commerce s'étend grâce aux lignes de chemin de fer Paris-Bordeaux et Bordeaux-Marseille et à l'instauration du libre-échange. Après cette période faste, le vignoble est profondément affecté par le mildiou et le phylloxéra, par les crises économiques et les guerres mondiales. De 1960 à la fin des années 1980, le vin de Bordeaux connaît un regain de prospérité, notamment grâce aux progrès de l'œnologie et à une remarquable amélioration de la qualité, renforcée par des millésimes d'exception
(1961, 1962, 1989, 1990…). De grands groupes français et étrangers investissent dans le vignoble. Si à la fin des années 1990, le marché connaît conjoncturellement des difficultés liées à la concurrence mondiale, le Bordelais demeure l'un des principaux vignobles du monde, et les nouveaux marchés en Asie ouvrent d'intéressantes perspectives.

Sols et climats

Le vignoble bordelais s'organise autour de la Garonne, de la Dordogne et de l'estuaire de la Gironde. Ces axes fluviaux créent des conditions idoines pour le développement de la vigne : coteaux bien exposés et régulation des températures. Le climat océanique est relativement tempéré et le vignoble protégé de l'océan par la forêt de pins. En outre, la région connaît des automnes réputés pour leur ensoleillement qui ont plus d'une fois sauvé in extremis de nombreux millésimes. Les sols sont de nature très diverse (graves favorables au cabernet-sauvignon, argiles propices au merlot, calcaires à astéries, limons, sables…) et donnent naissance à une vaste gamme de vins.

Cépages et styles de vins

L'une des particularités des vins rouges, blancs et rosés du Bordelais est qu'ils sont très souvent issus de l'assemblage de deux à cinq cépages aux qualités complémentaires. En rouge, les cabernets – franc et sauvignon – et le merlot sont les principales variétés, le petit verdot ou encore le malbec parfois en complément. Pour les blancs, le cépage essentiel est le sémillon, complété surtout par le sauvignon, parfois par la muscadelle ou le colombard.
Dans la très large palette des vins bordelais, on distingue les appellations régionales (bordeaux, bordeaux supérieur, crémant), dont les vins peuvent être issus de la quasi-totalité des communes viticoles. Celles-ci expriment une grande variété de terroirs et proposent un bel éventail de style de vins rouges, blancs (secs et doux), rosés, clairets et même effervescents. Base de la pyramide des appellations, elles n'en constituent pas moins un réel gisement pour l'amateur en quête de nouveautés.
Les autres appellations sont généralement classées en fonction de l'organisation géographique et climatique du terroir, scindée en deux ensembles principaux. Sur la rive gauche de la Gironde et de Garonne, on trouve les vins rouges du Médoc, puis en descendant, les rouges et les blancs des Graves, et tout à fait au sud les vins du Sauternais. Sur la rive droite de la Gironde et de la Dordogne, s'étendent le Blayais et le Bourgeais, et le Libournais, tandis que l'Entre-deux-Mers se situe entre les deux fleuves Dordogne et Garonne.

Vigneron de l'année

Giorgio Cavanna (Grand Enclos du Ch. de Cérons)

pour les graves 2016 rouge et cérons 2016

Installé dans la partie sud des Graves, là où le vignoble partage l'espace avec la forêt, Giorgio Cavanna élabore, dans son Grand Enclos du Ch. de Cérons, des vins d'une élégance rare, à l'image de son graves et de son cérons 2016. Heureux mariage d'amour entre l'esprit créatif d'un enfant d'Oenotria et l'enchantement de terroirs micro-climatisés par le Ciron et ses fraîcheurs.

Du far-west aux études œnologiques

Il a grandi aux limites de la province de Sienne, dans cette enchanteresse Toscane du sud où les touristes aiment à se régaler de chianti classico. Une adolescence quasi montagnarde, en compagnie d'un « padre » attaché aux vins qu'il produit. « C'étaient des vins légers, dilués, nombreux dans ce far-west œnologique où abondaient les plantations de cépages productifs ». Passé son baccalauréat, il entreprend des études scientifiques à l'issue desquelles il devient ingénieur chimiste. « De là à l'œnologie, il n'y a qu'un pas », souligne-t-il. Un pas franchi et enrichi de rencontres livresques avec d'éminents penseurs du vin, Emile Peynaud, Pascal Ribéreau-Gayon...

Bordeaux et les vins d'Italie

Le véritable déclic, c'est lorsqu'il fait la connaissance de Patrick Léon, vinificateur réputé de la maison Mouton-Rothschild. « Non seulement il a renforcé mes savoirs sur la physiologie végétale et la biochimie des fermentations, mais il m'a convaincu que pour donner une âme aux vins il fallait travailler à partir de sélections parcellaires, sublimer les assemblages et les analyses gustatives sensorielles ». Sa fascination pour les bordeaux de haut lignage lui fera dire que la région fut un modèle qui « a transcendé les vins d'Italie ». Un exemple qui « a inspiré les créateurs du célèbre Sassicaia », nectar qui a ébranlé le système des appellations DOC italiennes (*Denominazione di Origine Controllata*, l'équivalent des AOC françaises). Idem pour le fameux « Solaia des Antinori pour lequel furent inversées les proportions de sangiovese et de cabernet ».

Terroir béni

En 2000, il pose ses bagages à Cérons, dans cette partie des Graves qui s'incline vers la Garonne. Il va bénéficier des précieux conseils œnologiques de Bertrand Léon, le fils de Patrick. « Bénédiction pour ces calcaires à astéries recouverts de sables argileux mêlés de galets. » Le seul terroir « qui permette d'atteindre le top-niveau dans les trois couleurs ». Ce qu'il recherche ? Des vins « associant les joies du plaisir immédiat aux préciosités subtiles que génèrent les longues gardes ». Pour s'en persuader, il suffit de déguster le Grand Enclos 2016 en graves blanc comme en rouge. Quant à ses liquoreux issus de la minuscule appellation cérons (100 ha), ce sont d'authentiques nectars aériens et raffinés. *Tanto di cappello, l'artista !*

Vigneron de l'année

Isabelle et Stéphane Le May (Ch. Turcaud)

pour le bordeaux supérieur Cuvée Majeure 2017

Comprendre la véritable saveur des terroirs, c'est ce à quoi Isabelle et Stéphane Le May, en charge du Château Turcaud et ses 50 ha de vignes au cœur de l'Entre-deux-Mers, s'emploient avec passion et talent (on ne compte plus leurs coups de cœur Hachette). Conscients de l'urgence écologique et climatique, ils mobilisent leurs énergies pour construire, dans la cohérence, une démarche respectueuse de l'environnement.

L'héritage du père

Leur demeure fait face à l'abbaye de La Sauve-Majeure, édifice religieux du XIe s. dont le rayonnement n'avait pas échappé aux pèlerins en route vers Compostelle. C'est sur ces terres ensoleillées, entre Garonne et Dordogne, où vignes blanches et rouges humanisent un espace de vallons, bois et prairies, que les Le May héritent, en 2009, d'un patrimoine viticole transmis par Maurice Robert, le père d'Isabelle, originaire du vignoble charentais et installé à Turcaud en 1973. Isabelle loue l'énorme travail de ses parents. « Au départ, 7 ha de vignes blanches. Par étapes, ils ont agrandi le domaine, partageant la vigne à moitié-moitié entre blanc et rouge. Nous conservons quelques-unes de leurs vieilles vignes. Elles avaient 40 ans en 1973… »
Aujourd'hui, Isabelle et Stéphane continuent à s'investir, forts de l'immense savoir de Maurice Robert, hérité de l'excellente « école d'André Lurton » – Maurice a œuvré huit ans au Château Bonnet.

Choyer les apports charnels du terrain

« L'urgence écologique nous enjoint à ajuster nos conduites, mais nous n'avons pas attendu les alertes officielles pour agir », précise Stéphane, qui au passage loue le travail de Jean-Louis Bertrand, « chef d'orchestre technique dont l'inestimable compétence nous invite à progresser, à choyer les apports quasi charnels du terrain » : des sols argilo-calcaires où se découvrent, vers l'ouest, des graves parfois striées de ces argiles bleues qui transmettent de lisses saveurs au palais. Depuis plus de dix ans, un peu comme Monsieur Jourdain qui « faisait de la prose sans qu'il n'en (sût) rien », les principes du bio s'appliquent ici (sans certification) sur nombre de parcelles. « Nous portons depuis toujours une attention particulière à la santé des cours d'eau, et les rendements, très en deçà des normes du cahier des charges, oscillent entre 50 et 60 hl/ha, parfois beaucoup moins, suivant les millésimes. Les désherbages chimiques ? Pratiquement abandonnés. Dans un tout proche avenir, nous serons en HVE (haute valeur environnementale) ».
De quoi augmenter la confiance des acheteurs, les particuliers, ceux de l'export et des CHR de proximité. « Ne nous cherchez pas en grande distribution », concluent d'une même voix Isabelle et Stéphane. Les distinctions du Guide ? « Du bonheur ! Que du bonheur à chaque fois ! Et puis, c'est un peu la preuve que nous marchons sur les traces de la raison, non ? » Sourires entendus, belle complicité…

BLAYE-CÔTES-DE-BORDEAUX

Ch. la Braulterie de Peyraud Bio

CUVÉE PRESTIGE 2017 ★★

Production : 14400 b. | Élevage : fût

8 à 11 €

Un domaine blayais de 38 ha converti au bio, conduit en famille par Marie-Hélène Lapouméroulie au chai et son frère Olivier David à la vigne.

Merlot, malbec (20 %) et cabernet-sauvignon (5 %) façonnent cette cuvée qui allie puissance et finesse, après douze mois d'élevage en fût. Les arômes de framboise, de cassis et de myrtille s'entremêlent avec des notes florales, agrémentées de touches vanillées et toastées. L'attaque est franche, la bouche soyeuse et bien construite, dotée d'un juste boisé et de tanins fondus. Puis la finale fruitée laisse une impression de fraîcheur. ⧗ 2021-2028

SARL LA BRAULTERIE MORISSET, 1, Les Graves, 33390 Berson, tél. 05 57 64 39 51, braulterie@wanadoo.fr

BLAYE-CÔTES-DE-BORDEAUX

Ch. Lacaussade Saint-Martin

TROIS MOULINS 2017 ★★

Production : 77000 b. | Élevage : fût

8 à 11 €

Œnologue diplômé de l'université de Bordeaux, Jacques Chardat a racheté en 1991 l'une des plus anciennes propriétés du Blayais (XIXe s.), autrefois dédiée à la vigne et à la culture céréalière (d'où la présence de moulins) : un domaine de 60 ha (dont 55 ha en rouge) adossé aux premiers coteaux ensoleillés bordant l'estuaire de la Gironde, face aux vignobles de Saint-Julien.

Un vin élevé neuf mois en fût, classique dans son assemblage de merlot, complétée de cabernet-sauvignon (10 %) et de malbec (5 %). D'une belle élégance, il libère des arômes de fruits rouges, avec une touche florale. Après une attaque sur le fruit, la bouche offre un parfait équilibre entre gras, volume et fraîcheur. Le boisé est contenu et les tanins tendent à se fondre en finale. ⧗ 2021-2028

SCEA CH. LABROUSSE, 8, rte de Labrousse, 33390 Saint-Martin-Lacaussade, tél. 05 57 32 51 61, j.chardat@corlianges.com

BLAYE-CÔTES-DE-BORDEAUX

Ch. Vieux Planty

2016 ★★

Production : 30000 b. | Élevage : fût

8 à 11 €

Arnaud Ovide s'est installé en 2001 sur les terres de Saint-Aubin-de-Blaye, où il exploite aujourd'hui un vignoble de 36 ha, atteints par achats successifs. Deux étiquettes ici : Vieux Planty et son second vin Tertre du Boilon.

Deux tiers de merlot et un tiers de cabernet-sauvignon élevés dix-huit mois en fût. Il en résulte un vin équilibré dans son expression aromatique : le bois est bien présent à travers les notes de grillé et de torréfaction, mais il respecte les senteurs de fruits noirs. Plein, dense et bien structuré, avec ce qu'il faut de fraîcheur pour résister au temps qui passe : un 2016 qui défend remarquablement l'appellation. ⧗ 2022-2029

EARL DU VIEUX PLANTY, 569, rue de l'Église, 33820 Saint-Aubin-de-Blaye, tél. 05 57 64 50 88, arnaud@chateauvieuxplanty.com

BLAYE-CÔTES-DE-BORDEAUX
Ch. le Virou
VIEILLES VIGNES 2018 ★★

Production : 24 000 b. | Élevage :
5 à 8 €

Propriété de Pierre-Jean Larraqué, ce domaine entièrement clos par un mur de 4 km de long abrite une vaste surface de 98 ha, dont 74 de vignes, plantés exclusivement de merlot et des deux cabernets. Depuis 2002, David Caillaud en est le régisseur.

Une remarquable complexité émane de ce 2018 qui décline tout un univers aromatique : fruits jaunes (pêche, ananas), agrumes (pamplemousse, citron), nuances florales, notes toastées et empyreumatiques, touches minérales. À la fraîcheur de l'attaque succèdent une impression de volume et un caractère charnu très gourmand. Les flaveurs de fruits à chair jaune se prolongent, à peine nuancées d'un boisé fondu. Volupté ! ⧗ 2020-2024

SCEA CH. LE VIROU, 3, Le Virou, 33920 Saint-Girons-d'Aiguevives, tél. 05 57 42 44 40, simon.farraque@groupe-lvi.com

---

BORDEAUX
Ch. Cabiron
2017 ★★

Production : 117 333 b. | Élevage :
- de 5 €

Les Coteaux d'Albret, la cave coopérative de Mesterrieux, fondée en 1935, regroupe près de 80 vignerons dont la majorité a repris l'exploitation familiale.

Brillant comme un rubis, ce 2017 aux deux tiers merlot, un tiers cabernet-sauvignon, dégage de délicieuses notes de cassis et de framboise rehaussées d'épices douces. En bouche, on découvre une belle rondeur gourmande et du soyeux, qui contrebalancent parfaitement la fraîcheur de ce vin dont le palais évoque les fruits noirs et les épices. C'est franc, puissant et sacrément délicieux ! ⧗ 2020-2026

SCA LES COTEAUX D' ALBRET, Martinaud, 33540 Mesterrieux, tél. 05 56 71 41 07, coteauxdalbret@orange.fr

BORDEAUX
Cadiot
PETIT VERDOT 2017 ★★

Production : 18 000 b. | Élevage :
5 à 8 €

Le Belge Émile de Schepper a investi dans le vignoble bordelais à partir de 1950. En plus de sa maison de négoce (De Mour), la famille exploite aussi aujourd'hui une cinquantaine d'hectares en propre : en Médoc, le Ch. Haut Breton Larigaudière (margaux), le Ch. Tayet et le Ch. Lacombe Cadiot (bordeaux supérieur); en saint-émilion, Tour Baladoz et Croizille.

Un coup de cœur à l'unanimité pour cette expression aboutie et gourmande du petit verdot ! La robe est très profonde, presque noire, aux reflets violacés. À l'aération, le nez libère d'intenses notes de fruits noirs et rouges accompagnées de nuances épicées. Tout aussi expressif, le palais se montre ample et équilibré, soutenu par des saveurs de fruits mûrs et doté de tanins très soyeux. Un bordeaux original, savoureux et attachant. ⧗ 2019-2023

SCEA CH. HAUT BRETON LARIGAUDIÈRE, 3, rue des Anciens-Combattants, 33460 Soussans, tél. 05 57 88 94 17, contact@de-mour.com

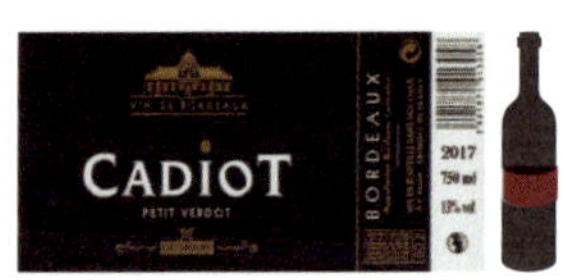

BORDEAUX

Ch. Valvignes

2017 ★★

Production : 60 000 b. | Élevage :

- de 5 €

Bernard Rivière a repris en 1975 le domaine de ses parents. Il agrandit le vignoble, qui couvre aujourd'hui 30 ha, plantés sur des collines et hauts coteaux argilo-calcaires dominant la vallée de la Garonne. La propriété est désormais dirigée par son fils Julien.

Une magnifique robe violine habille ce 2017. Expressive et complexe, s'ouvrant sur la griotte, la mûre, la myrtille et les épices douces, l'olfaction allie intensité et élégance. Tout aussi charmeuse, la bouche, à l'attaque souple, gagne progressivement en puissance, soutenue par des tanins mûrs et un généreux fruité. Une superbe bouteille qui fait honneur non seulement à l'appellation, mais aussi au millésime.

⧗ 2019-2025

JULIEN RIVIÈRE, 1, Viremolle, 33490 Saint-Martin-de-Sescas, tél. 06 50 53 60 35, julienriviere@wanadoo.fr

---

BORDEAUX BLANC

Ch. Larroque

2018 ★★

Production : 98 050 b. | Élevage :

5 à 8 €

En 1858, la famille Ducourt s'établit au Ch. des Combes, à Ladaux, petit village au sud-est de Bordeaux. C'est sous l'impulsion d'Henri Ducourt, installé en 1951 et relayé depuis par ses enfants et petits-enfants, que le vignoble familial prend son essor, pour atteindre aujourd'hui 450 ha répartis sur treize châteaux dans l'entre-deux-mers et le saint-émilionnais. Un ensemble dirigé par Philippe Ducourt depuis 1980.

Sauvignon et colombard (27 %) ont donné naissance à ce 2018 intensément aromatique : du fruit jaune, des notes florales et même des touches délicates de miel. Un même fruité emplit le palais élégamment équilibré entre fraîcheur et rondeur. Et demeure un long souvenir de nuances de litchi et de mangue.

⧗ 2019-2022

SC VIGNOBLES DUCOURT, *18, rte de Montignac, 33760 Ladaux, tél. 05 57 34 54 00, ducourt@ducourt.com*

Zoom
Les bordeaux blancs

Bouquetés, les bordeaux blancs développent d'élégants parfums fruités et floraux. Leur diversité provient des proportions variables des cépages et des modes de vinification. Ainsi on trouve de nombreuses nuances dans les crus issus de macération pelliculaire : les arômes évoquent le citron, la mandarine, le pamplemousse, les amandes grillées et la vanille, sans oublier les fruits exotiques.

BORDEAUX BLANC

Madame Étienne

J'AI DEUX AMOURS… 2018 ★★

Production : 8000 b. | Élevage :

8 à 11 €

Les Vins choisis est la strusture de négoce du Ch. Lamothe de Haux, créée en 2017. Elle propose du bordeaux rouge et blanc sous l'étiquette Madame Étienne, qui rend hommage à l'ancienne propriétaire du domaine dans les années 1920.
Sauvignon et sémillon convolent dans cette cuvée jaune pâle brillant aux jolis reflets émeraude. Ils offrent un bouquet persistant d'agrumes et de fruits exotiques, souligné de notes florales. Un léger perlant met en valeur la fraîcheur harmonieuse de ce vin très aromatique. ⧗ 2019-2022

SARL VINS CHOISIS, 159, Lamothe, 33550 Haux, tél. 05 57 34 53 00, vinschoisis33@gmail.com

---

BORDEAUX CLAIRET

Ch. Penin

2018 ★★★

Production : 45000 b. | Élevage :

5 à 8 €

L'une des valeurs sûres des appellations régionales, avec plusieurs coups de cœur à son actif. Un cru de 45 ha établi sur un terroir de graves, sur la rive gauche de la Dordogne, face à Saint-Émilion. Fondé par la famille Carteyron en 1854, il est dirigé depuis 1982 par Patrick, œnologue.
Couleur œil-de-perdrix, ce clairet fait très bel effet dans le verre. Son expression aromatique en fait le charme également, tout en notes de grenadine, de fruit de la Passion et de fruits noirs mûrs. Au palais, il laisse cette impression de rondeur, de vinosité et de structure que l'on recherche dans un clairet. ⧗ 2019-2021

SCEA P. CARTEYRON, 39, imp. Couponne, 33420 Génissac, tél. 05 57 24 46 98, vignoblescarteyron@orange.fr

---

BORDEAUX ROSÉ

Ch. de Chainchon Bio

2018 ★★

Production : 6500 b. | Élevage :

5 à 8 €

Ancien maître de chai d'un cru classé de Saint-Émilion, Patrick Érésué exploite depuis 1996 en castillon-côtes-de-bordeaux le Ch. de Chainchon (24 ha), dans sa famille depuis 1846. En hommage à son arrière-grand-père, il a créé la cuvée Valmy Dubourdieu Lange, fleuron du domaine et l'une des valeurs sûres de l'appellation, et obtenu la certification bio du domaine en 2013.
Un rosé de saignée charmant et délicat, au nez de fraise écrasée, d'anis et de menthol, et à la bouche savoureuse, à la fois fraîche et gourmande, qui a conquis le jury à l'unanimité. Hautement recommandable. ⧗ 2019-2020

SCEA DES VIGNOBLES ÉRÉSUÉ, Ch. de Chainchon, 33350 Castillon-la-Bataille, tél. 06 08 85 19 58, chainchon@wanadoo.fr

BORDEAUX ROSÉ

Ch. de Lisennes Bio

7 HECTARES 2018 ★★

Production : 17 000 b.

5 à 8 €

Dans la famille Soubie depuis 1938 et quatre générations, ce domaine tirerait son nom du mot « lise » – terme de l'ancien français devenu « glaise », que l'on retrouve dans le verbe « enliser ». Une allusion à la nature argilo-calcaire du terroir. Le vignoble, couvrant 53 ha d'un seul tenant, entoure une chartreuse du XVIIIes. À sa tête, Jean-Luc Soubie. Depuis 2010, 7 ha de merlot sont cultivés en agriculture biologique.

Une robe rose soutenu pour ce pur merlot. Des parfums de fruits rouges et d'agrumes composent un nez discret mais élégant. Vive en attaque, soyeuse et fruitée, la bouche ample et intense est semblable à celle d'un clairet. Un rosé de caractère. ⧗ 2019-2020

SARL LES VINS DE LISENNES, chem. de Petrus, 33370 Tresses, tél. 05 57 34 13 03, contact@lisennes.fr

---

BORDEAUX ROSÉ

Ch. Piconat

2018 ★★★

Production : 10 000 b.

- de 5 €

Établi au cœur de l'Entre-deux-Mers, au pied de la butte de Launay, ce vignoble dans la même famille depuis quatre générations s'étend sur 50 ha. Il est dirigé depuis 2003 par Christophe Guicheney. Une partie de la production est cédée au négoce, au Ch. Grand Plantey, le reste est vendu en direct sur l'exploitation sous l'étiquette Piconat.

Déjà coup de cœur pour cette cuvée dans l'édition 2017 du Guide, cette propriété régulière réitère l'exploit avec ce 2018 en tout point exemplaire. Le bouquet, tout d'abord, mêle avec grâce et finesse fruits rouges, pamplemousse et épices. La bouche, ensuite et surtout, est l'archétype du rosé réussi : à la fois fraîche, friande et fruitée, longue et soyeuse. Une bouteille qui fait honneur à l'appellation. ⧗ 2019-2020

EARL COMIN-GUICHENEY, Ch. Piconat, 3, Piconat, 33790 Soussac, tél. 05 56 61 33 97, christophe.guicheney@orange.fr

Zoom
Les bordeaux rosés

En Gironde, seule l'appellation régionale bordeaux se décline en rosé. Ainsi est-il possible de produire des bordeaux rosé et bordeaux clairet sur le territoire des cinq cent trois communes situées dans l'aire géographique du département. Rouge léger obtenu par une faible macération de raisins de cépages rouges, le clairet n'est autre que le digne descendant du *French Claret*, dont, déjà au Moyen Âge, les Anglais étaient friands.

BORDEAUX SUPÉRIEUR

Ch. Couronneau Bio

2016 ★★

Production : 100 000 b. | Élevage :

5 à 8 €

Situé aux confins de la Gironde et de la Dordogne, dans le pays foyen, ce vignoble (40 ha) est cultivé en biodynamie. Le cadre enchantera le promeneur : un vrai château, avec quatre tours aux toits coniques. Bénédicte Piat est aux commandes depuis 1994 et utilise au chai, outre des cuves Inox et des barriques bois, des foudres et des amphores en terre cuite.
« Le vin à la petite robe noire », c'est ainsi que l'on pourrait surnommer ce vin qui fait de la sobriété une grande élégance. Noir aussi est le fruité du bouquet, évocateur de cerise Burlat et de figue mûre. Après une attaque tout en fruit, le charme d'une matière ample et harmonieusement structurée opère. Et les arômes de trouver un long écho en finale. ⧗ 2021-2026

SARL CH. COURONNEAU, Ch. Couronneau, 33220 Ligueux, tél. 05 57 41 26 55, chateau-couronneau@wanadoo.fr

---

BORDEAUX SUPÉRIEUR

Ch. Donjon de Bruignac

PREMIUM 2016 ★★

Production : 10 600 b. | Élevage :

11 à 15 €

Situé au nord de l'Entre-deux-Mers, ce domaine de 30 ha (dont seulement 2,37 de vignes) doit son nom à un imposant donjon carré, construit en 1300. Il jouxte un manoir, construit en 1480 après la bataille de Castillon. Restée pendant plus de six siècles aux mains d'une même famille, la propriété a été reprise en 2007 par la Québécoise Louise-Aimée Dufour, qui a aménagé un chai, arraché les parcelles de cabernet-sauvignon (défaut de maturité) pour planter du cabernet franc. Premières vendanges et vinifications en 2008.
Couleur améthyste, signe de jeunesse, ce 2016 offre tous les arômes d'un merlot (70 % de l'assemblage) bien mûr : du fruit, net et puissant. S'y allient des notes toastées et épicées issues de l'élevage, fort bien mariées. Une matière ample, chaleureuse et riche de saveurs emplit le palais, laissant un long souvenir. Des tanins, on ne retient que leur densité favorable à une excellente tenue dans le temps. ⧗ 2022-2028

SARL LADIMEX, Bruignac, 33350 Bossugan, tél. 05 57 40 39 79, dufourla@ladimex.ca

BORDEAUX SUPÉRIEUR

Ch. Haut Claribès

2017 ★★

Production : 80 000 b. | Élevage :

- de 5 €

Fondés en 1950 par Angelo Fontana, rejoint ensuite par ses quatre fils, les domaines Fontana sont une exploitation familiale vaste de plusieurs vignobles couvrant sur 270 ha, complétés par 100 ha d'arboriculture.
Aussi soutenu que la couleur, aussi élégant, le bouquet évoque les fruits mûrs, framboise et mûre en tête. Des tanins fins soutiennent une bouche parfaitement équilibrée et persistante. Le résultat d'une vinification et d'un élevage bien menés. ⧗ 2022-2028

SCEA DES DOMAINES FONTANA, 14, rte de Sainte-Foy-la-Grande, 33890 Gensac, tél. 05 57 47 43 19, domainefontana@free.fr

BORDEAUX SUPÉRIEUR
Ch. Labatut
GRANDE RÉSERVE 2017 ★★

Production : 26 000 b. | Élevage :
5 à 8 €

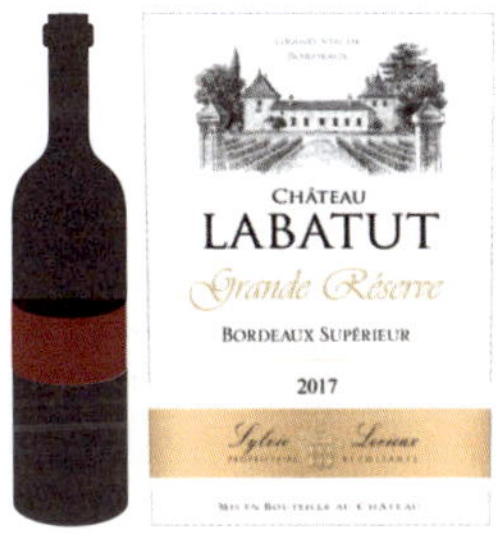

À l'époque où il a lancé les premières foires aux vins (1973), Édouard Leclerc a acheté des vignobles dans l'Entre-deux-Mers, développés par sa fille Hélène Levieux jusqu'en 2002 puis dirigés par son petit-fils Vincent et aujourd'hui par Sylvie, l'épouse de ce dernier. Trois châteaux : Labatut, Lagnet et Roques-Mauriac, 100 ha au total.

La belle maturité du raisin se révèle dans ce vin de teinte profonde, tout en fruits rouges et noirs épicés. La matière dense et ample qui monte en puissance jusqu'en finale en témoigne aussi. Les tanins de qualité apportent la charpente nécessaire pour assurer une bonne garde. ⧗ 2021-2026

---

o-- GFA LES 3 CHÂTEAUX, 1, Lagnet, 33350 Doulezon, tél. 05 57 40 51 84, contact@les3chateaux.com

---

BORDEAUX SUPÉRIEUR
Ch. de Parenchère
CUVÉE RAPHAËL 2016 ★★

Production : 58 000 b. | Élevage :
11 à 15 €

Aux confins des départements de la Gironde et de la Dordogne, un château de style périgourdin, construit en 1570 par Pierre de Parenchère, gouverneur de la région de Sainte-Foy-la-Grande, et un vaste cru (67 ha de vignes), régulier en qualité. Raphaël Gazaniol, viticulteur rapatrié du Maroc, l'a acquis en 1958, puis transmis à son fils Jean et sa petite-fille Julia. En 2005, un amateur de vins suédois, M. Landin, également propriétaire d'un vignoble à Montalcino en Toscane, a racheté le domaine.

Un disque violacé se dessine sur le bord de la robe sombre de ce 2016 qui livre sans ambages ses arômes de griotte et de mûre épicées. Souple et suave en attaque, le vin se développe avec ampleur et harmonie jusqu'à une longue finale fruitée. Les tanins concentrés, mais au grain fin, lui offrent la structure attendue pour affronter le temps. ⧗ 2021-2026

---

o-- SAS CH. DE PARENCHÈRE, Ch. de Parenchère, BP_57, 33220 Ligueux, tél. 05 57 46 04 17, info@parenchere.com

Zoom
L'appellation bordeaux supérieur

L'appellation régionale bordeaux supérieur s'étend sur l'intégralité du vignoble bordelais : elle correspond non pas à un terroir spécifique mais à une sélection parmi les bordeaux. Comme les bordeaux, les bordeaux supérieurs rouges proviennent surtout des secteurs qui ne disposent pas d'une appellation plus restreinte de même couleur, sous-régionale ou communale, comme l'Entre-deux-Mers ou la région de Saint-André-de-Cubzac. Issus comme les bordeaux d'assemblage de cépages, les bordeaux supérieurs s'en différencient par un rendement autorisé inférieur, un degré alcoolique supérieur et un élevage de neuf mois minimum. À la dégustation, ils se distinguent par leurs tanins plus puissants qui leur assurent une plus longue garde. Les bordeaux supérieurs blancs sont des vins moelleux. Alors qu'ils représentaient autrefois des volumes importants, ils sont devenus extrêmement rares.

BORDEAUX SUPÉRIEUR

Ch. Thieuley

2017 ★★

Production : 24000 b. | Élevage :

5 à 8 €

L'histoire viticole des Courselle débute en 1949 avec l'achat du Ch. Thieuley, non loin de la Sauve-Majeure, par André Courselle. Sous l'impulsion de Francis et, depuis 2004, de ses filles Sylvie et Marie, le vignoble s'étend aujourd'hui sur 80 ha et trois crus : Thieuley, une référence en bordeaux, Ch. Saint-Genès, destiné à l'export, et Clos Sainte-Anne, 5 ha de graves à Capian.

Les petits fruits rouges et noirs se bousculent dans ce beau 2017 pleinement aromatique. Le fruit et le bois s'accordent parfaitement pour souligner une matière ample et dense, aux tanins bien enrobés. Le servir ou le garder est une question de choix personnel. ⧗ 2020-2025

SCEA VIGNOBLES COURSELLE, 560, rte de Grimard, 33670 La Sauve, tél. 05 56 23 00 01, contact@thieuley.com

BORDEAUX SUPÉRIEUR

Ch. Turcaud

CUVÉE MAJEURE 2017 ★★

Production : 14000 b. | Élevage :

8 à 11 €

Un cru de 50 ha fondé en 1973 par Simone et Maurice Robert, conduit avec le même talent depuis 2009 par leur fille Isabelle et son époux Stéphane Le May. Abandon progressif du désherbage chimique, rendements limités, approche parcellaire pour chaque cuvée, certification Terra Vitis : un travail de précision au service des AOC régionales et des entre-deux-mers.

D'un rouge si sombre qu'il en paraît noir, ce vin s'exprime volontiers en notes fruitées (cerise, cassis) et épicées. Il ne manque pas de dynamisme, tant par la fraîcheur de l'attaque que par les tanins denses, mais soyeux, bien enveloppés par la matière. La finale laisse un long souvenir. Le temps satisfera les ambitions de cette bouteille. ⧗ 2021-2026

EARL VIGNOBLES ROBERT, Ch. Turcaud, 1033, rte de Bonneau, 33670 La Sauve, tél. 05 56 23 04 41, chateau-turcaud@wanadoo.fr

Vigneron de l'année

CADILLAC-CÔTES-DE-BORDEAUX

Grand Vin de Ch. de Ricaud

2016 ★★

Production : 12900 b. | Élevage :

15 à 20 €

Alain Thiénot (groupe CVGB, Canard-Duchêne) a repris en 1980 ce domaine commandé par un vrai château de conte de fées (tours crénelées, gargouilles) datant du XVᵉs. et restauré au XIXᵉs. par Viollet-le-Duc. Depuis 2007, les équipes de la maison Dourthe, intégrée au groupe Thiénot, sont en charge des vins. Un cru souvent en vue pour ses loupiac.

Très abouti, ce vin a fait l'unanimité du grand jury. Le nez offre un mariage parfait des fruits noirs (mûre et myrtille) et du bois (cacao, café et grillé). La bouche dévoile une attaque charmeuse, puis se développe avec élégance et grand équilibre, soutenue par des tanins soyeux. Déjà fort plaisant, l'ensemble affiche aussi un beau potentiel. ⧗ 2022-2026

VIGNOBLES DOURTHE (CH. DE RICAUD), 5, Ricaud, rte de Sauveterre, 33410 Loupiac, tél. 05 56 35 53 00, contact@dourthe.com

CANON-FRONSAC

Ch. Canon

2016 ★★

Production : 15 000 b. | Élevage :

11 à 15 €

Pharmacien et œnologue, auteur d'une thèse apportant sa contribution au *French Paradox*, Jean Galand est établi à... La Malatie. À la tête du vignoble familial depuis 1999, il soigne 8 ha de vignes répartis en deux crus : le Ch. Galand (en bordeaux supérieur) et le Ch. Canon (en canon-fronsac) établi sur les pentes plein sud du coteau du même nom, qui domine la Dordogne.

Le jury s'est montré enthousiaste à la dégustation de ce 2016 de haut vol. Ce pur merlot, issu de vieilles vignes d'une soixantaine d'années, délivre un nez élégant et fin de prune et de fruits rouges, accompagnés de nuances boisées dues à l'élevage en fût. Même approche flatteuse en bouche : ampleur, arômes de fruits rouges, de violette et de pêche de vigne, équilibre magistral et longue finale, finement poivrée.

⧗ 2020-2029

SCEA VIGNOBLES GALAND ET ENFANTS, La Malatie, 33126 Fronsac, tél. 06 27 05 05 38, pharmaciejeangaland@orange.fr

---

CASTILLON-CÔTES-DE-BORDEAUX

Ch. Grand Peyrou

ÉLEVÉ EN FÛT DE CHÊNE 2016 ★★

Production : 13 000 b. | Élevage :

8 à 11 €

Propriété familiale depuis deux générations, ce cru, fondé en 1985, étend aujourd'hui son vignoble sur 23 ha en appellations castillon-côtes-de-bordeaux et saint-émilion grand cru.

Encore un peu austère, ce 2016 offre un nez discret qui, à l'agitation, laisse toutefois surgir d'élégants arômes de fruits noirs, de réglisse, ainsi que de subtiles notes fumées. La bouche, franche et sensuelle, au boisé parfaitement intégré, décline une chair onctueuse et se conclut en apothéose sur une finale aux tanins fermes. Un 2016 promis à un bel avenir.

⧗ 2022-2028

EARL VIGNOBLES LAGUILLON ET FILS, 2, rte de Liamet, 33330 Saint-Étienne-de-Lisse, tél. 06 81 03 15 77, vignobles.laguillon@wanadoo.fr

Zoom Castillon

C'est près de Castillon, en 1453, que se déroula la fameuse bataille qui défit les troupes anglaises du général John Talbot et mit un terme à la guerre de Cent Ans. À 50 km de Bordeaux et à 40 km de Bergerac, jouxtant à l'est l'AOC saint-émilion et situées aux portes du Périgord, les castillon-côtes-de-bordeaux, anciennement côtes-de-castillon, bénéficient d'un nombre important de vignes âgées aptes à produire un raisin concentré.

CASTILLON-CÔTES-DE-BORDEAUX

Ch. Peyrou Bio

2016 ★★

Production : 25 000 b. | Élevage :
11 à 15 €

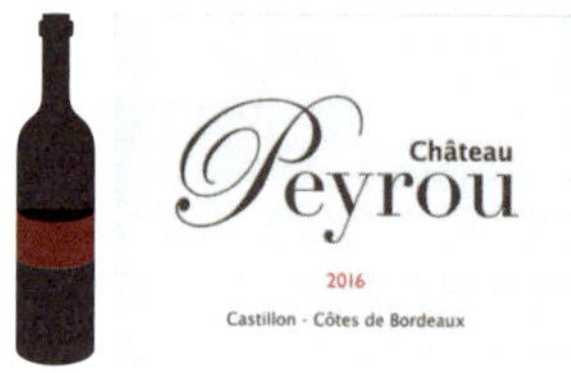

Fille et petite-fille de viticulteurs, œnologue, Catherine Papon-Nouvel, bien connue pour ses saint-émilion grands crus souvent remarquables (Clos Saint-Julien, Petit Gravet Aîné, Gaillard), a acquis en 1989 ce domaine de 10 ha, l'a converti au bio et en a fait l'une des références en castillon.
Ce vin de pur merlot séduit d'emblée par sa palette olfactive très riche : fruits (griotte, mûre), cacao et nuances torréfiées. On retrouve cette aromatique dans une bouche ample, persistante, dense et épanouie, épaulée par des tanins fins et prolongée par une belle finale pleine de fraîcheur. Un ensemble harmonieux et de garde. ⧗ 2022-2030

CATHERINE PAPON, 6, chem. de Peyrou, 33350 Saint-Magne-de-Castillon, tél. 06 11 91 03 54, catherine.peyrou@wanadoo.fr

---

CÉRONS

Ch. de Cérons

2016 ★★

Production : 2 400 b. | Élevage :
30 à 50 €

Vigneron de l'année

Issu d'un très ancien domaine, propriété des marquis de Calvimont du XVIe au XVIIIes., ce cru de Cérons (30 ha), qui a aussi droit à l'appellation graves, connaît depuis 2000 une seconde jeunesse grâce à Giorgio Cavanna, un ingénieur italien amoureux de la France, qui l'a racheté après avoir géré un domaine familial de grand renom en Toscane, le Castello di Ama.
Aussi élégant que complexe, le bouquet de ce vin évoque une promenade dans un verger : les notes d'abricot succèdent à celles de raisins secs avant de laisser place à la vanille et autres épices. Le défilé d'arômes se poursuit au palais, en s'enrichissant de l'apport du bois avec une touche de caramel. Parfaitement équilibré, le tout s'ouvre sur une longue et somptueuse finale. ⧗ 2020-2030

SCEA DU GRAND ENCLOS DE CÉRONS, 12, pl. Charles-de-Gaulle, 33720 Cérons, tél. 05 56 27 01 53, lea.grandenclos@orange.fr

---

CÔTES-DE-BOURG

Ch. la Gravière

2017 ★★

Production : 54 000 b. | Élevage :
8 à 11 €

Déjà connu sous le Second Empire, le Ch. Brûlesécaille, l'une des références en côtes-de-bourg, a été acquis en 1924 par la famille de Guillaume Rodet, ancien ingénieur en télécommunications arrivé à sa tête en 2017. Le vignoble de 30 ha a été complété en 1996 par 2,3 ha de merlot en saint-émilion. Autre étiquette : Ch. la Gravière.
Un vin très bien travaillé et patiemment élevé douze mois en cuve, puis autant en fût. Le nez fleure bon le pruneau, les épices et les notes grillées. Arômes que l'on retrouve durablement au palais, inscrits dans la matière ronde et souple : les tanins sont remarquablement disciplinés, tant et si bien que c'est l'élégance qui reste en mémoire. ⧗ 2021-2026

GFA RODET-RÉCAPET, 29, rte des Châteaux, 33710 Tauriac, tél. 05 57 68 40 31, cht.brulesecaille@orange.fr

CÔTES-DE-BOURG

Ch. Groleau

ÉLEVÉ EN FÛT DE CHÊNE 2017

★★★

Production : 12 000 b. | Élevage :

5 à 8 €

Les Raboutet cultivent la vigne à Berson depuis cinq générations. Didier et Sylvie, installés en 1983, ont donné le relais à leur fille Aurélie en 2018, aujourd'hui à la tête d'un vignoble de 38 ha répartis entre les 20 ha argilo-calcaires du Ch. le Chay (Blayais) et les 18 ha argilo-graveleux du Ch. Groleau (Bourgeais).

Cette cuvée à l'équilibre parfait est issue d'un assemblage de merlot et de malbec (15 %), élevé six mois en cuve, puis douze mois en fût. Elle offre une palette intense et complexe de fruits noirs aux accents torréfiés. Concentrée mais sans excès, la bouche ronde et épicée bénéficie de tanins bien fondus, d'un boisé parfaitement intégré et d'une fraîcheur préservée. ⧗ 2020-2025

---

o¬ EARL VIGNOBLES RABOUTET, 1, Le Chay, 33390 Berson, tél. 05 57 64 39 50, lechay@wanadoo.fr

CÔTES-DE-BOURG

Ch. Lacouture

CUVÉE ANDRIEN 2016 ★★

Production : 5 585 b. | Élevage :

15 à 20 €

Romain Sou s'est installé en 2002 sur la propriété familiale, achetée en 1930 par son aïeul Gervais Sou et commandée par une bâtisse en partie construite au XVI^e^s. par le chanoine Lacouture. Il conduit un vignoble de près de 12 ha en côtes-de-bourg. Ce passionné de bande dessinée organise sur son domaine, à chaque printemps, une manifestation « BD et vin ».

Malbec et merlot (40 %) s'unissent dans ce vin plein d'harmonie, élevé douze mois en fût. Les arômes de fruits rouges mûrs, rehaussés d'épices et de notes réglissées laissent une impression de fraîcheur. Et c'est bien cette qualité que l'on retrouve au palais pour équilibrer la matière ronde, aux tanins bien mûrs déjà. À nouveau, fruits et épices se font écho en finale. ⧗ 2022-2026

---

o¬ ROMAIN SOU, 3, rte du Fronton, 33710 Gauriac, tél. 06 62 10 82 31, chateaulacouture@orange.fr

Zoom
Le côtes-de-bourg en bouche

Les côtes-de-bourg rouges s'appuient sur des tanins soyeux agréables dans leur jeunesse. Leur rondeur est due à la présence du malbec. Le caractère des vins rouges varient selon la nature de sols. Ceux de la première ligne de côtes sont charpentés, avec des tanins riches qui peuvent être parfois un peu rudes dans les premières années. Ceux de la ligne de côtes centrale se signalent par des tanins plus ronds et par un côté chocolaté. Dans la partie orientale, les vins sont moins charpentés mais élégants.

CÔTES-DE-BOURG

Ch. le Sablard

CARACTÈRE SAUVAGE 2018 ★★

Production : 2 600 b. | Élevage :
8 à 11 €

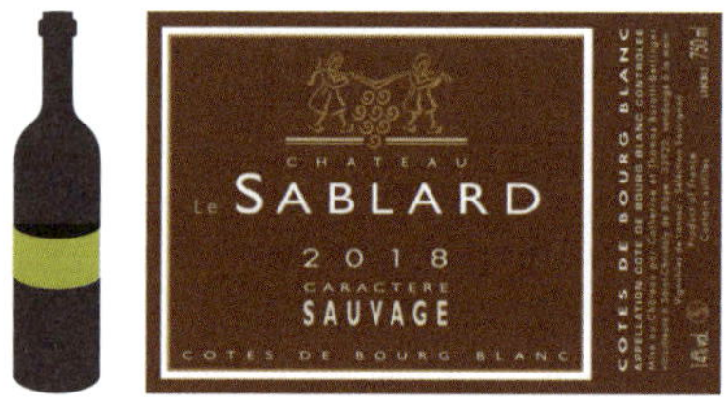

Ce cru familial « à taille humaine » (10 ha) est conduit depuis 2001 par Catherine et Thomas Buratti-Berlinger, qui s'y sont installés comme jeunes viticulteurs.
Dans le verre se libèrent d'intenses arômes de pamplemousse et de fruit de la Passion, agrémentés de notes florales et de bonbon anglais. Au peps de l'attaque répond une bouche ronde, ample et suave qui offre beaucoup d'allonge.
⧗ 2020-2022

SCEA JACQUES BURATTI,
7, Le Rioucreux, 33920 Saint-Christoly-de-Blaye,
tél. 05 57 42 57 67, chateau.le.sablard@orange.fr

CRÉMANT-DE-BORDEAUX

Louis Vallon ☆☆☆

Production : 1 144 900 b. | Élevage :
5 à 8 €

Après sa fusion avec la cave de Saint-Christophe-de-Double, la coopérative de Saint-Pey-Génissac (première productrice de crémant-de-bordeaux avec plus d'un million de cols par an) change de nom en 2018 pour prendre celui de sa marque de crémant, Louis Vallon. Sous ce nouveau nom sont groupés 120 adhérents pour un vignoble de 1 200 ha.
Il brille de toutes ses nuances de rose et d'orangé, animé de belles bulles persistantes. Puis il cède tout aux arômes de fruits blancs comme la poire et la pêche de vigne. Il n'en faut pas davantage pour charmer les dégustateurs et les inviter à découvrir son élégante fraîcheur qui persiste longtemps au palais. ⧗ 2019-2020

SCA CAVE LOUIS VALLON,
36, av. de la Mairie, 33350 Saint-Pey-de-Castets,
tél. 05 57 40 52 07 , p.mondin@ugbordeaux.fr

ENTRE-DEUX-MERS

Ch. Bel Air Perponcher

RÉSERVE 2018 ★★

Production : 35 000 b. | Élevage :
8 à 11 €

Vigneronne depuis plus de deux siècles, la famille Despagne, établie au cœur de l'Entre-deux-Mers, est un acteur incontournable du vignoble bordelais, à la tête de 300 ha répartis sur plusieurs crus – Bel Air Perponcher, Tour de Mirambeau, Rauzan Despagne, Lion Beaulieu, Mont-Pérat – conduits par les enfants de Jean-Louis (Thibault, Gabriel et Basaline) et par Joël Elissalde, directeur technique. Leurs vins sont souvent en vue dans ces pages, dans les trois couleurs.
Des reflets argentés brillent dans ce vin remarquablement équilibré. Il livre une corbeille de fruits exotiques (fruit de la Passion, mangue et kiwi) et d'agrumes. De la vivacité juste comme il faut, de la souplesse et du gras : l'équilibre est réel. Et les arômes de trouver un long écho en finale. ⧗ 2020-2022

SCEA VIGNOBLES DESPAGNE, 2, Le Touyre,
33420 Naujan-et-Postiac , tél. 05 57 84 55 08, contact@despagne.fr

ENTRE-DEUX-MERS

Ch. de l'Orangerie

GRANDE CUVÉE 2018 ★★

Production : n.c. | Élevage :
- de 5 €

Les ancêtres de Jean-Christophe Icard ont constitué à partir de 1790 un domaine qui s'est agrandi au fil des générations. Conduit depuis 1994 par l'actuel exploitant, le vignoble familial couvre quelque 130 ha, dont 75 ha de vignes, dans l'Entre-deux-Mers et la région de Cadillac. Plusieurs étiquettes ici : L'Orangerie, La Sablière Fongrave et même des « produits sous licence » signés par le célèbre dessinateur belge Philippe Geluck, créateur du personnage Le Chat.

Une cuvée qui fait honneur à l'appellation, issue de sémillon et de sauvignon blanc à parts égales, complétés de 10 % de muscadelle. La robe a des reflets d'argents... Dans le verre, les fruits blancs donnent le ton, escortés par des notes d'agrumes, de buis et d'abricot confit, voire de miel d'acacia. C'est ce bel équilibre entre fraîcheur et douceur qui se réalise pleinement au palais. Un vin intense et persistant. ⧗ 2020-2022

SCEA DES VIGNOBLES JEAN-CHRISTOPHE ICARD, lieu-dit le Jardinet, 33540 Saint-Félix-de-Foncaude, tél. 05 56 71 53 67, orangerie@chateau-orangerie.com

---

ENTRE-DEUX-MERS

Ch. Sainte-Marie

VIEILLES VIGNES SOURCE DE PASSION 2018 ★★

Production : 94 000 b. | Élevage :
5 à 8 €

Ce domaine fut autrefois administré par les moines de la Sauve-Majeure. Depuis quatre générations, les Dupuch (Stéphane depuis 1997) sont aux commandes et en ont fait une propriété importante (80 ha) de l'Entre-deux-Mers. Ils exploitent aussi dans le Haut-Médoc le Ch. Peyredon Lagravette, petit cru d'à peine plus de 4 ha.

Le domaine signe ici une cuvée ciselée comme la dentelle de pierre des églises romanes de la région. Intensément aromatique, elle décline toute une palette fruitée (fruits exotiques, pêche blanche), florale et minérale. Une belle vivacité en attaque, puis une matière complexe, souple et fraîche qui enveloppe le palais avec élégance jusqu'à la finale florale. ⧗ 2020-2021

SCEA LES HAUTS DE SAINTE-MARIE, 51, rte de Bordeaux, 33760 Targon, tél. 05 56 23 64 30, contact@chateau-sainte-marie.com

Zoom
Une contrée moyenâgeuse

Au Moyen Âge, l'expression « entre-deux-mers » faisait référence à la particularité de cette contrée, comprise entre la Garonne et la Dordogne, cours d'eau remontés par la marée. L'appellation constituée d'un plateau à dominante argilo-calcaire ne comprend pas les coteaux dominant la Garonne ni les communes de Vayres et d'Arveyres. Mais l'aire de l'entre-deux-mers est suffisamment vaste pour expliquer la multiplicité des terroirs. Le cépage le plus important est le sauvignon, qui communique aux vins un arôme particulier, très apprécié en vin jeune. Sec, frais, vif et fruité, l'entre-deux-mers affirme sa personnalité par sa sève.

ENTRE-DEUX-MERS HAUT-BENAUGE

Ch. Peyrines

2018 ★★

Production : 8 000 b. | Élevage :

5 à 8 €

Du château médiéval, il ne reste que quelques pierres, dont celles qui portent le blason des comtes de Peyrines, devenu celui du domaine. Un domaine viticole fondé en 1825 autour d'un vignoble de 38 ha aujourd'hui, conduit depuis trois générations par la famille Behaghel.

Pâle, si pâle et pourtant expressif, tellement expressif dans ses arômes de fleurs, d'agrumes et de fruits exotiques. Ce vin allie ampleur et vivacité au palais, puis laisse ses flaveurs faire ricochet en finale. C'est si bon ! ⧗ 2019-2022

CH. PEYRINES, Ch. Peyrines, 33410 Mourens, tél. 05 56 61 98 05, contact@chateau-peyrine.com

---

FRONSAC

Ch. Dalem

2016 ★★

Production : 75 000 b. | Élevage :

15 à 20 €

L'un des plus anciens crus du Fronsadais, créé en 1610, et sans doute l'un des plus qualitatifs. Dominant la vallée de l'Isle, le vignoble se répartit entre le Ch. Dalem (12 ha), l'étiquette phare, et le Ch. de la Huste (8 ha). Dans la même famille pendant trois siècles avant d'être vendu en 1955 à Michel Rullier, il est depuis 2020 dirigé par la fille de ce dernier, Brigitte Rullier-Loussert.

Un troisième coup de cœur consécutif pour ce domaine emblématique de Fronsac, fort d'un palmarès impressionnant. Une robe intense à reflets pourpres, un nez envoûtant mêlant cerise, framboise, mûre et prunelle précèdent un palais harmonieux, qui allie structure, rondeur et fraîcheur. Des tanins de grande classe et une finale superlative contribuent à la grandeur de ce vin. ⧗ 2023-2030

SCEA VIGNOBLES BRIGITTE RULLIER, 1, Dalem, 33141 Saillans, tél. 05 57 74 39 85, contact@chateaudalem.fr

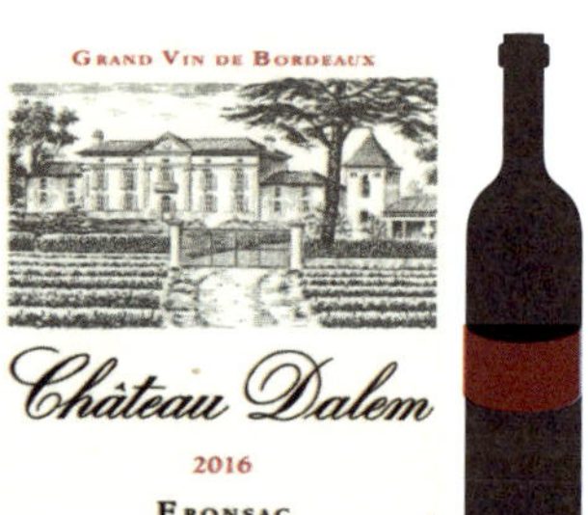

FRONSAC

Haut-Carles

2016 ★★

Production : 25 000 b. | Élevage :

30 à 50 €

Un domaine commandé par un château des XVe et XVI^{e}s., construit sur le tertre de Fronsac par les Carles, puissante dynastie de la noblesse parlementaire de Bordeaux. Il est depuis 1900 dans la famille Chastenet de Castaing, dont descend Constance Droulers, installée en 1983 avec son mari Stéphane. Le couple a fait du vignoble (15 ha) un haut lieu des vins du Fronsadais. Haut-Carles, sélection parcellaire lancée en 1994, collectionne les étoiles et les coups de cœur dans le Guide.

Déjà auréolée d'un coup de cœur l'année dernière, cette propriété réitère l'exploit avec ce 2016 rubis profond qui révèle un nez intense, mêlant notes fruitées (cassis, fraise, myrtille), toastées et épicées (poivre, girofle). Mais c'est surtout en bouche qu'il a convaincu le jury. Gourmand et puissant, structuré par des tanins de velours, très persistant, il semble définir ce qu'est un grand bordeaux de garde : une émotion. ⧗ 2022-2030

SCEV CH. DE CARLES, 33141 Saillans, tél. 05 57 84 32 03, contact@hautcarles.com

FRONSAC

Ch. Saint-Vincent

CUVÉE FLAMBOYANTE 2016 ★★★

Production : 3 500 b. | Élevage :

20 à 30 €

Un domaine transmis de père en fils depuis quatre générations, situé sur le plus haut plateau de Fronsac, à 100 m d'altitude. Installé en 2001, Nicolas Chevalier y conduit 8 ha de vignes.

Arbre originaire de Madagascar, le flamboyant tient son nom de la couleur écarlate de ses fleurs. C'est précisément la couleur intense de la robe de ce 2016 qui a inspiré aux propriétaires du domaine le nom de cette cuvée. Un fronsac à la fois floral (violette, pivoine), fruité (cassis, myrtille), vanillé et épicé, qui déploie une matière riche et gourmande, soutenue par une trame tannique dense et portée par une fraîcheur bienvenue. La longue finale achève de convaincre : un grand vin. ⧗ 2022-2030

CH. SAINT-VINCENT, lieu-dit Vincent, 33126 Saint-Aignan, tél. 05 57 24 02 21, sarl.odsv@gmail.com

---

FRONSAC

Ch. Vieux Mouleyre

SAGESSES 2016 ★★★

Production : 1 760 b. | Élevage :

15 à 20 €

Anna et Jacques Favier sont à la tête depuis 2000 de ce petit cru de Fronsac : 2 ha plantés sur le tertre argilo-calcaire de la Mouleyre (80 m d'altitude). Trois étiquettes ici : Ch. Vieux Mouleyre, le grand vin, Sagesses, une cuvée haut de gamme, et le Petit Âne.

Un pur merlot qui a tout d'un grand. Une robe rubis de grande profondeur, un nez intense de fruits noirs, de fruits rouges, de pivoine et de fumée, une matière enveloppée aux tanins veloutés et une finale fraîche portant loin les arômes. Une cuvée aussi rare qu'éclatante. ⧗ 2022-2030

SCEA ANNA ET JACQUES FAVIER, 7, Peychez, 33126 Fronsac, tél. 06 80 58 42 10, jacques-favier@vieux-mouleyre.com

Zoom Fronsac

Sur le tertre de Fronsac, dominant le confluent de la Dordogne et de l'Isle, Charlemagne avait fait bâtir une forteresse pour contrôler la navigation ainsi que la route terrestre menant à Bordeaux. Étape importante sur la route de Bordeaux à Paris avant la révolution des transports, le Fronsadais s'est retrouvé à l'écart des grands axes de communication, ignoré par le chemin de fer. Sa notoriété en a souffert. S'étendant sur six communes, l'aire se distingue par son terroir de coteau. À l'intérieur de l'AOC fronsac, deux communes ont droit à une appellation spécifique : Fronsac et Saint-Michel-de-Fronsac, domaine du canon-fronsac.

Zoom
Le château de la Brède, demeure du philosophe-vigneron

« Je me fais une fête de vous mener à ma campagne de La Brède où vous trouverez un château gothique à la vérité, mais orné de dehors charmants dont j'ai pris l'idée en Angleterre. » Écrite en 1744, cette phrase de Montesquieu est toujours d'actualité. Bâti sur un îlot entouré d'un étang, le château de La Brède (« lande » en occitan), situé à 20 km au sud de Bordeaux, a été édifié à partir de 1306 sur les ruines d'une construction plus ancienne, puis remanié à partir de la Renaissance. Il donna son nom au village qui s'appelait à l'époque Saint-Jean-d'Étampes. Il entre dans la famille Secondat en 1686. C'est dans ce magnifique endroit que naît, le 18 janvier 1689, Charles Louis de Secondat, baron de La Brède et de Montesquieu, plus connu sous le nom de Montesquieu. Le philosophe, très attaché au lieu, y séjourne régulièrement. Il passe de nombreuses heures dans sa chambre (conservée en l'état), où il rédige une partie de *De l'Esprit des lois*, et dans sa bibliothèque abritant quelque 7 000 volumes.
Le philosophe était aussi vigneron et prenait un soin particulier à l'exploitation des vignes de La Brède, dont la production constituait une source non négligeable de revenus.

GRAVES
Clos Floridène
2016 ★★

Production : 75 000 b. | Élevage :
20 à 30 €

Valeur sûre des Graves, ce cru, créé en 1982, l'un des crus des domaines Denis Dubourdieu (135 ha), couvre aujourd'hui 42 ha sur le plateau calcaire de Pujols-sur-Ciron, près de Barsac, avec quelques parcelles sur les terrasses caillouteuses d'Illats. Son nom évoque les prénoms de ses fondateurs : Florence et Denis Dubourdieu, ce dernier professeur d'œnologie célèbre pour ses travaux sur les arômes, disparu en 2016. À sa tête, leurs fils Fabrice et Jean-Jacques.
Avec ce vin, premier millésime élaboré sans le regard de leur père, les frères Dubourdieu se montrent à la hauteur de leur héritage. Ample, bien structuré et long, ce 2016 charnu et goûteux se distingue avant tout par son élégance, tant dans son développement au palais que dans son bouquet aux notes de fruits mûrs. ⧗ 2023-2030

EARL DOMAINES DENIS DUBOURDIEU, 15, *Gravas, 33720 Barsac, tél. 05 56 62 96 51, contact@denisdubourdieu.fr*

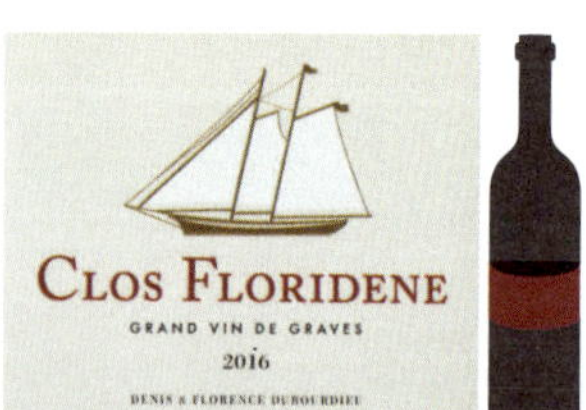

GRAVES
Château de Cérons
2016 ★★

Production : 36 000 b. | Élevage :
20 à 30 €

Issu d'un très ancien domaine, propriété des marquis de Calvimont du XVIe au XVIIIe s., ce cru de Cérons (30 ha), qui a aussi droit à l'appellation graves, connaît depuis 2000 une seconde jeunesse grâce à Giorgio Cavanna, un ingénieur italien amoureux de la France, qui l'a racheté après avoir géré un domaine familial de grand renom en Toscane, le Castello di Ama.
Outre un exceptionnel liquoreux (voir cérons), Giorgio Cavanna signe un graves remarquable par sa générosité et la force qu'il dégage. Aussi expressif par sa robe rouge sombre à reflets violacés que par son bouquet, ce 2016 monte en puissance et en complexité tout au long de la dégustation. Myrtille et fleurs, puis chocolat et épices en finale, la gamme aromatique est vaste et s'harmonise heureusement avec des tanins soyeux pour former un ensemble des plus prometteurs. ⧗ 2022-2030

SCEA DU GRAND ENCLOS DE CÉRONS, 12, *pl. Charles-de-Gaulle, 33720 Cérons, tél. 05 56 27 01 53, lea.grandenclos@orange.fr*

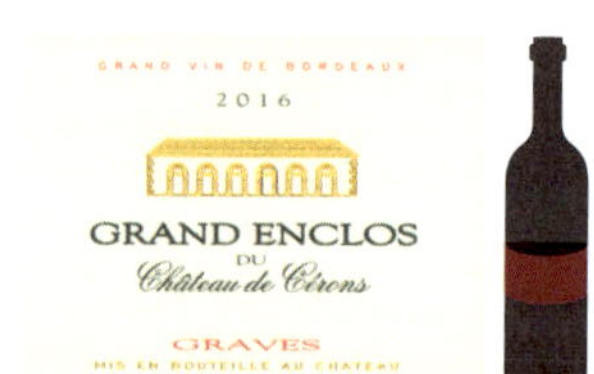

Vigneron de l'année

GRAVES

Ch. Roquetaillade La Grange

2016 ★★

Production : 100 000 b. | Élevage : barrique
15 à 20 €

Les frères Guignard, Bruno, œnologue, Dominique, ingénieur agronome, et Pascal, fort d'une expérience en Afrique du Sud, perpétuent l'œuvre des générations précédentes. Établis dans le sud des Graves à proximité de l'imposant château de Roquetaillade, construit pour un neveu du pape gascon Clément V, ils exploitent plusieurs crus.

« Un régal », cette expression d'un de nos jurés résume bien la dégustation de ce vin. Avec une profonde robe aux reflets violets et un bouquet aussi puissant qu'harmonieux, la présentation est plus que prometteuse. Et le développement au palais ne la dément pas : somptueux à l'attaque, le vin concilie une belle structure tannique avec ce qu'il faut de rondeur et de souplesse. La longue finale clôt magistralement la démonstration. ⧗ 2022-2026

GAEC GUIGNARD FRÈRES, La Grange, 33210 Mazères, tél. 05 56 76 14 23, contact@vignobles-guignard.com

---

GRAVES-DE-VAYRES

Ch. la Fleur des Graves

2018 ★★

Production : 6 000 b. | Élevage : barrique
8 à 11 €

Un vaste domaine de 50 ha de vignes et 60 ha de forêts et prairies, commandé par un château du XVIIIe s. construit selon les plans de Victor Louis et propriété des Glotin depuis 1930. Plusieurs étiquettes ici, en graves-de-vayres et entre-deux-mers : Goudichaud, Haut Bessac, Fage, Haut Beaumard et La Fleur des Graves.

Dix mois de flirt avec la barrique ont transmis à ce vin de sauvignon (75 %) et de sémillon un petit air coquin. Sous une teinte or se déclinent des arômes d'agrumes, de fruits jaunes, d'épices (poivre blanc), de menthe poivrée, voire de camphre. Le palais est de la même veine, d'une belle vivacité, mais non dénué de rondeur. La minéralité, legs du terroir, est fort bienvenue en finale. ⧗ 2019-2022

CH. GOUDICHAUD, 17, chem. de Goudichaud, 33750 Saint-Germain-du-Puch, tél. 05 57 24 57 34, contact@chateaugoudichaud.fr

Zoom
Le détournement du Ciron

D'après des sources anciennes, le Ciron passait autrefois à Cérons. Les eaux de ce petit affluent de la Garonne, lorsqu'elles rencontrent celles plus chaudes de ce fleuve, favorisent l'apparition de brumes favorables à la pourriture noble les journées ensoleillées. Or pour alimenter un moulin, des moines auraient détourné son cours vers le sud, au niveau des appellations actuelles de barsac et sauternes. Cérons n'en bénéficie pas moins encore des effets de ce microclimat et ses producteurs n'ont pas renoncé aux vins doux, même s'ils peuvent aussi proposer du graves rouge.

GRAVES-DE-VAYRES
Ch. Lesparre
2016 ★★

Production : 240 000 b. | Élevage :
8 à 11 €

Originaire de Champagne (Côte des Blancs), la famille Gonet s'est aussi forgé une solide renommée dans le Bordelais : en graves-de-vayres avec les châteaux Lesparre (acquis en 1986), Lathibaude et Durand Bayle, valeurs sûres conduites en bio, ainsi qu'en pessac-léognan (Haut-Bacalan, Eck, Haut l'Évêque, Saint-Eugène) et en AOC régionales (La Chapelle Bordes, La Rose Videau).

Sombre, ce 2016 a décidément bien évolué. En témoigne le bouquet dans lequel les notes d'épices, de toasté et de chocolat épousent celles de fruits noirs mûrs. Puis c'est une matière ample et structurée par des tanins fondus qui se développe, empreinte de délicieuses flaveurs fruitées et réglissées. ⧗ 2020-2024

SCEV MICHEL GONET ET FILS, Ch. Lesparre, 33750 Beychac-et-Caillau, tél. 05 57 24 51 23, info@gonet.fr

HAUT-MÉDOC
Ch. Malescasse
2016 ★★

Cru bourg. | Production : 67 122 b. | Élevage :
20 à 30 €

Huit fenêtres avec huit carreaux : le nombre huit régit l'architecture du château. Édifié en 1824 sur le point le plus élevé de Lamarque, il commande un vignoble de 40 ha implanté sur une croupe de graves blanches, entre Margaux et Saint-Julien-Beychevelle. Il a été racheté en 2012 à la famille Tesseron par l'entrepreneur Philippe Austruy et son groupe Gema Viticole.

Valeur sûre et reconnue, ce cru se distingue avec ce 2016 que tout destine à une belle garde et qui égale son devancier de 2015, lui aussi élu coup de cœur. Certes, on serait tenté de profiter sans attendre de son séduisant bouquet inscrit dans le registre floral. Mais ses tanins aussi puissants que veloutés invitent à la patience, comme le volume de sa matière ou sa complexité aromatique. Autant de promesses de superbes découvertes à venir. ⧗ 2023-2030

SARL CH. MALESCASSE, 6, chem. du Moulin-Rose, 33460 Lamarque, tél. 05 56 58 90 09, contact@chateau-malescasse.com

HAUT-MÉDOC
Ch. Maurac
2016 ★★

Cru bourg. | Production : 60 000 b. | Élevage :
11 à 15 €

Issu de la réunion de deux propriétés et de quelques parcelles avoisinantes, ce vignoble de 16 ha est établi à Saint-Seurin-de-Cadourne, non loin de Saint-Estèphe. Il a été repris en 1998 par MM Gaudin et Leroy.

Habillé d'une robe grenat profond, presque noir, ce vin intrigue autant qu'il promet. Mais il rassure bientôt par la fraîcheur et la complexité de son bouquet de fleurs et de fruits mûrs (framboise et cerise), aux délicates notes vanillées. Puissante, soyeuse et tellement persistante, la bouche se porte garante de l'avenir de cette superbe bouteille de garde. ⧗ 2024-2030

SCEA CH. MAURAC, Le Trale, 33180 Saint-Seurin-de-Cadourne, tél. 05 57 88 07 64, bureau.vitigestion@orange.fr

HAUT-MÉDOC

Ch. Saint-Paul

2016 ★★

Cru bourg. | Production : 119 000 b. | Élevage :

11 à 15 €

Propriété d'une vingtaine d'hectares d'un seul tenant, les châteaux Saint-Paul (haut-médoc) et Saint-Pierre de Corbian (saint-estèphe) sont situés à cheval sur les communes de St-Seurin-de-Cadourne et Saint-Estèphe. Depuis 1979, ils appartiennent aux familles Beguerre et Lacaze.

Résolument traditionnel, ce 2016 ne fait pas dans la demi-mesure. Très expressif, son bouquet fait la part belle aux baies noires bien mûres. Puissante et longue, la structure témoigne elle aussi du très bon potentiel de cette bouteille des plus réussies. ⧗ 2023-2030

SC DU CH. SAINT-PAUL, Ch. Saint-Paul, 33180 Saint-Seurin-de-Cadourne, tél. 05 56 59 34 72, chateaustpaul@orange.fr

---

LALANDE-DE-POMEROL

Ch. Arnaud de Gravette

2016 ★★

Production : n.c. | Élevage :

8 à 11 €

Petit cru créé en 2003 au moment du partage de l'exploitation familiale, il porte le nom de son propriétaire, Éric Arnaud, complété d'une référence à la nature du sol, Gravette signifiant « petits cailloux ».

Cet assemblage ¾ merlot, ¼ cabernet franc dévoile dès l'olfaction sa nature racée à travers des arômes très frais de framboise et de belles notes de violette. Le palais, festif, aux saveurs explosives de groseille et de cerise, repose sur des tanins soyeux et d'une grande finesse. La longue finale, fraîche et finement minérale, renforce encore le caractère expressif de ce vin. Un grand lalande de garde. ⧗ 2022-2030

CH. ARNAUD DE GRAVETTE, 16, la Coutaude, 33910 Sablons, tél. 06 38 52 38 34, ericmh.arnaud@orange.fr

Zoom
La garde des haut-médoc

Les haut-médoc sont le plus souvent des vins de garde. Jeunes, ils présentent un solide côté tannique : certains vins ne peuvent pas se goûter avant quelques années. Ils offrent ensuite un développement souple et charnu. On retrouve en bouche les arômes du nez. S'ils varient selon leur origine géographique, tous les haut-médoc enrichissent leur palette avec le temps.

LALANDE-DE-POMEROL

Ch. Haut-Goujon

CUVÉE LIBERTÉ 2016 ★★★

Production : 1 200 b. | Élevage :
30 à 50 €

Ce cru dispose d'un vignoble de 18 ha en lalande-de-pomerol et en montagne-saint-émilion. La famille Garde y est installée depuis quatre générations; la dernière est représentée par Corinne, Mickaël et Vincent, qui ont pris la suite de leur père Henri en 1995.

Cette cuvée, élevée sans soufre, aura été l'une des grandes révélations du Guide cette année. En effet, tous les membres du jury lui ont attribué la note maximale et, dans la foulée, un coup de cœur à l'unanimité lui a été décerné. Une parure profonde, presque noire, des parfums intenses de baies rouges et noires chaudement mûries, de vanille et d'épices : l'approche est diablement engageante. Après une attaque tonique, la bouche se révèle magistrale, conjuguant en parfaite harmonie saveurs gourmandes, richesse et tanins soyeux. La finale, très persistante, est d'une expressivité rare. Pour citer un juré : « On se régale immédiatement, tout en sachant que ce vin va très bien vieillir. » ⧗ 2021-2030

SCEA GARDE ET FILS (CH. HAUT-GOUJON), Ch. Haut-Goujon, 50, Goujon, 33570 Montagne, tél. 05 57 51 50 05, contact@chateauhautgoujon.fr

LUSSAC-SAINT-ÉMILION

Ch. Côtes de Chambeau

2016 ★★

Production : 20 000 b. | Élevage :
5 à 8 €

Un cru de 12 ha sur les AOC montagne-saint-émilion et lussac-saint-émilion, dans la famille Baudet depuis trois générations, conduit aujourd'hui par les frères Alain et Christophe.

Issu du seul merlot vinifié en cuves béton et Inox après une longue macération pré-fermentaire, ce lussac se présente dans une ravissante et lumineuse robe grenat. Il se révèle d'une grande gourmandise dès l'olfaction avec ses arômes de mûre, de fraise et d'épices. Le fruité abonde en bouche, où le vin se fait ample, rond et soyeux, sans la moindre raideur tannique, et déploie une très longue finale. ⧗ 2021-2029

ALAIN BAUDET, Cornuaud, 33570 Montagne, tél. 05 57 74 51 10, al.baudet@orange.fr

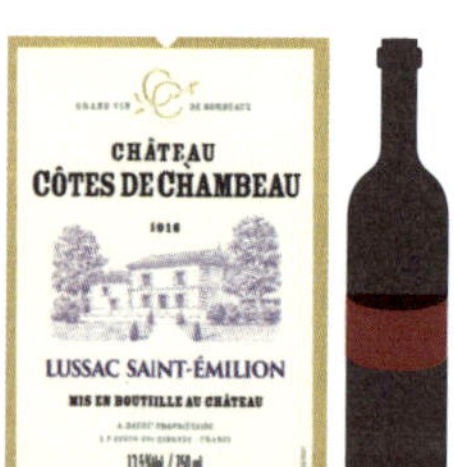

MARGAUX

Ch. Boyd-Cantenac

2016 ★★★

3e cru clas. | Production : 36 000 b. | Élevage :
50 à 75 €

Un beau terroir de graves siliceuses maigres (17 ha), un encépagement diversifié, intégrant le petit verdot, et une famille aux solides racines médocaines, les Guillemet (propriétaires depuis 1932). Ces derniers ne sacrifient pas aux modes et visent l'équilibre et la finesse dans leurs vins. Un grand cru authentique, créé en 1754 par un négociant de Belfast, conduit depuis 1996 par l'œnologue et agronome Lucien Guillemet.

Le terroir de graves siliceuses sur l'excellent plateau de Cantenac-Margaux, l'encépagement diversifié dans la tradition médocaine et l'enracinement cantenacais des Guillemet expliquent le caractère de ce margaux d'exception. Ample, puissant, concentré et d'une belle complexité aromatique (fruits rouges et noirs, réglisse), il saura faire du temps son meilleur allié pour intégrer l'apport du bois. ⧗ 2024-2035

SCE CH. BOYD-CANTENAC, 11, rte de Jean-Fauré, 33460 Cantenac, tél. 09 61 62 55 63, administration@boyd-cantenac.fr

MARGAUX

Ch. Chantelune

2016 ★★

Production : 9000 b. | Élevage :

20 à 30 €

José Sanfins, directeur et vinificateur du Ch. Cantenac Brown, cru classé de Margaux, a constitué un petit vignoble personnel : 1 ha en haut-médoc (Ch. du Moulin) et environ 2,50 ha en margaux (Ch. Chantelune).

Grâce à un méticuleux travail de jardinage et de véritable artisanat, José Sanfins nous confirme – si besoin était – son talent et son savoir-faire. Impeccable dans sa présentation, ce 2016 débute timidement, mais il explose bientôt en un feu d'artifice de fruits rouges, de cassis et de boisé grillé. Tout aussi tentateur, le palais révèle un beau volume porté par des tanins veloutés. Une grande bouteille en perspective.

⧗ 2022-2028

SCEA CH. CHANTELUNE, 14, chem. du Vieux-Chêne, 33460 Lamarque, sanfinsjose@gmail.com

---

MARGAUX

Ch. Margaux

2016 ★★★

1er cru clas. | Production : n.c.

+ de 100 €

Un mythe dressé au bout d'une longue allée de platanes. La majesté de la demeure de style néopalladien (bâtie en 1810), qui a succédé à une ancienne maison forte appartenant à de grandes familles de la région, a contribué à sa renommée. Le domaine est constitué à la fin du XVIe s., et le vignoble créé à la fin du siècle suivant par un parent des Pontac. Passé entre plusieurs mains au fil des siècles, il est acquis en 1977 par André Mentzelopoulos (Felix Potin). Drainage, replantations, tonnellerie intégrée... une vaste rénovation du domaine est engagée, à la vigne, au chai et au château, et fait entrer le cru dans l'ère moderne. Le nouveau chai, œuvre de Norman Foster, a été inauguré en 2015. Le vignoble de 99 ha doit aussi sa qualité à son terroir d'exception, une vaste et superbe dalle calcaire recouverte de graves fines. Il est conduit depuis 1980 par Corinne Mentzelopoulos, fille d'André, qui a pu compter pendant plus de trente ans sur Paul Pontallier, entré en 1983 au château et devenu directeur en 1990 : une carrière qui s'est hélas achevée prématurément en mars 2016. Ingénieur agronome, Philippe Bascaules, qui a travaillé vingt ans au château avant de diriger un grand domaine californien, le remplace en 2017.

Un margaux d'anthologie, dont on pourra suivre l'évolution sur des décennies. À cette heure profond, complexe et élégant, il développe un bouquet aux fines notes de bois de santal, qui s'ouvre progressivement sur le fruit mâtiné de nuances florales. Une grande fraîcheur souligne une bouche encore contenue, ample, rigoureuse, mais déjà l'on perçoit la délicatesse des tanins et la persistance des flaveurs.

⧗ 2025-2040

SCA DU CH. MARGAUX, BP 31, 33460 Margaux, tél. 05 57 88 83 83, chateau-margaux@chateau-margaux.com

MÉDOC
Clément Saint-Jean
RÉSERVE 2016 ★★

Production : 5 924 b. | Élevage :
20 à 30 €

Uni-Médoc est le premier producteur de vins de l'appellation médoc. La cave rassemble quelque 160 viticulteurs qui exploitent 1 000 ha, essentiellement sur les communes de Bégadan, Ordonnac, Prignac et Queyrac.

La « coop » emporte un beau succès avec cette cuvée entièrement issue du cabernet-sauvignon dont la dégustation réserve de belles surprises : intense, dense, presque exubérant dans sa présentation d'un grenat foncé à reflets violets, le vin, de prime abord fermé, distille avec raffinement d'élégantes notes fruitées et boisées qui annoncent sa future complexité. En bouche, il affiche de puissants et soyeux tanins qui tapissent progressivement le palais pour laisser le dégustateur sur une impression de plénitude. ⧗ 2022-2029

⊶ LES VIGNERONS D' UNI-MÉDOC, 14, rte de Soulac, 33340 Gaillan-en-Médoc, tél. 05 56 41 03 12, cave@uni-medoc.com

MÉDOC
Clos Manou
2016 ★★

Production : 60 000 b. | Élevage :
20 à 30 €

En 1998, Stéphane Dief et son épouse Françoise louent 12 ares pour créer leur vignoble. D'achats de parcelles en acquisitions de petits crus soigneusement sélectionnés, leur propriété s'étend aujourd'hui sur 17 ha, avec quelques vignes très anciennes, notamment une petite parcelle de merlot pré-phylloxérique plantée en 1850. Elle est devenue une référence en médoc.

Stéphane Dief signe ici un 2016 qui se montre aussi complexe qu'harmonieux tout au long de la dégustation. D'abord en arborant une livrée d'un grenat intense qu'animent des reflets violets ; ensuite, en offrant un bouquet aussi expressif que gourmand (myrtille, mûre, griotte, boisé fin) ; enfin, en développant une superbe bouche, ample, tannique et longue. ⧗ 2022-2028

⊶ SARL SOGEVITI (CLOS MANOU), 7, rue du 19-Mars-1962, 33340 Saint-Christoly-Médoc, tél. 05 56 41 54 20, commerciale@clos-manou.com

MÉDOC
Ch. Fontis
2016 ★★

Cru bourg. | Production : 36 000 b. | Élevage :
11 à 15 €

Située sur le point culminant de l'appellation (38 m !), cette propriété de 10 ha jouit d'un beau point de vue sur l'estuaire. Vincent Boivert la conduit en agriculture raisonnée depuis qu'il en a pris les commandes en 1995.

Ce cru obtient un très joli succès avec ce vin qui ne se contente pas d'une belle couleur rubis pour séduire le dégustateur. Il est aussi difficile de résister au charme du bouquet, où les fruits rouges mûrs et la cerise noire prennent un côté confituré, comme à celui du palais, à la fois ample, frais, structuré et très élégant. ⧗ 2022-2028

⊶ VINCENT BOIVERT (CH. FONTIS), 2, rte de Hontemieux, 33340 Ordonnac, tél. 05 56 73 30 30, vincent.boivert@orange.fr

MONTAGNE-SAINT-ÉMILION

Clos la Croix d'Arriailh

2016 ★★

Production : 5 870 b. | Élevage :
15 à 20 €

Les Laporte, aujourd'hui Clément et Rémi, sont établis depuis cinq générations sur cette exploitation de 9,5 ha située au lieu-dit Arriailh, à 3 km de Pomerol et de Saint-Émilion. Ils proposent deux étiquettes : Croix-Beauséjour et Clos La Croix d'Arriailh.

Quel doublé ! Un coup de cœur, le Clos La Croix d'Arriailh, et, invitée à la finale, la cuvée Référence du Château Croix Beauséjour. Alliant le malbec (15 %) et le cabernet franc (5 %) au merlot, ce 2016 revêt une parure sombre à reflets grenat. Élégance remarquée ! Le nez tout aussi distingué décline les fruits noirs (mûre, myrtille) nuancés de notes boisées, tandis qu'en bouche se dévoile une matière richement fruitée, aux tanins délicats. ⧗ 2023-2030

EARL CH. CROIX BEAUSÉJOUR, 5, rte d'Arriailh, 33570 Montagne, tél. 05 57 74 59 21, vigne@chateau-croix-beausejour.com

---

MONTAGNE-SAINT-ÉMILION

Vieux Château Palon

2016 ★★★

Production : 35 000 b. | Élevage :
20 à 30 €

Grégory Naulet s'est installé comme jeune agriculteur en 2000 sur ce cru de 5,5 ha aux sols argilo-calcaires; il a restructuré le vignoble et créé une unité de vinification pour en faire une très bonne référence de l'appellation montagne-saint-émilion.

Coup de cœur à l'unanimité qui récompense un travail méticuleux accompli à la vigne (vendanges à la main avec tris sélectifs) comme au chai. Un 2016 impressionnant dès le premier regard porté sur sa teinte grenat profond. Au nez, une palette d'une rare complexité se décline : fruits noirs, vanille et bois patiné. Bien structurée pas des tanins encore juvéniles – en témoigne l'attaque –, c'est une matière volumineuse et riche qui se déploie, empreinte de fruit. La finale reprend tous les arômes perçus au nez, avec persistance. Un vin de gastronomie et de garde. ⧗ 2023-2030

EARL VIGNOBLES NAULET, Mondou, 33330 Saint-Sulpice-de-Faleyrens, tél. 06 89 10 90 01, vignobles.naulet@wanadoo.fr

Zoom
L'appellation médoc

Longeant la rive gauche de la Garonne puis de la Gironde, le Médoc est une région du Bordelais, que l'on associe aux grands vins rouges de Bordeaux, même si le vignoble ne forme qu'une bande proche de l'estuaire, forêt et marais couvrant la majeure partie de la presqu'île. C'est aussi une AOC, qui peut provenir de l'ensemble du vignoble médocain ; en réalité, elle est essentiellement revendiquée dans la partie nord de la presqu'île, la partie sud étant occupée par l'AOC haut-médoc qui enserre les six appellations communales (margaux, pauillac, saint-julien, saint-estèphe, moulis-en-médoc, listrac-médoc).

Zoom
Châteaux du vin

À partir du XVIIe siècle en Bordelais, les grands propriétaires se font bâtir au milieu des vignes d'élégantes demeures accompagnées de bâtiments d'exploitation. Sous le Second Empire, le Médoc se couvre de fastueux bâtiments de style éclectique, néogothique ou néorenaissance. C'est après cette époque que le mot « château » se met à désigner un domaine dans la région.

PAUILLAC

Ch. Lafite-Rothschild

2016 ★★★

1er cru clas. | Production : n.c. | Élevage :
+ de 100 €

Ancienne seigneurie, dont la juridiction s'étendait au nord de Pauillac, le domaine doit aux Ségur – parlementaires bordelais et grands propriétaires de vignes – son château et une vocation viticole établie dès le XVII[e]s., qui lui a valu d'être élevé au rang de 1er cru classé en 1855. Mais il doit aux Rothschild, qui l'ont acquis en 1868, d'avoir été à l'abri des divisions et autres cessions qui ont affaibli tant de propriétés prestigieuses. Il doit aussi à l'équipe formée par Éric de Rothschild, aux commandes depuis 1974, et Charles Chevallier, son directeur technique jusqu'en 2016, sa modernisation et ses outils performants, tel son célèbre chai circulaire imaginé par Ricardo Bofill. Outils qui permettent de révéler pleinement la personnalité d'un terroir exceptionnel planté de 112 ha de vignes : une superbe croupe de graves fines et profondes sur un sous-sol calcaire. Éric Kohler a pris en 2016 la direction technique du Lafite, Charles Chevallier restant consultant et ambassadeur du château.

Si comme l'écrivait Spinoza, « la joie est le passage d'une moindre perfection à une perfection plus grande », c'est à un ravissement que nous prépare ce pauillac déjà si intense et profond. Quelque peu sur la réserve, il offre cependant des arômes de fruits noirs, de bois de santal et d'épices douces fort complexes. Puis il aborde le palais avec autant de fraîcheur que d'ampleur, avant de développer une matière dense, parfaitement architecturée autour de tanins fins et serrés. La longue finale sur le fruit et le boisé est un autre indice qu'une perfection plus grande encore est à venir. ⧗ 2025-2040

SC CH. LAFITE ROTHSCHILD (CH. LAFITE ROTHSCHILD), 33250 Pauillac, tél. 05 56 73 18 18, visites@lafite.com

PAUILLAC

Ch. Latour

2016 ★★★

1er cru clas. | Production : n.c.
+ de 100 €

Maison forte, dite de Saint-Maubert, commandant une importante seigneurie au Moyen Âge et protégeant l'accès à Bordeaux, le site de Latour fit l'objet d'une bataille pendant la guerre de Cent Ans. Toutefois, l'événement marquant de son histoire fut l'unification du domaine par Arnauld de Mullet à la fin du XVIes. Elle a permis au cru de posséder très tôt un vignoble homogène (65 ha aujourd'hui), établi sur une belle croupe de grosses graves claires, dont le cœur – le terroir dit de l'Enclos (47 ha) – donne naissance au grand vin. Autre atout, la stabilité : la propriété est restée entre les mains des descendants des Ségur, illustre famille du vignoble médocain, jusqu'en 1962. Après un passage « sous pavillon britannique » (groupe Pearson), le cru a été acquis en 1993 par l'industriel François Pinault, qui a beaucoup investi à la vigne (arrachages et replantations) et à la cave (nouveau chai souterrain, rénovation du cuvier).

Pareil à l'encre violine des calligraphes, ce pauillac dessine de délicates arabesques aromatiques : au boisé frais du premier nez succèdent des nuances de rose et de violette, des touches de cassis et de myrtille, des accents de bois de cèdre et de boîte à cigares. Le tracé prend de la puissance au palais, tant la matière a de volume et de gras, mais l'élégance demeure car la trame tannique a été parfaitement assouplie par l'élevage et la fraîcheur a été préservée, laissant éclater le fruit et les épices (poivre noir) en finale. ⧗ 2025-2040

⊶ SARL CH. LATOUR DIFFUSION (CH. LATOUR), Saint-Lambert, 33250 Pauillac, tél. 05 56 73 19 80, s.guerlou@chateau-latour.com

---

PAUILLAC

Ch. Lynch-Bages

2016 ★★

5e cru clas. | Production : n.c. | Élevage :
+ de 100 €

Le nom de ce cru associe celui des négociants irlandais propriétaires au XVIIIes. et celui d'un hameau situé aux portes sud de Pauillac. Son succès résulte, depuis les années 1930, du travail continu de trois générations de Cazes : Jean-Charles, André et Jean-Michel. La part de ce dernier, qui a passé la main à son fils Jean-Charles, est essentielle. Sa réussite est liée à la qualité des vins, nés d'un vaste vignoble de 100 ha, et aussi à une vraie stratégie de développement, incluant un négoce et des infrastructures touristiques (hôtel-restaurant, commerces).

Une fois encore, l'équipe de Jean-Charles Cazes et Daniel Llose, le directeur technique, a su jouer avec la météo pour obtenir une vendange parfaitement mûre et saine. Il en résulte puissance et élégance. Du noyau de cerise aux épices, en passant une collection de fruits noirs, l'expression aromatique est un exemple de complexité. Gras, ample et porté par des tanins soyeux, le palais prolonge remarquablement le bouquet. Un vrai pauillac de grande classe. ⧗ 2025-2035

⊶ SAS CH. LYNCH-BAGES, Ch. Lynch-Bages, 33250 Pauillac, tél. 05 56 73 24 00, contact@jmcazes.com

PAUILLAC

Ch. Mouton Rothschild

2016 ★★

1er cru clas. | Production : n.c. | Élevage :
+ de 100 €

Voisin de Lafite et appartenant à une autre branche de la famille Rothschild (acquis en 1853 par Nathaniel), Mouton est fortement lié à la personnalité du baron Philippe. Arrivé à la tête du cru en 1922, ce dernier lui redonne ses lettres de noblesse en le modernisant (construction du célèbre « grand chai », notamment) – un travail qui aboutit en 1973 à la révision du classement de 1855 et à l'accession de Mouton au rang de 1er cru classé. Le baron Philippe a aussi fait du domaine le socle d'un petit empire comprenant d'autres vignobles et une maison de négoce. Il a également joué un rôle important dans l'histoire du vin en étant l'un des premiers à pratiquer la mise en bouteilles au château, dès 1926, et en faisant illustrer ses étiquettes par des artistes. À partir de 1988, sa fille Philippine, disparue en 2014, a poursuivi son œuvre. Le fils de cette dernière, Philippe Sereys de Rothschild, lui a succédé. Philippe Dhalluin est le directeur depuis 2003. À sa disposition, un vignoble de 84 ha situé pour l'essentiel sur une croupe de graves très profondes dite « Plateau de Mouton » et un tout nouveau cuvier sorti de terre en 2013.
Une première pour l'étiquette de ce millésime qui est illustrée par une œuvre d'un artiste originaire du continent africain, William Kentridge, né en 1955 à Johannesburg. Un choix d'autant plus heureux que 2016 est un millésime solaire, propice aux cabernets (83 % de cabernet-sauvignon), qui ont pu être récoltés un peu plus tôt que d'habitude. Le résultat est un très grand Mouton. Un vin au bouquet intense de fruits mûrs, d'épices et de parfums d'Orient, dont la grande élégance se déploie aussi au palais. Ample et diablement charmeur grâce à des tanins fins et soyeux, il fait alliance avec le temps. ⧗ 2025-2040

⊶ SA BARON PHILIPPE DE ROTHSCHILD *(CH. MOUTON ROTHSCHILD), lieu-dit le Pouyalet, 33250 Pauillac, tél. 05 56 73 20 20, webmaster@bpdr.com*

PAUILLAC

Ch. Pichon Baron

2016 ★★

2e cru clas. | Production : 162 300 b. | Élevage :
+ de 100 €

Le vignoble originel fut constitué au XVIIes. par Jacques de Pichon, baron de Longueville. Divisé en deux en 1850, le cru revient en partie à Raoul de Pichon-Longueville (l'autre devenant Pichon Comtesse), qui y fait édifier le château actuel. Inspiré de celui d'Azay-le-Rideau, le bâtiment contraste avec les lignes horizontales du chai construit après le rachat du domaine en 1987 par Axa Millésimes. L'assureur y a entrepris d'importants travaux de rénovation, sous la conduite de Jean-Michel Cazes, puis de Christian Seely, Jean-René Matignon assurant la direction technique. Depuis 2001, la politique de sélection a été intensifiée : ne sont désormais utilisés pour le grand vin que 40 ha sur les 73 que compte ce terroir d'exception, fait de belles graves garonnaises, voisin immédiat de Latour.
L'intensité du bouquet aux notes de fruits frais répondant à celle de la robe grenat profond, on comprend vite que ce vin ne fait pas de promesses à la légère. Parfaitement équilibré, volumineux, dense et puissant, il conserve une étonnante élégance et beaucoup de fraîcheur au palais. La finale encore austère invite à oublier précieusement cette très belle bouteille à la cave. ⧗ 2025-2035

⊶ SOCIÉTÉ D'EXPLOITATION PICHON-LONGUEVILLE, *Ch. Pichon Baron, 33250 Pauillac, tél. 05 56 73 17 17, contact@pichonbaron.com*

PESSAC-LÉOGNAN

Ch. Brown

2016 ★★

Production : 79400 b. | Élevage :
30 à 50 €

Brown enchaîne les années avec une aisance déconcertante : Jean-Christophe Mau a obtenu un coup de cœur pour chacun de ses millésimes depuis 2012, souvent en blanc. Cette année, il va encore un peu plus haut, faisant le doublé en rouge et en blanc... Tenant toutes les promesses d'une robe grenat profond, le bouquet de ce remarquable 2016 séduit par l'élégance et la complexité de ses arômes fruités et épicés, tandis que le palais charme par la richesse de la matière, aux tanins serrés. Une grande bouteille en perspective. ⧗ 2024-2032

PESSAC-LÉOGNAN

Ch. Brown

2017 ★★

Production : n.c. | Élevage :
30 à 50 €

Limpide et éclatant dans sa robe jaune pâle, ce vin présente une superbe fraîcheur aromatique autour d'arômes de verveine, d'agrumes et de litchi. En bouche, il se montre ample, gras et suave sans jamais céder à la lourdeur, une fine acidité venant l'épauler. Et quelle longueur ! Un pessac blanc complet et élégant. ⧗ 2020-2025

Commandé par une élégante chartreuse et son pigeonnier du XVIIIᵉs., ce vaste cru (60 ha dont 35 ha en vignes) doit son nom à un marchand de biens écossais, John Lewis Brown, propriétaire au XIXᵉs. Après quelques années difficiles, le domaine revit à la suite de son rachat en 1994 par Bernard Barthe ; efforts perpétués depuis fin 2004 par les familles Mau et Dirkzwager. Le cru est dirigé par Jean-Christophe Mau et le vignoble est certifié Haute Valeur Environnementale niveau 3 depuis 2018.

SCEA CH. BROWN, 5, *allée John-Lewis-Brown, 33850 Léognan, tél. 05 56 87 08 10, contact@chateau-brown.com*

Zoom
Sudiste ou nordiste, pauillac avant tout

La présence de deux grands plateaux sur l'appellation a incité certains dégustateurs à tenter de dégager deux familles de pauillac. Ceux de Saint-Lambert, les « sudistes », se rapprocheraient ainsi des saint-julien, en privilégiant la finesse, tandis que ceux du Pouyalet, les « nordistes », tendraient vers les saint-estèphe, en accentuant le corps et la charpente. Mais cette classification résiste mal à l'épreuve de la dégustation des premiers crus : Lafite, bien qu'au nord, se distingue par son élégance, tout comme Latour, sudiste. En fait, l'étonnante homogénéité du terroir confère aux vins une réelle identité, qu'ils soient sudistes ou nordistes.

PESSAC-LÉOGNAN
Ch. Haut-Bailly
2016 ★★

Cru clas. | Production : 70000 b. | Élevage :
+ de 100 €

Créé en 1630 par un financier parisien, Firmin Le Bailly, ce cru situé aux portes de Bordeaux acquiert sa notoriété au XIXe s. sous l'impulsion d'Alcide Bellot des Minières. Un prestige renforcé à partir de 1955 par la famille Sanders, puis par le banquier américain Robert G. Wilmers. Son fils Chris Wilmers a repris la gouvernance, toujours avec Véronique Sanders aux commandes. Le vignoble, intégralement voué aux cépages rouges, couvre 33 ha d'un seul tenant.

S'annonçant dans une rutilante robe cerise qu'animent des reflets brillants, ce vin offre un bouquet majestueux de fruits rouges et noirs, de fumée et de réglisse. Dense et doté de tanins très mûrs et soyeux, le palais révèle beaucoup de puissance sans jamais se départir de son élégance. Un grand vin pour une bouteille de caractère. ⧗ 2024-2035

⊶ SAS CH. HAUT-BAILLY, 103, av. de Cadaujac, 33850 Léognan, tél. 05 56 64 75 11, mail@haut-bailly.com

PESSAC-LÉOGNAN
Ch. Haut-Brion
2016 ★★★

1er cru clas. | Production : 146748 b. | Élevage :
+ de 100 €

Séparé du château Haut-Brion juste par la RN 250 et uni à lui depuis son acquisition en 1983 par les Domaines Clarence Dillon, ce cru s'individualise par son histoire. Celle-ci est liée à la puissante famille de Lestonnac jusqu'en 1682, puis, jusqu'à la Révolution, aux pères lazaristes de Saint-Vincent, qui identifièrent les qualités remarquables de son terroir graveleux aujourd'hui planté de 29 ha de vignes, dont 3,6 ha en blanc.

Un pessac-léognan majesteux dans son habit tellement profond et brillant. Tout en finesse, il dévoile ses senteurs de fleurs et des nuances fumées-épicées avant de dérouler une jolie gamme de fruits noirs et rouges mûrs, nuancés de cacao. L'attaque ample et soyeuse n'est que prémices d'un long développement : du volume, de la densité, des tanins fins et une fraîcheur bienvenue pour soutenir la finale. ⧗ 2024-2040

⊶ DOM. CLARENCE DILLON, 135, av. Jean-Jaurès, 33608 Pessac Cedex, tél. 05 56 00 29 30, info@haut-brion.com

PESSAC-LÉOGNAN
Ch. Smith Haut Lafitte
2016 ★★

Cru clas. | Production : n.c. | Élevage :
+ de 100 €

Ce cru ancien fondé en 1365 doit son nom au navigateur écossais George Smith, installé ici au XVIIIe s. Lui succéderont M. Duffour-Dubergier, maire de Bordeaux, puis Louis Eschenauer, grande figure du négoce bordelais. En 1990, Florence et Daniel Cathiard acquièrent le domaine et lancent de grands travaux : création de deux chais souterrains, reprise du travail du sol sans désherbant, intégration de leur propre tonnellerie, développement de l'œnotourisme avec Les Caudalies, complexe hôtelier et centre de vinothérapie. Le vignoble couvre aujourd'hui 78 ha sur une belle croupe de graves.

S'il ne s'est pas encore complètement ouvert et reste toujours marqué par l'élevage, ce remarquable vin montre déjà sa puissance. Tant dans son bouquet, qui fait la part belle aux fruits rouges et noirs, que dans son développement au palais. Il déploie une solide matière, qui monte en puissance pour s'affirmer complètement en finale. ⧗ 2024-2030

⊶ SAS D. CATHIARD, chem. du Carosse, 33650 Martillac, tél. 05 57 83 11 22, f.cathiard@smith-haut-lafitte.com

Zoom
Pessac-léognan : un classement original

L'originalité des pessac-léognan a été remarquée par les spécialistes bien avant la création de l'appellation. Ainsi, lors du classement impérial de 1855, le château Haut-Brion fut le seul cru non médocain à être classé (premier cru). Un siècle après, en 1953, douze crus l'ont rejoint pour former le classement des vins rouges des Graves. Enfin, en 1959, huit ont été classés pour leur vin blanc. Le classement des Graves est aujourd'hui le seul en Gironde à comprendre aussi bien des vins blancs secs que des vins rouges. Il est exclusivement composé de vins de l'AOC pessac-léognan.

POMEROL
Ch. Beauregard Bio
2016 ★★

Production : 34 000 b. | Élevage : fût
50 à 75 €

Commandé par une superbe chartreuse du XVIIe s., Beauregard compte 17,5 ha de vignes en bordure sud-est du plateau de Catusseau, complétés par 8 ha en lalande (Pavillon Beauregard). Un cru très régulier, dont la gestion est confiée à Vincent Priou. Propriété depuis 1991 du Crédit Foncier, il a été vendu en juillet 2014 aux familles Moulin (groupe Galeries Lafayette) et Cathiard (Ch. Smith Haut Lafitte). Un nouveau cuvier a été aménagé, l'agriculture biologique adoptée et le domaine est ouvert au tourisme.
Il a été impossible pour le jury de résister à ses charmes. Robe pourpre soutenu aux reflets violines pour cet assemblage de merlot (80 %) et de cabernet franc. Du verre montent des parfums intenses de fruits rouges, de moka et de tabac blond. Derrière une fraîcheur parfaitement ajustée, la bouche dévoile une structure dense et puissante, bâtie sur des tanins serrés ; on y retrouve les fruits rouges très mûrs et les notes boisées jusque dans sa très longue finale. Un grand pomerol dans un grand millésime. ⧗ 2023-2030

SCEA CH. BEAUREGARD, 73, rue de Catusseau, 33500 Pomerol, tél. 05 57 51 13 36, contact@chateau-beauregard.com

POMEROL
Ch. le Bon Pasteur
2016 ★★

Production : 30 000 b. | Élevage : fût
75 à 100 €

Michel Rolland possédait plusieurs crus dans le Libournais, avec pour fleuron Bon Pasteur, dans la famille depuis les années 1920 : 7 ha morcelés en 23 parcelles, aux confins nord-est de Pomerol. Bertineau Saint-Vincent (5,6 ha en lalande) et Rolland-Maillet (3,3 ha en saint-émilion) complètent la propriété, passée en 2013 sous pavillon chinois (le groupe Golding basé à Hong-Kong) ; l'équipe technique est restée en place.
Dix-huit mois d'élevage pour ce 2016 semblant aujourd'hui d'une jeunesse insolente. Le nez, racé et fin, convoque les fruits rouges et noirs légèrement compotés, le sous-bois et les épices douces. Le vin se montre charnu en bouche, riche et finement tannique : un grand pomerol, à l'immense finale évoquant la violette. Un coup de cœur d'autant plus méritoire que le niveau général était particulièrement élevé cette année dans l'appellation. ⧗ 2024-2030

SAS LE BON PASTEUR, 10, chem. Maillet, 33500 Pomerol, tél. 05 57 24 52 58, contact@chateaulebonpasteur.com

POMEROL
Ch. L'Évangile
2016 ★★★

Production : n.c. | Élevage :
+ de 100 €

Né vers le milieu du XVIIIe s., époque où il porte le nom de Fazilleau, le cru est rebaptisé L'Évangile au début du XIXe s. Il s'étend alors sur 13 ha, une superficie proche de sa taille actuelle (16 ha). Le premier tournant de son histoire se situe sous le Second Empire avec son achat par Paul Chaperon, qui fait bâtir le château et contribue à asseoir rapidement sa renommée en exploitant les qualités d'un terroir à la fois fortement typé et bien équilibré avec des argiles, des sables et des graves très pures, sur un sous-sol riche en crasse de fer. L'Évangile est vendu aux Rothschild en 1990, second tournant majeur pour ce cru qui bénéficie alors d'investissements importants et des compétences de son directeur Charles Chevallier, qui a passé la main en 2015 à Éric Kohler.

Une grande sensualité émane de ce pomerol grenat profond, dont le bouquet évoque les fruits rouges et noirs très mûrs, ainsi que les épices. Le grain des tanins est si soyeux et la fraîcheur si pertinente qu'une impression de suavité l'emporte au palais. Pourtant, la matière est bel et bien dense et ample, puissante même en finale, architecturée pour affronter le temps. ⧗ 2023-2040

CH. L' ÉVANGILE, 33500 Pomerol, tél. 05 57 55 45 55, levangile@lafite.com

---

POMEROL
Ch. la Fleur-Pétrus
2016 ★★★

Production : n.c. | Élevage :
+ de 100 €

Implanté sur le plateau de Pomerol, contigu à Lafleur à l'ouest et à Petrus au sud, c'est le plus vaste des crus pomerolais (18,7 ha) de la famille Moueix, acquis dès 1953 ; il a été agrandi en 1994 grâce à l'acquisition d'une butte graveleuse du Ch. le Gay. Un château réputé pour l'élégance de ses vins.

2014, 2015, 2016 : La Fleur-Pétrus livre une admirable série de millésimes, tous récompensés d'un coup de cœur. À la fois profonde et éclatante, la robe fait son effet. Rose, violette, fruits rouges mûrs, boisé sage : le nez affiche une élégance remarquable. La bouche est à l'unisson : ample, ronde tout en restant fraîche, dotée de tanins fins et veloutés, elle s'étire dans une longue finale tout en délicatesse. Comme à son habitude, un cru parfaitement typé, d'un équilibre exceptionnel. ⧗ 2024-2035

ÉTS JEAN-PIERRE MOUEIX (CH. LA FLEUR-PÉTRUS), 54, quai du Priourat, BP_129, 33502 Libourne Cedex, tél. 05 57 51 78 96, info@jpmoueix.com

POMEROL

Petrus

2016 ★★★

Production : n.c. | Élevage :
\+ de 100 €

Presque une maison de poupée, un chai à peine plus grand et un vignoble modeste (11,5 ha), et pourtant un cru devenu mythe. Déjà réputé à la fin du XIXe s., sous la conduite de la famille Arnaud, il assoit sa notoriété grâce à Edmonde Loubat, dite «Tante Lou». Cette hôtelière libournaise débordante d'énergie, qui a acheté des parts en 1925 (seule propriétaire en 1945), va notamment conquérir Londres en envoyant du Petrus aux fiançailles d'Élisabeth d'Angleterre. Autre élément décisif, son association avec le négociant Jean-Pierre Moueix (propriétaire unique en 1964), qui va organiser la vente et créer le mythe : Petrus devient notamment le vin préféré des Kennedy. Un succès qui s'explique aussi – et surtout – par un terroir d'exception : la fameuse «boutonnière», une argile bleue en surface qui se gonfle aux premières pluies, devient totalement imperméable et assure une alimentation régulière de la plante. Un terroir magnifié pendant quarante-cinq ans par un vinificateur hors pair, Jean-Claude Berrouet, qui a laissé sa place en 2007 à son fils Olivier – la direction générale étant assurée depuis 2014 par Jean Moueix, petit-fils de Jean-Pierre; cette année 2014 est aussi celle de l'inauguration d'un chai refait à neuf et d'une grande sobriété, dessiné par Jean-Pierre Errath.

D'un somptueux rouge sombre et intense, la robe du Petrus 2016 trouve un écho tout aussi admirable dans la profondeur du bouquet. Un peu d'aération et se déploient des arômes complexes de myrtille, d'épices douces et de café crème, puis s'impose une dominante florale autour de la violette et de l'iris. Une attaque ample et particulièrement alerte ouvre sur une bouche d'une grande fraîcheur – c'est sa signature cette année –, structurée par des tanins à la fois bien serrés et très fins. Un goût de raisin frais anime la finale, aussi large que longue. Un pomerol majuscule, concentré d'élégance et de force contenue, d'un équilibre et d'un classicisme extraordinaires. Sans aucun doute l'un des plus beaux millésimes du XXIe s. pour l'illustre cru. ⧗ 2025-2040

SC DU CH. PETRUS, 3, rte de Lussac, 33500 Pomerol

POMEROL

Ch. Tour Maillet

2016 ★★

Production : 14 000 b. | Élevage :
20 à 30 €

Aux lendemains de la guerre de 1914, Pierre Lagardère acquiert 1 ha de vignes dans le secteur de Maillet, à Pomerol. Ses petits-fils et arrière-petits-fils, Jean-Claude et Gaël, conduisent aujourd'hui un vignoble de 17 ha à Montagne (Ch. Négrit et Ch. Rocher Calon) et de 2 ha à Pomerol (Ch. Tour Maillet).

Un pomerol issu du seul merlot, qui devrait plaire aux amateurs de vins de niche. Cette cuvée révèle à l'olfaction un profond bouquet mêlant tonalités fruitées, poivrées, empyreumatiques et florales. Doté d'une attaque tonique et savoureuse, le palais développe une chair dense, adossée à des tanins enrobés et déploie une superbe et très longue finale. Un pomerol complet, sans fausse note, d'une harmonie rare. ⧗ 2023-2030

SCEV LAGARDÈRE, Négrit, 33570 Montagne, tél. 05 57 74 61 63, vignobleslagardere@wanadoo.fr

Zoom
La « république villageoise » de Pomerol

Pomerol est morcelée en une série de petites exploitations éparpillées. Ainsi l'appellation est-elle souvent comparée à une « république villageoise », qui s'exprime par le refus de tout classement. Ce n'est qu'au xxe siècle que sont apparus des crus vedettes. En tête arrive Petrus ; derrière lui plusieurs domaines figurent en bonne place parmi lesquels : L'Évangile, Trotanoy, Lafleur, Vieux-Château-Certan, La Conseillante, Petit-Village, Certan de May, Lafleur-Petrus ou encore Beauregard.

SAINTE-CROIX-DU-MONT
Ch. des Arroucats
SÉLECTION DU CHÂTEAU 2017 ★★

Production : 24 000 b. | Élevage :
8 à 11 €

Fondé en 1938 par Christian Labat, ce domaine familial dispose d'un coquet vignoble de 47 ha, dont 23 ha à Sainte-Croix-du-Mont, son berceau, complétés par des vignes dans les Graves (Ch. Dorléac), sur l'autre rive de la Garonne. L'ensemble est conduit depuis 2000 par Virginie Barbe, petite-fille du fondateur.
D'un jaune doré brillant et lumineux, la robe invite à poursuivre la découverte de ce 2017 et c'est avec gourmandise que l'on se laisse séduire par la puissance et l'élégance de son bouquet aux fins arômes de fleurs (genêt) et de fruits confits (coing et abricot) agrémentés de notes exotiques (ananas). Tout aussi expressif et harmonieux, le palais révèle un bel équilibre et un réel potentiel.
⧗ 2021-2030

SARL DES VIGNOBLES LABAT-LAPOUGE, Les Arroucats, 3, Vilate-Sud, 33410 Sainte-Croix-du-Mont, tél. 05 56 62 07 37, chateau_arroucats@hotmail.com

SAINTE-FOY-BORDEAUX
Ch. Galouchey
CUVÉE JEAN 2016 ★★

Production : 3 500 b. | Élevage :
11 à 15 €

Les vignobles Valpromy-Deffarge constituent un bel ensemble de 74 ha, conduit par la même famille depuis trois générations. Trois étiquettes ici : les châteaux Galouchey, Trois Fonds et Tour de Goupin.
Cette cuvée attire d'emblée par son nez puissant, qui associe les fruits noirs (mûre, cassis, myrtille) aux notes vanillées de l'élevage en barrique. Ces arômes s'épanouissent avec persistance dans une bouche fraîche à l'attaque, onctueuse en finale, dotée de tanins parfaitement ajustés. Beau retour aromatique sur les fruits noirs confiturés en fin de dégustation. Un sainte-foy superbe, aujourd'hui comme demain. ⧗ 2020-2026

EARL VALPROMY-DEFFARGE, 1, Goupin, 33890 Gensac, tél. 05 57 47 40 76, earl.valpromy-deffarge@orange.fr

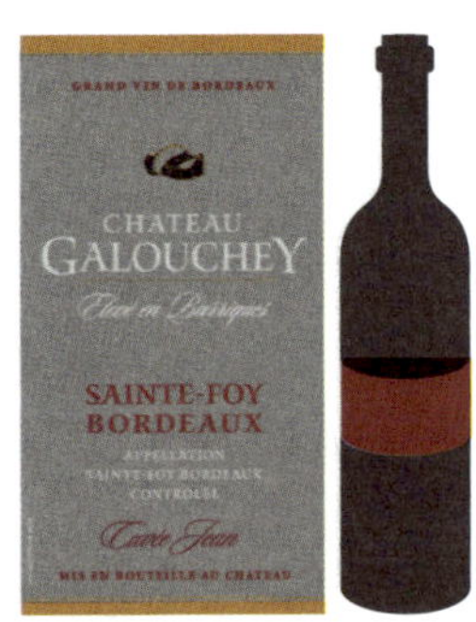

SAINT-ÉMILION
L'Archange
2016 ★★

Production : 5500 b. | Élevage : fût
20 à 30 €

Issu d'une famille enracinée à Saint-Émilion depuis le XVII[e]s., André Chatonnet, disparu en 2007, s'était établi en 1967 au Ch. Haut-Chaigneau, où il avait fait construire un « temple du vin » dans le style néoclassique. Son fils Pascal, œnologue et biologiste, continue son œuvre. Il exploite 30 ha de vignes, en lalande essentiellement, ainsi qu'en saint-émilion. Une valeur sûre.

Ce pur merlot, issu d'une parcelle d'à peine plus de 1 ha, est un habitué du Guide. Le 2016 a fait forte impression. Expressif, il libère d'intenses notes fruitées (prune, cerise et mûre), alliées à un boisé délicat évoquant le cèdre. Après une attaque souple, il déploie une chair dense et harmonieuse, soutenue par une trame tannique de grande classe. ⧗ 2021-2030

⊶ SCEV VIGNOBLES CHATONNET, *chem. des Trois-Bois, 33500 Néac, tél. 05 57 51 31 31, contact@vignobleschatonnet.com*

SAINT-ÉMILION
Clos le Brégnet
2016 ★★

Production : 18000 b. | Élevage : cuve
8 à 11 €

David Coureau exploite depuis 1970 un vignoble familial de 16 ha, dont il consacre la moitié au saint-émilion, 1 ha au grand cru La Perle du Brégnet et le reste au Ch. l'Ancien Orme en AOC bordeaux. La partie dédiée au grand cru est située à la limite sud de la juridiction, sur un terroir de sables et de graves.

Un saint-émilion de haut vol, tout de grenat vêtu. Il évoque des arômes gourmands de fruits rouges et noirs mêlés à des nuances toastées. Concentré et charnu, structuré mais sans excès d'extraction, il fait preuve d'élégance jusqu'en finale. ⧗ 2021-2030

⊶ EARL VIGNOBLES COUREAU, *204, Le Brégnet, 33330 Saint-Sulpice-de-Faleyrens, tél. 05 57 24 76 43, clos-le-bregnet@wanadoo.fr*

SAINT-ÉMILION
Ch. le Destrier
CUVÉE PRESTIGE ÉLEVÉ EN FÛT DE CHÊNE 2016 ★★

Production : 10800 b. | Élevage : fût
11 à 15 €

Olivier Cheminade est la quatrième génération de vignerons à travailler ce vignoble. Aidé de son frère, il partage son temps entre le chai et les rendez-vous pour faire découvrir les derniers millésimes. Formé à l'œnologie, il observe avec attention les méthodes de vinification et retient celles qui lui semblent adaptées à faire ressortir l'identité de son terroir de 2 ha de merlot.

Ce 2016 évoque les fruits noirs confiturés (cerise) et la vanille. Ample, il offre une belle matière en bouche, parfaitement soutenue par des tanins mûrs. Témoins d'un élevage maîtrisé, les notes épicées s'harmonisent jusqu'à la longue finale évocatrice de fruits noirs mûrs. Un vin taillé pour la garde. ⧗ 2022-2030

⊶ EARL CHEMINADE, *7, Peyrouquet, 33330 Saint-Pey-d'Armens, tél. 05 57 47 15 39, contact@vignobles-cheminade.com*

SAINT-ÉMILION GRAND CRU
Ch. Ambe Tour Pourret Bio

2016 ★★

Production : 30 000 b. | Élevage : fût
20 à 30 €

Après avoir investi dans les vignes alentour (Puisseguin, Castillon), Françoise et Philippe Lannoye ont mis un pied à Saint-Émilion en 2007 en acquérant ce petit cru de 9 ha, situé dans le hameau de Pourret. Le vignoble est certifié bio depuis 2015.

Ce 2016, qui a bénéficié de dix-huit mois d'élevage en fût, a emporté l'adhésion du jury dès le premier regard porté sur sa robe grenat soutenu, puis à la perception de son bouquet aussi intense que complexe : petits fruits rouges mûrs, café et épices. D'attaque franche, il enveloppe le palais de sa matière volumineuse, parfaitement soutenue par des tanins soyeux. Le fruité demeure d'un bout à l'autre de la dégustation, garant de l'élégance. Ainsi de la finale particulièrement persistante, qui laisse le souvenir de la confiture de mûres et du pain grillé. Un modèle. ⧗ 2022-2028

SCEA TOUR POURRET, lieu-dit Pourret, D243, 33330 Saint-Émilion, tél. 05 57 55 23 28, visite@celene-bordeaux.com

SAINT-ÉMILION GRAND CRU
Ch. Ausone

2016 ★★★

1er gd cru clas. A | Production : n.c. | Élevage : fût
+ de 100 €

Portant le nom du poète latin qui vécut à Saint-Émilion au IVe s., Ausone aurait été constitué au XIVe s. sur un vignoble remontant à l'époque romaine. Depuis le Moyen Âge, seulement trois familles s'y sont succédé, jusqu'à Alain Vauthier, actuel propriétaire, lointain héritier de Pierre Chatonnet établi ici en 1690. Un cru mythique resté au sommet (classé A dès 1959) grâce à cette continuité familiale. Grâce aussi à son terroir unique : 7 ha (dont une part élevée de cabernet franc) campés sur le rebord du plateau argilo-calcaire de Saint-Émilion entouré d'une ceinture de rochers qui l'abrite des vents. Dans ses deux nouveaux chais souterrains naît un vin d'une étonnante capacité de garde, élaboré depuis 2007 par Pauline Vauthier (fille d'Alain), avec l'aide à la vigne de Laurent Vallet et du maître de chai Philippe Baillarguet.

Mi-cabernet franc mi-merlot, ce millésime impressionne : d'emblée la robe, d'une profondeur rare, donne le ton. Une même intensité est perceptible dans le bouquet inimitable, qui mêle fraise, groseille fraîche, boisé fin et notes de graphite. Cette élégance aromatique se retrouve au palais : un équilibre parfait, de la richesse, de la puissance et des tanins de velours, jusqu'à la finale qui semble éternelle. Du très grand art. ⧗ 2026-2040

SCEA CH. AUSONE, 33330 Saint-Émilion, tél. 05 57 24 24 57, chateau.ausone@wanadoo.fr

Zoom
Les saint-émilion grand cru

Cette appellation ne s'individualise ni par un terroir ni même par un cépage spécifique. Si son aire se confond avec celle de saint-émilion, seuls les meilleurs vins ont droit à l'appellation grand cru : la plupart proviennent de la bordure du plateau calcaire et de la côte argilo-calcaire. Ils doivent obligatoirement être mis en bouteilles à la propriété et être soumis à une double dégustation. Le classement des grands crus, établi en 1955, est original car il est revu tous les dix ans. Il distingue deux catégories de crus : les premiers grands crus classés (A et B) et les grands crus classés.

SAINT-ÉMILION GRAND CRU

Ch. Beau-Séjour Bécot

2016 ★★

1er gd cru clas. B | Production : 90 000 b. | Élevage :

75 à 100 €

Déjà planté de vigne à l'époque romaine, ce cru de 19 ha situé au sommet du plateau calcaire de Saint-Émilion conserve ses vins dans d'anciennes carrières de 7 ha creusées par les moines au Moyen Âge. Acquis en 1969 par Michel Bécot, il est aujourd'hui dirigé par ses fils Dominique (à la vigne) et Gérard (à la cave), épaulés par Juliette, la fille de ce dernier.
Un vin qui impressionne par sa concentration. Au nez de mûre, de cassis et de vanille répond une matière dense et ample, au fruité généreux, portée par une fraîcheur parfaitement équilibrée et des tanins au grain fin. La finale, d'une persistance remarquable, en parfait le profil. Voilà assurément un des grands vins du millésime. ▼ 2024-2031

SCEA DE BEAU-SÉJOUR BÉCOT, Ch. Beau-Séjour Bécot, 33330 Saint-Émilion, tél. 05 57 74 46 87, contact@beausejour-becot.com

SAINT-ÉMILION GRAND CRU

Ch. Chauvin

2016 ★★

Gd cru clas. | Production : n.c. | Élevage :

30 à 50 €

Acquis en 1881 par Victor Ondet, teinturier de son état, ce cru est resté dans la même famille jusqu'en 2014. C'est sous la direction du petit-fils, Henri, qu'il acquiert ses lettres de noblesse, intégrant le premier classement de Saint-Émilion en 1954. Une notoriété maintenue sous la direction des filles de ce dernier, Marie-France et Béatrice. En 2014, le domaine et ses 15 ha de vignes d'un seul tenant, au nord-ouest de Saint-Émilion, sont passés dans d'autres mains féminines, celles de Sylvie Cazes (co-propriétaire de Lynch-Bages) et de sa fille, qui ont entrepris un vaste programme de restructuration.
Le terroir parle dans ce 2016 au nez complexe de fruits rouges (framboise, groseille) nuancés de notes florales et d'évocations de fumé. Le vin s'appuie sur une trame tannique mûre pour se révéler ample et rond. La finale persistante promet une bouteille des plus harmonieuses. Un futur classique. ▼ 2024-2035

SCEA CH. CHAUVIN, 1, Les Cabanes-Nord, 33330 Saint-Émilion, tél. 05 57 24 76 25, contact@chateauchauvin.com

Zoom
La Jurade de Saint-Émilion

Au Moyen Âge, Saint-Émilion bénéficiait d'une charte accordée par Richard Cœur de Lion et confirmée par Jean sans Terre, roi d'Angleterre et duc d'Aquitaine. Elle était administrée, ainsi que les paroisses voisines, par une Jurade, composée de « gens de bien » (magistrats, administrateurs, collecteurs d'impôts et chefs de guerre). Plus qu'un conseil municipal, cette institution importante était un véritable petit conseil provincial doté de nombreux pouvoirs. À ce titre, elle joua un rôle essentiel dans l'avènement de la qualité au XVIIIe siècle. Détenant la « marque du vinetier », la marque à feu aux armes de la cité, les jurats pourchassaient la fraude, les abus et les vins « insuffisamment fins ». En septembre 1948, des viticulteurs ont fait renaître la Jurade, sous la forme d'une confrérie chargée d'assurer la promotion des vins de Saint-Émilion, dont l'aire d'appellation correspond à la juridiction de l'ancienne Jurade. C'est la plus ancienne confrérie vineuse de Gironde.

SAINT-ÉMILION GRAND CRU

Ch. Cheval Blanc

2016 ★★★

1er gd cru clas. A | Production : n.c. | Élevage :
+ de 100 €

À l'origine simple métairie de Figeac, Cheval Blanc devient une propriété indépendante en 1832 quand le président du tribunal de Libourne, Jean-Jacques Ducasse, l'achète et fait construire le château actuel. Ses descendants entreprennent des travaux importants, notamment de drainage, et dès la fin du Second Empire, le cru atteint ses dimensions actuelles (39 ha) et se situe parmi les plus renommés de Saint-Émilion. Son terroir, de type pomerolais avec des graves et des sables anciens sur argiles, explique l'originalité de son encépagement à dominante de cabernet franc, complété par le merlot. Les descendants du président Ducasse restent à la tête du cru jusqu'à son rachat en 1998 par Bernard Arnault (LVMH) et Albert Frère. Ces derniers placent Pierre Lurton à la direction générale et dotent le château en 2011 d'un nouveau chai, dessiné par Christian de Portzamparc.

Un millésime exceptionnel pour Cheval Blanc. Impressionnant dans sa sombre robe aux reflets violines de jeunesse, ce 2016 dévoile un bouquet intense mêlant petits fruits rouges, menthe, café et notes florales (pivoine, rose). Au palais, il monte longuement en puissance sur des tanins très fins et développe sa chair dense, à l'harmonie sans faille. Un retour aromatique frais évoquant la violette vient signer une finale longue, très longue. Un vin inoubliable, que les chanceux devront pourtant oublier plusieurs années en cave… ⧗ 2025-2040

SC DE CHEVAL BLANC, Ch. Cheval Blanc, 33330 Saint-Émilion, tél. 05 57 55 55 55, contact@chateau-chevalblanc.com

---

SAINT-ÉMILION GRAND CRU

Ch. l'Étoile de Clotte

2016 ★★

Production : 20 000 b. | Élevage :
15 à 20 €

Jean-François Meynard est un producteur bien connu de l'AOC castillon : 15 ha à Roque le Mayne, son fleuron, et 20 ha à La Bourrée, son domaine « historique » et son lieu d'habitation. Il s'est étendu en 2009 sur Saint-Émilion avec L'Étoile de Clotte, petit cru de 3,5 ha situé à Saint-Étienne-de-Lisse.

Décrocher un deuxième coup de cœur en trois millésimes consécutifs dans cette appellation prestigieuse indique le haut niveau de qualité auquel s'est hissée cette propriété. Les dégustateurs ont d'abord apprécié le bouquet intense de fruits noirs, de groseille, de moka et de noix muscade. Après une attaque légèrement fraîche, le vin déploie toute sa matière, étayée par des tanins fins issus d'un élevage remarquablement maîtrisé. La finale offre un beau retour aromatique sur la cerise noire. Un modèle du genre. ⧗ 2023-2030

SCEA VIGNOBLES MEYNARD, lieu-dit Barbey, 33330 Saint-Étienne-de-Lisse, tél. 06 89 87 82 99, contact@vignobles-meynard.com

SAINT-ÉMILION GRAND CRU

Ch. la Fleur Chantecaille

2016 ★★

Production : 7 333 b. | Élevage :

20 à 30 €

À son retour de la Grande Guerre, Jean-Baptiste Arpin achète 1 ha à Pomerol, dans le secteur du Maillet. Aujourd'hui, ses petits-fils et arrière-petits-fils Gérard et Gaël exploitent 38 ha en pomerol (Franc-Maillet), saint-émilion (La Fleur Chantecaille), montagne (Gachon) et lalande (Vieux Château Gachet), et proposent régulièrement de très bons vins.

Hissé au rang de grand cru en 2016, ce vignoble de 3,6 ha, planté majoritairement de merlot (70 %) et complété de cabernet franc, aura cette même année donné le jour à un vin irrésistible. Intense et élégant, celui-ci évoque les fruits noirs compotés (myrtille et cassis en tête), le café et le pain grillé. En bouche, il fait preuve de richesse et de volume, avec des tanins puissants mais enrobés. Se déploient longuement des flaveurs de petits fruits rouges, ainsi que des nuances mentholées qui apportent en finale une fraîcheur harmonieuse. ⧗ 2023-2030

SCEA CHÂTEAUX G. ARPIN, Chantecaille, 33330 Saint-Émilion, tél. 09 71 58 23 49, contact@chateaux-g-arpin.fr

SAINT-ÉMILION GRAND CRU

Ch. Fonplégade Bio

2016 ★★

Gd cru clas. | Production : 48 000 b. | Élevage :

50 à 75 €

De rachats en successions, l'histoire du cru débute réellement en 1852 avec Jean-Pierre Beylot, à l'origine de la maison de maître et des bâtiments d'exploitation. Un cru passé en 1863 dans les mains du duc de Morny, demi-frère de Napoléon III, et de sa sœur la comtesse de Gabard. Le négociant libournais Armand Moueix reprend le domaine en 1953, jusqu'à l'arrivée en 2004 des Américains Denise et Stephen Adams. Ces derniers ont entrepris une rénovation de fond des installations techniques et du vignoble : 18,5 ha sur le coteau sud du plateau de Saint-Émilion, en bio certifié depuis 2013.

Le domaine survole les débats sur le millésime 2016. Avec ce vin composé à 90 % de merlot, dont le nez intense évoque la cerise fraîche, la myrtille, la violette et des notes grillées. On retrouve cette palette aromatique flatteuse dans une bouche dense et puissante certes, mais aussi très harmonieuse grâce à des tanins veloutés et à une fraîcheur parfaitement équilibrée. La finale offre un supplément d'âme à un ensemble qui ne manque pas de charme. ⧗ 2023-2032

SAS CH. FONPLÉGADE, 1, Fonplégade, 33330 Saint-Émilion, tél. 05 57 74 43 11, chateaufonplegade@fonplegade.fr

SAINT-ÉMILION GRAND CRU

Ch. Pavie Decesse

2016 ★★★

Gd cru clas. | Production : 65 000 b. | Élevage :
+ de 100 €

Acquis par Gérard Perse en 1997, ce cru de 3,65 ha a été détaché de Pavie en 1885 par son propriétaire de l'époque, Ferdinand Bouffard. Il a depuis longtemps acquis une personnalité propre, née d'un terroir spécifique, intégralement situé sur le haut de la côte Pavie mêlé d'argiles, et d'un encépagement largement dominé par le merlot (90 %, pour 10 % de cabernet franc).
Frangée de violine, la robe presque noire a de quoi impressionner. Tout autant que le bouquet puissant et complexe : pruneau, cerise confite, grillé, torréfaction et cacao. Mais c'est au palais que le vin a conquis notre jury de dégustateurs : d'attaque dense et suave, il déroule des flaveurs épicées, puis offre toute la puissance de sa chair et de ses tanins mûrs. Une telle concentration n'ôte rien de son harmonie ni de son charme, mais ajoute à sa grande singularité. La finale, à la fois mûre et fraîche, d'une longueur remarquable, achève de convaincre. ⧗ 2024-2035

SCA CH. PAVIE (CH. PAVIE DECESSE), Dom. de Pavie, 33330 Saint-Émilion, tél. 05 57 55 43 43, contact@vignoblesperse.com

SAINT-ÉMILION GRAND CRU

Ch. Saint-Georges Côte Pavie

2016 ★★

Gd cru clas. | Production : 25 000 b. | Élevage :
30 à 50 €

Ce cru classé de 5,7 ha – 5 ha implantés sur la côte argilo-calcaire de Pavie et 50 ares attenants à Ausone – fut une dépendance de l'abbaye de la Sauve-Majeure au Moyen Âge (époque à laquelle il prit son nom de Saint-Georges), puis la propriété de la famille de Grailly à partir du XVIIes. Entré en 1873 dans la famille Masson, d'origine corrézienne, il est aujourd'hui conduit par la cinquième génération.
Une nouvelle fois, cette propriété connaît un beau succès avec ce 2016 de grande classe, comme l'annonce sa robe rubis profond. Attrayant, frais et complexe, son bouquet évoque un plein panier de petits fruits rouges soulignés par un boisé discrètement vanillé. Après une attaque fraîche, le palais fait preuve d'une ampleur hors norme, avec une matière dense, étayée par des tanins soyeux, et une finale des plus persistantes. ⧗ 2022-2035

FAMILLE MASSON, Ch. Saint-Georges Côte Pavie, BP 66, 33330 Saint-Émilion, tél. 05 57 74 44 23, mariegabriellemasson@gmail.com

SAINT-ÉMILION GRAND CRU

Ch. Valandraud

2016 ★★★

1er gd cru clas. B | Production : 32 000 b. | Élevage :
+ de 100 €

Valandraud n'est plus le « vin de garage » qui a fait la réputation de Jean-Luc Thunevin dans les années 1990. Les 60 ares acquis en 1989 dans le vallon de Fongaban, entre Pavie-Macquin et La Clotte, sont devenus un cru à part entière : 10 ha aujourd'hui, essentiellement sur Saint-Étienne-de-Lisse. La consécration est arrivée en 2012 avec l'accession au rang de 1er grand cru classé B, sans passer par la case « classé ».
Après les millésimes 2014 et 2015, c'est le troisième coup de cœur consécutif pour ce cru résolument à part et, à en lire les louanges des dégustateurs, certainement l'un des plus grands Valandraud jamais produits. De ce 2016 à la robe pratiquement noire se dégage un bouquet intense de mûre, de cerise noire, de cassis et de framboise nuancés de notes épicées, fumées et grillées. Cette complexité se retrouve dans une bouche magistrale d'ampleur, de richesse et de structure, qui allie avec naturel fraîcheur et maturité, profondeur et gourmandise. Superbe finale. Un très grand vin, au toucher de bouche inoubliable. ⧗ 2024-2035

SAS THUNEVIN (CH. VALANDRAUD), 6, rue Guadet, BP 88, 33330 Saint-Émilion, tél. 05 57 55 09 13, thunevin@thunevin.com

SAINT-ÉMILION GRAND CRU

Ch. Jean Voisin

2016 ★★

Production : 21 650 b. | Élevage :

20 à 30 €

Ce cru de 15 ha en saint-émilion grand cru tire son nom de Jean Voysin, édile de Saint-Émilion, qui acheta ces terres en 1583. Acquis en 1955 par le Corrézien Amédée Chassagnoux, il a été exploité ensuite par son fils Pierre et par son petit-fils Xavier avant d'être vendu en 2016 à un trio réunissant un vigneron et deux anciens cadres venus du monde de l'automobile. Jean-Paul Vitrac, le gérant, s'appuie sur Laurence Chassagnoux au chai et a pris Hubert de Boüard comme consultant.

Sans tergiverser, les dégustateurs ont accordé un coup de cœur à ce pur merlot. Le bouquet intense mêle les fruits noirs (mûre, cassis), les fruits rouges (groseille, framboise cuite) et les épices douces. D'attaque ample, le palais développe une sensation veloutée et puissante, soutenu par des tanins enrobés jusqu'à la finale en « queue de paon ». ⧗ 2022-2030

SCEA CH. JEAN VOISIN, 1, lieu-dit Jean-Voisin, 33330 Saint-Émilion, tél. 05 57 24 70 40, contact@chateaujeanvoisin.fr

---

SAINT-ESTÈPHE

Ch. Montrose

2016 ★★

2e cru clas. | Production : n.c. | Élevage :

\+ de 100 €

Entouré de 95 ha de vignes d'un seul tenant, Montrose a pour seul horizon l'estuaire de la Gironde. Autrefois, ses sols très pauvres, essentiellement des graves sur argiles, étaient des pâturages couverts de bruyères, qui formaient d'immenses plaques roses lors de la floraison. Ce qui a valu son nom au domaine, transformé en vignoble à la fin du Premier Empire par Étienne-Théodore Dumoulin, développé par Mathieu Dolfuss à partir de 1866 et par les Charmolüe après 1896. Ces derniers ont maintenu intacts le prestige et la qualité de Montrose à travers tout le XXe s., avant de céder le cru en 2006 à Martin et Olivier Bouygues, qui en ont confié en 2012 la direction à Hervé Berland et ont entrepris un vaste programme de rénovation.

Année du cabernet, le millésime 2016 aura été également celle de Montrose, peut-être grâce à l'assemblage composé à 75 % de cabernets (dont 68 % de sauvignon). De teinte sombre, le vin s'impose par l'élégance de son bouquet très expressif de fruits rouges mûrs, rafraîchi de notes de menthe et d'eucalyptus. Matière ample, puissance des tanins, belle longueur... : toutes les promesses d'une remarquable bouteille de garde. ⧗ 2024-2035

SCEA DU CH. MONTROSE, Ch. Montrose, 33180 Saint-Estèphe, tél. 05 56 59 30 12, chateau@chateau-montrose.com

SAINT-GEORGES-SAINT-ÉMILION

Clos Albertus

2016 ★★

Production : 12 000 b. | Élevage :
15 à 20 €

Dans le Saint-Émilionnais, le nom Corbin apparaît dès le Moyen Âge : il s'agit de l'ancienne seigneurie de Montagne, où la famille Rambeaud cultivait déjà la vigne avant la Révolution. Une propriété de 37 ha aujourd'hui, qui produit en saint-georges-saint-émilion (Clos Albertus) et en montagne-saint-émilion (Haut Musset), avec Jacques Rambeaud à sa tête depuis 2010.

Ce coup de cœur souligne une progression qualitative déjà signalée par une étoile dans le Guide 2019. Clos Albertus, c'est tout d'abord une petite parcelle (1,5 ha) plantée à égalité de vieux merlots et des deux cabernets. Assemblage inattendu d'un tiers de chaque cépage, voici un 2016 de grande classe. Les dégustateurs, sensibles à la teinte pourpre profond, ont souligné l'harmonie et l'intensité de la palette aromatique : les fruits noirs épousent un boisé fin, judicieusement dosé. Volumineux et suave, le vin s'étire longuement au palais, sans jamais se départir de son équilibre. Indubitablement, il est taillé pour la garde. ⧗ 2023-2030

SCEA FRANÇOIS RAMBEAUD, 22, rte de Libourne, 33570 Montagne, tél. 05 57 74 62 41, info@chateaucorbin.fr

---

SAINT-JULIEN

Ch. Langoa Barton

2016 ★★

3e cru clas. | Production : 92 000 b. | Élevage :
50 à 75 €

Commandé par une belle chartreuse du XVIIIe s., ce cru est depuis 1821 la propriété des Barton (Ch. Léoville Barton), famille d'origine irlandaise, l'un des rares domaines à être resté entre les mains de la même famille depuis le classement de 1855. Une tradition que perpétue Lilian Barton depuis 2006, à la tête d'un vignoble de 51 ha réparti en quatre grandes parcelles situées entre les villages de Saint-Julien et Beychevelle.

Impressionnant par la profondeur de sa robe grenat presque noire, ce saint-julien l'est aussi par la fraîcheur de son bouquet et par l'équilibre de son palais. Fin, élégant et complexe, le premier fait défiler de belles senteurs de fleurs, de bois de cèdre et d'épices. Après une attaque franche, la matière, portée par de beaux tanins, réussit la synthèse de la rondeur et de la puissance. Une très longue finale achève de convaincre des qualités et du potentiel de cette remarquable bouteille. ⧗ 2024-2035

SAS SOCIÉTÉ DES CHÂTEAUX LANGOA ET LÉOVILLE BARTON (CH. LANGOA), 33250 Saint-Julien-Beychevelle, tél. 05 56 59 06 05, chateau@barton-family-wines.com

SAINT-JULIEN

Ch. Léoville Las Cases

2016 ★★

2e cru clas. | Production : n.c. | Élevage :
+ de 100 €

Las Cases ne se contente pas de posséder, avec 98 ha, les trois cinquièmes de l'ancien domaine de Léoville – divisé entre 1826 et 1846 pour aboutir aux trois Léoville connus aujourd'hui –, le cru possède le cœur historique du vignoble, le Grand Clos. Près de 60 ha plantés sur de belles graves reposant en profondeur sur des graves argilo-sableuses, au voisinage de Latour et de la Gironde, complétés par l'actuel Clos du Marquis. À cet avantage s'ajoute celui d'être géré depuis 1900 par la même famille, les Delon (aujourd'hui Jean-Hubert), qui l'ont doté, notamment depuis 2002, d'équipements à la pointe du progrès.

Comme tout le Médoc, Saint-Julien a bénéficié en 2016 de conditions climatiques quasi idéales. À Léoville Las Cases, elles ont été exploitées au mieux pour donner un saint-julien proche de la perfection. S'annonçant par une impériale robe pourpre, le grand vin déploie un bouquet d'une grande finesse et d'une très belle complexité. Aux parfums de fruits noirs du premier nez viennent s'ajouter à l'aération des notes de réglisse et d'épices. Le palais révèle une structure puissante, avec une belle complicité entre les tanins et la chair. Une très belle bouteille de garde. ⧗ 2025-2035

SC DU CH. LÉOVILLE LAS CASES, 33250 Saint-Julien-Beychevelle, tél. 05 56 73 25 26, contact@leoville-las-cases.com

---

SAINT-JULIEN

Ch. Léoville Poyferré

2016 ★★

2e cru clas. | Production : 206 500 b. | Élevage :
75 à 100 €

Comme les deux autres crus nés de l'ancien domaine de Léoville, Poyferré – du nom du comte de Poyferré, issu d'une maison noble d'Armagnac, qui hérita du vignoble par son épouse lors de la scission – bénéficie d'un terroir de choix. Celui-ci, d'une superficie de 80 ha, se répartit sur toute la commune de Saint-Julien : à l'est, près de la Gironde, des graviers et galets bruns ; à l'ouest, des sables noirs. Des atouts mis en valeur depuis 1979 par Didier Cuvelier, dont la famille, d'anciens négociants en vins à Lille, acquit la propriété en 1920.

Très flatteur dans son expression aromatique, avec un défilé de notes de cerise, de framboise, de cassis, de café, ce saint-julien va crescendo. Après une attaque aussi souple qu'élégante, c'est une matière de grande classe qui se déploie, imposante et parfaitement étayée par des tanins certes puissants, mais sans agressivité. Et les flaveurs de faire ricochet en finale. ⧗ 2024-2035

SOCIÉTÉ FERMIÈRE DU CH. LÉOVILLE POYFERRÉ, 38, rue Saint-Julien, 33250 Saint-Julien, tél. 05 56 59 08 30, lp@leoville-poyferre.fr

Zoom
« Botrytisé », un abus de langage ?

On emploie généralement le terme de « botrytisé » pour désigner les arômes de confit et de rôti des liquoreux, comme s'ils étaient apportés par le microscopique champignon. En réalité, les arômes que pourrait apporter le botrytis ne sont justement que ceux d'un champignon, c'est-à-dire de moisi. Comme l'ont montré les travaux du professeur Denis Dubourdieu, les parfums caractéristiques des liquoreux sont en fait issus d'une réaction biologique du raisin face à l'attaque du parasite.

SAUTERNES
Ch. d'Anna
CUVÉE LOUIS D'OR 2016 ★★

Production : 2400 b. | Élevage :

15 à 20 €

Marius Roux, batelier sur la Garonne, acheta ce domaine barsacais en 1932. Soixante-dix ans et quelques péripéties plus tard, lesquelles réduisirent la surface du vignoble de 10 à 1 ha, Sandrine, née Roux, et Xavier Dauba font revivre l'exploitation familiale.

Deuxième coup de cœur consécutif pour ce cru confidentiel (qui ne le restera sans doute pas longtemps). Cette cuvée Louis d'Or brille de mille feux et dévoile un bouquet intense de confiture de mirabelles et d'agrumes confits, souligné d'agréables notes boisées. Un caractère boisé que l'on retrouve dans une bouche ample et généreuse, imprégnée d'arômes d'amande grillée. ⧗ 2022-2035

SANDRINE ET XAVIER DAUBA (CH. D'ANNA), 16, rue Barrau, 33720 Barsac, tél. 05 56 27 20 12, chateaudanna@free.fr

SAUTERNES
Ch. Haut Coustet
2016 ★★

Production : 24000 b. | Élevage :

15 à 20 €

Philippe Mercadier a acquis pendant vingt-cinq ans son savoir-faire à la direction du Ch. Suduiraut. Une expérience qui profite aujourd'hui à ses trois crus sauternais, conduits avec l'aide de ses deux fils : les châteaux Haut Coustet, Pechon et Tuyttens.

Un sauternes traditionnel, dont la teinte jaune d'or légèrement ambré est révélatrice de la concentration du bouquet. Celui-ci mêle des arômes de coing, de fruits confits et de pain d'épice (clou de girofle). Malgré la générosité et l'opulence, l'harmonie est préservée au palais et l'on apprécie les flaveurs de fruits exotiques rehaussées de notes grillées. Réservez à ce vin les meilleurs fromages ou consommez-le comme un dessert à part entière. ⧗ 2022-2035

SCEA DU CLOS DE LA VICAIRIE, Ch. Tuyttens, 8, rte de Villandraut, 33210 Fargues, tél. 06 24 03 90 18, emercadier@vignoblesmercadier.com

SAUTERNES

Ch. d'Yquem

2016 ★★

1er cru clas. sup. | Production : n.c. | Élevage :
+ de 100 €

Superbe manoir fortifié du XVIIe s. entouré de vignes, établi au sommet des coteaux dominant la vallée de la Garonne, le château d'Yquem est, fait unique pour un grand cru, resté dans la même famille, les Sauvage puis les Lur-Saluces, pendant près de quatre cents ans. Un domaine devenu dès le XVIIIe s. le fleuron du Sauternais. Outre sa stabilité, il a pour atout de bénéficier d'un terroir d'une grande variété, tout en nuances, composé d'une multitude de petites collines, avec des vignes en haut de plateau et d'autres en milieu et bas de pente. Une diversité qui permet de s'adapter aux caprices du climat et qui fait la grande complexité du vin d'Yquem. Classé premier cru supérieur en 1855 – le seul dans sa catégorie, il appartient depuis 1999 au groupe LVMH, qui en a confié la direction en 2004 à Pierre Lurton.

Le verre brille d'un or lumineux, de cet or sans ostentation, finement travaillé, qui est celui de l'artisanat d'art. Telle une marqueterie, les arômes nombreux s'assemblent en une palette complexe, pour former un tableau : agrumes confits aux accents d'orange amère, abricot, coing, fruits exotiques, vanille. La note rôtie du botrytis apparaît à qui sait la rechercher comme la discrète signature du maître. Une texture ample et veloutée caresse le palais, rehaussée d'une remarquable fraîcheur qui participe de l'esthétisme de l'ensemble. Le relief est apporté par de longues flaveurs de fruits, de cardamome et de menthol. Un sauternes à inscrire au patrimoine. 2025-2050

SA DU CH. D' YQUEM, 33210 Sauternes, tél. 05 57 98 07 07, info@yquem.fr

La **Bourgogne**

L'un des plus anciens vignobles de France, modelé par les moines, puis les Ducs de Bourgogne. Celui qui propose le plus grand nombre d'appellations d'origine : une centaine, du Chablisien au Mâconnais, en passant par la Côte de Nuits, la Côte de Beaune et la Côte chalonnaise. L'un des plus prestigieux également, synonyme de vins fins. La patrie du pinot noir et du chardonnay. La quintessence de la notion de terroirs, appelés ici climats, à l'origine de l'immense variété des vins bourguignons.

Superficie : 29 300 ha
Production : 1 500 000 hl
Types de vins : blancs secs (60 %), rouges (32 %), rosés (très rares), effervescents (crémant-de-bourgogne).
SOUS-RÉGIONS : Chablisien et Auxerrois, Côte de Nuits, Côte de Beaune, Côte chalonnaise, Mâconnais.

CÉPAGES :
Rouges : pinot noir principalement, gamay, césar (rare).
Blancs : chardonnay principalement, aligoté, sauvignon (à Saint-Bris), sacy, melon (très rares).

Histoire

Forgée au rythme des travaux de la vigne, la Bourgogne viticole plonge ses racines historiques dans l'Antiquité : la vigne aurait été introduite en Gaule au VIe siècle av. J.-C. pour être bientôt cultivée sur les pentes des vallées de la Saône et du Rhône. Mais la viticulture bourguignonne est indissociable des moines, dans les mouvances de Cluny et de Cîteaux, qui y ont joué un rôle capital. Au Moyen Âge, à Autun, Beaune, Pontigny, Saulieu, ceux-ci ont façonné le vignoble, dessinant peu à peu la large palette des crus et des *climats*, comme en témoigne encore aujourd'hui le Clos de Vougeot. C'est sous le règne des quatre ducs de Bourgogne (1342-1477) que sont ensuite édictées les règles destinées à garantir un niveau qualitatif élevé. Une réputation qui perdure grâce à des crus mondialement connus comme la romanée-conti, montrachet, corton ou encore chablis.

Sols et climats

Si le climat bourguignon, globalement semi-continental avec des nuances dues aux reliefs et à la présence de cours d'eau, ce sont les sols qui donnent leur caractère propre aux très nombreux vins de Bourgogne. L'extrême morcellement des parcelles est la règle partout, fondé sur une juxtaposition d'affleurements géologiques variés : la structure géologique des sols bourguignons est ainsi comparable à un millefeuille, résultat de nombreux soulèvements et effondrements naturels survenus depuis l'ère primaire. Ces innombrables cassures ont donné naissance à une très grande diversité des terroirs (ou *climats*) et donc des crus de Bourgogne. On peut alors constater qu'il y a parfois moins de différences entre deux vignes séparées de plusieurs centaines de mètres mais à l'intérieur du même *climat* qu'entre deux vignes voisines mais plantées dans deux *climats* différents.

Styles de vins et cépages

Les vins de Bourgogne sont, pour la quasi-totalité, issus de deux cépages : le chardonnay (vins blancs) et le pinot noir (vins rouges). On rencontre aussi l'aligoté, cépage blanc produisant le bourgogne-aligoté, qui atteint son sommet qualitatif dans le petit pays de Bouzeron ; le césar, assemblé au pinot noir dans l'irancy ; le gamay qui, associé au pinot, donne du bourgogne-passetoutgrain ; le sauvignon, cultivé dans la région de Saint-Bris-le-Vineux, dans l'Yonne, où il donne l'AOC saint-bris. On distingue quatre secteurs géographiques. Le Chablisien est réputé surtout pour ses vins blancs secs élégants et leur minéralité si reconnaissable. La Côte de Nuits, de Marsannay à Corgoloin, majoritairement plantée de pinot noir, compte une trentaine d'appellations avec des villages aux noms prestigieux (Gevrey-Chambertin, Vosne-Romanée, Nuits-Saint-Georges, Chambolle-Musigny, Vougeot) et des crus illustres (romanée-conti, chambertin, musingy...). La Côte de Beaune, de Ladoix-Serrigny au nord à Chagny au sud, est le paradis des « grands blancs », avec des crus de grande renommée comme corton-charlemagne, meursault, montrachet..., mais elle propose aussi de très beaux vins rouges, en premier lieu les grands crus corton, pommard ou encore volnay. La Côte chalonnaise, entre Chagny et Saint-Gengoux-le-National, propose des blancs et des rouges de belle qualité (rully, mercurey, givry, montagny). Le Mâconnais, entre Tournus et Mâcon, est réputé surtout pour ses blancs de chardonnay, notamment ses pouilly-fuissé.

Enfin, la Bourgogne classe ses vins selon une hiérarchie à quatre niveaux. À la base se trouvent les appellations régionales, dont les vins peuvent être issus de vignes établies sur l'ensemble du territoire de la Bourgogne : bourgogne-aligoté, crémant-de-bourgogne, bourgogne-passetoutgrain... Puis viennent les appellations communales ou *villages* : le vin porte le nom de la commune (un ou plusieurs villages) où sont plantées les vignes d'où il est issu (Volnay, Nuits-Saint-Georges...). Au troisième étage, on trouve les premiers crus provenant de *climats* délimités au sein d'un village. Enfin, tout en haut de la pyramide, on trouve les grands crus, sélectionnés parmi les meilleurs *climats*.

Vigneron de l'année

Jean-Michel Guillon (Jean-Michel Guillon et Fils)

pour les fixin Les Crais 2017 rouge et côte-de-nuits-villages Queue de Hareng 2017 rouge

Installé à Gevrey-Chambertin depuis près de quarante ans, Jean-Michel Guillon a débuté son activité sur un petit domaine dont il a porté la superficie à 15 hectares répartis dans de nombreuses appellations de la Côte de Nuits (gevrey-chambertin, morey-saint-denis, clos-vougeot…). Secondé (et bientôt relayé) par son fils Alexis, il s'illustre avec une régularité sans faille ; cette année, avec son fixin Les Crais et son côte-de-nuits-villages Queue de Hareng.

Coup de projecteur sur fixin

On croit connaître la Côte de Nuits par cœur, mais ce vignoble prestigieux compte lui aussi ses chemins de traverse. Des appellations dont il reste encore à révéler le potentiel. C'est le cas avec les deux références, parmi la vingtaine qui figurent à sa gamme, que Jean-Michel Guillon se plaît à mettre en avant dans le Guide. Commençons par le fixin Les Crais. « Ce n'est effectivement pas l'appellation la plus connue de la Côte de Nuits, mais j'aime bien lui donner un coup de projecteur. C'est une magnifique AOC où l'on trouve énormément de finesse, de délicatesse dans les vins. Ils n'ont pas la puissance des gevrey, mais tellement d'élégance qu'ils séduisent beaucoup d'amateurs. », expose le vigneron. Les Crais fait référence aux cailloux calcaires.

Le « chambertin » des côte-de-nuits-villages

La cuvée de côte-de-nuits-villages provient d'une parcelle située à quelques centaines de mètres puisqu'elle domine les villages de Fixin et de Brochon. « C'est un secteur remarquable. La vigne est âgée de 70-80 ans sur 37 ares. Les rendements se limitent à 25 hectolitres par hectares. C'est pour moi le chambertin de cette appellation. » Les vignes du domaine sont menées avec beaucoup de rigueur dans la maîtrise des rendements. En 2017, millésime potentiellement généreux, la production s'est établie à 42 hl/ha, « soit 10 de moins que la moyenne », compare Jean-Michel Guillon. « Il n'y a pas de secret… »

« Point de grands vins sans fûts neufs »

Tous les vins du domaine sont travaillés de la même façon. Les vinifications s'étalent sur quatre semaines pour obtenir de la structure. L'élevage connait une particularité : l'utilisation du bois neuf à 100 %. « Il faut utiliser des bois bien secs, des grains bien adaptés aux différents terroirs. En son temps, Henri Jayer m'a donné beaucoup de conseils. Il m'a dit : « Mon petit gars, il n'y a point de grands vins sans fûts neufs ! » Actualité marquante au domaine, après 40 millésimes, Jean-Michel Guillon va laisser la direction à son fils Alexis l'année prochaine (présent à ses côtés depuis 2008). Jean-Michel Guillon pourra fêter l'événement bien entouré puisque Gevrey-Chambertin organise la prochaine Saint-Vincent tournante (25 et 26 janvier 2020).

Vigneron de l'année

François Berthenet (Dom. Berthenet)

pour le montagny 1er cru Les Perrières 2017

François Berthenet a pris la suite de son père à la tête du domaine familial de Montagny il y a quatre ans. Il collectionne les coups de cœur en mettant en valeur cette appellation du sud de la Côte chalonnaise entièrement vouée au chardonnay. L'une des valeurs (très) sûres en montagny.

Un coup de maître

« C'est une blague ?! », fut la première réaction de François Berthenet à l'annonce de ce nouveau coup de cœur. Le huitième décerné au domaine, quasiment d'affilé… C'est cette fois la cuvée de montagny 1er cru Les Perrières qui se distingue. Ce n'est pas une plaisanterie ni même un hasard.
Il y a quelques années déjà, le vigneron pensait faire ressortir ce terroir de sa gamme. Un secteur plutôt précoce : « Il est exposé plein est et on le récolte généralement dès le deuxième jour de vendange », précise le vigneron.
2017 fût le millésime inaugural pour cette cuvée. Un coup d'essai et un coup de maître donc !
Les vignes sont plantées à 8 000 pieds par hectares. Un vignoble d'un demi-hectare à la terre assez profonde en bas de coteau, puis qui devient caillouteux en remontant. « Il y a une grosse bande de cailloux du milieu jusqu'en haut de la parcelle. On y trouve beaucoup de fossiles : des ammonites, des griffés. »

Assise minérale

Côté cave, un vin élevé à 100 % en fût, mais sans bois neuf, pendant onze mois. « Ce qui me plaît sur ce vin, c'est surtout sa fraîcheur. Il a une assise minérale qu'on ne retrouve pas forcément ailleurs. C'est un montagny de garde avec une belle personnalité ».
2017 était une année plutôt sereine à ses yeux. « Un millésime assez précoce quand même, mais on a préservé davantage de fraîcheur sur ce millésime qu'en 2018. Ce sera une année de garde. On y trouve à la fois le côté solaire d'une année précoce, mais aussi une belle acidité. Ce sont des vins très complets. »
Une étape à ne pas rater cette année-là ? « Tout est important pour réussir un millésime, il ne faut rater aucun stade. 80 % de la qualité d'un vin se fait tout au long de l'année, dans les vignes. Si on ne rentre pas des raisins de qualité, sains et mûrs, on ne fera jamais rien de bon. Même en étant le meilleur vinificateur du monde. Nous on met le paquet dans la vigne. »

ALOXE-CORTON

Dom. Xavier Durand

LES CHAILLOTS 2017 **

Production : 1 344 b. | Élevage :
20 à 30 €

Xavier Durand a repris en 2009 l'exploitation familiale, vieille de quatre générations. Il conduit aujourd'hui un vignoble de 7,5 ha composé de vignes de 35 à 80 ans sur les communes de Ladoix, Aloxe-Corton, Comblanchien et Nuits-Saint-Georges, tout en agriculture raisonnée.

Situé au piémont de la colline de Corton, ce lieu-dit est en partie classé en 1er cru, en partie en *village*. Xavier Durand tire de la partie communale un 2017 épatant. La robe est d'un beau rubis intense. Le nez conjugue harmonieusement les petits fruits rouges et noirs (cassis, mûre, framboise) et de fines notes vanillées. La bouche, ample, ronde et charnue, révèle un boisé fondu et des tanins soyeux à souhait. Savoureux. ⧗ 2021-2026

XAVIER DURAND, 25, Grande-Rue, 21700 Comblanchien, tél. 06 73 50 63 95, domainedurandxavier@gmail.com

ALOXE-CORTON

Dom. Michel Mallard et Fils

LA TOPPE AU VERT 2016 **

1er cru | Production : 2 200 b. | Élevage :
30 à 50 €

Michel Mallard agrandit dans les années 1950 le domaine familial, repris depuis par son fils Patrick et son petit-fils Michel. Un domaine de 12 ha aujourd'hui, qui se distingue régulièrement pour ses ladoix, aloxe et corton.

La Toppe au vert? Aucun rapport avec un quelconque petit mammifère fouisseur qui peut rendre fou les jardiniers... Par « toppe », on entend « friche » et par « vert », un terrain en pente, ou encore la couleur du sol de ce lieu humide situé en bas de coteau... Un *climat* situé sur la commune de Ladoix-Serrigny mais classé en appellation aloxe-corton. Vous suivez ?
Plus limpide est le vin, magnifique dans sa robe pourpre comme dans son olfaction gourmande (confiture de fruits rouges, vanille, fines notes grillées). D'une grande puissance aromatique, la bouche est impériale, mêlant une matière riche et suave à des tanins soyeux et fins. Un vin à la fois intense et élégant, qui promet beaucoup pour l'avenir. ⧗ 2022-2030

EARL DOM. MICHEL MALLARD ET FILS, 43, *rte de Dijon, 21550 Ladoix-Serrigny, tél. 03 80 26 40 64, domainemallard@hotmail.fr*

AUXEY-DURESSES

Alain Gras

TRÈS VIEILLES VIGNES 2017 **

Production : 5 000 b. | Élevage :
20 à 30 €

Le grand-père et le père vendaient leur vin au négoce. En reprenant le domaine (14 ha) en 1979, Alain Gras s'est lancé dans la mise en bouteilles. Il est aujourd'hui l'une des figures de proue de l'appellation saint-romain.

Une belle robe violine habille cette cuvée au nez délicat : mûre et fines notes boisées se mêlent. La bouche riche et puissante bénéficie de tanins soyeux, qui laissent le fruité s'exprimer en finale. Un vin élégant et harmonieux qui révélera toute sa complexité après quelques années en cave. ⧗ 2021-2026

ALAIN GRAS, 7, rue Sous-la-Velle, 21190 Saint-Romain, tél. 03 80 21 27 83, gras.alain1@wanadoo.fr

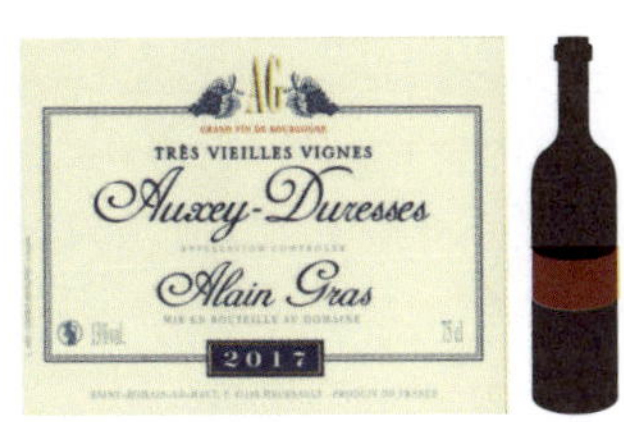

BEAUNE
Capuano-Ferreri
CUVÉE JEAN-MARC FERRERI
2017 ★★

Production : n.c. | Élevage :
15 à 20 €

Associé à l'ancien footballeur Jean-Marc Ferreri, John Capuano – dont le père Gino a créé en 1987 ce domaine implanté à Santenay – exploite 8 ha de parcelles s'égrenant de Beaune à Mercurey. Très régulier en qualité.

Cette cuvée reçoit avec le millésime 2017 son premier coup de cœur. D'un grenat intense à reflets violines, elle exprime dès le premier nez des arômes de fruits noirs et de réglisse, puis la griotte se révèle, légèrement épicée. Une touche animale se glisse même dans la palette. Élégamment construite et soutenue par une trame de tanins fins qui contribuent à l'impression de rondeur, elle laisse toute la place à un fruité persistant au palais. ⧗ 2022-2024

---

o⊸ SARL CAPUANO-FERRERI, 14, rue Chauchien, 21590 Santenay, tél. 03 80 20 68 04, john.capuano@wanadoo.fr

---

BEAUNE
Dom. Parigot
GRÈVES 2017 ★★

1er cru | Production : 2 900 b. | Élevage :
30 à 50 €

Un domaine de 20 ha fondé en 1983 par Régis Parigot, qui valorise avec talent les terroirs bourguignons, témoins les nombreux coups de cœur obtenus pour ses vins de la Côte de Beaune et des Hautes-Côtes. En 2008, le fils Alexandre a pris les commandes avec la même réussite.

Avec près de 32 ha, ce *climat* représente 10 % de la surface plantée en 1er cru. Les Grèves désignent un terrain sablonneux, propice à la viticulture. La preuve en est cette cuvée issue de ceps de cinquante ans. Grenat soutenu, elle n'est pas avare en arômes de petits fruits rouges très mûrs, soulignés de boisé. Dès la mise en bouche, elle se montre concentrée, bien structurée par des tanins fondus. La finale réglissée persistante est un autre de ses atouts. ⧗ 2022-2029

---

o⊸ SC DOM. ALEXANDRE PARIGOT, 8, rte de Pommard, 21190 Meloisey, tél. 03 80 26 01 70, domaine.parigot@orange.fr

---

BOURGOGNE
Dom. Bersan Bio
CÔTES D'AUXERRE CUVÉE LOUIS BERSAN 2017 ★★★

Production : 6 700 b. | Élevage :
11 à 15 €

Le village de Saint-Bris, dans l'Yonne, compte plusieurs Bersan. Fondé en 2009 après une scission familiale, le domaine de Jean-Louis et Jean-Christophe compte 21 ha répartis sur les communes de Chablis, Irancy et Saint-Bris, exploités en bio (certifié depuis 2012).

Cette cuvée à la robe jaune clair brillant s'ouvre sur un nez complexe d'agrumes (pamplemousse), de fruits secs, de miel, de noisette et de brioche. La bouche se révèle d'une grande finesse, mêlant fraîcheur et rondeur dans une matière suave. La finale douce et d'une grande persistance sur le fruit achève de convaincre. ⧗ 2019-2023

---

o⊸ SCEA JEAN-LOUIS ET JEAN-CHRISTOPHE BERSAN, 20, rue du Dr-Tardieux, 89530 Saint-Bris-le-Vineux, tél. 03 86 53 33 73, jean-louis.bersan@wanadoo.fr

BOURGOGNE

Dom. Colbois

CHITRY HARMONIE 2017 ★★

Production : 1 900 b. | Élevage :
11 à 15 €

Rejoint en 2009 par son fils Benjamin, Michel Colbois est établi depuis 1970 à Chitry-le-Fort. Ses blancs sont souvent en bonne place dans le Guide, qu'ils proviennent du chardonnay ou de l'aligoté. Son vignoble couvre 20 ha.

De l'harmonie en effet pour ce superbe 2017 à la robe grenat, qui dévoile un nez intense de fruits rouges, d'épices (poivre blanc) et de vanille. La bouche, à la fois fraîche et suave, s'appuie sur des tanins veloutés et déploie une longue finale délicatement épicée. Un vin élégant, d'ores et déjà très savoureux, mais qui vieillira bien. ⧗ 2019-2025

⊶ EARL DOM. MICHEL COLBOIS, 69, *Grande-Rue, 89530 Chitry, tél. 03 86 41 43 48, contact@colbois-chitry.com*

BOURGOGNE

Guilhem et Jean-Hugues Goisot Bio

CÔTES D'AUXERRE CORPS DE GARDE 2017 ★★★

Production : 17 700 b. | Élevage :
11 à 15 €

Une valeur sûre de l'Auxerrois que ce domaine, installé dans une ancienne place forte de Saint-Bris abritant un corps de garde. Jean-Hugues Goisot et son fils Guilhem exploitent en biodynamie un vignoble de 28 ha et élèvent leurs vins dans de vénérables caves des XIe et XIIes.

Une cuvée souvent en vue dans ces pages, dans les deux couleurs. La version blanche 2017 fait merveille. Un vin jaune pâle et brillant, au nez soutenu et complexe d'agrumes (pamplemousse, citron), de fleurs blanches, de réglisse et de cannelle. La bouche apparaît ample, suave et puissante, équilibrée par une fraîcheur minérale savamment dosée et par de fins amers en finale. Un petit bijou. ⧗ 2020-2025

⊶ SCEV GUILHEM ET JEAN-HUGUES GOISOT, *30, rue Bienvenu-Martin, 89530 Saint-Bris-le-Vineux, tél. 03 86 53 35 15, domaine.jhg@goisot.com*

Zoom
Pas de gamay chez moi

Philippe le Hardi, duc de Bourgogne, laissa le souvenir d'un homme intelligent, à l'influence considérable mais aux goûts dispendieux. Il veilla à développer la province que lui avait léguée son père, le roi de France Jean II le Bon. Le vignoble bourguignon avait déjà atteint une solide notoriété quand, en 1395, Philippe commença une politique qui l'orienterait définitivement vers une production de haute qualité. Parmi ses mesures, celle de bannir le gamay au profit du pinot noir. Ce dernier devint le cépage des grands vins, ceux que l'on sert aux tables des puissants personnages et que l'on exporte. Tandis que le gamay restait le cépage des paysans, qui en appréciaient le bon rendement. Ils en produisirent des vins locaux, de consommation courante.

BOURGOGNE

Clos du Ch. de Lachassagne

PRESTIGE MONOPOLE 2017 ★★

Production : 10 600 b. | Élevage :
11 à 15 €

Les origines de ce domaine établi au cœur du pays des Pierres dorées remontent à 1535. Celui-ci resta propriété des Rochechouart-Mortemart et des Laguiche jusqu'à son rachat en 1977. Aujourd'hui, 62 ha clos de murs entourent le château, qui date de 1810-1830, et 26 ha sont dévolus au vignoble. L'exploitation est dirigée depuis 2007 par Olivier Bosse-Platière et son épouse Véronique.

Une superbe robe brillante aux reflets argentés habille ce vin ouvert sur des arômes de fleurs blanches, de poire, de pêche, de citron, de caramel et de noix de coco. La bouche affiche beaucoup de volume et une rondeur des plus gourmandes, bien relevée par la minéralité des lieux. Une longue finale aux tonalités grillées conclut la dégustation. Un vin fin et harmonieux, d'une belle complexité aromatique. ⧗ 2019-2023

SARL CH. DE LACHASSAGNE, 416, rue du Château, 69480 Lachassagne, tél. 04 74 67 00 57, contact@chateaudelachassagne.com

BOURGOGNE

Dom. Rebourgeon-Mure

CUVÉE DE MAISON DIEU 2017 ★★

Production : 10 000 b. | Élevage :
8 à 11 €

Un ancêtre s'installe à Pommard en 1552 et prend à bail pour quatre-vingt-dix-neuf ans des vignes de l'abbaye Sainte-Marguerite-de-Bouilland. Aujourd'hui, les Rebourgeon-Mure conduisent 7 ha et s'illustrent régulièrement avec leurs pommard et leurs volnay.

La version 2013 de cette cuvée fut coup de cœur ; le 2017 fait aussi bien. Un beau vin rubis, au nez diablement gourmand de fruits rouges (framboise, cerise, groseille), d'épices et de vanille, à la bouche ronde, généreuse, intense et d'une grande richesse aromatique mêlant les fruits aux notes d'élevage. Un caractère affirmé. ⧗ 2020-2024

SCEA DOM. REBOURGEON-MURE, 6, Grande-Rue, 21630 Pommard, tél. 03 80 22 75 39, rebourgeon.mure@orange.fr

BOURGOGNE-CÔTE-CHALONNAISE

Jocelyne Chaussin

LA FORTUNE 2017 ★★

Production : 1 500 b. | Élevage :
5 à 8 €

Jocelyne Chaussin assure depuis 1988 la continuité de cette petite exploitation familiale (1,33 ha) ancrée depuis trois générations à Bouzeron. Respectueuse de la nature, elle travaille la vigne comme « dans l'ancien temps », sans produit chimique.

Une cuvée souvent en vue dans ces pages, qui obtient la récompense suprême avec un superbe 2017 à la robe dorée, ornée d'émeraude. Du verre s'élèvent des arômes élégants d'églantine, de mousse, de brioche, de fruit jaune et d'amande fraîche. Arômes que l'on retrouve dans une bouche charnue, mûre et ronde, épaulée par une vivacité minérale qui pousse loin la finale. ⧗ 2019-2023

JOCELYNE CHAUSSIN, 3, rue des Dames, 71150 Bouzeron, tél. 06 82 85 38 46, jeanlouis.chaussin@orange.fr

BOURGOGNE-HAUTES-CÔTES-DE-BEAUNE

R. Dubois et Fils

LES MONTBATOIS 2017 ★★

Production : 7 500 b. | Élevage :
11 à 15 €

Béatrice Dubois et son frère Raphaël, installés depuis 1991, conduisent 21 ha de vignes dans les deux Côtes. La première vinifie, après avoir passé plusieurs années à l'étranger; le second s'occupe de la vente. Ils ont développé en 2000 une affaire de négoce pour étoffer leur gamme.

L'unique coup de cœur en blanc de cette appellation nous vient… d'un domaine de la Côte de Nuits. Une vigne de cinquante ans plantée sur les hauteurs de la colline de Beaune a donné un vin des plus harmonieux, aux parfums persistants de chèvrefeuille et d'amande, à la bouche souple, fine et fraîche, étirée dans une longue finale. Un hautes-côtes plein d'élégance. ⧗ 2020-2023

EARL R. DUBOIS ET FILS, 7, rte de Nuits-Saint-Georges, 21700 Premeaux-Prissey, tél. 03 80 62 30 61, contact@domaine-dubois.com

BOURGOGNE-HAUTES-CÔTES-DE-NUITS

Dom. Cornu-Camus

2017 ★★

Production : 9 000 b. | Élevage :
8 à 11 €

Un domaine de 12 ha créé par Pierre Cornu et sa femme Bernadette Camus en 1981. Après un master en biologie et un BTS en viticulture-œnologie, leur fille Lydia est devenue cogérante en 2008. Christophe Pertuzot, le mari de cette dernière a rejoint l'exploitation familiale en 2009.

Des pinots noirs de quarante ans plantés sur environ un hectare généreusement abreuvé de soleil au cours de ce millésime 2017 : de quoi obtenir un hautes-côtes-de-nuits intense et expressif au nez. On y trouve de la cerise et de la framboise avec netteté. Les tanins fondent en bouche au côté d'un fruité soutenu, relevé de notes empyreumatiques et d'épices. On apprécie aussi le volume et la longueur de ce vin bien sous tous les angles. ⧗ 2022-2027

EARL PIERRE CORNU-CAMUS, 2, rue Varlot, 21420 Échevronne, tél. 03 80 21 57 23, pierre@domainecornucamus.fr

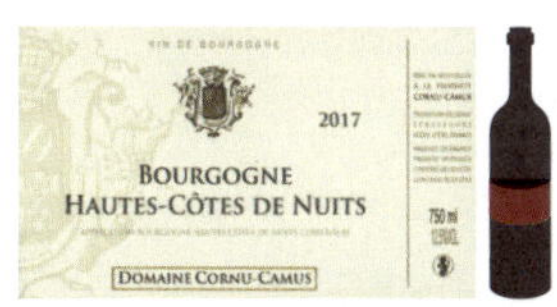

BOUZERON

Maison Chanzy

LES TROIS 2017 ★★

Production : 38 344 b. | Élevage :
11 à 15 €

Implanté à Bouzeron, dont il possède à lui seul la moitié des vignes, ce domaine de 80 ha (en Côte chalonnaise, avec un pied en Côte de Beaune et en Côte de Nuits) est exploité depuis 2013 par Jean-Baptiste Jessiaume, son régisseur et maître de chai, issu d'une lignée vigneronne de Santenay. Une maison de négoce complète la propriété. Une originalité : les fermentations malolactiques se font en musique, la résonance harmonique étant censée favoriser l'épanouissement du raisin.

Des ceps d'aligotés âgés de trente-cinq ans ont donné un superbe vin or pâle à reflets argentés. Le nez, intense et frais, évoque les agrumes, la fougère et la menthe. La bouche, ample et ronde, est réveillée par une belle tonicité qui pousse loin la finale. « Un vrai bouzeron », s'exclame un juré séduit, qui conseille vivement l'accord avec des coquillages et des crustacés. ⧗ 2019-2022

SARL MAISON CHANZY, 6, rue de la Fontaine, 71150 Bouzeron, tél. 03 85 87 23 69, reception@chanzy.com

CHABLIS

Dom. Jean Collet et Fils

2017 ★★

Production : 47 000 b. | Élevage :
15 à 20 €

La famille Collet piochait déjà le kimméridgien en 1792. Romain, le petit dernier d'une dynastie de vignerons chablisiens (fils de Gilles, petit-fils de Jean), est depuis 2009 aux commandes de l'exploitation familiale : 40 ha en conversion bio.

Si tous les goûts sont dans la nature, toute la typicité du terroir chablisien se résume dans cette cuvée. Un vin souple et tendu, très harmonieux, au nez puissant, acidulé, vanillé, légèrement grillé. La bouche, ronde et gourmande, offre une explosion de saveurs, soutenue par une belle acidité minérale (pierre à fusil), pour finir sur des notes épicées. L'équilibre est parfait. 2021-2025

SARL JEAN COLLET ET FILS, 15, av. de la Liberté, 89800 Chablis, tél. 03 86 42 11 93, collet.chablis@orange.fr

---

CHABLIS

Corinne et Jean-Pierre Grossot

CUVÉE LA PART DES ANGES

2017 ★★★

Production : 4 000 b. | Élevage :
15 à 20 €

Fondée en 1920 par les grands-parents des actuels vignerons, cette exploitation familiale est conduite depuis 1980 par Jean-Pierre et Corinne Grossot, rejoints par leur fille Ève. Elle dispose d'une belle cave voûtée et de 18 ha de vignes conduites en bio depuis 2012, réparties dans plusieurs terroirs du Chablisien.

La part des anges est toute relative dans cette cuvée d'exception qui n'a rien perdu de sa fraîcheur ni de sa puissance au terme d'un élevage de quatorze mois en cuve. Séduisante dans sa robe jaune pâle aux reflets verts, aguichante avec son nez floral et minéral, étonnante de richesse, de volume et de longueur avec sa bouche en cœur, qui ne manque ni de finesse ni de vivacité : on en redemande, et les anges voudront leur part… 2021-2027

EARL CORINNE ET JEAN-PIERRE GROSSOT, 4, rte de Mont-de-Milieu, 89800 Fleys, tél. 03 86 42 44 64, info@chablis-grossot.com

Zoom
Le kimméridgien

Le vignoble de l'Yonne repose sur des assises géologiques du jurassique supérieur : le kimméridgien inférieur (ancien séquanien), le kimméridgien moyen et supérieur où alternent sur 50 à 100 m d'épaisseur les argiles calcaires, les marnes et les calcaires marneux. Le paysage est fait de croupes arrondies qui ne forment jamais un vrai plateau ni une falaise rocheuse. Les coteaux bien exposés portent la vigne et sont souvent surmontés d'une touffe boisée. Chablis se situe au cœur du kimméridgien marneux. Aux environs, on trouve aussi du calcaire dur. Les meilleures terres à vigne sont des sols bruns calcaires sur des versants exposés au sud-ouest, entre 130 et 250 m d'altitude.

CHABLIS

Dom. Oudin

2017 ★★

Production : 40 608 b. | Élevage :

11 à 15 €

Dans cette exploitation familiale où les filles ont pris la mesure de l'héritage, Nathalie Oudin a été la première à s'investir en 2007. Sa sœur Isabelle l'a rejointe en 2012. Leur domaine couvre 10 ha.

« Un chablis pour déguster quelques instants de bonheur » : c'est le message que la famille Oudin fait passer dans sa communication. Message reçu et bonheur partagé par le jury de dégustation qui lui a décerné un coup de cœur. Un vin d'exception, élégant et parfaitement équilibré. Le nez se partage entre la fleur et le fruit sur un fond minéral. Autant d'arômes qui s'emparent d'une bouche ample, soyeuse, légèrement épicée, vive et tonique. ⧗ 2021-2026

EARL DOM. OUDIN, 5, rue du Pont, 89800 Chichée, tél. 06 03 24 48 93, domaine.oudin@wanadoo.fr

CHABLIS GRAND CRU

Jean-Paul et Benoît Droin

GRENOUILLES 2017 ★★

Production : 2 700 b. | Élevage :

30 à 50 €

Chez les Droin, on est vigneron de père en fils depuis 1620. Si Jean-Paul Droin est devenu l'historien du vignoble de Chablis, son fils Benoît a apporté sa patte à cette exploitation de 26 ha à partir de 2002. Un domaine d'une admirable régularité, qui collectionne les coups de cœur, notamment dans les grands crus.

Un grand abonné aux coups de cœur, Benoît Droin ! Après les grands crus Valmur et Les Clos dans le millésime 2016, c'est un Grenouilles 2017 qui a plu au jury de dégustateurs. Et pour cause, ce vin est tout en séduction. Le nez, très fin et délicat, associe les fleurs blanches aux fruits jaunes et blancs mûrs. La bouche, au diapason, apparaît très élégante, portée par un boisé distingué et par une acidité parfaitement gainée qui l'étire longuement en finale. Un grand cru racé, tendu, d'une grande pureté, bâti pour durer longtemps… ⧗ 2023-2030

SC JEAN-PAUL ET BENOÎT DROIN, 14 bis, av. Jean-Jaurès, BP 19, 89800 Chablis, tél. 03 86 42 16 78, benoit@jeanpaulbenoit-droin.fr

CHABLIS GRAND CRU

Dom. des Malandes

VAUDÉSIR 2017 ★★

Production : 3 000 b. | Élevage :

30 à 50 €

Une valeur sûre du vignoble chablisien, qui collectionne les coups de cœur du Guide. Un domaine créé en 1949 par André Tremblay, couvrant aujourd'hui 29 ha. Lyne Marchive, fille du fondateur, l'a dirigé seule de 1972 à 2018, date de la reprise par ses enfants Richard Rottiers (à la direction) et Amandine Marchive (au commercial), qui entendent développer une viticulture plus respectueuse de l'environnement (désherbage mécanique, labour à cheval).

Une belle récompense pour la nouvelle génération, distinguée d'un coup de cœur pour son premier millésime à la tête du domaine familial : la relève semble être dans de bonnes mains… Ce Vaudésir épatant de bout en bout exprime toute la puissance et la richesse de son terroir. Certes, le boisé est présent mais bien intégré, et il ne nuit ni à l'élégance du nez, ni à la tension minérale qui anime la bouche, lui apportant beaucoup de fraîcheur, d'énergie et de longueur. ⧗ 2024-2030

SCEA DOM. DES MALANDES, 11, rte d'Auxerre, 89800 Chablis, tél. 03 86 42 41 37, contact@domainedesmalandes.com

CHABLIS PREMIER CRU

Garnier et Fils

CÔTE DE JOUAN 2016 ★★

Production : 3 600 b. | Élevage :

20 à 30 €

Ce domaine est né la même année que le Guide : 1985. Première cuverie en 1992. Aujourd'hui 24 ha, conduits par Xavier et Jérôme Garnier. Ici, la priorité est donnée au fruit et au terroir, et l'on a plutôt tendance à laisser faire la nature. Pas de levurage, mais des fermentations longues; pas de filtration non plus.

Ce n'est pas le plus connu des 1ers crus, mais les Garnier ont su en faire un lauréat dans sa catégorie, le jury unanime décernant un coup de cœur à ce vin d'une grande richesse et très élégant. Un long élevage en foudre et en cuve Inox a arrondi la matière tout en préservant la tension minérale. Le nez, très fin, dominé par les agrumes et les fruits jaunes, annonce une bouche souple et tendre, dont le léger boisé se nourrit de fruits. La vivacité minérale est aussi bien présente, elle apporte de la droiture et du relief à cette très belle cuvée. ⧗ 2022-2030

⊶ SARL GARNIER ET FILS, chem. de Méré, 89144 Ligny-le-Châtel, tél. 03 86 47 42 12, info@chablis-garnier.com

CHABLIS PREMIER CRU

Dom. Gautheron

MONT DE MILIEU 2017 ★★

Production : 5 000 b. | Élevage :

15 à 20 €

Vignerons de père en fils depuis 1809, les Gautheron sont établis à l'est de Chablis. Alain, installé en 1977, représente la sixième génération et Cyril, arrivé en 2001, la septième. Le père et le fils exploitent un domaine qui s'est agrandi (il est passé de 8 à 30 ha entre 1977 et aujourd'hui) et modernisé. Une belle régularité en chablis et en petit-chablis.

Quelle classe, ce chardonnay issu de vieux ceps et élevé pour une petite partie en fût! Un vin précis, d'une grande finesse et d'une belle persistance aromatique. Le nez n'est qu'un bouquet de fleurs blanches. Dans un autre registre, le palais riche et fruité séduit par sa vivacité avec une superbe ligne minérale qui lui donne un surcroît de fraîcheur. Un vin très harmonieux, doté d'un joli potentiel de garde. ⧗ 2022-2030

⊶ SCEV DOM. ALAIN ET CYRIL GAUTHERON, 18, rue des Prégirots, 89800 Fleys, tél. 03 86 42 44 34, vins@chablis-gautheron.com

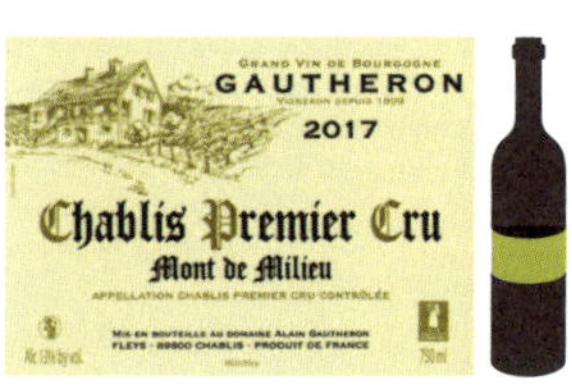

CHABLIS PREMIER CRU

Dom. Verret

BEAUROY 2017 ★★

Production : 14 000 b. | Élevage :

15 à 20 €

La famille Verret cultive la vigne depuis deux siècles et demi dans l'Yonne. Pionnier dans le vignoble de l'Auxerrois pour la mise en bouteilles et la commercialisation directe pratiquées dès les années 1950, ce vaste domaine (60 ha) demeuré familial fréquente très régulièrement les pages du Guide, notamment pour ses irancy, saint-bris, bourgognes Côtes d'Auxerre et bourgogne-aligoté.

Bruno Verret est un habitué du Guide, surtout avec le pinot noir de ses irancy : il a d'ailleurs obtenu un coup de cœur cette année avec son Palotte 2016. Mais le vigneron s'y entend aussi en chardonnay, qui donne ici un vin puissant et très harmonieux. Un tiers de la cuvée vinifiée en fût a permis de renforcer une structure au demeurant très élégante. Le nez s'ouvre sur des arômes délicats de noisette et de miel. La bouche n'est que volume, richesse et intensité, avec les fruits mûrs en dominante et une longue finale minérale qui apporte du tonus et de la fraîcheur. Un vin généreux qui ne connait pas ses limites. ⧗ 2023-2030

⊶ SARL BRUNO VERRET, 13, rte de Champs, 89530 Saint-Bris-le-Vineux, tél. 03 86 53 31 81, dverret@domaineverret.com

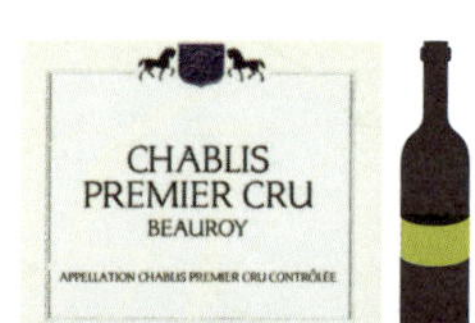

CHAMBERTIN-CLOS-DE-BÈZE

Dom. Pierre Gelin

2016 ★★

Gd cru | Production : 2 000 b. | Élevage :
+ de 100 €

Fondée en 1925 par Pierre Gelin, cette propriété familiale exploite un vignoble de 13 ha sur les communes de Fixin et de Gevrey-Chambertin. Elle est conduite aujourd'hui par Pierre-Emmanuel Gelin, qui porte un soin particulier à la méthode culturale : les vignes sont labourées, les désherbants bannis et la conversion à l'agriculture biologique est engagée.

Les raisins, en provenance des 60 ares dont dispose le domaine dans ce grand cru, n'ont pas tous été égrappés (10 % de vendanges entières). Pour le reste, c'est une vinification très classique qui a été menée par Pierre-Emmanuel Gelin. Il a obtenu un vin d'une grande élégance. Après avoir exprimé une touche de cuir frais, le nez s'ouvre sur des notes de fruits noirs à maturité et des nuances de boisé bien intégré. Le palais, ample, rond, velouté, est construit sur des tanins soyeux et déploie une longue finale pleine de fraîcheur. Une cuvée promise à un bel avenir. ⧗ 2024-2035

⊶ SAS DOM. PIERRE GELIN, 22, *rue de la Croix-Blanche, 21220 Fixin, tél. 03 80 52 45 24, gelin.pierre@wanadoo.fr*

CHAMBOLLE-MUSIGNY

Dom. Anne et Hervé Sigaut

LES SENTIERS VIEILLES VIGNES 2017 ★★

1er cru | Production : n.c. | Élevage :
50 à 75 €

Depuis le départ à la retraite d'Hervé Sigaut en 2008, son épouse Anne, qui assurait les vinifications depuis 2004, est seule aux commandes. Une valeur sûre en chambolle-musigny, fer de lance de ce domaine de 7 ha.

Une cuvée qui avait récolté deux étoiles déjà l'année dernière, une étoile l'année précédente… Ce coup de cœur n'est donc pas une surprise. Nous sommes ici dans le secteur nord de l'appellation, en dessous du grand cru bonnes-mares. Le domaine y exploite 70 ares à l'origine d'un vin présentant tous les attributs d'un chambolle de caractère, qui vieillira bien. La palette aromatique associe harmonieusement la framboise, les fruits noirs et les épices. La bouche est ample, dense et délicate à la fois, construite sur des tanins bien présents, mais fins et soyeux. Une finale longue et fraîche conclut la dégustation. ⧗ 2024-2030

⊶ SCEA DOM. ANNE ET HERVÉ SIGAUT, 12, *rue des Champs, 21220 Chambolle-Musigny, tél. 03 80 62 80 28, contact@domaine-sigaut.com*

CHARMES-CHAMBERTIN

Dom. Castagnier

2017 ★★

Gd cru | Production : 1 300 b. | Élevage :
75 à 100 €

Installé depuis 2004 sur le domaine familial de Morey-Saint-Denis, Jérôme Castagnier exploite (en biodynamie non certifiée) un vignoble de 4 ha en Côte de Nuits. Ses grands crus, notamment ses clos-de-vougeot, clos-de-la-roche et clos-saint-denis, lui permettent de s'illustrer avec une réelle constance. Il a également développé une activité de négoce à son nom pour compléter sa gamme, toujours en Côte de Nuits.

Un nouveau coup de cœur pour Jérôme Castagnier, qui enchaîne les millésimes avec une aisance admirable. Quelle régularité ! Cette cuvée issue de 40 ares plantée de vignes de soixante-cinq ans évoque au nez un panier de fruits frais (myrtille, cerise) mâtiné de nuances florales et d'un boisé bien intégré apportant un surcroît de noblesse. Un vieillissement de seize mois en fût (neuf pour près de 40 %) qui a également permis de patiner des tanins au toucher soyeux et déjà fort agréables, soutien d'une bouche ample et riche, étirée dans une longue finale fraîche, réglissée et mentholée. Un charme(s) fou. ⧗ 2023-2035

⊶ SCEA DOM. CASTAGNIER, 20, *rue des Jardins, 21220 Morey-Saint-Denis, tél. 03 80 34 31 62, jeromecastagnier@yahoo.fr*

CHASSAGNE-MONTRACHET
Dom. Bachey-Legros
LES PLANTES MOMIÈRES VIEILLES VIGNES 2016 ★★

Production : 3 800 b. | Élevage :
20 à 30 €

Régulièrement mentionnés dans le Guide, les Bachey-Legros – Christiane et ses fils Samuel et Lénaïc – sont les cinquième et sixième générations à œuvrer sur ce domaine de 19 ha auquel s'est ajoutée une activité de négoce en 2008. En 2017, la propriété s'est équipée d'une nouvelle cuverie.

Une valeur sûre de l'appellation que cette cuvée des Bachey-Legros. Un chassagne né de vénérables vignes de plus de soixante-dix ans, ouvert sur un nez gourmand et complexe de fruits rouges cuits, de pivoine et de café. La bouche, bien fruitée, affiche beaucoup de volume et s'appuie sur des tanins fermes qui confèrent un caractère cistercien à ce très beau vin de garde. ⧗ 2023-2030

EARL DOM. BACHEY-LEGROS, 12, rue de la Charrière, 21590 Santenay, tél. 03 80 20 64 14, christiane.bachey-legros@wanadoo.fr

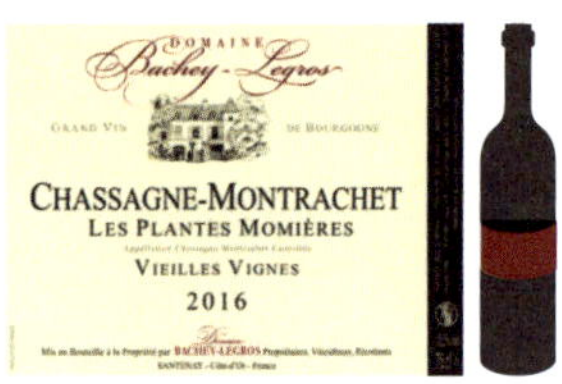

CHASSAGNE-MONTRACHET
Joseph Drouhin
MORGEOT MARQUIS DE LAGUICHE 2017 ★★

1er cru | Production : 15 900 b. | Élevage :
50 à 75 €

Créée en 1880, cette maison beaunoise travaille une large palette d'AOC bourguignonnes : de Chablis (38 ha sous l'étiquette Drouhin-Vaudon) à la Côte chalonnaise (3 ha), en passant par les Côtes de Beaune et de Nuits (32 ha). On peut y ajouter les vignes américaines du Dom. Drouhin en Oregon (90 ha) et de Roserock Vineyard, 112 ha dans la région des Eola-Amity Hills. Ce négoce d'envergure grâce à ce vaste domaine de 73 ha – développé par Robert Drouhin à partir de 1957 et désormais géré par ses quatre enfants – est aussi le plus important propriétaire de vignes cultivées en biodynamie. Incontournable.

Le plus célèbre et le plus vaste 1er cru de Chassagne, situé autour des vestiges de l'abbaye de Morgeot. Les descendants du marquis de Laguiche y possèdent 2,26 ha dont ils ont confié la gestion à la maison Drouhin. Cette dernière en a extrait un blanc magnifique, brillant et lumineux, au nez gourmand de pêche, de citron et de vanille, à la bouche ample, riche, puissante, soyeuse, relevée par une longue finale sur la vivacité. Un vin bâti pour la garde. ⧗ 2022-2030

FRÉDÉRIC JOUSSET-DROUHIN, 7, rue d'Enfer, 21200 Beaune, tél. 03 80 24 68 88, christellehenriot@drouhin.com

CHASSAGNE-MONTRACHET
David Moret
VIEILLES VIGNES 2017 ★★

Production : 4 000 b. | Élevage :
30 à 50 €

David Moret a créé en 1999 sa maison de négoce, établie derrière les remparts de Beaune. Cet adepte des élevages longs s'est fait une spécialité de la vinification « haute couture » des blancs de la Côte de Beaune.

David Moret a extrait un magnifique *village* de vieilles vignes cinquantenaires. Au nez, la complexité est de mise : fleurs blanches, notes beurrées et vanillées, touche minérale. En bouche, le vin se montre vif, alerte, aérien, doté d'une texture fine et d'une longue finale saline qui laisse le souvenir persistant d'un chassagne très harmonieux et élégant. ⧗ 2021-2026

SARL DAVID MORET (HSBDM), 1, rue Émile-Goussery, 21200 Beaune, tél. 06 75 01 15 85, davidmoret.vins@orange.fr

CHOREY-LÈS-BEAUNE

Romain Pertuzot

LES BEAUMONTS 2017 ★★

Production : 3 500 b. | Élevage :

15 à 20 €

Fils de vignerons, le jeune Romain Pertuzot s'est installé en 2008 sur une petite vigne à Chorey (1 ha), qu'il agrandit petit à petit et qu'il complète par une activité de négociant lui permettant, comme à beaucoup de jeunes exploitants, de compléter sa gamme.

Encastré entre les premières vignes d'Aloxe-Corton, à l'ouest, et de Savigny, à l'est, le *climat* des Beaumonts couvre à lui seul un tiers de l'appellation. Romain Pertuzot en tire un magnifique vin rubis intense, au nez puissant et complexe de fruits rouges mûrs, d'épices, de cacao et de cuir. La bouche apparaît ample, riche, structurée, persistante, avec en soutien un boisé fondu et racé qui contribue à son indéniable élégance. ⧗ 2022-2030

ROMAIN PERTUZOT, 9, *rue de Ley, 21200 Chorey-lès-Beaune, tél. 03 80 22 73 67, rpertuzot@wanadoo.fr*

CHOREY-LÈS-BEAUNE

Dom. Georges Roy et Fils

2017 ★★

Production : 11 200 b. | Élevage :

11 à 15 €

Vincent Roy, le vinificateur, installé en 1998, et sa sœur Claire, arrivée quelques années plus tard, conduisent un domaine familial de 9 ha, établi dans la plaine de Chorey-lès-Beaune, en vue notamment pour ses chorey et ses aloxe-corton. Alors que la propriété vendait sa production au négoce, ils ont développé la vente directe.

Un vin rouge profond qui s'ouvre sans réserve sur les fruits mûrs (framboise, cassis) rehaussés de notes torréfiées et grillées. Une belle trame de tanins fins soutient une bouche ample, riche, concentrée, étirée dans une longue finale vanillée. Bâti pour la garde. ⧗ 2023-2030

EARL DOM. GEORGES ROY ET FILS, 20, *rue des Moutots, 21200 Chorey-lès-Beaune, tél. 03 80 22 16 28, domaine.roy-fils@wanadoo.fr*

CLOS-DE-VOUGEOT

Dom. Drouhin-Laroze

2017 ★★

Gd cru | Production : 4 200 b. | Élevage :

75 à 100 €

En 1850, Jean-Baptiste Drouhin fonde un domaine viticole à Gevrey. Six générations plus tard, son héritier Philippe Drouhin, installé en 2001, son épouse Christine et leurs enfants Caroline et Nicolas conduisent dans un esprit bio, mais sans certification, un vignoble de 11,5 ha – dont près de la moitié est dédiée aux grands crus –, complété en 2008 par un petit négoce (Laroze de Drouhin) dirigé par Caroline.

La famille Drouhin-Laroze dispose d'un hectare dans la partie supérieure du Clos, non loin du Château. Le vin a été élevé pendant dix-huit mois en fût et présente une belle fraîcheur aromatique. Le boisé est perceptible, mais déjà en harmonie avec le fruit et une fine touche mentholée. La bouche se montre puissante, ample, portée par des tanins fins mais qui demandent encore à se patiner. L'ensemble donne un clos-de-vougeot très élégant, racé, candidat pour une longue garde. ⧗ 2024-2030

SARL DOM. DROUHIN-LAROZE, 20, *rue du Gaizot, 21220 Gevrey-Chambertin, tél. 03 80 34 31 49, domaine@drouhin-laroze.com*

CÔTE-DE-NUITS-VILLAGES

Dom. Jean-Michel Guillon et Fils

QUEUE DE HARENG 2017 ★★

Production : 1 920 b. | Élevage :

15 à 20 €

Vigneron de l'année

Établi à Gevrey, Jean-Michel Guillon a débuté en 1980 sur un domaine de 2,3 ha, dont il a porté la superficie à plus de 15 ha répartis dans de nombreuses appellations (mazis, gevrey, morey, clos-de-vougeot...). Secondé par son fils Alexis depuis 2005, il s'illustre avec une grande régularité dans le Guide.

Un *climat* de la commune de Brochon (au nord de Gevrey-Chambertin) au nom pour le moins original. Il serait la transformation de « queue de rangs » selon l'une des hypothèses sur son origine... Moins hypothétique est la qualité de la cuvée qui en est issue. Un vin expressif, au nez de framboise confiturée, d'épices douces et de réglisse, à la bouche ample et soyeuse, parfaitement équilibrée et persistante sur le fruit. Bref, une belle prise ! ⧗ 2023-2030

SARL DOM. JEAN-MICHEL GUILLON ET FILS, 33, rte de Beaune, 21220 Gevrey-Chambertin, tél. 03 80 51 83 98, contact@domaineguillon.com

---

CRÉMANT-DE-BOURGOGNE

Bailly-Lapierre

PINOT NOIR ★★

Production : 500 000 b. | Élevage :

8 à 11 €

Aujourd'hui, 430 vignerons apportent leurs raisins à la cave de Bailly-Lapierre, qui fut à l'origine du crémant-de-bourgogne. Principal élaborateur d'effervescents de la région, la coopérative propose une vaste gamme de crémants de qualité, qui reposent dans les immenses galeries souterraines d'une ancienne carrière calcaire. Elle fournit aussi des vins tranquilles. Une valeur sûre.

Une cuvée née sur les célèbres terroirs kimméridgiens. Lumineuse dans sa robe jaune pâle, elle laisse monter des bulles vigoureuses en un cordon persistant. Le nez ouvert pinote dans le registre floral et fruité. La bouche, après une attaque fine, révèle une puissante et volumineuse matière dans laquelle se prolongent les arômes. ⧗ 2019-2022

SCA CAVES BAILLY-LAPIERRE, quai de l'Yonne, 89530 Saint-Bris-le-Vineux, tél. 03 86 53 76 55, nathaliec@bailly-lapierre.fr

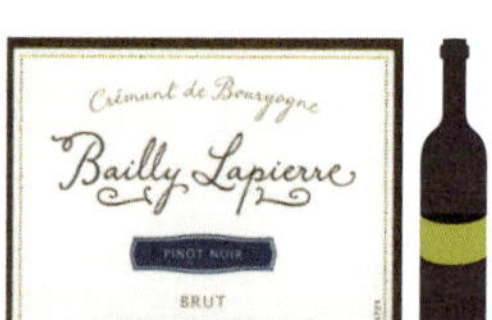

CRÉMANT-DE-BOURGOGNE

Henri Latour et Fils

★★

Production : 2 700 b. | Élevage :

8 à 11 €

Les Latour cultivent la vigne depuis sept générations à Auxey-Duresses. Installé en 1992, François Latour exploite un domaine de 15 ha en lutte raisonnée, dont l'essentiel est implanté dans sa commune d'origine, le reste à Saint-Romain et à Meursault.

Un brut rosé tout en gourmandise et facile d'accès. D'abondantes bulles animent la robe saumon éclatant et semblent porter les intenses arômes de fruits rouges. Construit sur une fine acidité, le vin joue la carte de l'élégance au palais. Cerise et framboise se prolongent plaisamment. Quelle tendresse ! ⧗ 2019-2022

EARL HENRI LATOUR ET FILS, 51, rte de Beaune, 21190 Auxey-Duresses, tél. 03 80 21 65 49, h.latour.fils@wanadoo.fr

CRÉMANT-DE-BOURGOGNE

Louis Picamelot

EXTRA-BRUT BLANC DE BLANCS

LES REIPES 2014 ★★★

Production : 12 768 b. | Élevage :
11 à 15 €

Cette maison de négoce, propriétaire de 14 ha en Côte de Beaune et en Côte chalonnaise, a été fondée en 1926 par Louis Picamelot et reprise par son petit-fils Philippe Chautard en 1987. Dans sa cuverie installée en 2006 au creux de la roche à Rully naissent de beaux crémants de terroir ou d'assemblage et quelques vins tranquilles.
Vin de grande classe, ce blanc de blancs se présente dans une robe or à reflets émeraude. Ses fines bulles s'élèvent durablement dans le verre pour former une collerette de mousse crémeuse. Un bouquet printanier se libère alors : primevère, chèvrefeuille, puis à l'agitation se révèlent un fruité intense (pomme, poire, agrumes) et une minéralité de bon aloi. En bouche, tout l'équilibre repose sur un dosage minimaliste : du gras, certes, mais aussi de la fraîcheur et une finale « en queue de paon ». ⧗ 2019-2022

SARL ÉTABLISSEMENTS LOUIS PICAMELOT, 11 bis, rue du Moulin-à-Vent, 71150 Rully, tél. 03 85 87 13 60, info@louispicamelot.com

FIXIN

Jean-Michel Guillon et Fils

LES CRAIS 2017 ★★

Production : 1 750 b. | Élevage :
20 à 30 €

Établi à Gevrey, Jean-Michel Guillon a débuté en 1980 sur un domaine de 2,3 ha, dont il a porté la superficie à plus de 15 ha répartis dans de nombreuses appellations (mazis, gevrey, morey, clos-de-vougeot…). Secondé par son fils Alexis depuis 2005, il s'illustre avec une grande régularité dans le Guide.
Les Crais, référence au calcaire, est un *climat* situé juste en dessous de la commune de Fixin. Un terroir parmi les plus réputés de l'appellation en *village*. Jean-Michel Guillon y cultive des vignes de soixante ans qu'il a parfaitement mises en valeur avec ce 2017 donnant dans l'intensité aromatique autour de la griotte, de la framboise et d'un boisé fumé bien intégré. Ample, longue, élégante, construite sur des tanins très fins, la bouche se montre elle aussi diablement flatteuse. ⧗ 2023-2030

SARL DOM. JEAN-MICHEL GUILLON ET FILS, 33, rte de Beaune, 21220 Gevrey-Chambertin, tél. 03 80 51 83 98, contact@domaineguillon.com

Vigneron de l'année

GIVRY

Michel Sarrazin et Fils

CHAMP LALOT 2017 ★★

1er cru | Production : 13 000 b. | Élevage :
15 à 20 €

La généalogie de ce domaine, toujours dans la même famille quelques siècles plus tard, remonte à 1671. Régulièrement distingués dans le Guide, les frères Sarrazin, Guy et Jean-Yves, savent tirer la quintessence des cépages bourguignons et des sols argilo-calcaires de Givry, leur fief d'origine. Incontournable.
Une fois de plus, c'est carton plein pour la famille Sarrazin qui classe trois vins dans cette édition du Guide. Ce Champ Lalot se présente vêtu d'une élégante robe grenat aux reflets violines. Son nez explosif et complexe réunit la cerise cherry, le bonbon acidulé, la groseille, le caramel et la vanille. La bouche, envoûtante, apparaît très fruitée, ronde et veloutée à souhait, étayée par des tanins soyeux. La version 2016 était elle aussi coup de cœur… Quelle régularité ! ⧗ 2021-2030

SARL MICHEL SARRAZIN ET FILS, 26, rue de Charnailles, 71640 Jambles, tél. 03 85 44 30 57, sarrazin2@wanadoo.fr

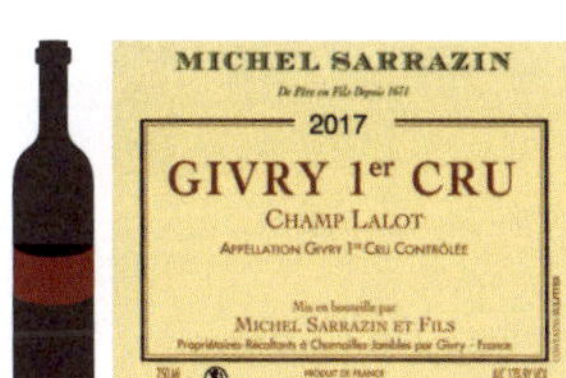

IRANCY

Dom. J.-L. et J.-C. Bersan Bio

CUVÉE LOUIS BERSAN 2016 ★★★

Production : 2 000 b. | Élevage :

15 à 20 €

Le village de Saint-Bris, dans l'Yonne, compte plusieurs Bersan. Fondé en 2009 après une scission familiale, le domaine de Jean-Louis et Jean-Christophe compte 21 ha répartis sur les communes de Chablis, Irancy et Saint-Bris, exploités en bio (certifié depuis 2012).

Cette cuvée issue de vieilles vignes plantées par Louis Bersan, l'aïeul de la famille, est tout simplement exceptionnelle. Un vin élégant dans sa robe rubis, intense au nez, racé en bouche. À l'olfaction, la fraîcheur des fruits rouges est arrondie par un boisé bien fondu. Le palais offre un récital de saveurs (fruits noirs, réglisse, violette…) portées par des tanins fins et veloutés. Un irancy mêlant finesse et puissance : « irancy ou Côte de Nuits », s'interroge avec malice un dégustateur… ⧗ 2021-2030

SCEA JEAN-LOUIS ET JEAN-CHRISTOPHE BERSAN, 20, rue du Dr-Tardieux, 89530 Saint-Bris-le-Vineux, tél. 03 86 53 33 73, jean-louis.bersan@wanadoo.fr

IRANCY

Maison de la Chapelle

LES BÂTARDES 2017 ★★★

Production : 1 040 b. | Élevage :

20 à 30 €

Un tout jeune négoce créé en 2015 par Delphine et Grégory Viennois. La première est issue d'une famille de vignerons et a travaillé dans de grandes maisons de Bourgogne. Le second, Bourguignon également et diplômé d'œnologie, présente un beau CV : il a appris le métier avec Nadine Gublin (Dom. Jacques Prieur) et Jean-Pierre de Smet (Dom. de l'Arlot), a vinifié au Ch. Smith-Haut-Lafitte, a été directeur technique de Michel Chapoutier et directeur général de Ferraton Père & Fils. Depuis 2011, il est directeur technique du Dom. Laroche à Chablis et suit comme consultant depuis 2006 la Quinta Do Monte d'Oiro au Portugal.

Cette jeune maison de négoce avait déjà obtenu un coup de cœur avec son premier millésime, un irancy 2014. Le plus dur est souvent de confirmer : c'est chose faite avec ces Bâtardes 2017, un vin de garde qui offre de la finesse et du caractère à tous les étages. À un très joli nez de fruits noirs agrémenté de notes épicées et végétales (bourgeon de cassis) fait écho une bouche ample et longue, tout en fruits, portée par une acidité et des tanins délicats. Quelle élégance ! Quelle harmonie ! ⧗ 2022-2030

SAS MAISON DE LA CHAPELLE, 24, rue du Serein, 89800 La Chapelle-Vaupelteigne, tél. 06 98 45 22 10, contact@vins-maisondelachapelle.fr

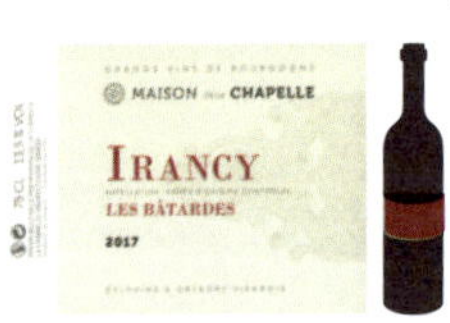

IRANCY

Dom. Verret

PALOTTE 2016 ★★★

Production : 3 500 b. | Élevage :

20 à 30 €

La famille Verret cultive la vigne depuis deux siècles et demi dans l'Yonne. Pionnier dans le vignoble de l'Auxerrois pour la mise en bouteilles et la commercialisation directe pratiquées dès les années 1950, ce vaste domaine (60 ha) demeuré familial fréquente très régulièrement les pages du Guide, notamment pour ses irancy, saint-bris, bourgogne-côtes d'Auxerre et bourgogne-aligoté.

Le domaine Verret atteint les sommets avec ce Palotte 2016. « Un vin génial, tout y est : finesse, structure, élégance », note avec enthousiasme un dégustateur. Le nez, intense, mêle des parfums de fleurs (rose, violette) aux fruits rouges. Harmonieuse, très longue, ample et charnue, adossée à des tanins délicats et soyeux, la bouche associe finesse et richesse. On peut bien sûr garder cette bouteille précieusement en cave, mais aussi jouer les impatients… ⧗ 2021-2030

GAEC DOM. VERRET, 14, rte de Champs, 89530 Saint-Bris-le-Vineux, tél. 03 86 53 31 81, dverret@domaineverret.com

LADOIX

Dom. Nudant

LES GRÉCHONS 2017 ★★

1er cru | Production : 4500 b. | Élevage :
20 à 30 €

Un Guillaume Nudant d'Aloxe-Corton était déjà vigneron en 1453. Son descendant, Guillaume également, a rejoint en 2003 son père Jean-René sur le domaine familial de 16 ha, planté pour l'essentiel autour de la montagne de Corton. Situé sur les hauteurs prolongeant la colline de Corton, ce *climat*, l'un des plus vastes de l'appellation, n'est planté qu'en chardonnay. Les Nudant y cultivent 62 ares et ils font mouche avec leur 2017. Un 1er cru doré à l'or fin, qui libère des arômes élégants de fleurs blanches, d'herbes fraîches et de menthol sur fond de boisé léger. La bouche se révèle ample, riche sans lourdeur, tendre et ronde, vivifiée par une belle minéralité. Un vin très équilibré et bâti pour durer. ⧗ 2021-2030

⊸ *EARL ANDRÉ NUDANT ET FILS, 11, rte de Dijon, 21550 Ladoix-Serrigny, tél. 03 80 26 40 48, domaine.nudant@wanadoo.fr*

MÂCON ET MÂCON-VILLAGES

Dom. Cheveau

SOLUTRÉ-POUILLY L' EXCEPTION 2017 ★★

Production : 500 b. | Élevage :
20 à 30 €

Représentant la troisième génération, Nicolas Cheveau et son épouse Aurélie ont développé le domaine en superficie (20 ha) et privilégié le commerce en bouteilles afin de valoriser leurs terroirs et leur savoir-faire. Née d'une parcelle de 20 ares de chardonnay récolté manuellement en surmaturité en octobre 2017, cette Exception a grandi en fût de chêne pendant une année. D'un bronze superbe se dégagent d'intenses senteurs mêlant délicatement le fruit jaune mûr et le fumé. Le palais dévoile une matière ample, puissante, persistante et fraîche à la fois, et laisse en finale le souvenir du moka et du coing. ⧗ 2021-2025

⊸ *EARL CHEVEAU ET FILS, rte des Concizes, 71960 Solutré-Pouilly, tél. 06 83 77 07 25, domaine@vins-cheveau.com*

MÂCON ET MÂCON-VILLAGES

Marcel Couturier

LOCHÉ LES LONGUES TERRES 2017 ★★

Production : 20000 b. | Élevage :
11 à 15 €

Installé en cave particulière depuis 2005 après avoir été apporteur à la cave coopérative des Grands Crus à Vinzelles, Marcel Couturier revendique une viticulture proche de l'agrobiologie. Son vignoble couvre 12 ha (en cours de conversion bio). Ce très beau mâcon, issu de ceps de trente-cinq ans, vinifié et élevé en fût de chêne pendant dix mois se présente dans une brillante robe or pâle et dévoile d'intenses senteurs d'acacia, de chèvrefeuille, de vanille et de toast grillé. La bouche apparaît parfaitement équilibrée entre le gras et la fraîcheur. Sa finale d'abricot lui apporte de l'élégance et de la longueur. Déjà plaisant, ce vin pourra être conservé plusieurs années et tiendra tête à des mets de choix, comme une poularde de Bresse à la crème et aux morilles. ⧗ 2020-2025

⊸ *EARL DOM. MARCEL COUTURIER, 730, rte de Fuissé, 71960 Fuissé, tél. 06 23 97 23 21, domainemarcelcouturier@orange.fr*

MÂCON ET MÂCON-VILLAGES

Dom. Robert Marin

2016 ★★

Production : 5 000 b. | Élevage :

5 à 8 €

Marielle et Robert Marin ont repris l'exploitation familiale en 1976, ainsi qu'une partie du vignoble de Gilbert Mornand, l'illustre maire de Clessé de 1971 à 2014. L'ensemble couvre 22 ha.

Le jury a été conquis par ce mâcon-villages au prix très doux, or vert lumineux pailleté d'argent. Un caractère de fruits frais, rappelant le fruit de la Passion et le citron, se marie harmonieusement aux notes de fleurs (acacia et lys) et de fruits secs (raisin de Corinthe). Le palais enchante par sa gourmandise et sa friandise, ses saveurs de pâtisserie pralinée, de citron confit et de notes muscatées, mais également par l'équilibre parfait entre rondeur et acidité. ⧗ 2020-2024

EARL DOM. ROBERT MARIN, 256, rte de la Vigne-Blanche, 71260 Clessé, tél. 03 85 36 95 92, marin.robert71@orange.fr

MÂCON ET MÂCON-VILLAGES

Ch. de Messey

CRUZILLE CLOS DES AVOUERIES

2017 ★★

Production : 5 700 b. | Élevage :

15 à 20 €

En 1988, Marc Dumont a repris le Ch. de Messey, propriété de 89 ha, dont 17 en AOC, dirigé aujourd'hui par son fils Patrick. Pour élargir sa gamme, il acquiert en 1992 le Manoir Murisaltien, maison de négoce de Meursault, puis le Ch. de Belleville à Rully, revendus en 2017 à un couple d'Américains passionnés d'art de vivre à la française.

Un magnifique clos de 5,5 ha, situé au milieu des bois de chênes, de buis et… du gibier. La nature règne ici en maître. Dans le verre, un vin qui a fière allure : jaune d'or éclatant, il offre un nez des plus complexes (mirabelle, pêche, poire, beurre frais et pain délicatement grillé). L'équilibre est atteint dans une bouche ample et généreuse, soulignée par une tension minérale qui pousse loin la finale. «Un vin avec une personnalité affirmée, vinifié avec intelligence et au solide potentiel», conclut le jury enthousiaste. ⧗ 2022-2027

GFA CH. DE MESSEY, Ch. de Messey, 71700 Ozenay, tél. 06 70 66 32 51, frederic.servais@demessey.com

MÂCON ET MÂCON-VILLAGES

Dom. des Terres de Chatenay

LA CUVÉE DE BÉRACIUS **2017** ★★

Production : 9 000 b. | Élevage :

5 à 8 €

Jean-Claude et Marie-Odile Janin sont un couple de vignerons installé depuis 2006 à Péronne, village situé à l'ouest des coteaux de Viré et de Clessé. Leur vignoble couvre 10 ha.

Les Janin travaillent également les vignes de la famille Côte-Fellmann, propriétaire à Vérizet depuis 1858, dont est issue cette cuvée, hommage à Béracius, un Romain qui s'installa en ces lieux et donna son nom à Vérizet. Dans le verre, un vin joliment doré, au bouquet intense et complexe de citron mûr et de fleurs blanches. L'élégance se poursuit dans un palais ample et étoffé, parfaitement équilibré entre la fraîcheur et le gras, avec une persistance fruitée aux tonalités de pêche et d'abricot. Un vin très aromatique et harmonieux. ⧗ 2020-2023

EARL JEAN-CLAUDE ET MARIE-ODILE JANIN, rue du Four, 71260 Péronne, tél. 06 87 99 49 13, janinmojc@wanadoo.fr

MARANGES

Bruno Colin

LA FUSSIÈRE 2016 ★★

1er cru | Production : 1770 b. | Élevage :
30 à 50 €

Bruno Colin s'est installé en 2004 à la suite du partage du domaine familial avec son frère Philippe. Cet adepte des élevages longs exploite 9 ha de vignes allant des Maranges à Puligny en passant par Chassagne, son fief.

Ce *climat* des hauteurs est de loin le plus vaste des 1er crus des Maranges avec ses 41 ha. Bruno Colin y exploite près de 42 ares à l'origine d'un superbe maranges couleur rubis, qui dévoile au nez des arômes intenses de cerise, de groseille, de poivre et de fines notes boisées. La bouche, riche et bien structurée, s'adosse à des tanins fermes qui s'assoupliront encore avec les années. La finale intense et persistante confirme le caractère bien trempé de ce vin bâti pour la garde. ⧗ 2023-2030

SARL BRUNO COLIN, 3, imp. des Crêts, 21190 Chassagne-Montrachet, tél. 03 80 24 75 61, contact@domainebrunocolin.com

---

MARSANNAY

Dom. Régis Bouvier

CLOS DU ROY 2017 ★★

Production : 2000 b. | Élevage :
15 à 20 €

Régis Bouvier a fondé ce domaine en 1981 (2 ha au départ, 15 ha aujourd'hui), étendu de Marsannay, son fief, dont il défend les couleurs avec brio, à Morey, en passant par Fixin et Gevrey. Une activité de négoce lui permet de compléter sa gamme.

Un blanc en Côte de Nuits n'est pas chose courante. Sauf à Marsannay. Avec 20 % de la production environ, le chardonnay a acquis depuis quelques temps déjà ses lettres de noblesse dans le village. Cette cuvée d'une belle complexité florale et fruitée (fruits blancs) le confirme. La bouche se révèle intense, ample, ronde, persistante. ⧗ 2020-2025

RÉGIS BOUVIER, 52, rue de Mazy, 21160 Marsannay-la-Côte, tél. 03 80 51 33 93, dom.reg.bouvier@hotmail.fr

---

MERCUREY

Dom. de la Monette Bio

LES OBUS 2017 ★★

Production : 1452 b. | Élevage :
15 à 20 €

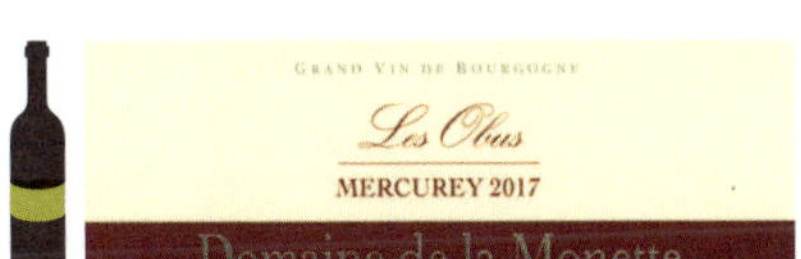

Depuis sa reprise en 2008 par Roelof Ligtmans et Marlon Steine, couple de Néerlandais tombés sous le charme de la Bourgogne, ce vignoble de 11 ha est conduit en bio (certification en 2013).

Une vinification à la «bourguignonne» avec élevage en demi-muids de 500 litres durant neuf mois a donné une robe d'un or vert éclatant à ce mercurey. Des senteurs de pomme, de fleur d'acacia, de pain grillé et de vanille sur fond de minéralité composent une olfaction complexe. Une richesse aromatique que l'on retrouve dans un palais ample et généreux, soutenu par une belle tension acidulée. Un très beau vin de terroir, racé et pur. ⧗ 2022-2026

ROELOF LIGTMANS (DOM. DE LA MONETTE), 15, rue du Château, 71640 Mercurey, tél. 03 85 98 07 99, vigneron@domainedelamonette.fr

MERCUREY
François Raquillet
VIGNES DES CHAZEAUX CUVÉE SUZANNE 2017 ★★

Production : 2 000 b. | Élevage :
15 à 20 €

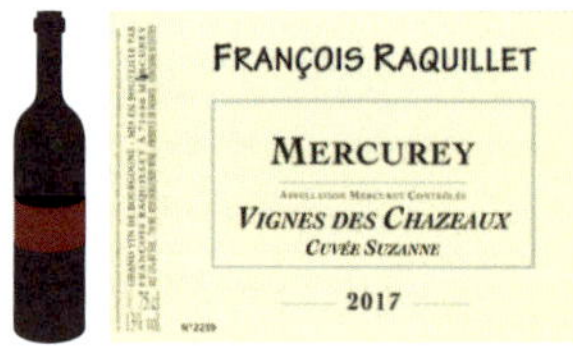

Héritiers de dix générations de vignerons, François et Emmanuelle Raquillet sont à la tête du domaine familial (12,5 ha) depuis 1990 et signent avec constance des cuvées de belle facture.

Les Raquillet nous gratifient une fois encore d'un superbe mercurey et décrochent leur troisième coup de cœur en quatre éditions du Guide, pour ne citer que les derniers… Drapé d'un velours pourpre, ce 2017 respire la griotte, la vanille, la verveine et le poivre noir. En bouche, c'est l'apothéose tant celle-ci est ample, riche, concentrée et longue, avec une structure tannique fondue et enveloppante. Enthousiasmant. ⧗ 2022-2027

SARL FRANÇOIS RAQUILLET, 19, rue de Jamproyes, 71640 Mercurey, tél. 03 85 45 14 61, contact@domaine-raquillet.com

---

MERCUREY
Dom. Tupinier-Bautista
VIEILLES VIGNES 2017 ★★

Production : 10 000 b. | Élevage :
11 à 15 €

Manuel Bautista exploite depuis 1997 la propriété (10 ha aujourd'hui) de sa belle-famille, les Tupinier, vignerons à Mercurey depuis 1770. Une affaire de négoce a été créée pour l'achat de raisins de la Côte chalonnaise et de la Côte de Beaune.

D'un rouge grenat à reflets rubis, ce magnifique *village* dévoile de nombreuses flaveurs rappelant la cerise et la mûre bien mêlées aux notes empyreumatiques de l'élevage en fût. La bouche, franche et nette en attaque, offre une texture veloutée, avec en soutien une charpente tannique bien présente mais élégante. Son volume et sa longueur fruitée achèvent de convaincre. ⧗ 2022-2030

EARL DOM. TUPINIER-BAUTISTA, 30 ter, rue du Liard, 71640 Mercurey, tél. 06 87 16 02 14, tupinier.bautista@wanadoo.fr

MEURSAULT
Hubert Bouzereau-Gruère et Filles
CHARMES 2017 ★★

1er cru | Production : 2 500 b. | Élevage :
30 à 50 €

Installé en 1965, Hubert Bouzereau exploite avec ses filles Marie-Laure et Marie-Anne un vignoble de 10 ha réparti sur six villages de la Côte de Beaune. Un domaine souvent en vue pour ses meursault, puligny et chassagne. Anecdote bien connue des œnophiles bourguignons : le vigneron a figuré en tant que pompier de Meursault dans le cultissime *La Grande Vadrouille* de Gérard Oury, un sujet de conversation savoureux au caveau…

Un soupçon de vert apparaît dans la robe jaune paille de ce meursault si brillant. Des reflets qui le mettent en valeur, comme une invitation à le découvrir plus avant. Et le vin flatte les sens, en effet, par ses subtils arômes de poire et de pêche blanche. Des notes vanillées se glissent dans la palette, héritage d'un an d'élevage sous bois. De la souplesse au palais, certes, du gras également, mais aussi une belle fraîcheur qui porte loin la finale. Il faudra simplement laisser le boisé se fondre à la faveur de la garde. ⧗ 2020-2029

EARL HUBERT BOUZEREAU-GRUÈRE ET FILLES, 22 A, rue de la Velle, 21190 Meursault, tél. 03 80 21 20 05, contact@bouzereaugruere.com

Zoom
Les Trois Glorieuses

Cette célèbre manifestation bourguignonne a lieu au cours de la troisième semaine de novembre, sur trois jours. Le samedi soir, la Confrérie des Chevaliers du Tastevin ouvre traditionnellement le bal avec un chapitre au Clos-Vougeot. Suivent le dimanche les Ventes des Hospices de Beaune et, le lundi, la Paulée de Meursault. La Paulée, repas de fin de vendanges, associe autour d'une table bien garnie propriétaires et vendangeurs. Meursault a institutionnalisé cette tradition avant la dernière guerre, et chaque année, au château de Meursault, amateurs et professionnels se retrouvent à ce prestigieux banquet ponctué de chansons à boire et de discours bachiques, où les places sont rares mais les bouteilles nombreuses. Car, outre le vin servi à table, négociants et vignerons amènent leurs flacons d'anthologie, grands crus, millésimes anciens et prestigieux. L'incarnation de la générosité bourguignonne.

MEURSAULT

Ch. de Cîteaux

VIEUX CLOS DU CH. DE CÎTEAUX MONOPOLE 2017 ★★

Production : 12 000 b. | Élevage :

20 à 30 €

Héritier de neuf générations de vignerons, Philippe Bouzereau a pris en 2006 la direction du Ch. de Cîteaux, 18 ha de petites parcelles réparties sur six villages de la Côte de Beaune, qu'il exploite avec le moins d'interventions possible à la vigne et au chai. Il a également développé une activité de négoce sous son nom propre et complète ainsi la belle gamme du domaine familial.

De discrètes larmes s'écoulent sur les parois du verre au versement de ce vin. Signe de générosité. Et elle ne fait aucun doute, en effet, lorsque se révèlent les arômes vanillés, puis les notes de beurre frais, de chèvrefeuille et cette touche d'abricot sec. Le gras et la puissance restent équilibrés au palais, et c'est une longue finale évocatrice de fruits jaunes qui finit de rassembler les suffrages. ⧗ 2022-2029

EARL CH. DE CÎTEAUX, 7, pl. de la République, 21190 Meursault, tél. 03 80 21 20 32, caveau@chateau-de-citeaux.com

---

MEURSAULT

Albert Grivault

CLOS DU MURGER 2017 ★★

Production : 12 774 b. | Élevage :

30 à 50 €

Un domaine créé en 1879 par Albert Grivault, ancien distillateur de Béziers devenu vigneron; un dégustateur expert également, qui représenta la Bourgogne au jury du Concours des vins de l'Exposition universelle de Paris en 1900. Ses héritiers – Claire Bardet à la gérance depuis 2004 – exploitent aujourd'hui un vignoble de 6 ha, essentiellement planté en chardonnay, dont le meursault 1er cru Clos des Perrières, un clos de 1 ha monopole du domaine.

Un *climat* situé dans le centre de Meursault. Camomille, chèvrefeuille et noisette forment un bouquet expressif. Équilibré entre volume et fraîcheur minérale, ce vin laisse une impression de complexité. Bonne longueur sur les fruits blancs et la vanille. ⧗ 2022-2026

SCE DOM. ALBERT GRIVAULT, 7, pl. du Murger, 21190 Meursault, tél. 03 80 21 23 12, albert.grivault@wanadoo.fr

MEURSAULT

Dom. Bernard Millot

LES GOUTTES D'OR 2017 ★★

1er cru | Production : 900 b. | Élevage :

30 à 50 €

Un domaine mentionné depuis 1888 et qui porte le nom de Millot depuis quatre générations. Le vignoble couvre 7,5 ha en meursault, puligny-montrachet et beaune, conduits depuis 2010 par Émilien Millot.

Le nom poétique de ce lieu-dit rend compte de la tendance de ses vins à prendre une robe or profond. C'est bien de l'or qui emplit le verre et ce 2017 laisse de belles larmes sur les parois. Si le nez est discret, il n'en est pas moins complexe : acacia, notes de beurre, vanille et fruits confiturés. Après une attaque sur la vivacité, c'est une sensation de générosité qui s'impose jusqu'en finale. Un meursault de longue garde. ⌛ 2022-2029

EARL BERNARD MILLOT, 27, rue de Mazeray, 21190 Meursault, tél. 03 80 21 20 91, domaine.millotb@wanadoo.fr

MONTAGNY

François Berthenet

LES PERRIÈRES 2017 ★★

1er cru | Production : 1 500 b. | Élevage :

15 à 20 €

Vigneron depuis 1974, Jean-Pierre Berthenet quitte la cave coopérative de Buxy en 2002 pour vinifier sa propre production, le fruit d'une vingtaine d'hectares. Son fils François l'a rejoint en 2009. L'une des valeurs sûres de l'appellation montagny.

Une fois de plus, Jean-Pierre et François Berthenet font mouche : c'est leur quatrième coup de cœur en autant d'éditions du Guide ! Ils signent ici un montagny éclatant dans sa robe jaune d'or. Un 1er cru qui fleure bon la fleur d'acacia, la poire juteuse et, dans un registre plus original, le safran et le pain d'épices. Élevé en fût de chêne, son boisé s'exprime avec subtilité sans effacer la minéralité du terroir. L'attaque fraîche et croquante est suivie d'une bouche volumineuse, dense, pleine de saveurs et parfaitement équilibrée. Sa finale énergique lui confère de la puissance et une grande persistance. Il n'attend plus qu'un homard breton pour vous régaler… ⌛ 2022-2030

EARL DOM. BERTHENET, 2, rue du Lavoir, 71390 Montagny-lès-Buxy, tél. 03 85 92 17 06, domaine.berthenet@free.fr

Vigneron de l'année

MONTAGNY

Dom. Feuillat-Juillot

LES CRÊTS 2017 ★★

Production : 6 000 b. | Élevage :

11 à 15 €

Françoise Feuillat-Juillot, fille d'une illustre famille vigneronne de Mercurey, a posé ses valises en 1989 en s'associant avec un vigneron de Montagny à la tête alors de 8 ha de vignes. Après le décès de ce dernier, elle rachète l'intégralité du domaine, étendu aujourd'hui sur 14,5 ha, dont treize 1ers crus.

Ce *village* a recueilli tous les suffrages. La robe vermeille est traversée d'éclats brillants. Le nez, très aromatique, mêle la noisette fraîche aux petites fleurs blanches. La bouche, minérale, onctueuse et ample, se révèle subtile et racée. Un beau montagny à garder quelques années en cave. ⌛ 2021-2024

SC DOM. FEUILLAT-JUILLOT, 11, rte de Montorge, BP 13, 71390 Montagny-lès-Buxy, tél. 06 80 22 73 61, domaine@feuillat-juillot.com

MONTHÉLIE

Dom. Dubuet-Monthelie

LES LONGÈNES 2017 ★★

Production : 3 000 b. | Élevage :
11 à 15 €

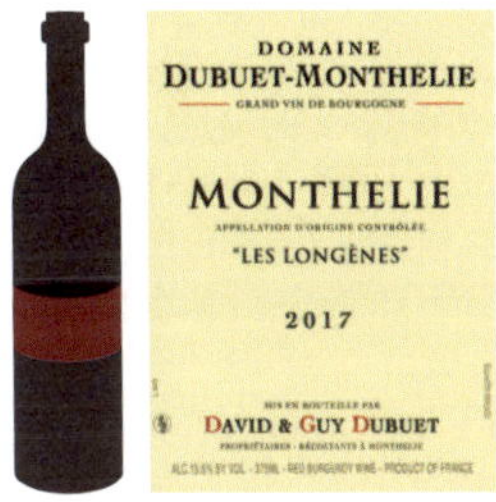

L'essentiel des vignes de ce domaine de 8,5 ha, régulier en qualité, est à Monthelie. Guy Dubuet – Monthelie était le nom de sa mère – a cédé la place en 2004 à son fils David, qui perpétue les labours sur l'ensemble de la propriété.
Issue d'un lieu-dit situé à la sortie de la Combe Danay et qui étire ses vignes en direction des Hautes-Côtes, cette cuvée a fait forte impression. Un beau travail sur l'élevage se révèle à l'olfaction à travers un boisé fin qui laisse respirer les fruits rouges. La bouche, vive et énergique en attaque, déploie beaucoup de volume autour d'une matière dense et de tanins veloutés. La jolie finale épicée ne gâche rien. ⧗ 2022-2025

EARL DOM. DUBUET-MONTHELIE, 1, rue Bonne-Femme, 21190 Monthelie, tél. 06 64 46 10 17, david.dubuet@orange.fr

MONTHÉLIE

Henri de Villamont

2017 ★★

Production : 1 176 b. | Élevage :
20 à 30 €

Ce propriétaire (10 ha : 6 ha en savigny, 4 ha en Côte de Nuits) et négociant-éleveur, dans le giron du groupe suisse Schenk depuis 1964, élève ses vins dans une cuverie spectaculaire créée entre 1880 et 1888 à Savigny-lès-Beaune par Léonce Bocquet, alors unique propriétaire du Clos de Vougeot.
Après dix mois de barrique, ce monthélie se présente avec élégance dans une robe jaune clair, brillante et limpide. Le nez, aussi délicat que complexe, mêle l'abricot, le citron confit, l'amande et l'aubépine. La bouche se montre aérienne, fraîche, minérale, fruitée, très longue. Un vin que l'on appréciera aussi bien dans sa jeunesse qu'après quelques années de garde. ⧗ 2020-2025

HENRI DE VILLAMONT, rue du Dr-Guyot, 21420 Savigny-lès-Beaune, tél. 03 80 21 50 59, contact@hdv.fr

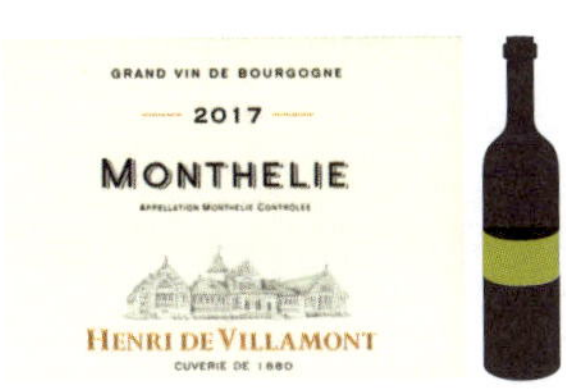

NUITS-SAINT-GEORGES

Philippe Gavignet

LES PRULIERS 2017 ★★

1er cru | Production : 3 300 b. | Élevage :
30 à 50 €

Installé en 1979 à la suite de son père Michel, Philippe Gavignet, qui incarne la quatrième génération à la tête du domaine familial, est le premier à se consacrer pleinement à la vigne. Son fils Benoît et sa fille Élodie travaillent dorénavant à ses côtés. Ce spécialiste des nuits-saint-georges exploite aujourd'hui 14 ha.
Déjà coup de cœur avec le millésime 2015, la cuvée Les Pruliers de Philippe Gavignet accumule les honneurs. Ce *climat* du sud de l'appellation a la réputation de donner des vins solides. Si cette bouteille ne manque pas d'ampleur et de structure, elle se distingue aussi par son intensité aromatique autour des fruits noirs et des épices douces, et surtout par la finesse de ses tanins qui donne un toucher de bouche des plus élégants et soyeux. Un nuits des grands jours. ⧗ 2023-2030

EARL DOM. PHILIPPE GAVIGNET, 36, rue du Dr-Louis-Legrand, 21700 Nuits-Saint-Georges, tél. 03 80 61 09 41, contact@domaine-gavignet.fr

NUITS-SAINT-GEORGES
Dom. Michel Gros
2017 ★★

Production : 5 000 b. | Élevage :
20 à 30 €

Michel, l'aîné de la famille Gros, Anne-Françoise (A.-F. Gros), et Bernard (Gros Frère et Sœur) ont chacun leur domaine. Débutée en 1979 avec 2 ha en Hautes-Côtes, l'exploitation aujourd'hui 22 ha et s'illustre régulièrement avec ses vosne-romanée, ses nuits-saint-georges et ses hautes-côtes.

Un *village* de haute volée résultant de l'assemblage de quatre parcelles qui « donnent un vin élégant, aux tanins assez souples pour cette appellation. Un intermédiaire entre les vins de type vosne et ceux de type nuits », explique le domaine. De fait, cette cuvée ne manque pas de structure autour de tanins serrés, ni de concentration, mais la matière fait preuve aussi d'une belle finesse. Une aromatique sur le cassis, et plus généralement les fruits noirs à maturité, accompagne la dégustation de ce nuits de gala. ⧗ 2023-2030

SARL DOM. MICHEL GROS, 7, rue des Communes, 21700 Vosne-Romanée, tél. 03 80 61 04 69, contact@domaine-michel-gros.com

PERNAND-VERGELESSES
Jean Féry et Fils Bio
LES COMBOTTES 2017 ★★

Production : 2 940 b. | Élevage :
20 à 30 €

Un domaine familial des Hautes-Côtes de Beaune créé en 1890 et développé dans les années 1990 par Jean-Louis Féry : aujourd'hui, 15 ha en bio certifié (depuis 2011) en Côte de Nuits et en Côte de Beaune. Depuis 2016, Frédéric Féry, fils de Jean-Louis, assure la gestion du domaine, avec notamment l'appui de Laurence Danel, œnologue.

Un *climat* bordant les 1ers crus dans une zone réputée pour le chardonnay. Réputation des plus justifiées à en juger par ce vin limpide et brillant, qui livre un bouquet tout en finesse de fleurs blanches nuancé de citron. La bouche se montre souple, croquante, d'une grande fraîcheur et très longue, encore dynamisée par une belle finale saline. ⧗ 2021-2024

SARL DOM. JEAN FÉRY ET FILS, 1, rte de Marey, 21420 Échevronne, tél. 03 80 21 59 60, fery.vin@orange.fr

PERNAND-VERGELESSES
Dom. Pavelot Bio
SOUS FRÉTILLE 2017 ★★

1er cru | Production : 5 800 b. | Élevage :
20 à 30 €

Un domaine de près de 9 ha implanté au pied d'une des pentes de la montagne de Corton, transmis de père en fils depuis le XIXe s. et conduit depuis 2002 par Luc Pavelot et sa sœur Lise.

Ce 1er cru s'étage autour de 350 m d'altitude, là où les sols de marnes jaunes et brunâtres sont dévolus au chardonnay. Frétille ? Le nom du bois qui le domine. Les Pavelot y exploitent une jolie parcelle de 95 ares à l'origine d'un vin illuminé de vert sur fond doré. Un 2017 d'une remarquable délicatesse aromatique autour des fleurs blanches et des agrumes mâtinés de nuances mentholées. La bouche, ample et longue, conjugue parfaitement texture soyeuse, fraîcheur du fruit et minéralité du terroir. ⧗ 2021-2024

EARL DOM. PAVELOT, 6, rue du Paulant, 21420 Pernand-Vergelesses, tél. 03 80 26 13 65, domaine.pavelot@orange.fr

PERNAND-VERGELESSES

Dom. Rollin Père et Fils

LES CLOUX 2017 ★★

Production : 12 000 b. | Élevage :
20 à 30 €

Longtemps modestes vignerons au service d'autres exploitations, les Rollin (aujourd'hui Rémi et Simon) se sont mis peu à peu à leur compte ; ils exploitent depuis 1932 et quatre générations un domaine de 14 ha à Pernand-Vergelesses, appellation dans laquelle leurs vins brillent régulièrement, dans les deux couleurs.
Depuis l'édition 2012 du Guide, les Rollin ont décroché six coups de cœur dans leur appellation fétiche : voici le septième ! Une robe or pâle nuancée de vert, des arômes frais d'agrumes joliment agrémentés de notes mentholées : la présentation est impeccable. La bouche tient les promesses du nez, tout en équilibre entre la rondeur, la fraîcheur des agrumes et une minéralité bien sentie qui signe le terroir. Le plaisir est déjà assuré, et pour longtemps. ⧗ 2020-2024

EARL ROLLIN PÈRE ET FILS, 49, rte des Vergelesses, 21420 Pernand-Vergelesses, tél. 03 80 21 57 31, contact@domaine-rollin.com

PETIT-CHABLIS

Agnès et Didier Dauvissat

2017 ★★★

Production : 8 500 b. | Élevage :
8 à 11 €

Installés à Beine, Agnès et Didier Dauvissat, qui ont créé leur domaine en 1987, ont compris que l'amélioration de la qualité passait aussi par le travail dans les vignes. C'est ainsi qu'ils sont revenus au labour de leurs 13 ha pour préserver le terroir. Leur fils Florent les a rejoints en 2012. À leur carte, du petit-chablis, chablis, chablis 1er cru, du bourgogne rouge et du crémant.
Un chef d'œuvre ! Équilibre, droiture, finesse, richesse… il ne manque rien à ce petit-chablis. Le nez élégant, marqué par son terroir, incite à la prise en bouche. Gras, puissant, ample, dense, épicé, souligné par un trait de minéralité, ce vin enchante les papilles et fait vibrer les sens.
⧗ 2020-2025

EARL AGNÈS ET DIDIER DAUVISSAT, chem. de Beauroy, 89800 Beine, tél. 03 86 42 46 40, agnes-didier.dauvissat@wanadoo.fr

POMMARD

Dom. Michel Caillot

LES GRANDS ÉPENOTS 2016 ★★

1er cru | Production : 800 b. | Élevage :
30 à 50 €

Un domaine créé en 1967 par Roger Caillot. Établi avec ses parents pendant dix ans, Michel Caillot conduit désormais en solo le vignoble familial, qui s'étend sur 13,5 ha. Sa devise : « Le moins d'interventions possible dans les vinifications. »
Un coup de cœur à l'unanimité du jury pour ce 1er cru de haute volée qui cultive l'harmonie et l'élégance. Ouvert et raffiné, le nez dévoile de francs arômes de fruits rouges bien mûrs et de cassis nuancés d'une subtile touche torréfiée. La bouche apparaît ample, ronde, structurée par des tanins à point, d'un soyeux et d'une finesse exemplaires, ouvrant sur une longue finale savoureuse entre fruits rouges, épices et sous-bois. Un 1er cru complet et déjà redoutable de gourmandise. ⧗ 2021-2026

EURL DOM. MICHEL CAILLOT, 14, rue du Cromin, 21190 Meursault, tél. 06 87 44 81 44, domaine.michel.caillot@orange.fr

POMMARD
Capuano-Ferreri
VIEILLES VIGNES 2017 ★★

Production : n.c. | Élevage :
20 à 30 €

Associé à l'ancien footballeur Jean-Marc Ferreri, John Capuano – dont le père Gino a créé en 1987 ce domaine implanté à Santenay – exploite 8 ha de parcelles s'égrenant de Beaune à Mercurey. Très régulier en qualité.
Un domaine bien connu de nos lecteurs qui décroche le coup de cœur pour sa cuvée Vieilles Vignes (40 ans). D'un beau rouge profond, elle dévoile au nez des arômes épanois et complexes de fruits rouges confiturés et de fruits secs soulignés d'un boisé intensément fumé. Le poivre, l'humus, la torréfaction et le sous-bois étirent encore cette palette dans une bouche ample et harmonieuse, de bonne concentration, épaulée par des tanins bien assouplis. Un vin flatteur, à l'élevage ambitieux et parfaitement maîtrisé. Bon potentiel de garde. ⧗ 2022-2027

⊶ SARL CAPUANO-FERRERI, 14, rue Chauchien, 21590 Santenay, tél. 03 80 20 68 04, john.capuano@wanadoo.fr

POMMARD
Rodolphe Demougeot
CHARMOTS LE CŒUR DES DAMES 2017 ★★

1er cru | Production : 2 000 b. | Élevage :
30 à 50 €

Établi à Meursault depuis 1992, Rodolphe Demougeot exploite aujourd'hui un vignoble de 7,8 ha, dont 6 ha de pinot noir, entre Savigny et Chassagne. Labours au cheval, refus des désherbants et des engrais chimiques, l'orientation est résolument biologique, et la vinification peu interventionniste.
Coup de cœur pour cette cuvée qui tire son nom, prédestiné, d'un clos en forme de cœur situé à l'intérieur du 1er cru Charmots. Sous sa robe rubis profond, le nez charme d'emblée par son harmonie entre intensité du fruit (rouges et noirs) et notes boisées. Souple, soyeuse et fraîche à l'attaque, la bouche monte lentement en puissance, dévoilant une structure sérieuse mais charmeuse, appuyée sur de beaux tanins fermes, sans une once de dureté. Un équilibre magistral pour ce vin de belle garde qui donne déjà bien du plaisir. ⧗ 2021-2024

⊶ EARL DOM. RODOLPHE DEMOUGEOT, 2, rue du Clos-de-Mazeray, 21190 Meursault, tél. 03 80 21 28 99, rodolphe.demougeot@orange.fr

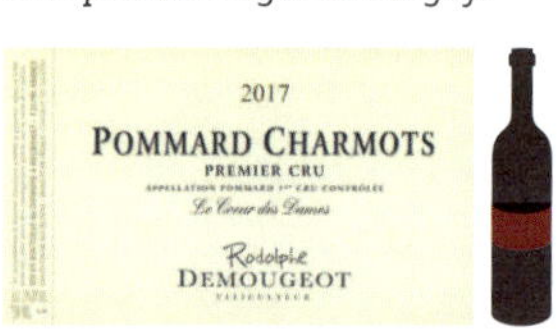

POUILLY-FUISSÉ
Ch. Pouilly
CUVÉE 1551 2016 ★★★

Production : 14 000 b. | Élevage :
20 à 30 €

Perché sur le mont Pouilly, à la sortie du hameau, ce château se dresse fièrement depuis 1551 au milieu de ses 7 ha de vignes. À sa tête depuis 1981, Mme Canal du Comet vise à redonner son prestige à ce domaine protagoniste des Expositions universelles entre 1862 et 1912. Les traditions sont ici respectées, de la vigne à la bouteille (vinification de douze mois, assemblage avant mise, élevage long en bouteilles).
En 1551 se déroulait la première vendange au château... Près de cinq siècles plus tard, la vendange 2016 fournit un vin admirable, drapé d'or fin aux reflets émeraude, qui déploie des arômes intenses mêlant avec distinction l'agrume mûr, le chèvrefeuille, la pêche blanche et la mangue. Le gras, la puissance et la richesse, mais aussi la finesse caractérisent la bouche qui persiste longuement sur la noisette et le citron confit. Une bouteille d'exception, qui se suffit à elle-même, mais qui pourra escorter magnifiquement un mets de choix. Que diriez-vous d'un brochet au beurre blanc ou d'une poularde de Bresse à la crème ? ⧗ 2022-2030

⊶ GFA CH. POUILLY, rue du Château, 71960 Solutré-Pouilly, tél. 06 71 77 21 41, gerald.saunier@chateaupouilly.fr

PULIGNY-MONTRACHET

Dom. de la Choupette

LES CHALUMAUX 2017 ★★

1er cru | Production : n.c. | Élevage :
n.c.

Les frères jumeaux Jean-Christophe (à la vigne) et Philippe Gutrin (au chai) ont créé leur domaine en 1992. Le vignoble couvre aujourd'hui environ 12 ha répartis en une quinzaine de *climats* dans les communes de Santenay, Chassagne et Puligny-Montrachet.
Issus d'un *climat* proche de Blagny, côté Meursault, ces Chalumaux tiennent avec fierté leur rang de 1er cru. Dans le verre, un vin à la robe éclatante de jaune, qui dévoile au nez des arômes complexes de fleurs, de pêche, d'amande et de fines notes boisées vanillées. La bouche offre un superbe équilibre entre rondeur, gourmandise du fruit et fraîcheur minérale et mentholée. Elle s'étire dans une longue finale saline qui renforce son élégance et son dynamisme. Un vin agréable dès aujourd'hui, mais qui vieillira très bien. ⧗ 2020-2026

EARL DOM. DE LA CHOUPETTE (GUTRIN FILS), 2, pl. de la Mairie, 21590 Santenay, tél. 06 81 46 71 13, gutrinfils@orange.fr

PULIGNY-MONTRACHET

Stéphane Piguet

CUVÉE PRESTIGE 2017 ★★

Production : 900 b. | Élevage :
30 à 50 €

Ouvrier viticole depuis 2003 sur la propriété de ses parents, Max et Anne-Marye Piguet-Chouet, Stéphane Piguet a entrepris en 2012 de créer sa propre activité de négoce pour élargir la gamme du domaine, qui s'étend aujourd'hui aux appellations saint-romain, puligny-montrachet et corton-charlemagne.
Ce 2017 n'a qu'un défaut : sa quantité confidentielle… Une robe dorée ornée de vert et un nez subtil de miel, de noisette, de chèvrefeuille et de toasté composent une entrée en matière des plus engageantes. La bouche se révèle parfaitement équilibrée entre gras, volume et fine minéralité. Un vin à la fois gourmand et très élégant, au grain fin et d'une réelle persistance. ⧗ 2019-2024

PIGUET, 16, rte de Beaune, 21190 Auxey-Duresses, tél. 06 87 54 59 02, maisonstephanepiguet@yahoo.fr

RICHEBOURG

Dom. A.-F. Gros

2017 ★★★

Gd cru | Production : n.c. | Élevage :
+ de 100 €

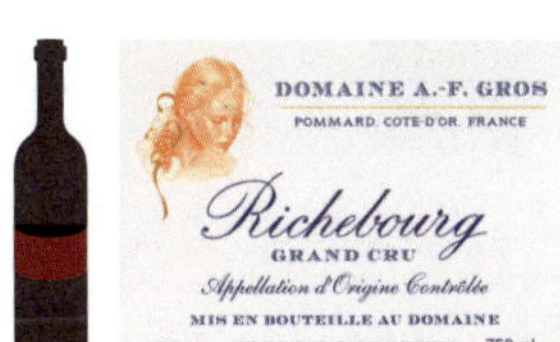

Le domaine a été créé en 1988 par Anne-Françoise Gros et son mari François Parent à Pommard. Leurs enfants Caroline et Mathias conduisent aujourd'hui un vignoble de 14 ha dans les deux Côtes, mais aussi en Beaujolais (moulin-à-vent). Un domaine incontournable qui collectionne les coups de cœur.
Ce grand cru de Vosne-Romanée est le fleuron du domaine, qui dispose d'une parcelle de 60 ares située dans la partie haute du *climat*. Le vin annonce sa grande élégance et sa complexité dès les premières notes aromatiques associant les nuances florales (rose), les fruits rouges (framboise) et noirs (cassis, mûre) et une pointe boisée bien intégrée. Une matière ample et charnue prend place en bouche, où les tanins se font velours. Une longueur exceptionnelle conclut la dégustation. ⧗ 2024-2035

SAS DOM. A.-F. GROS, 1, pl. de l'Europe, 21630 Pommard, tél. 03 80 22 61 85, contact@af-gros.com

Zoom
Saint Vivant

Vivant, saint poitevin du IVe siècle, imaginait-il pareil destin ? Ses reliques furent accueillies à Vergy par un monastère des Hautes-Côtes un demi-millénaire plus tard. On doit à ce moine le vignoble de Vosne créé il y a près de dix siècles.

ROMANÉE-SAINT-VIVANT

Dom. de la Romanée-Conti

2017 ★★★

Gd cru | Production : n.c. | Élevage :
+ de 100 €

Avec 5,28 ha, le domaine est le plus important propriétaire de ce grand cru historique (9,3 ha), qui doit sa naissance et son nom au prieuré de Saint-Vivant (fondé en 900), auquel le duc de Bourgogne céda en 1131 les terres de la future appellation dont une partie deviendra la Romanée-Conti. Exploitée en fermage par le domaine à partir de 1966, la parcelle a été rachetée aux Marey-Monge en 1988.
Une romanée-saint-vivant de haut lignage assurément. Le travail à la vigne mené par le domaine pour sélectionner les plants les plus fins de pinot noir semble ici s'illustrer à merveille. La précision aromatique, sur des notes de rose, de fruits rouges mûrs et d'épices, est admirable. La bouche apparaît à la fois fraîche et veloutée, dotée de tanins très fins, très serrés, portant loin la finale, un peu plus austère à ce stade. Un grand cru mêlant l'intensité à l'élégance avec une rare harmonie. ⧗ 2024-2040

⊸ SC DU DOM. DE LA ROMANÉE-CONTI (ROMANÉE-SAINT-VIVANT), 1, rue Derrière-le-Four, 21700 Vosne-Romanée, tél. 03 80 62 48 80

RUCHOTTES-CHAMBERTIN

Dom. Henri Magnien

2017 ★★★

Gd cru | Production : 900 b. | Élevage :
+ de 100 €

Si les origines du domaine remontent au XVIIes., sa spécialisation en viticulture date du milieu du XIXes. Le domaine « moderne » a été quant à lui créé en 1987 par Henri Magnien, repris par son fils François puis, en 2009, par son petit-fils Charles. Le vignoble couvre 6 ha dédiés très largement au gevrey-chambertin et cultivés dans une approche très raisonnée, avec un maximum de traitements à partir de produits homologués bio.
Situé au-dessus du grand cru mazis-chambertin, le *climat* des Ruchottes ne compte que 3,3 ha au total. Ce qui est en fait le plus petit des grands crus du village avec le griotte-chambertin. Charles Magnien y exploite quelques rangs de vignes d'une cinquantaine d'années. Son millésime 2017 marque les esprits par sa superbe complexité aromatique et le raffinement de sa matière en bouche. Le nez s'épanouit avec fraîcheur sur des notes florales, fruitées (cassis, myrtille), mentholées et torréfiées. La bouche est tenue par des tanins délicats, veloutés et par une fine acidité qui lui confère une longueur remarquable. ⧗ 2024-2035

⊸ SC DOM. HENRI MAGNIEN, 17, rue Haute, 21220 Gevrey-Chambertin, tél. 03 80 51 89 88, contact@henrimagnien.com

RULLY
Jaffelin
2017 ★★

1er cru | Production : 6 080 b. | Élevage : fût

15 à 20 €

Cette maison de négoce-éleveur implantée à Beaune depuis 1816 appartient à la galaxie des vins Boisset. Elle conserve son autonomie d'achat avec Marinette Garnier à sa tête, une jeune œnologue qui a pris la suite de Prune Amiot en 2011. En vue notamment pour ses pernand-vergelesses et ses auxey-duresses.

Ce 2017 séduit d'emblée par sa robe dorée profonde ornée de reflets d'ambre. Le bouquet séduit par ses multiples senteurs mêlant les fruits mûrs (pêche, abricot) aux fleurs blanches (acacia, aubépine), le tout souligné d'une touche de miel. Une attaque ronde au fruité large ouvre sur une bouche minérale, à la finale saline. Un vin charmeur, ample et digeste, à apprécier dans sa jeunesse ou patiné par le temps. ⧗ 2020-2024

SAS BOISSET (MAISON JAFFELIN), 2, rue du Paradis, 21200 Beaune, tél. 03 80 22 12 49, jaffelin@maisonjaffelin.com

---

RULLY
Dom. Michel Juillot
LES THIVAUX 2017 ★★

Production : 9 900 b. | Élevage : fût

15 à 20 €

Fondé par Louis Juillot, développé par son fils Michel et conduit depuis la fin des années 1990 par son petit-fils Laurent, ce domaine emblématique de la Côte chalonnaise couvre 31 ha essentiellement en AOC mercurey, avec des parcelles en Côte de Beaune.

D'une belle teinte or pâle ciselée de brillant, ce rully dévoile des fragrances de fruits jaunes compotés, d'ananas confit et de gingembre, nuancées de légères notes vanillées. Une attaque fruitée laisse la place à une bouche bien balancée entre gras et acidité, qui finit sur des notes boisées bien fondues. Très agréable ce jour, cette bouteille vieillira bien. ⧗ 2019-2024

SCEA DOM. MICHEL JUILLOT, 59-59A, Grande-Rue, 71640 Mercurey, tél. 03 85 98 99 89, infos@domaine-michel-juillot.fr

Zoom Rully

Sur la commune voisine de Chagny, entre bouzeron au nord et mercurey au sud, l'AOC rully est implantée à parts égales en chardonnay et en pinot noir. Ouvert sur la plaine de la Saône, et sans nul doute le meilleur, le versant se situe entre 230 et 300 m d'altitude environ.

SAINT-AUBIN

Françoise et Denis Clair

SOUS ROCHE DUMAY 2017 ★★

1er cru | Production : 3600 b. | Élevage :
20 à 30 €

Créé par Françoise et Denis Clair en 1986 à partir de 5 ha, ce domaine souvent en vue pour ses saint-aubin et ses santenay couvre aujourd'hui 14 ha, avec une petite activité de négoce en complément. Le fils Jean-Baptiste, arrivé en 2000, assure les vinifications depuis 2011.

L'un des plus petits et méconnus 1ers crus de l'appellation, et aussi le plus haut (400 m). Jean-Baptiste Clair en a extrait un 2017 remarquable. Une seyante robe dorée aux reflets verts et un nez complexe et délicat de jasmin, de miel, de noisette et d'amande fraîche composent une approche engageante. La bouche apparaît alors très fraîche, intense, ample, concentrée sur le croquant du fruit, avec en soutien un boisé fin et une longue finale saline. ⧗ 2020-2024

SARL FRANÇOISE ET DENIS CLAIR, 14, rue de la Chapelle, 21590 Santenay, tél. 03 80 20 61 96, fdclair@orange.fr

---

SAINT-AUBIN

Dom. Sylvain Langoureau

SUR LE SENTIER DU CLOU 2017 ★★

1er cru | Production : 2700 b. | Élevage :
15 à 20 €

Représentant la cinquième génération, Sylvain Langoureau s'est installé en 1988 à la tête du domaine familial, dont les bâtiments datent de 1647. Fort de 10 ha, le vignoble est régulièrement en vue pour ses saint-aubin blancs.

Carton plein pour Sylvain Langoureau, qui place pas moins de cinq cuvées dans cette sélection, avec en prime un coup de cœur pour ce 1er cru né d'un vaste *climat* que de nombreux producteurs ont planté en blanc, bien que son sol d'argiles brunes favorise le pinot. Clou? Rien de pointu, simplement « clos » en vieux bourguignon. Dans le verre, rien de pointu non plus, mais un vin cristallin, au nez délicat de jasmin et de fruits mûrs (poire, agrumes), au palais consistant, charnu et fruité, avec une fraîcheur saline qui lui apporte du tonus, de l'équilibre et de la longueur. ⧗ 2020-2024

DOM. SYLVAIN LANGOUREAU, 20, rue de la Fontenotte, 21190 Saint-Aubin, tél. 03 80 21 39 99, domainesylvainlangoureau@orange.fr

SAINT-AUBIN

Henri Prudhon et Fils

LA CHATENIÈRE 2017 ★★

1er cru | Production : 850 b. | Élevage :
20 à 30 €

L'une des familles les plus anciennes de Saint-Aubin et une exploitation transmise depuis de nombreuses générations. Aujourd'hui, Vincent et Philippe Prudhon épaulent leur père Gérard à la tête d'un domaine de 14,5 ha très régulier en qualité.

Coteau pentu dans la combe menant à Saint-Aubin, côté Puligny, ce 1er cru réputé est souvent en vue dans ces pages. La version 2017 des Prudhon ne nuira pas à cette notoriété, bien au contraire. Un saint-aubin majestueux dans sa robe d'or pâle, élégant dans son bouquet de lys, de pêche et de pamplemousse, séducteur en diable avec sa bouche souple, aérienne et fraîche, dotée d'une fine tension minérale et d'une finale complexe mêlant les épices au zeste de citron. ⧗ 2020-2025

EARL HENRI PRUDHON ET FILS, 32, rue des Perrières, 21190 Saint-Aubin, tél. 03 80 21 36 70, henri-prudhon@wanadoo.fr

SAINT-ROMAIN

Dom. Martenot Mallard

SOUS LE CHÂTEAU 2017 ★★

Production : 3 040 b. | Élevage : fût

15 à 20 €

À l'origine, le Dom. de la Perrière, créé par Bernard Martenot. La nouvelle génération a pris la relève en 2010 sur un vignoble de 16 ha et sous l'étiquette Martenot Mallard.

Avec 23,85 ha, ce *climat* est le plus grand de l'appellation. Situé, comme son nom l'indique, sous l'ancien château du village, il tourne autour de la colline, faisant varier son exposition de sud à est. Le domaine y exploite une parcelle de 36 ares 65 ca précisément. En découle un 2017 d'un jaune soutenu brillant, ouvert sur des arômes intenses d'agrumes, d'abricot, de fleurs blanches et de miel. Une attaque souple et franche introduit une bouche ample, longue, intense, parfaitement équilibrée entre douceur et vivacité. Une belle minéralité vient dynamiser la finale. ⧗ 2020-2024

EARL DOM. MARTENOT MALLARD, 11, rue de la Perrière, 21190 Saint-Romain, tél. 06 42 94 20 63, bernard.martenot@wanadoo.fr

SAINT-ROMAIN

Stéphane Piguet

EN POILLANGE 2017 ★★

Production : 2 000 b. | Élevage : fût

15 à 20 €

Ouvrier viticole depuis 2003 sur la propriété de ses parents, Max et Anne-Marye Piguet-Chouet, Stéphane Piguet a entrepris en 2012 de créer sa propre activité de négoce pour élargir la gamme du domaine, qui s'étend aujourd'hui aux appellations saint-romain, puligny-montrachet et corton-charlemagne.

2013, 2014, 2015, 2016, 2017 : cette cuvée signée Stéphane Piguet fait preuve d'une régularité sans faille. Elle obtient également ici son second coup de cœur après la version 2014. Paré d'une robe limpide et brillante, ce 2017 révèle au nez des arômes intenses et complexes de pêche, de poire, de fruits secs et de fleurs blanches. La bouche est admirable : elle associe volume, puissance, rondeur et grande finesse de grain, le tout souligné par un boisé bien fondu et dynamisé par une finale longue et fraîche. ⧗ 2020-2023

PIGUET, 16, rte de Beaune, 21190 Auxey-Duresses, tél. 06 87 54 59 02, maisonstephanepiguet@yahoo.fr

SAINT-ROMAIN

Dom. Vincent Prunier

2016 ★★

Production : 3 100 b. | Élevage : fût

11 à 15 €

Au départ, en 1988, 2,5 ha de vignes hérités des parents, non viticulteurs; le vignoble couvre 12,5 ha aujourd'hui, et Vincent Prunier s'est imposé comme l'une des valeurs sûres de la Côte de Beaune. En complément de son domaine, il a créé une petite structure de négoce en 2007.

Ce 2016 d'un seyant grenat aux reflets violines séduit d'emblée par son nez intense et flatteur de fruits noirs bien mûrs (cassis notamment), de bois sauvage et de réglisse. Passée une attaque tout en souplesse et en fruit, la bouche se révèle bien structurée mais sans dureté aucune, étayée par des tanins fins et soyeux. Un vin de caractère à déguster jeune sur le fruit ou à laisser vieillir en cave. ⧗ 2020-2026

EARL DOM. VINCENT PRUNIER, 53, rte de Beaune, 21190 Auxey-Duresses, tél. 03 80 21 27 77, domaine.prunier.vincent@wanadoo.fr

SAINT-VÉRAN

Dom. de la Creuze Noire

LES CARRALES 2017 ★★

Production : 5 000 b. | Élevage :
11 à 15 €

Ce domaine familial de 17 ha est situé à Leynes, village frontière entre Beaujolais et Mâconnais. À sa tête depuis 1985, Christine et son époux Dominique Martin le conduisent en lutte raisonnée et pratiquent des vendanges manuelles. Leur vignoble est réparti entre les AOC bourguignonnes et beaujolaises.

Cette cuvée charme immédiatement avec sa robe jaune serin constellée de paillettes dorées. D'intenses arômes de litchi, de mangue et de vanille sur un fond de petites fleurs blanches composent une palette aromatique complexe. Légère à l'attaque, la bouche se fait ensuite riche et enveloppante, sans aucune aspérité, traversée d'une fine lame minérale et de notes de fruits exotiques persistantes. Un seigneur de l'appellation, à servir sur un mets de choix : que diriez-vous d'un homard grillé ? ⧗ 2021-2025

⊶ EARL DOMINIQUE ET CHRISTINE MARTIN, La Creuze-Noire, 71570 Leynes, tél. 03 85 37 46 43, domainemartin.dcn@gmail.com

SAINT-VÉRAN

Deux Roches

LES CRAS 2017 ★★

Production : 4 000 b. | Élevage :
20 à 30 €

L'aventure au domaine commence en 1928 avec les premières vignes que Joanny Collovray possède autour de Davayé, à l'ouest de Mâcon. Deux générations plus tard, les Collovray ont rencontré les Terrier et s'associent au sein du Dom. des Deux Roches qui naît en 1986. Aujourd'hui la quatrième génération est à l'œuvre... Une valeur sûre du Mâconnais.

Drapée d'une étoffe d'or blanc aux reflets platine, cette cuvée laisse échapper des senteurs élégantes à la fois fruitées (pêche jaune et citron) et florales (chèvrefeuille et aubépine). Caractérisée par un équilibre parfait entre le gras et l'acidité, la bouche, à l'attaque vive, monte en puissance tout au long de la dégustation, déployant beaucoup d'onctuosité, mais aussi de la fraîcheur. Un vin de caractère, tonique et ample. ⧗ 2020-2026

⊶ SARL CHRISTIAN COLLOVRAY ET JEAN-LUC TERRIER (DEUX ROCHES), 181, rte de Mâcon, 71960 Davayé, tél. 03 85 35 86 51, info@collovrayterrier.com

SANTENAY

Françoise et Denis Clair

CLOS GENET 2017 ★★

Production : 6 000 b. | Élevage :
15 à 20 €

Créé par Françoise et Denis Clair en 1986 à partir de 5 ha, ce domaine souvent en vue pour ses saint-aubin et ses santenay couvre aujourd'hui 14 ha, avec une petite activité de négoce en complément. Le fils Jean-Baptiste, arrivé en 2000, assure les vinifications depuis 2011.

Coup de cœur pour ses versions 1999, 2000, 2005 et désormais 2017, le Clos Genet du domaine est une valeur sûre de l'appellation. Ici, un vin très expressif et racé, ouvert sur le cassis, le poivre, la vanille et l'herbe fraîche. Une attaque tout en souplesse introduit un palais aussi large que long, suave, structuré sans excès par des tanins soyeux, étiré dans une finale pleine de fraîcheur. Imparable. ⧗ 2022-2027

⊶ SARL FRANÇOISE ET DENIS CLAIR, 14, rue de la Chapelle, 21590 Santenay, tél. 03 80 20 61 96, fdclair@orange.fr

SANTENAY

Dom. Bruno Colin

LES GRAVIÈRES 2016 ★★

1er cru | Production : 1700 b. | Élevage :
30 à 50 €

Bruno Colin s'est installé en 2004 à la suite du partage du domaine familial avec son frère Philippe. Cet adepte des élevages longs exploite 9 ha de vignes allant des Maranges à Puligny en passant par Chassagne, son fief.
Une cuvée née du plus vaste et plus réputé des *climats* de Santenay, régulièrement en vue dans ces pages. Le 2016 atteint les sommets. Drapé dans une robe très profonde, il dévoile un bouquet intense de fruits rouges mûrs à peine marqué par le bois. En bouche, il attaque avec franchise, se déploie avec force et élégance à la fois, bien ciselé autour de tanins fins et soyeux et d'une trame fruitée persistante. Un vin précis et racé. ⧗ 2022-2028

SARL BRUNO COLIN, 3, imp. des Crêts, 21190 Chassagne-Montrachet, tél. 03 80 24 75 61, contact@domainebrunocolin.com

---

SANTENAY

Dom. Jeannot

CLOS DE LA COMME DESSUS 2017 ★★

Production : 3200 b. | Élevage :
11 à 15 €

Domaine fondé en 1996 par Valérie et Philippe Jeannot, rejoints en 2014 par leur fils Quentin. L'exploitation, qui a son siège dans le Couchois, compte 11 ha de vignes disséminés entre Pommard et les Maranges. Elle propose de nombreuses références en santenay et en maranges.
Comme son nom l'indique, ce *climat* est situé sur les hauteurs du 1er cru La Comme, vaste terroir dans le prolongement de Chassagne. Les Jeannot y cultivent 50 ares de pinot noir. Leur 2017 s'impose d'emblée par sa robe intense comme par son bouquet fin de fruits rouges mâtinés de nuances boisées. La bouche se montre suave dès l'attaque, ample, veloutée, épicée, avec en soutien des tanins bien présents mais délicats. Un *village* qui n'a rien à envier à ses voisins du dessous... ⧗ 2022-2026

SARL JEANNOT, 21, rue de Saint-Léger, 71510 Saint-Sernin-du-Plain, tél. 06 21 60 51 73, domaine.jeannot@gmail.com

Zoom
Feu Santenay-les-Bains

Tout au sud de la Côte de Beaune, à la limite de la Côte-d'Or et de la Saône-et-Loire, Santenay partagea longtemps ses ambitions entre le vin et les eaux thermales. Aujourd'hui, le village se consacre pleinement à Bacchus, oubliant qu'il s'appelait naguère Santenay-les-Bains. Seuls les hasards des limites départementales, fixées lors de la Révolution, ont séparé Santenay des Maranges. Le vignoble, traversé par une douce rivière, la Dheune, produit des vins rouges de garde, qui ont « l'âme du volnay et le corps du pommard ».

SANTENAY

Prosper Maufoux

BEAUREPAIRE 2015 ★★

1er cru | Production : 2 266 b. | Élevage :
30 à 50 €

Constitué en 1860, le négoce Prosper Maufoux est une institution à Santenay, installé dans l'hôtel particulier bâti en 1838 pour Jacques-Marie Duvault, alors unique propriétaire de la Romanée-Conti. Il a été repris en 2010 par Éric Piffaut et la maison André Delorme, spécialiste des vins de la Côte chalonnaise : la fusion des deux entités a donné la Maison des Grands crus.

Ce Beaurepaire porte beau dans sa robe dorée. Il présente un nez intense et gourmand d'amande grillée et de miel. Un profil que ne renie pas la bouche, riche, ample, ronde, briochée, mais jamais lourde, soulignée par une juste acidité aux accents salins en finale. ⧗ 2021-2026

SASU PROSPER MAUFOUX, 1, pl. du Jet-d'Eau, 21590 Santenay, tél. 03 80 20 68 71, contact@prosper-maufoux.com

SAVIGNY-LÈS-BEAUNE

Dom. d'Ardhuy Bio

CLOS DES GODEAUX 2017 ★★

Production : 3 500 b. | Élevage :
20 à 30 €

Un domaine fondé en 1947 comprenant notamment 6 grands crus et 15 1ers crus. Près de 40 ha de vignes, de Puligny-Montrachet à Gevrey-Chambertin, dans les Côtes de Beaune et de Nuits. Un vignoble certifié en biodynamie depuis 2012. L'œnologue Vincent Bottreau est aux commandes du chai depuis 2016.

Voisin du 1er cru Les Lavières, ce *climat* est exposé plein sud, situé à 360 m d'altitude, à la sortie de la combe d'Orange. Le domaine y cultive 57 ares de chardonnay qui ont donné un magnifique savigny couleur or pâle, ouvert sur des arômes élégants de fleurs blanches et d'agrumes, rehaussés d'une touche épicée. La bouche, à l'unisson du bouquet, se révèle parfaitement équilibrée entre le gras et l'acidité, entre un beau boisé vanillé et un fruité frais. ⧗ 2019-2024

SARL GABRIEL D' ARDHUY, Clos des Langres, 21700 Corgoloin, tél. 03 80 62 98 73, domaine@ardhuy.com

VOLNAY

Dom. Réyane et Pascal Bouley

RONCERET 2017 ★★

1er cru | Production : 600 b. | Élevage :
30 à 50 €

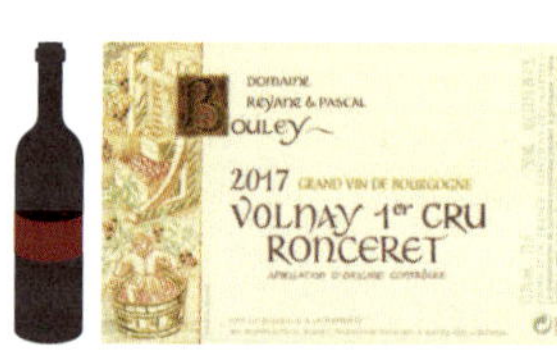

Succédant à quatre générations de vignerons, Réyane et Pascal Bouley exploitent un vignoble de 9 ha répartis sur une cinquantaine de parcelles, principalement à Volnay (dont six 1ers crus), mais aussi à Pommard et à Monthelie. Arrivé en 2005, leur fils Pierrick a pris la relève.

Un coup de cœur dans l'un des plus petits 1ers crus parmi les vingt-neuf que compte Volnay. Sur 3,60 ha, ce *climat* tient son nom des ronces qui poussaient là autrefois. Sous une teinte rubis soutenu, les arômes de petits fruits rouges et noirs (mûre, cassis, myrtille) s'égrènent subtilement, nuancés d'une touche de café héritée de l'élevage. Souple, le vin laisse une impression de rondeur fruitée, fort gourmande, car si les tanins se manifestent, ils demeurent élégants sous des accents de cacao et de réglisse. ⧗ 2022-2024

EARL DOM. RÉYANE ET PASCAL BOULEY, 5, pl. de l'Église, 21190 Volnay, tél. 03 80 21 61 69, bouleypascal@wanadoo.fr

VOLNAY

Christophe Vaudoisey

CLOS DE CHÊNES 2017 ★★

1er cru | Production : n.c. | Élevage :
20 à 30 €

Fondé en 1804, ce domaine a vu passer huit générations de vignerons. Secondé par son fils Pierre, Christophe Vaudoisey, souvent en vue pour ses volnay, est installé depuis 1985 à la tête de 12 ha en volnay, pommard et meursault.

Habituée des coups de cœur, la famille Vaudoisey se distingue grâce à deux vins dans le charmeur millésime 2017. Ce Clos des Chênes livre d'amples arômes de fruits noirs et de poivre. Une ampleur qui caractérise aussi la matière empreinte d'un fruité mûr, de vanille et de réglisse. Les tanins lui offrent leur soutien avec délicatesse. ⧗ 2020-2025

SCEV CHRISTOPHE VAUDOISEY, *1, rue de la Barre, 21190 Volnay, tél. 03 80 21 20 14, christophe.vaudoisey@wanadoo.fr*

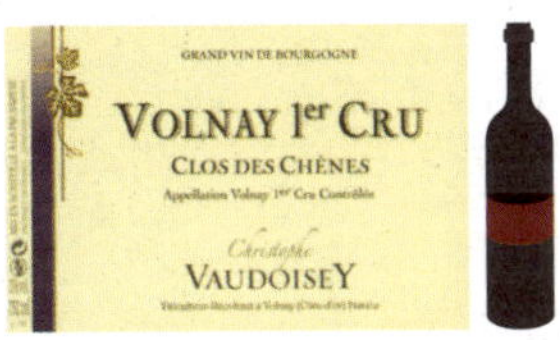

VOUGEOT

Dom. Bertagna

CLOS DE LA PERRIÈRE MONOPOLE 2016 ★★

1er cru | Production : 10 172 b. | Élevage :
75 à 100 €

Ce domaine de 17 ha rayonne sur un beau patrimoine de cinq grands crus. Il est dirigé depuis 1982 par la famille Reh, originaire de la Moselle allemande, et depuis 1988 par Eva Reh-Siddle. Une valeur sûre, notamment pour ses vougeot et son monopole le Clos de la Perrière.

Impossible de manquer le Clos de la Perrière lorsque l'on se rend au Ch. du Clos de Vougeot : il est situé dans la continuité du chemin qui y mène. Un terroir d'un peu plus de 2 ha où l'on a extrait les pierres qui ont précisément servi à la construction du château. Le nez se montre élégant et expressif, évoquant un trio composé de nuances florales, épicées et fruitées. Une belle matière ample, soyeuse et concentrée prend place au palais, épaulée par des tanins fermes mais très fins. Une finale longue et généreuse conclut la dégustation de ce vougeot étoffé. ⧗ 2023-2030

SARL DOM. BERTAGNA, *16, rue du Vieux-Château, 21640 Vougeot, tél. 03 80 62 86 04, contact@domainebertagna.com*

La **Champagne**

Synonyme de fête, le champagne symbolise dans le monde entier l'élégance à la française. Il est aussi le modèle de la plupart des effervescents de qualité, dont l'élaboration repose également sur la double fermentation en bouteilles. Mais si l'on parle généralement du champagne, au singulier, son visage est pluriel et il offre une grande variété de styles : blanc de blancs, blanc de noirs, millésimé ou non, dosé ou non… Autre particularité : la plupart des viticulteurs cèdent tout ou partie de leurs raisins aux grandes maisons, qui se chargent d'élaborer le vin et de le vendre sous leur marque. On n'oubliera pas enfin les deux autres appellations de Champagne, en vins tranquilles : coteaux-champenois et rosé-des-riceys.

Superficie : 33 800 ha
Production : 268 000 000 bouteilles ou 2 010 000 hl
Types de vins : blancs ou rosés effervescents pour l'essentiel. Quelques vins tranquilles rouges, blancs et rosés (AOC coteauxchampenois et rosé-des-riceys).
PRINCIPALES RÉGIONS : Montagne de Reims, Côte des Blancs, vallée de la Marne, Aube.

CÉPAGES :
Blancs : chardonnay pour l'essentiel (pinot blanc, pinot gris, arbane, petit meslier très rarement).
Rouges : pinot noir, pinot meunier.

Histoire

Si l'on fait du vin en Champagne au moins depuis l'invasion romaine, le champagne tel que nous le connaissons aujourd'hui a été créé au XVIIe siècle, de façon empirique. En effet, le vin avait alors la fâcheuse tendance à mousser dans les tonneaux. C'est sans doute en Angleterre que l'on inventa la mise en bouteille systématique de ces vins instables qui, jusqu'en 1700 environ, étaient livrés en fût. Cela eut pour effet de permettre au gaz carbonique de se dissoudre dans le vin : l'effervescent était né. Moine chargé de la cave de l'abbaye de Hautvillers, Dom Pérignon est considéré comme « le père du Champagne ». Il produit en effet les meilleurs vins de l'époque, grâce à sa fine connaissance des terroirs, son souci de qualité de la vendange et de son pressurage rapide après la récolte, et sa maîtrise de l'assemblage. C'est aussi lui qui les vend les plus chers. En 1728, le conseil du roi autorise le transport du vin en bouteilles ; un an plus tard, la première maison de négoce est fondée (Ruinart). Mais c'est au XIXe siècle que la plupart des grandes maisons se créent ou s'affirment. Au final, ce sont trois siècles de perfectionnement qui ont permis de mettre au point la méthode champenoise, ou la double fermentation en bouteille.
Si le phylloxéra puis les deux guerres mondiales ont ravagé le vignoble, la Champagne s'affirme comme l'une des principales régions viticoles de France, produisant quelque 300 millions de bouteilles par an, dont une grande partie est exportée partout dans le monde.

Sols et climat

Si un même paysage vallonné se révèle dans tout le vignoble, on distingue généralement quatre régions principales : la Montagne de Reims, où le pinot noir se plaît particulièrement ; la Vallée de la Marne, qui descend jusqu'à la région de Château-Thierry (Aisne) et privilégie le pinot meunier ; la Côte des Blancs, d'Épernay à Vertus, domaine d'élection du chardonnay ; la Côte des Bar, dans l'Aube, principalement plantée en pinot noir. Le terroir bénéficie d'un socle crayeux dont la perméabilité et la richesse en principes minéraux apportent de la finesse aux vins, un sous-sol qui a permis en outre le creusement de caves souterraines favorables au bon vieillissement des champagnes. Par ailleurs, si le gel rend difficile la régularité de la production – la Champagne est située à la limite septentrionale de la culture de la vigne –, les écarts climatiques sont tempérés par la présence de massifs forestiers qui équilibrent la douceur atlantique et la rigueur continentales. Et l'absence d'excès de chaleur est un autre atout pour la finesse des vins.

Cépages et styles de vins

Trois principaux cépages sont cultivés ici : pinot noir, pinot meunier et chardonnay. Ils donnent naissance à de multiples champagnes, qui associent plusieurs vins de base (l'art de l'assemblage). On trouve ainsi des blancs et des rosés, des blancs de blancs (issus du chardonnay seul), des blancs de noirs (de pinot meunier, de pinot noir ou des deux variétés), ou des blancs issus de l'assemblage des trois cépages. Par ailleurs, le dosage différencie les bruts zéro (extra-secs), les bruts, les demi-secs, voire les doux. Il existe aussi des vins non millésimés (majorité) et des millésimés, ainsi que des cuvées de prestige – ou cuvées spéciales – au prix de vente très élevé dans les grandes marques. Quel que soit son type, on s'accorde à penser que le meilleur champagne est celui qui a mûri le plus longtemps sur ses lies (cinq à dix ans) ; il doit être consommé dans les six mois suivant son dégorgement. Outre les champagnes, on trouvera dans la région deux autres appellations, en vins tranquilles : le rosé-des-riceys et son fameux « goût des Riceys » (amande et fruits rouges), et le coteaux-champenois, essentiellement produit en rouge à partir des pinots noir et meunier.

Vigneron de l'année

Thierry Garnier, chef de cave de Philipponnat

pour le Clos des Goisses 2009

Un ancêtre de Charles Philipponnat détenait des vignes dans la vallée de la Marne dès 1522. Depuis 1935, la maison détient à Mareuil-sur-Aÿ le Clos des Goisses, l'un des rares clos de la Champagne, le plus ancien et le plus escarpé. Un terroir exceptionnel de 5,5 ha, complanté de pinot noir et de chardonnay, qui donne des cuvées puissantes, de garde, maintes fois saluées par le Guide Hachette, telles les 2008 et 2009. Entretien avec Thierry Garnier, cinquième chef de cave de cette vénérable maison.

Garant du style Philipponnat, avez-vous une ascendance champenoise?

Non, je suis de Villeneuve-Saint-Georges (94). J'ai déposé un dossier au lycée viticole d'Avize pour passer un BTAO – avec succès. Après avoir travaillé chez un récoltant-manipulant et chez des négociants, j'ai été recruté en 1993 par Philipponnat comme responsable cuverie-tirage. J'ai beaucoup investi dans la formation professionnelle, obtenant en 1992 un Diplôme universitaire de droit et d'économie du champagne (DUODEC) puis en 2005, le diplôme national d'œnologue à Reims. J'ai été nommé chef de cave en 2005.

Le Clos des Goisses est millésimé tous les ans, alors que dans les maisons champenoises, les cuvées millésimées sont rares...

Cette habitude remonte au rachat du Clos en 1935. Nous sélectionnons le meilleur de ses 14 parcelles. Selon les caractéristiques du millésime, le volume élaboré varie de 5 000 à 20 000 bouteilles.

Quel est le «goût» de ce champagne de terroir?

Cinq mots pour le résumer : vinosité, puissance, expressivité, minéralité, complexité. Forte pente, exposition plein sud et affleurement de craie concourent à une maturité exceptionnelle. Pour la mettre en relief, nous pratiquons une œnologie raisonnée, peu interventionniste, qui vise à préserver les caractères gustatifs initiaux des raisins. Fermentation en fût et vinification sans fermentation malolactique préservent la fraîcheur, qui équilibre la puissance. Le bois n'est pas utilisé pour ses arômes, mais pour la structure apportée en bouche par ses tanins. Le dosage très bas (4,25 g/l), en extra-brut, laisse s'exprimer la vinosité et la minéralité du champagne.

Un goût constant quel que soit le millésime?

Si le pinot noir est au cœur du Clos des Goisses, comme nous sélectionnons les meilleures parcelles, les proportions respectives du pinot noir et du chardonnay peuvent varier selon l'année. La sélection privilégie l'expression du millésime. Ainsi, 2008, exceptionnel, brille par sa finesse et par sa pureté; 2009 est plus chaud, solaire, rond, expressif, fruité.
Les vendanges au Clos des Goisses : un exploit! Comment fait-on, lesté de raisins bien mûrs, pour ne pas dégringoler dans le canal de la Marne sur cette pente à 45 %?
Pas de hottes, des paniers de 4 kg. Pour ne pas tomber, on cueille du bas vers le haut, sans courir! Nous avons mis des barrières de protection. Nos vendangeurs sont des fidèles, certains reviennent depuis des dizaines d'années.

Vigneron de l'année

Frédéric Panaïotis, chef de cave de Ruinart

pour les Dom Ruinart Blanc de blancs 2007 et R de Ruinart rosé 2007

Un double coup de cœur pour la plus ancienne maison de champagne, fondée en 1729 et riche d'antiques crayères souterraines. Après le rosé non millésimé l'an dernier, sa cuvée de prestige, le Dom Ruinart blanc de blancs 2007, et le R de Ruinart du même millésime sont salués pour leur finesse et pour leur fraîcheur. Le chardonnay est au cœur du style de la maison. Entretien avec Frédéric Panaïotis, chef de cave.

Quel est votre parcours ?
Mes grands-parents exploitaient un vignoble familial à Villers-Marmery, mais le domaine était trop petit pour faire vivre dix enfants... Si, étudiant, je participais souvent aux vendanges, je voulais devenir vétérinaire. Après la dégustation d'un grand bourgogne, je me suis découvert une passion pour le travail du vin, qui requiert à la fois science et intuition. Diplômé en agronomie, je suis passé par l'ENSAM de Montpellier pour devenir œnologue, puis j'ai travaillé deux ans comme assistant du chef de cave dans une jeune *winery* californienne de l'Anderson Valley, spécialisée dans les méthodes traditionnelles : j'ai pu prendre très tôt des responsabilités, tout en devenant bilingue en anglais et en espagnol. J'ai travaillé ensuite douze ans chez Veuve Clicquot. Intégré dans l'équipe œnologique, autour de Jacques Peters, je communiquais aussi beaucoup à l'étranger.

Vous entrez en mai 2007 chez Ruinart, dans le même groupe (LVMH). Les deux cuvées distinguées par le Guide Hachette correspondent à votre premier millésime. Votre réaction ?
Heureux de voir confirmée une fois de plus notre intuition d'alors : 2007 a été sous-évalué, c'est un grand millésime pour le chardonnay qui, à la différence des pinots, était dans un excellent état sanitaire cette année-là.

Quel est votre approvisionnement?
Si nous utilisons le petit vignoble historique de la famille Mure, descendante des fondateurs, nous avons la chance d'avoir accès, en partie, au vignoble MH. Originalité des cuvées Ruinart, les chardonnays proviennent non seulement de la Côte des Blancs, mais aussi, pour un tiers environ, du nord de la Montagne de Reims. Pour le Dom Ruinart blancs de blancs : Mailly, Puisieulx, Verzenay, et surtout Sillery, planté à 60 % de chardonnay, aux côtés des grands crus de Chouilly, Avize, Le Mesnil-sur-Oger, Oger.

Ces cuvées 2007 sont saluées pour leur fraîcheur. Quel est le secret de leur élaboration ?
Nous veillons à minimiser le contact avec l'oxygène lors de la vinification. Pour cette raison, nous utilisons des cuves Inox. Pas de bois dans nos cuvées, même si les blancs de blancs prennent avec le temps des arômes de vieux bourgognes blancs (le miel, la truffe remplaçant les agrumes...), avec ce côté grillé lié à la réduction noble.
Votre approche par rapport à la bio ?
Nous encourageons plutôt le passage de nos livreurs à la certification Haute Valeur environnementale / Viticulture Durable en Champagne. La conduite du vignoble n'est pas tout : il faut penser au recyclage des déchets, au poids des bouteilles, aux emballages, aux encres... Nous visons la neutralité carbone en 2029.

CHAMPAGNE

Ch. de Boursault

BLANC DE BLANCS 2004 ★★

Production : 3 500 b. | Élevage :
30 à 50 €

Construit en 1843, un fastueux château néo-Renaissance dominant la vallée de la Marne, sur la rive gauche : le cadeau de mariage de Barbe-Nicole Clicquot (la «veuve Clicquot») à sa petite-fille. Cas presque unique en Champagne, le domaine, clos de murs, inclut les bâtiments d'exploitation et le vignoble. Acquis par la famille Fringhian en 1927, il couvre aujourd'hui 13 ha. (NM)

L'année 2004 a produit nombre de cuvées millésimées. On en voit beaucoup moins. Nos dégustateurs saluent la tenue de ce millésime, un chardonnay resté treize ans en cave. Sa robe dorée est parcourue de bulles encore denses. Son nez intense et complexe mêle les fruits blancs et l'aubépine à de belles notes d'évolution évoquant les fruits secs et la pâte d'amandes. Les fruits blancs s'épanouissent dans une bouche crémeuse et riche, tonifiée par une longue finale fraîche et iodée. Une réelle élégance. ⧗ 2019-2021

CHAMPAGNE CH. DE BOURSAULT, *2, rue Maurice-Gilbert, 51480 Boursault, tél. 03 26 58 42 21, info@champagnechateau.com*

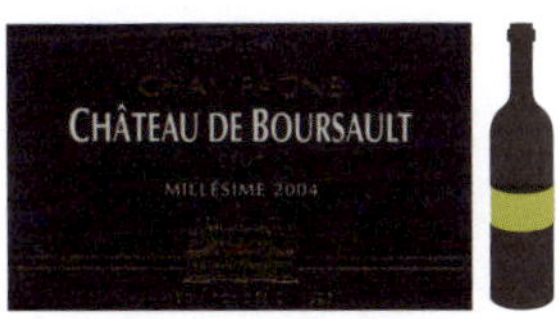

CHAMPAGNE

Chassenay d'Arce

2008 ★★

Production : 42 598 b. | Élevage :
20 à 30 €

Cette coopérative auboise fondée en 1956 fédère aujourd'hui 130 adhérents qui cultivent 300 ha répartis dans dix villages de la vallée de l'Arce, près de Bar-sur-Seine. Cépage roi de la Côte des Bar, le pinot noir est majoritaire dans l'encépagement local. (CM)

La cave n'est pas passée à côté de ce beau millésime champenois. Elle a mis en œuvre quatre cépages, pour l'essentiel du pinot noir (58 %) et du chardonnay (34 %), complétés d'un soupçon de meunier et de pinot blanc. Une très petite fraction des vins de base a été vinifiée et élevée en fût. Nos dégustateurs à l'odorat affûté ont perçu au nez un très léger boisé bien marié à des nuances de fleurs blanches et d'agrumes d'une rare finesse. Ce boisé fondu aux accents de pain grillé se mêle au citron dans une bouche vive, minérale et persistante. Une réelle élégance. ⧗ 2019-2023

CHAMPAGNE CHASSENAY D'ARCE, *11, rue du Pressoir, 10110 Ville-sur-Arce, tél. 03 25 38 30 70, champagne@chassenay.com*

CHAMPAGNE

Chaudron

EXTRA-BRUT LA BELLE HÉLÈNE VINTAGE 2009 ★★

Production : 1 500 b. | Élevage :
20 à 30 €

Les ancêtres de Luc Chaudron se sont établis en 1820 à Verzenay, grand cru de la Montagne de Reims. Depuis 2000, ce dernier est à la tête d'une affaire de négoce exportant 40 % de sa production. Il vend ses cuvées sous plusieurs étiquettes. (NM)

Le millésime 2005 de cette cuvée, dédiée non à l'épouse de Ménélas mais à une aïeule du vigneron, avait charmé les jurés du Guide. La version 2009, elle, suscite un coup de cœur. L'assemblage est différent : trois quarts de raisins noirs (pinot noir 50 %, meunier 25 %) pour un quart de raisins blancs. Le dosage, pour cette année solaire, est faible (extra-brut). La contre-étiquette vante le caractère, la finesse et l'élégance de cette cuvée. Nos dégustateurs, qui ont goûté un vin anonyme, servi au verre, soulignent eux aussi l'élégance de ce champagne or pâle, sa netteté et sa fraîcheur. Ils louent aussi la complexité de ses arômes floraux, mentholés et réglissés. ⧗ 2019-2023

CHAMPAGNE CHAUDRON, *2, rue de Beaumont, 51360 Verzenay, tél. 03 26 66 66 66, compte@champagnechaudron.com*

CHAMPAGNE

Maurice Delabaye et Fils

PRESTIGE ★★

1er cru | Production : 25 000 b. | Élevage :

15 à 20 €

Victor Delabaye fonde l'exploitation en 1921 à Damery, non loin d'Épernay; Maurice devient récoltant-manipulant à Cumières et lance sa marque en 1959. Germain, qui lui a succédé en 2001, est épaulé par son fils Victor depuis 2014. Il exploite environ 10 ha autour d'Aÿ, grand cru, et de Cumières, Hautvillers et Dizy, 1ers crus. (RM)

Souvent distinguée par nos dégustateurs, cette cuvée a fait l'unanimité avec cette version, qui réunit la récolte 2015 et la précédente, et qui assemble les trois cépages champenois (avec 30 % de chardonnay). On salue la fraîcheur printanière de son nez, où les fleurs blanches se nuancent d'arômes d'agrumes, de fruits jaunes et de pâte d'amandes, bien prolongée par une bouche élégante, acidulée et fraîche. ⧗ 2019-2022

CHAMPAGNE MAURICE DELABAYE ET FILS, 16, rue Anatole-France, 51480 Damery, tél. 03 26 51 94 91, champagne-delabaye@outlook.com

---

CHAMPAGNE

Delamotte

BLANC DE BLANCS 2008 ★★★

Production : 113 000 b. | Élevage :

50 à 75 €

L'une des plus anciennes maisons de Champagne, née en 1760. Elle a conservé le nom de son fondateur, conseiller échevin de Reims marié à une riche propriétaire de vignes à Aÿ. Depuis 1988, elle est rattachée au groupe Laurent-Perrier. Société sœur du mythique Salon, elle est établie au Mesnil-sur-Oger, au cœur de la Côte des Blancs, et le chardonnay est très présent dans ses cuvées. (NM)

Après les beaux millésimes 2002 et 2004, coups de cœur eux aussi, Delamotte propose un superbe reflet de l'excellent millésime 2008. Récoltés à la mi-septembre, les chardonnays qui composent cette cuvée proviennent des six grands crus de la Côte des Blancs. Après un repos de neuf ans sur lies, ce blanc de blancs conjugue générosité et distinction tout au long de la dégustation. Sa robe or pâle est animée de bulles fines et alertes. Intense, riche, élégant et tonique, le nez associe minéralité et nuances traduisant une heureuse évolution : notes grillées, fumées, fruits secs, sous-bois. On retrouve cette minéralité, ces arômes toastés et vanillés dans un palais à la fois somptueux, crémeux et très droit, précis et subtil, à la finale fraîche et persistante. Turbot ? Saint-jacques ? Homard ? Poularde ? Pour un repas de fête. ⧗ 2019-2025

CHAMPAGNE DELAMOTTE, 7, rue de la Brèche-d'Oger, 51190 Le Mesnil-sur-Oger, tél. 03 26 57 51 65, champagne@salondelamotte.com

CHAMPAGNE

Dom Pérignon

VINTAGE 2006 ★★★

Production : n.c. | Élevage :
+ de 100 €

Le champagne de prestige par excellence, nommé en hommage au « père du champagne ». Chargé du vignoble et de la cave de l'abbaye de Hautvillers, dom Pérignon, à qui la tradition attribue l'invention de la méthode champenoise, montra cette maîtrise de l'art de l'assemblage qui fait les grandes cuvées. Son lointain successeur, depuis les années 1990, est le Vertusien Richard Geoffroy. La composition du Dom Pérignon reste secrète et chaque millésime est une création. Tout au plus sait-on qu'il met en œuvre du chardonnay et du pinot noir des grands crus de la Côte des Blancs et de la Montagne de Reims, ainsi que de Hautvillers, en souvenir de dom Pérignon. (NM)

Le rosé 2006 rejoint au sommet ses prestigieux devanciers 2005, 2004 et 2002, pour ne citer que les plus récents. Un coup de cœur pour un champagne d'exception, magnifique dans sa robe orangée aux reflets roses, animée par un cordon de bulles très fines. Le nez interpelle d'emblée par son mélange de richesse et de délicatesse, de complexité et de finesse : pâte d'amandes, fruits rouges, fleurs séchées, notes grillées et mentholées. Le fruit rouge et l'amande reviennent en compagnie des fruits secs dans une bouche ample, longue et élégante, au toucher des plus soyeux. Un champagne aérien, d'une grande finesse, qui procure une réelle émotion. ⧗ 2019-2024

DOM PÉRIGNON, 9, av. de Champagne, 51200 Épernay, tél. 03 26 51 20 20, rhilaire@moethennessy.com

CHAMPAGNE

Gosset

GRANDE RÉSERVE ★★★

Production : 420 000 b. | Élevage :
30 à 50 €

« La plus ancienne maison de la Champagne » a été fondée en 1584 – avant que le vin de la région ne prît mousse – par Pierre Gosset, échevin d'Aÿ et propriétaire de vignes. À l'époque, les vins de cette ville, souvent rouges, rivalisaient à la cour avec ceux de Beaune. Après Pierre Gosset, treize générations se sont succédé. Implantée aujourd'hui à Épernay, la société est aujourd'hui dans le giron du groupe Renaud-Cointreau. Les champagnes Gosset ne font pas leur fermentation malolactique. En 2016, Odilon de Varine, directeur adjoint et œnologue, a succédé à Jean-Pierre Mareigner, disparu après avoir exercé trente-trois ans comme chef de cave. (NM)

Mariant à parts presque égales chardonnay (45 %) et pinots (pinot noir 45 %, meunier 10 %), cette cuvée a fait l'unanimité, et ce n'est pas la première fois. Construite sur la vendange 2013, elle affiche une robe or pâle parcourue de bulles fines et persistantes. Discrète au nez, elle laisse monter des arômes subtils : froment, pain blanc, beurre et brioche, mandarine et autres agrumes. Sa mousse donne une texture crémeuse et soyeuse au palais qui monte en puissance, offrant une finale d'une rare longueur. Élégant, suave et plein, un champagne tout en finesse qui ne manque pas pour autant d'étoffe. ⧗ 2019-2022

CHAMPAGNE GOSSET, 12, rue Godart-Roger, 51200 Épernay, tél. 03 26 56 99 56, info@champagne-gosset.com

CHAMPAGNE

Granzamy Père et Fils

BLANC DE BLANCS ★★

Production : 30 000 b. | Élevage :
15 à 20 €

Reprise par Béatrice et Raphaël Lamiraux au début des années 2000, cette structure familiale établie à Venteuil dans la vallée de la Marne a commercialisé ses premières bouteilles en 1907. La maison s'approvisionne dans la vallée de la Marne et en Côte des Blancs. Trois étiquettes : Granzamy Père et Fils, R. Lamiraux et Georges Fremy. (NM)

Ce blanc de blancs libère à l'aération de frais parfums de fruits, agrumes en tête. Souple en attaque, il enchante par son caractère charnu, gourmand et alerte, en harmonie avec des arômes d'ananas, et par sa finale minérale. Nos dégustateurs lui prédisent un bel avenir et le verraient bien servi avec de la volaille. ⧗ 2019-2024

CHAMPAGNE GRANZAMY PÈRE ET FILS, 15, rue de Champagne, 51480 Venteuil, tél. 03 26 58 60 62, champ.granzamy@orange.fr

Zoom
L'échelle des crus champenois

Le prix du kilo de raisins payé aux viticulteurs, en Champagne, est fixé en fonction de la qualité des grappes, elle-même liée à leur commune de provenance. Il a servi d'étalon pour le classement en crus : les communes viticoles ont été placées sur une échelle variant de 100 à 80 % : 100 % pour les 17 grands crus (dont les raisins sont payés à 100 % du prix de référence), 99 à 90 % pour les 44 premiers crus, et 89 à 80 % pour les autres. Les crus champenois ne prennent donc pas en compte la parcelle, comme en Bourgogne, mais la commune. Les mentions « grand cru », « premier cru » indiquent que les raisins proviennent uniquement de communes classées respectivement en grand cru ou en premier cru. Si le nom d'une commune apparaît, la vendange en provient exclusivement.

CHAMPAGNE Stéphane Herbert

VÉRONÈSE ★★★

1er cru | Production : 3000 b. | Élevage :

20 à 30 €

Héritier de plusieurs générations de vignerons, Stéphane Herbert a lancé sa marque en 2000, quatre ans après son installation. Il exploite 4,5 ha autour de Rilly-la-Montagne, 1er cru de la Montagne de Reims proche de la cité des Sacres. Ses vins de base sont vinifiés en fût. (RC)

« Du caractère, de la puissance et de l'élégance », trois mots pour résumer le profil de cette cuvée qui a enchanté nos dégustateurs. Mariant à parts égales pinot noir et chardonnay, faiblement dosé pour sa catégorie, ce brut est construit sur la récolte 2015, dont on vante la richesse. La robe or soutenu est animée de bulles vives. Le nez se partage entre le beurre frais et le fruit blanc. Un boisé bien fondu, hérité d'un séjour de dix mois en fût, se mêle à des notes de fruits confits dans un palais crémeux à souhait, bien structuré, à l'équilibre parfait. ⧗ 2019-2022

CHAMPAGNE STÉPHANE HERBERT, 11, rue Roger-Salengro, 51500 Rilly-la-Montagne, tél. 03 26 03 49 93, champagneherbert@wanadoo.fr

CHAMPAGNE Labbe et Fils

TRADITION ★★

1er cru | Production : 28000 b. | Élevage :

11 à 15 €

Depuis la fin du XIXe s., les Labbe se succèdent de père en fils sur leurs terres de Chamery, 1er cru situé sur le flanc nord de la Montagne de Reims, qui mérite le détour pour la très haute flèche de son église. Ils élaborent leur champagne depuis l'arrivée en 1975 de Didier Labbe, aujourd'hui épaulé par ses fils Damien et Jérôme. À la tête de 10 ha, ces vignerons s'inspirent de la biodynamie (sans certification) et pratiquent des vinifications parcellaires. (RM)

Anciennement Carte blanche, la cuvée Tradition reflète l'encépagement du vignoble, qui met en avant le pinot noir (65 %) ; meunier (20 %) et chardonnay viennent en appoint. Assemblage de jeunes vins, construite sur la récolte 2016 et sur les deux vendanges antérieures, elle a été vinifiée sans fermentation malolactique. Nos dégustateurs saluent ce « vin de vigneron », ce « vin de terroir ». Avec sa robe aux reflets œil-de-perdrix, son nez intense et franc, sur les fruits rouges confiturés et son palais très persistant, conjuguant ampleur, vinosité, droiture et nervosité, il offre une remarquable expression du pinot noir. On aime aussi son « dosage précis » et de fait, ce champagne est fort peu dosé pour un brut. Il trouvera sa place aussi bien à l'apéritif qu'au repas. ⧗ 2019-2024

CHAMPAGNE LABBE ET FILS, 5, chem. du Hasat, 51500 Chamery, tél. 03 26 97 65 45, contact@champagnelabbe.com

CHAMPAGNE
Krug
GRANDE CUVÉE 166ÈME ÉDITION ★★

Production : n.c. | Élevage :
+ de 100 €

Par le terme d'édition, introduit sur les étiquettes, la maison souligne la singularité de chaque version de sa Grande Cuvée, alors qu'on parle parfois en Champagne du « goût constant » des cuvées non millésimées. Chez Krug, il y a bien un style lié à des pratiques et à un savoir-faire, mais la Grande Cuvée, recréée chaque année, est un assemblage unique de vins, choisis parmi 250 vins de l'année et 150 vins de réserve. Assemblée en 2011, la 166ème édition est construite autour de la vendange 2010 et comporte 42 % de vins de réserve ; au total, 140 vins de dix années différentes, le plus ancien de 1996 ; 45 % de pinot noir, 39 % de chardonnay et 16 % de meunier. Après sept ans de cave, le vin revêt une robe paille animée d'une bulle très fine. Intense et subtil au nez, il s'ouvre sur les fruits jaunes mûrs, les agrumes confits et toute une palette d'arômes : cerise, fleurs, beurre, brioche, vanille et fruits secs (noisette, amande et pistache), minéralité. Les notes fruitées, vanillées et épicées s'épanouissent dans un palais dense, à la fois ample et vif. La finale tonique, d'une rare longueur, est marquée par une fine et noble amertume. Un air de jeunesse pour ce brut de caractère, bien dans le style de la maison. ⧗ 2019-2025

CHAMPAGNE
Krug
22E ÉDITION ★★

Production : n.c.
+ de 100 €

Il a fallu attendre la cinquième génération pour voir apparaître un Krug rosé, lancé en 1983. La vingt-deuxième édition est issue d'une sélection de 22 vins issus de cinq années, de 2010, pour la plus récente, à 2005, pour la plus ancienne ; 56 % de pinot noir, 28 % de meunier et 12 % de chardonnay, avec du pinot noir macéré sur ses peaux. Resté sept ans de cave, le vin s'habille d'une robe délicate, corail clair. Le nez intense et complexe, d'une rare subtilité, s'ouvre sur la griotte, puis explore un univers captivant de senteurs : nuances fraîches de fruits exotiques, fragrances florales, notes empyreumatiques (amande grillée), frangipane et brioche. En bouche, il réunit tous les atouts d'un grand rosé : attaque tendue et acidulée, volume, finesse de la texture, longue finale citronnée. Sa délicatesse florale s'allie à un boisé racé, aux accents de noisette grillée. L'élégance même. ⧗ 2019-2023

Originaire de la vallée du Rhin, Joseph Krug, fondateur en 1843 de cette célèbre maison rémoise, fut un assembleur hors pair, qui réussit à magnifier terroirs, cépages et millésimes pour élaborer des cuvées de prestige à son goût qui racontent le meilleur de la Champagne. Il codifia sa méthode, transmise de génération en génération. Une obsession du détail qui fait de Krug une maison à part. Si l'affaire appartient depuis 1999 au groupe LVMH, elle est restée maîtresse de son savoir-faire, le style étant garanti par Olivier Krug, gardien du temple, et l'élaboration suivie par Éric Lebel, chef de cave. Elle ne propose que des cuvées haut de gamme, fruits d'assemblages minutieux et savants de vins vinifiés en fûts de 205 l identifiés par le cru. La cave conserve en petites cuves 150 vins de réserve, certains âgés de quinze ans. Le vieillissement sur pointe des champagnes dure six ans au minimum. Il en résulte des cuvées complexes, au fort potentiel de garde. (NM)

KRUG, 5, rue Coquebert, 51100 Reims, tél. 03 26 84 44 20, krug@krug.fr

Zoom
Les révoltés de la Champagne

En 1910, les vendanges ont été pauvres dans la Marne. Les négociants en vin, qui ne veulent pas augmenter le prix du raisin, choisissent de s'approvisionner dans l'Aube. Problème : depuis 1908, le département se situe hors de la délimitation de l'appellation champagne. Les Marnais décrètent une grève de l'impôt et se mobilisent contre les négociants « fraudeurs » ; les troubles provoquent l'intervention de l'armée. En février 1911, l'État leur donne raison en confirmant la délimitation. Les Aubois contre-attaquent et organisent des manifestations très suivies. Le Sénat dit alors s'opposer aux délimitations. Les Marnais répliquent par la « Saint Barthélémy des vins » à Épernay, Aÿ et Damery. En juin, un décret institue en Aube une délimitation « champagne deuxième zone ». Cette décision calme le jeu mais ne satisfait personne. Il faudra attendre 1927 pour qu'à force de batailles juridiques, la majorité du vignoble aubois soit autorisé à rejoindre l'appellation champagne.

CHAMPAGNE
Patrice Lemaire
BLANC DE BLANCS ÉLEVÉ EN FÛT DE CHÊNE ★★

Production : 4 000 b. | Élevage : fût
20 à 30 €

Louis Lemaire élabore les premiers champagnes dans les années 1920, avant d'être relayé par Claude en 1950. Patrice, installé en 1987 sur ce domaine situé rive gauche de la Marne est secondé par son fils Aurélien. Il commercialise ses bouteilles sous son nom ou sous celui de son père. Propriété certifiée Haute valeur environnementale. (RM)

Le chardonnay à l'origine de ce blanc de blancs a été vinifié et élevé sept mois en fût avec bâtonnage. Or pâle, le champagne a tiré de ce séjour dans le bois une rare complexité : le fruit blanc mûr s'allie à de belles notes d'évolution évoquant la pâtisserie et à un boisé subtil et bien fondu. Cette cuvée enchante aussi par son harmonie en bouche, liée à une juste acidité, à un dosage maîtrisé et à une longue finale teintée d'une noble amertume. Un blanc de blancs élégant et profond, qui pourra accompagner un repas. ⧗ 2019-2022

⊶ PATRICE LEMAIRE, 9, rue Croix-Saint-Jean, 51480 Boursault, tél. 06 72 45 93 14, champagne.lemaire@wanadoo.fr

CHAMPAGNE
Gilles Mansard
ANCESTRAL ★★★

Production : 5 000 b. | Élevage : fût
20 à 30 €

En 1901, Benoni Mansard, installé à Cerseuil, dans la vallée de la Marne, élabore les premières cuvées. Arrivé à la tête de la maison en 1986, Gilles Mansard, son arrière-petit-fils, est aujourd'hui rejoint par ses fils, Vincent et Maxime. La famille dispose de 24 ha de vignes et de caves du XVIII[e]s. à Épernay. (RM)

Une sélection des plus vieilles vignes de la propriété : 65 % de chardonnay, complété par des vins de réserve de pinot noir et de meunier, dont 12 % vinifiés en rouge. Les vins sont restés six mois en fût et la fermentation malolactique a été bloquée pour préserver la fraîcheur. Une robe saumon aux reflets tuilés, une expression aromatique complexe (fruits à noyau, abricot, boisé vanillé, amande grillée), une bouche à la fois crémeuse et tonique : nos dégustateurs sont sous le charme. Ce rosé pourra accompagner un repas. ⧗ 2019-2022

⊶ GILLES MANSARD, 48, rue de la Chapelle, Cerseuil, 51700 Mareuil-le-Port, tél. 06 86 04 26 99, contact@champagne-mansard-gilles.com

CHAMPAGNE

Pierre Mignon

PRESTIGE ★★★

Production : 80 000 b. | Élevage :
15 à 20 €

Pierre et Yveline Mignon dirigent depuis 1970 le domaine familial implanté dans la vallée du Surmelin, affluent de la Marne, sur la rive gauche. Leur vignoble (pas moins de 17 ha dans la vallée de la Marne, sur les coteaux d'Épernay et la Côte des Blancs) ne suffit pas à leur dynamisme commercial. À l'arrivée de Jean-Charles et Céline, en 2000, la propriété a pris le statut de négociant. (NM)

Deux tiers de raisins noirs, meunier en tête (55 %) et un tiers de chardonnay composent cette cuvée qui a enchanté nos dégustateurs. Sa robe d'un bel or est traversée de trains de bulles fines et alertes qui font monter des parfums élégants et complexes, où ressortent la poire et d'autres fruits blancs. Dans une belle continuité, la bouche déploie avec persistance ce fruité délicat, souligné par une grande fraîcheur.
⧗ 2019-2022

⊶ CHAMPAGNE PIERRE MIGNON, *5, rue des Grappes-d'Or, 51210 Le Breuil, tél. 03 26 59 22 03, info@pierre-mignon.com*

CHAMPAGNE

Ghislain Payer et Fille

EXTRA-BRUT 2008 ★★

Production : 2 000 b. | Élevage :
20 à 30 €

Viticulteurs depuis 1854, établis dans un vallon proche de la vallée de la Marne, les Payer se flattent de figurer parmi les vingt-quatre fondateurs de la Coopérative régionale des vins de Champagne en 1962 (voir Jacquart, de Castelnau), qui élabore encore deux de leurs cuvées, même s'ils sont devenus récoltants-manipulants. Ghislain Payer a transmis en 2014 le vignoble de 4 ha à sa fille Élise. (RM)

Chardonnay (50 %), pinot noir (38 %) et meunier s'allient dans cette cuvée faiblement dosée, saluée pour ses parfums flatteurs, légèrement évolués, de fleurs blanches, de fruits jaunes et de fruits secs. Ces arômes de pêche et de noisette se mêlent à la brioche dans un palais acidulé, qui laisse une impression de finesse. D'une rare harmonie, ce beau millésime pourra se déboucher à l'apéritif, mais il est assez étoffé pour accompagner une volaille de fête. ⧗ 2019-2023

⊶ CHAMPAGNE GHISLAIN PAYER ET FILLE, *18, rue des Longs-Champs, 51480 Fleury-la-Rivière, tél. 03 26 58 48 00, contact@champagne-ghislain-payer.com*

CHAMPAGNE

Philipponnat

EXTRA-BRUT CLOS DES GOISSES 2009 ★★

Production : 19805 b. | Élevage :
+ de 100 €

Les Philipponnat sont propriétaires de vignes à Aÿ depuis le début du XVIe s.; négociants et vinificateurs, ils ont un blason datant de la fin du XVIIe s. et un château à Mareuil-sur-Aÿ, acquis en 1910. Ils ont acheté en 1935 le Clos des Goisses, l'un des rares clos champenois ceint de murs et le plus vaste aussi (5,5 ha), implanté sur un coteau aux pentes vertigineuses, en surplomb du canal latéral de la Marne et de cette rivière. (NM)

Solaire, l'année 2009 a été particulièrement favorable au pinot noir, majoritaire dans cette cuvée (61 %, avec le chardonnay en complément), issue qui plus est d'un clos exposé plein sud. Une vinification soignée, avec un élevage partiel sous bois et un repos de huit ans en cave a permis d'obtenir ce superbe millésimé élu coup de cœur, tout comme son devancier de 2008 aux caractères si différents (l'assemblage s'était adapté, faisant dominer le chardonnay). De ces conditions climatiques, ce champagne d'un or délicat au cordon très fin a tiré une belle présence dénuée de toute lourdeur; bien au contraire, il brille par sa finesse à toutes les étapes de la dégustation. Finesse d'un nez légèrement épicé (curry), aux nuances de noisette, de biscuit et de pomme au four, tonifié par une touche mentholée; finesse d'une bouche ample et longue, au boisé fondu, soutenue par une belle vivacité. Du caractère et de l'élégance. ⧗ 2019-2025

Vigneron de l'année

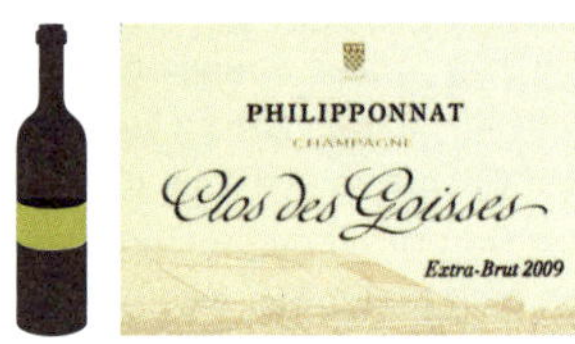

CHAMPAGNE PHILIPPONNAT,
13, rue du Pont, Mareuil-sur-Aÿ, 51160 Aÿ-Champagne,
tél. 03 26 56 93 00, info@philipponnat.com

Zoom
Les cuvées spéciales

Assemblage des meilleurs vins sélectionnés par une maison, souvent millésimée, la cuvée spéciale se doit d'être un trésor de raretés. Ce vin, blanc ou rosé est généralement présenté dans une bouteille originale et vendu à un prix élevé. La première cuvée spéciale fut créée pour l'empereur Napoléon III par Eugène Mercier; la deuxième, impériale elle aussi, fut réalisée pour Alexandre II, tsar de toutes les Russies, par Roederer (Cristal). La troisième fut lancée en 1936 et participa au voyage inaugural du paquebot *Normandie*. Elle était étiquetée « Dom Pérignon ».

CHAMPAGNE
R de Ruinart
2007 ★★★

Production : n.c. | Élevage :
+ de 100 €

Ici, le chardonnay (45 %) laisse une large place au pinot noir. La robe or, traversée de bulles fines, est restée pâle. Intense, réducteur, le nez libère des notes grillées, légèrement beurrées. D'intenses arômes de petits fruits et des nuances biscuitées viennent compléter cette palette dans une bouche consistante qui a conservé une rare fraîcheur. La finale saline achève de convaincre. ⧗ 2019-2024

CHAMPAGNE
Dom Ruinart
BLANC DE BLANCS 2007 ★★★

Production : n.c. | Élevage :
+ de 100 €

Frédéric Panaïotis est devenu chef de cave de Ruinart en mai 2007, et dans cette édition deux millésimes 2007 sont élus coups de cœur – ses premiers millésimes. Ce Champenois s'est intéressé précocement au chardonnay, car ses grands-parents le cultivaient à Villers-Marmery. Le premier millésime de Dom Ruinart est un 1959. Nettement moins solaire, l'année 2007 a favorisé le chardonnay. Les raisins proviennent pour l'essentiel de grands crus de la Côte des Blancs, complétés par des blancs en grand cru du flanc nord de la Montagne de Reims. Nos dégustateurs ont été captivés par ce champagne de caractère, faiblement dosé, remarquable de présence et de finesse de bout en bout. La robe or vert est parcourue de fines bulles qui montent sereinement; réducteur et minéral en première approche, le nez libère à l'aération des arômes intenses : acacia, miel de châtaignier, noisette grillée, fruits secs, moka, sous-bois et truffe. Tout aussi complexe, empyreumatique, évoluée, la bouche apparaît ample, riche et crémeuse, tout en gardant une belle acidité qui laisse une impression de délicatesse aérienne. Une superbe maturité. ⧗ 2019-2024

La doyenne des maisons de champagne. On pourrait la classer monument historique, comme le sont ses caves creusées dans la craie pendant la période gallo-romaine, inscrites depuis 2015 au patrimoine mondial de l'Unesco. Le fondateur de l'affaire, Nicolas Ruinart, ajouta le négoce en vin en 1729 à son activité de marchand drapier – une autre industrie florissante dans la région à l'époque, bientôt abandonnée. La société est restée familiale jusqu'à son absorption par Moët et Chandon en 1963. Son champagne de prestige tire son nom du moine dom Ruinart, érudit contemporain de dom Pérignon. Au cœur des cuvées Ruinart depuis 1947, le chardonnay, pour un style privilégiant la fraîcheur. (NM)

Vigneron de l'année

CHAMPAGNE RUINART, 4, rue des Crayères, 51100 Reims, tél. 03 26 77 51 51, aaubry@ruinart.com

CHAMPAGNE
Salon
BLANC DE BLANCS LE MESNIL
2007 ★★

Production : 50 000 b. | Élevage :
+ de 100 €

Aimé Salon, fils de charron, naît en 1867 à Pocancy, village de la plaine, à quelques kilomètres de la Côte des Blancs. Ses parents veulent faire de lui un instituteur. Il choisit les affaires et commence sa carrière en ramassant, à bicyclette, des peaux de lapin pour une entreprise de fourrures de la capitale qu'il finit par diriger. Épicurien, il revient dans son pays natal pour créer un champagne de rêve. Avec l'aide de son beau-frère, chef de cave, il choisit le terroir : Le Mesnil-sur-Oger; les meilleures parcelles : celles du haut de l'église; son premier millésime, 1905, est réservé à sa consommation personnelle. La maison (dans l'orbite du groupe Laurent-Perrier depuis 1988) naît en 1920. Elle est célèbre pour ne proposer qu'une cuvée de blanc de blancs millésimé élaborée seulement les bonnes années et exclusivement issue du Mesnil-sur-Oger, grand cru de la Côte des Blancs. (NM)

2007 : un printemps précoce, un début d'été radieux, mais un mois d'août frisquet et une arrière-saison incertaine. Les chardonnays ont bien mûri, tout en conservant une franche acidité. Cela donne un champagne vif, au fort potentiel. La robe or pâle est parcourue de bulles très fines. D'approche discrète, floral, citronné et minéral, le nez dévoile une touche d'herbe fraîche très agréable. Le fruit blanc s'ajoute à cette palette dans une bouche structurée, à la fois ample et tendue, marquée en finale par une pointe d'amertume qui lui donne relief et longueur. Un champagne de caractère, qui n'est qu'au début de sa longue carrière. ⧗ 2019-2030

CHAMPAGNE SALON, 5, rue de la Brèche-d'Oger, 51190 Le Mesnil-sur-Oger, tél. 03 26 57 51 65, champagne@salondelamotte.com

---

CHAMPAGNE
Tribaut-Schloesser
ORIGINE ★★

Production : 120 000 b. | Élevage :
15 à 20 €

Fondée en 1929 par les familles Tribaut et Schloesser, cette structure de négoce se niche dans un vallon tributaire de la Marne, à l'orée de la forêt d'Hautvillers. Valentin et Sébastien Tribaut, qui ont pris la suite de Jean-Marie à la tête de l'affaire, disposent de 20 ha de vignes. Deux étiquettes : Tribaut-Schloesser et Philippe Lamarlière – cette dernière créée en hommage à un ouvrier fin dégustateur qui travailla trente ans au service de la maison. (NM)

Mariant 40 % de pinot noir, 30 % de meunier et autant de chardonnay, avec 10 % de vins de réserve élevés en foudre, ce brut a fait grande impression, et ce n'est pas la première fois. Or pâle aux reflets verts, il séduit par la fraîcheur citronnée et minérale de son nez, agrémenté d'effluves de fournil au petit matin. Le fruit mûr, un léger miel et l'amande blanche se dévoilent dans une bouche subtile, droite, élégante et longue, au dosage parfait. Pour l'apéritif ou pour des mets délicats et raffinés, tels que les saint-jacques au beurre. ⧗ 2019-2022

CHAMPAGNE TRIBAUT-SCHLOESSER, 21, rue Saint-Vincent, 51480 Romery, tél. 03 26 58 64 21, contact@champagne-tribaut.com

CHAMPAGNE
J.-L. Vergnon
BRUT NATURE BLANC DE BLANCS HAUTES MOTTES 2011 ★★

Gd cru | Production : 3 850 b. | Élevage :
50 à 75 €

Issu d'une famille de négociants du Mesnil-sur-Oger, Jean-Louis Vergnon reconstitue en 1950 le vignoble familial et commence à élaborer ses champagnes en 1985. Conduite aujourd'hui par Didier Vergnon et son fils Clément, appuyés par l'œnologue Julian Gout, l'exploitation dispose de 5 ha très bien situés dans la Côte des Blancs. La maison évite la fermentation malolactique et choie les cuvées peu ou non dosées. Propriété certifiée Haute valeur environnementale. (NM)

Il naît d'une seule parcelle du Mesnil-sur-Oger et d'une année précoce. Les vins de base sont restés dix mois en fût, la fermentation malolactique a été évitée et le champagne a reposé six ans en cave. Au terme de la vinification, après le dégorgement, le vigneron n'a ajouté aucun sucre (« Brut nature ») : les jus étaient suffisamment riches. Il a bien fait : le jury salue l'intensité, l'opulence et le volume de cette cuvée, en harmonie avec une palette d'une rare complexité : coing, pêche, abricot, nuances beurrées et notes d'élevage évoquant l'amande et la noisette grillées se dévoilent au nez et se retrouvent en bouche. Le boisé accompagne harmonieusement le vin jusqu'à la longue finale aux accents de moka. Un blanc de blancs intense, adapté au repas. ⧗ 2019-2022

⊶ CHAMPAGNE J.-L. VERGNON, 1, Grande-Rue, 51190 Le Mesnil-sur-Oger, tél. 03 26 57 53 86, contact@champagne-jl-vergnon.com

---

CHAMPAGNE
Georges Vesselle
2012 ★★

Gd cru | Production : 15 000 b. | Élevage :
20 à 30 €

La famille Vesselle est installée depuis plusieurs générations à Bouzy, célèbre grand cru de la Montagne de Reims. Georges, qui fut durant vingt-cinq ans maire du village, a créé la maison en 1954. Ses deux derniers fils, Éric et Bruno, se sont associés avec lui en 1993 avant de reprendre l'affaire, forte de 17 ha principalement dédiés au pinot noir. (NM)

Après un 2009 couronné il y a trois ans, un nouveau coup de cœur salue ce grand cru millésimé d'une année réputée. La composition, similaire au 2009, donne le premier rôle au pinot noir (90 %), complété par le chardonnay. Finesse de la bulle, intensité fruitée des arômes qui se dévoilent au fur et à mesure (agrumes, fraise, fruits des bois, rose…), ampleur et fraîcheur élégante de la bouche, dosage léger (6 g/l), longue finale : l'harmonie même. ⧗ 2019-2022

⊶ CHAMPAGNE GEORGES VESSELLE, 16, rue des Postes, 51150 Bouzy, tél. 03 26 57 00 15, contact@champagne-vesselle.fr

CHAMPAGNE

Waris et Filles

ROSÉ DE SAIGNÉE ★★

Production : 4 500 b. | Élevage :
15 à 20 €

Bertrand et Virginie Waris représentent la quatrième génération de Waris sur le domaine qui couvre 7 ha répartis entre Côte des Blancs, Sézannais, vallée de l'Ardre et Côte des Bar (Aube). Ils ont d'abord conduit un domaine en Provence, puis un autre en Languedoc (qu'ils régissent toujours), avant de lancer leur étiquette en 2002, peu après la reprise du vignoble familial. (NM)

« Rosé de saignée » : un champagne qui tire sa couleur de la macération de raisins noirs – comme c'est la règle pour les rosés tranquilles, tandis qu'en Champagne, la tradition admet un assemblage de vin blanc avec du vin rouge. Certains rosés de saignée semblent destinés à ceux qui rêvent de goûter des « champagnes rouges » : très colorés par les peaux, rubis foncé, ils sont vineux, tanniques et un tantinet rustiques. Tel n'est pas le cas de celui-ci, de pur pinot noir. Sa robe éclatante montre des reflets rubis, mais elle reste rose. Si le nez parle de fruits rouges mûrs, de framboise et de fraise, c'est avec subtilité ; et si ce fruit persiste et signe en bouche, c'est avec élégance, souligné par une fraîcheur tonique et par un faible dosage. « Un rosé raffiné », conclut le jury. ⧗ 2019-2022

⊶ *CHAMPAGNE WARIS ET FILLES, 6, rue d'Oger, 51190 Avize, tél. 06 07 26 04 96, contacts@champagnewarisetfilles.com*

COTEAUX-CHAMPENOIS

Tarlant

ŒUILLY 2016 ★★

Production : 600 b. | Élevage :
30 à 50 €

Enracinés en Champagne, les Tarlant cultivaient déjà la vigne à l'époque de dom Pérignon. Constitution du domaine à partir de 1780 dans la vallée de la Marne, premier champagne livré en 1929. Aujourd'hui, un vignoble de 14 ha et un style reconnu. Aux commandes depuis 1999, Benoît et Mélanie, les enfants de Jean-Mary Tarlant, qui préside la maison. À la cave, Benoît vinifie en petite cuve ou en barrique par « climat », sans fermentation malolactique, élève sur lies les vins de réserve et privilégie les dosages faibles (extra-brut) ou absents (brut zéro). (RM)

Avec le succès du champagne qui offre l'avantage de mettre les producteurs à l'abri des aléas des millésimes, les vins tranquilles se font rares dans le vignoble. Les heureux élus qui pourront déboucher une des 600 bouteilles de ce 2016 regretteront peut-être cette évolution. Issu de ceps de pinot noir âgés d'un demi-siècle, macéré vingt jours et élevé dix-huit mois en fût, ce vin à la robe cerise offre un nez minéral et grillé. Souple en attaque, ample et structurée, vanillée sans excès, la bouche dévoile un travail d'élevage accompli. ⧗ 2020-2024

⊶ *CHAMPAGNE TARLANT, 21, rue de la Coopérative, 51480 Œuilly, tél. 03 26 58 30 60, champagne@tarlant.com*

IGP COTEAUX DE COIFFY

Les Coteaux de Coiffy

PINOT NOIR RÉSERVE DU DOMAINE 2018 ★★

Production : 20 000 b. | Élevage :
5 à 8 €

Ce domaine de 16 ha, dont les vignes sont plantées en lyre, a été restructuré en 1982 par les prédécesseurs de Laurent Renaut, à la tête de l'exploitation depuis 1995.

D'un rouge soutenu et brillant, ce vin s'ouvre volontiers sur les fruits noirs tant au nez qu'en bouche. Des tanins lisses soutiennent sa chair concentrée, légèrement épicée, qui persiste longuement en finale. Quelques petites années de garde permettront à l'ensemble de se fondre parfaitement. ⧗ 2021-2023

⊶ *SCEA LES COTEAUX DE COIFFY, 6, rue des Bourgeois, 52400 Coiffy-le-Haut, tél. 03 25 84 80 12, contact.coteauxdecoiffy@gmail.com*

Le **Jura**

Ce vignoble à la géologie tourmentée, pendant de celui de la haute Bourgogne, de l'autre côté de la vallée de la Saône, occupe les pentes qui descendent du premier plateau des monts du Jura vers la plaine. Une bande de 80 km de long, traversant tout le département du Jura, de Salins-les-Bains, au nord, à Saint-Amour, au sud. Les terroirs les plus favorables se situent en coteaux entre 250 et 400 m d'altitude. Plantés de cépages locaux et d'autres, issus de Bourgogne, ces terroirs voient naître des vins atypiques, à l'image du célèbre vin jaune, du vin de paille ou encore du macvin.

Superficie : 1 850 ha
Production : 80 hl
Types de vins : blancs pour les deux tiers, rouges et rosés (un tiers), effervescents.
Spécialités : vins jaunes (vins de voile) et liquoreux (vins de paille).

CÉPAGES :
Rouges : pinot noir, poulsard (ou ploussard), trousseau.
Blancs : chardonnay, savagnin.

Histoire

La vigne prospère ici depuis l'Antiquité : Pline le Jeune cite les vins jurassiens vers l'an 80. Au Moyen Âge, les sites escarpés et protégés des vents froids abritent des vignobles à Arbois, Château-Chalon et l'Étoile. Le vin du Jura est alors fort apprécié, à l'image d'Henri IV, célèbre amateur des vins locaux. Autre élément propice à l'expansion viticole : la présence de salines qui favorise les échanges commerciaux et donc les expéditions de vins. Le vignoble poursuit son développement jusqu'au XIXe siècle, porté par l'intérêt que lui vouent la noblesse locale et les ecclésiastiques. C'est aussi ici qu'est créée l'une des premières coopératives viticoles, en 1906 à Arbois. Aujourd'hui, le vignoble s'étend sur environ 1 800 ha et produit 82 000 hl par an.

Sols et climats

Le vignoble, établi sur des pentes accidentées, est constitué de sols de marnes, d'argiles et d'éboulis calcaires. Le climat, de type continental, connaît des variations parfois brutales : hivers rudes et étés irréguliers, avec souvent beaucoup de journées chaudes. La vendange s'effectue pendant une période assez longue, se prolongeant parfois jusqu'en novembre en raison des différences de précocité entre les cépages.

Cépages et styles de vins

Les cépages locaux sont parfaitement adaptés aux terrains argileux du Jura. On trouve ainsi le poulsard, cépage rouge peu tannique à l'origine de rosés et de rouges légers. Le trousseau, autre cépage local, donne des vins rouges plus colorés et riches en tanins. On trouve aussi le pinot noir, souvent associé au trousseau, dans les rouges ainsi que dans les mousseux blancs de noirs. Autre cépage bourguignon, le chardonnay apporte son riche bouquet aux vins blancs, secs et mousseux. Le savagnin, cépage blanc local, donne naissance au célèbre vin jaune, spécialité jurassienne avec le vin de paille.

Vigneron de l'année

Nathalie et Emmanuel Grand (Dom. Grand)

pour le château-chalon En Beaumont 2011

Récompensés par un coup de cœur

pour leur superbe château-chalon En Beaumont 2011, Emmanuel Grand et son épouse Nathalie conduisent avec conviction le domaine familial jurassien. Depuis 2015, ils ont fait des choix forts pour vivre leur passion du vin en accord avec leurs aspirations. Nathalie Grand nous en dit plus.

Le domaine est en cours de conversion bio. Pourquoi ce choix?
Suite au départ à la retraite des parents d'Emmanuel, nous avons complétement refondé le domaine. Nous sommes installés sur 10 hectares aujourd'hui, alors qu'il y en avait 24 au départ. C'était la condition pour mener le projet qui nous tenait à cœur : la conversion en bio.

Pourquoi ce choix de la bio?
Pour nous d'abord et pour la santé de notre clientèle. C'est satisfaisant à la fin d'une journée de travail de se dire que l'on n'a pas mis de produits dans nos vignes. Nous voulons laisser une terre propre à nos enfants. Nous sommes parents de deux enfants dont le dernier est né cette année. C'est la continuité de ce que nous faisons depuis des années avec la pratique d'une lutte raisonnée poussée.

Cela a-t-il été simple à mettre œuvre?
Nos vignes sont enherbées un rang sur deux, elles sont en pleine force de l'âge. L'écartement s'y prêtait pour le passage du tracteur. Sur les vignes peu mécanisables, nous travaillons à la main ou au cheval. Comme la vigne de château-chalon.

Pouvez-vous nous présenter la gamme du domaine?
Nous produisons des côtes-du-jura, en rouge et en blanc, des vins ouillés jusqu'au vin jaune. Nous tenons à continuer de mettre en valeur les vins jaunes, un vin identitaire dont nous sommes fiers. Nous avons aussi des macvins, des vins de paille, des crémants-du-jura à la gamme. Sur Arbois, nous faisons aussi du savagnin ouillé.

Quelles sont les caractéristiques de votre château-chalon En Beaumont?
La marque de fabrique de notre cuvée c'est la finesse, l'élégance, avec bien-sûr un «bon goût de jaune». Le terroir est situé en haut de coteau, sur Ménétru-le-Vignoble, exposé plein sud face à la roche de Château-Chalon. Le sol est constitué de marnes grises en profondeur et d'éboulis calcaire qui donnent un caractère minéral aux vins. La palette aromatique est exceptionnelle, beaucoup plus complexe qu'un vin jaune en côtes-du-jura. Les vignes ont une quarantaine d'années et sont travaillées au cheval.

Qu'est-ce qui est important en cave pour réussir un bon vin jaune?
Nous n'avons aucune maîtrise sur l'apparition du voile de levures. On garde les tonneaux qui fonctionnent bien, ensuite c'est surtout un gros travail de dégustation. La sélection des pièces est très drastique : nous ne voulons pas du tout de celles qui sont oxydées ou sentent le madère.

Des suggestions d'accords mets et vins avec ce vin jaune?
Le plus classique c'est avec le comté de 24 à 36 mois d'affinage en apéritif. Nous, on se fait bien plaisir aussi avec des foies gras ou des entrecôtes crème-morilles-vin jaune. Sur la viande rouge, ça marche bien aussi, mais avec de la crème toujours.

ARBOIS

Cellier Saint-Benoit

PUPILLIN PLOUSSARD VIEILLES VIGNES 2017 ★★★

Production : 1000 b. | Élevage :
8 à 11 €

Denis Benoit s'est installé en 1989 et a d'abord livré en coopérative avant de créer sa cave sur la ferme de ses grands-parents (6,25 ha en lutte raisonnée) et vinifier lui-même ses raisins à partir de 2004. Une nouvelle génération arrive pour le millésime 2019.
Les vieilles vignes de ploussard qui ont donné naissance à ce vin grenat sont cinquantenaires. Après dix mois d'élevage en cuve Inox, voilà un ploussard gourmand, au nez expressif : la fraise écrasée rivalise avec la cerise. Toujours beaucoup de franchise en bouche : une matière solide mais fraîche, où le fruit est toujours très présent, nuancé de cacao en finale. ⧗ 2019-2022

CELLIER SAINT-BENOIT, 36, rue du Chardonnay, 39600 Pupillin, tél. 03 84 66 06 07, celliersaintbenoit@wanadoo.fr

---

ARBOIS

Dom. Daniel Dugois

VIN JAUNE REFLET DE ROI 2011 ★★★

Production : 3000 b. | Élevage :
30 à 50 €

Daniel Dugois s'installe en 1974 et commercialise sa production au négoce. En 1982, il décide d'élaborer lui-même ses vins. Son fils, Philippe, le rejoint en 2007 après avoir vinifié à l'étranger. Il conduit seul le domaine (10,3 ha) depuis 2013 à la retraite de son père.
Et si ce domaine, qui cite Henri IV écrivant à des compagnes de la cour : « Je vous baille en témoignage d'estime et d'amitié quatre bouteilles de mon vin d'Arbois », était en train de bâtir une dynastie de vins jaunes à coups de cœur ? Le 2016, puis le 2017… Éclatant à l'œil, paré du plus bel or, celui-ci livre un nez subtil fait de noix verte, de foin mûr et d'épices. L'acidité toute naturelle pour un vin jaune apporte une agréable fraîcheur et en souligne l'harmonie totale. « Quel joli vin ! » s'exclame un dégustateur, louant son élégance. ⧗ 2020-2050

SARL DOM. DANIEL DUGOIS, 4, rue de la Mirode, 39600 Les Arsures, tél. 03 84 66 03 41, daniel.dugois@orange.fr

Zoom
Arbois et Pasteur

C'est dans la paisible Arbois que Louis Pasteur a passé sa jeunesse. Il y revint souvent, et c'est dans la maison familiale qu'il mena ses précieuses études sur les fermentations, si utiles à la science œnologique, et qui devaient entre autres aboutir à la découverte de la « pasteurisation ».

CHÂTEAU-CHALON

Philippe Butin

VIN JAUNE 2010 ★★★

Production : 900 b. | Élevage :

30 à 50 €

Cette exploitation (5,5 ha aujourd'hui), dans la famille depuis trois générations, est fidèle aux vendanges manuelles. Philippe Butin produit surtout des vins à partir de cépages blancs qu'il cultive sur les coteaux de Lavigny. Sa production figure régulièrement en bonne place dans le Guide.

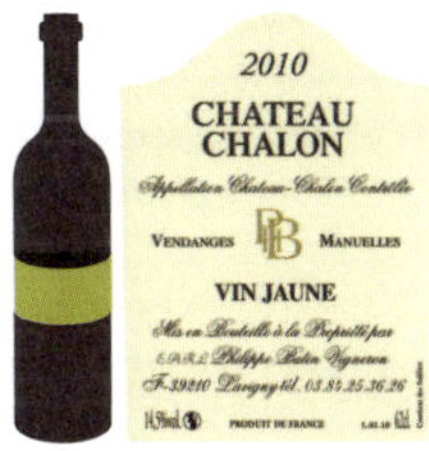

Philippe Butin n'est pas un homme pressé et son château-chalon le lui rend bien. Les huit ans d'élevage n'ont pas été vains : ils ont permis l'avènement d'un vin superbement «terrien», minéral et puissant. Or pâle, la robe est d'une clarté parfaite. Sans aucune déviance, le nez très expressif va très loin dans l'élégance : épices douces, citron confit, pomme, truffe, champignon, sous-bois… Une jeunesse prometteuse. La bouche dévoile une vivacité contenue par un joli gras, gage de décennies de vieillissement. Fruits secs, anis et mandarine égayent la finale. ⧗ 2020-2035

⊶ EARL PHILIPPE BUTIN, 21, rue de la Combe, 39210 Lavigny, tél. 06 22 44 17 25, ph.butin@wanadoo.fr

---

CHÂTEAU-CHALON

Dom. Grand

EN BEAUMONT 2011 ★★

Production : 2000 b. | Élevage :

30 à 50 €

Chez les Grand, on est vigneron de père en fils depuis 1692. Après René Grand, Lothain et ses frères consacrent les années 1970 à 1990 à développer le domaine familial. Aujourd'hui, ce sont Emmanuel (fils de Lothain) et son épouse Nathalie qui conduisent les 11 ha de vignes, en AOC côtes-du-jura, château-chalon et arbois. Le vignoble est désormais en conversion à l'agriculture biologique. Une valeur sûre.

«En Beaumont» est un lieu-dit réputé situé sur la commune de Ménétru-le-Vignoble. Le soleil y dore les raisins de savagnin de l'aube jusqu'au coucher. Scintillante, la robe de ce vin jaune est déjà profonde. Puissant et racé, le nez signe un vin encore jeune, mais plein d'avenir. On y décèle des épices, des fruits exotiques ou encore du fenouil et bien sûr de la noix. La bouche est d'emblée musclée, dotée d'une vivacité qui la rend encore difficile d'accès à ce jour, mais le potentiel est certain. La matière est là, en devenir, et la typicité d'ores et déjà assurée. ⧗ 2020-2035

Vigneron de l'année

⊶ SCV GRAND, 139, rue du Savagnin, 39230 Passenans, tél. 03 84 85 28 88, domaine-grand@wanadoo.fr

CHÂTEAU-CHALON

Dom. Désiré Petit

EN BEAUMONT 2011 ★★

Production : 848 b. | Élevage :
30 à 50 €

Désiré Petit a bâti dès 1932 ce domaine, qui compte aujourd'hui 27 ha. Ses fils Gérard et Marcel l'ont fait prospérer à partir de 1970, et ce sont désormais les enfants de Marcel, Anne-Laure et Damien, qui en ont la responsabilité, confortant certains positionnements, comme les vendanges manuelles, mais explorant aussi de nouvelles voies, telle la cuvée sans soufre. Une valeur sûre du vignoble jurassien, qui a obtenu de nombreux coups de cœur.

Une robe avenante dans les tons or. Délicat, le nez va du fruité (agrumes, noix) à l'épicé (poivre, muscade) en passant par le pain cuit. Avec tout autant d'élégance, la bouche présente un bel équilibre alcool/acidité et une remarquable matière. Elle évoque les épices, le sous-bois, les champignons, l'anis et, en finale, l'écorce d'orange amère et la peau de mandarine placée sur le fourneau de grand-mère. ⧗ 2020-2035

⊶ GAEC DÉSIRÉ PETIT, 62, rue du Ploussard, 39600 Pupillin, tél. 03 84 66 01 20, contact@desirepetit.com

---

CÔTES-DU-JURA

Dom. Frédéric Lambert

TRADITION 2016 ★★

Production : 6 000 b. | Élevage :
8 à 11 €

Œnologue de formation, Frédéric Lambert a commencé à acheter des vignes en production et des terrains dès 1993. L'installation s'est faite dix ans plus tard et l'exploitation compte désormais 10 ha, comprenant tous les cépages jurassiens, vendangés manuellement.

Chardonnay (70 %) et savagnin (30 %) ont vieilli en fût séparément pendant deux ans puis assemblés avant la mise en bouteilles. Il en résulte un vin or pâle, au nez complexe de pomme, de noix verte, de noisette, d'amande et de sous-bois. La bouche fraîche et équilibrée, persistante, témoigne de l'harmonie entre les cépages. ⧗ 2019-2023

⊶ FRÉDÉRIC LAMBERT, 14, Pont-du-Bourg, 39230 Le Chateley, tél. 03 84 25 97 83, domainefredericlambert@orange.fr

Zoom
Le savagnin

Ce vieux cépage blanc dont on situe l'origine dans les Alpes italiennes ou autrichiennes affectionne les climats frais d'Europe centrale et orientale, mais c'est dans le Jura qu'il produit ses vins les plus connus, dont les très singuliers vins jaunes, issus d'un long élevage sous un voile de levure. Il peut aussi être assemblé aux autres cépages jurassiens, notamment au chardonnay, pour donner des blancs secs, des vins de paille, du macvin-du-jura, voire du crémant-du-jura. Synonymes : naturé, paien, traminer, savagnin blanc.

Zoom
Le côtes-du-jura

C'est la gamme complète des vins jurassiens que l'on trouve sous l'appellation côtes-du-jura : blancs, rosés, rouges, vins jaunes, vins de paille. Mais en termes de volume produit, les blancs dominent nettement. Ils sont issus du chardonnay, de l'assemblage de chardonnay et de savagnin ou plus rarement du savagnin pur, ce dernier étant généralement réservé à l'élaboration du vin jaune.

CÔTES-DU-JURA

Dom. Maire et Fils

SAVAGNIN BLANC GRAND MINÉRAL 2018 ★★

Production : 21 000 b. | Élevage :

11 à 15 €

Né en 1917, Henri Maire fut le pionnier de la vente de vin grâce à laquelle il fit prospérer après-guerre sa petite maison de négoce. Également propriétaire de vignes, la société rebaptisée Dom. Maire et fils est depuis 2015 sous le contrôle de l'entreprise bourguignonne Boisset. Un acteur important du vignoble.

Vinifié et élevé en cuve juste six mois, ce savagnin n'a pas été conçu pour jouer dans la cour des vins dits « typés », mais dans cette version ouillée, il est tout simplement remarquable. Nez à dominante florale mais les agrumes, les fruits exotiques ou encore l'amande sont également perceptibles. La bouche est fruitée à souhait et sa fraîcheur ne passe pas inaperçue. Une pointe de gaz carbonique la souligne. Une belle expression du cépage dans ce type de vinification. ⧗ 2019-2021

SCV DOM. MAIRE ET FILS, BP_106, 39600 Arbois, tél. 03 84 66 42 53, jhauller@henri-maire.fr

CÔTES-DU-JURA

Dom. Pierre Richard

VIN JAUNE 2011 ★★

Production : 1 600 b. | Élevage :

30 à 50 €

Pierre Richard s'est installé en 1976 à la suite de son père. Son fils Vincent est revenu sur l'exploitation en 2009 et a pris les rênes de la propriété en 2017. Les 10 ha de vignes sont cultivés principalement dans le village du Vernois, dont le vignoble a fait l'objet d'un vaste remembrement dans les années 1960. Une conversion vers l'agriculture biologique a été engagée en juillet 2018.

Il s'en passe des choses en sept ans. Tandis que Pierre Richard passait le flambeau à son fils, le savagnin prenait le voile. C'est par un nez subtil de noix verte et de caramel que ce vin jaune doré à reflets verts nous conte le début de son histoire. D'abord aérien en bouche, dans une expression fraîche, il devient ample, puis long. De l'élégance et de la finesse, sur une expression délicate de la noix. Un vin jaune d'accès facile, mais doté d'une belle typicité. ⧗ 2019-2028

VINCENT RICHARD (DOM. PIERRE RICHARD), 136, rte de Voiteur, 39210 Le Vernois, tél. 03 84 25 33 27, domainepierrerichard@wanadoo.fr

CRÉMANT-DU-JURA

Dom. de Montbourgeau

BRUT ZÉRO RÉSERVE 2013 ★★

Production : 2000 b. | Élevage :
11 à 15 €

En 1920, Victor Gros, le grand-père de Nicole Deriaux, s'est installé à Montbourgeau. Le père, Jean Gros, conforta la renommée du domaine. À proximité des 11 ha de vignes se dévoile un lieu bucolique, bordé par une allée de tilleuls débouchant sur les chais qui entourent la maison familiale. Un domaine de référence de l'appellation l'étoile.

Cette tête de cuvée issue du chardonnay est restée en foudre cinq mois avant la prise de mousse, puis les vins ont mûri quatre ans sur lattes. Pour parfaire l'ouvrage, Nicole Deriaux a choisi de la signer en « brut zéro », soit un dosage en extra-brut. Ce n'est pas l'exubérance qui caractérise ce vin. L'effervescence est modeste, mais les bulles sont fines. Très expressif, le nez débute sur des tons citronnés, puis évolue vers un fruité plus mûr pour finir sur l'amande, le levuré et les épices. Beaucoup de fraîcheur en bouche. Tout se développe en harmonie, avec un caractère minéral et fruité persistant. Ces bulles s'enchaînent les unes derrière les autres et nous enchaînent avec elles pour notre plus grand plaisir. ⧗ 2019-2022

SCEA JEAN GROS (DOM. DE MONTBOURGEAU), 53, rue de Montbourgeau, 39570 L'Étoile, tél. 03 84 47 32 96, domaine@montbourgeau.com

IGP FRANCHE-COMTÉ

Vignoble Guillaume

PINOT NOIR VIEILLES VIGNES 2017 ★★★

Production : 13 500 b. | Élevage :
11 à 15 €

La famille Guillaume cultive la vigne depuis le XVIIIe s. sur les terres de Charcenne. Un long passé viticole, complété à la fin du XIXe s. par une activité de pépiniériste viticole. Autant dire que ce vaste domaine de 45 ha dispose d'un matériau de premier choix pour élaborer ses cuvées ; cuvées signées depuis 1989 par Xavier Guillaume et très souvent remarquées, notamment celles issues de pinot noir.

Rubis à reflets violets, ce pinot noir évoque d'emblée les fruits noirs et la griotte à l'eau-de-vie. Tout est ampleur et souplesse au palais. L'élevage de onze mois en fût se traduit par de subtiles notes d'épices (cannelle) qui soulignent le fruit dans la longue finale.Décidément, ce vin a tout d'un grand. ⧗ 2020-2024

SCEA VIGNOBLE GUILLAUME, 32, Grande-Rue, 70700 Charcenne, tél. 03 84 32 77 22, vignoble@guillaume.fr

Zoom
Le macvin

Ce vin de liqueur doit probablement son origine à une recette des abbesses de l'abbaye de Château-Chalon. Pour son élaboration, le moût commence à peine sa fermentation qu'il est muté à l'eau-de-vie de marc de Franche-Comté, provenant de la même exploitation. L'eau-de-vie doit être « rassise », c'est-à-dire vieillie en fût de chêne pendant au moins dix-huit mois. Ensuite, le macvin se repose encore pendant un an en fût de chêne, car sa commercialisation ne peut se faire avant le 1er octobre de l'année suivant la récolte.

L'ÉTOILE

Dom. Geneletti Père et Fils

AU DÉSAIRE 2017 ★★★

Production : 15 000 b. | Élevage :

8 à 11 €

Le domaine, historiquement ancré dans l'appellation l'étoile, s'est agrandi dans les AOC château-chalon et arbois dont il est devenu l'une des belles références. Il compte désormais 15 ha, conduits depuis 1997 par David Geneletti, qui s'est installé à Château-Chalon, dans une ancienne maison d'Henri Maire.

Cette cuvée pur chardonnay, issue de lieu-dit éponyme, a été élevée en fût pendant un an. Il en résulte une teinte jaune pâle à reflets verts. Aux premières senteurs florales succèdent des tons boisés d'une belle intensité. Ces notes d'élevage se retrouvent au sein d'une matière ample et équilibrée, en accompagnement de flaveurs de fruits frais. Tout est là pour se faire plaisir, à condition d'attendre que le boisé se fonde un peu. ⧗ 2019-2024

SCEV DOM. GENELETTI, 14, rue Saint-Jean, 39210 Château-Chalon, tél. 03 84 44 95 06, contact@domaine-geneletti.net

---

MACVIN-DU-JURA

Xavier Reverchon

2016 ★★

Production : 1 300 b. | Élevage :

15 à 20 €

Xavier représente la quatrième génération de Reverchon sur ce domaine créé en 1900. Il s'est installé en 1978, appliquant un principe qui lui est cher et qui est pratiqué sur le domaine depuis 1901 : le labour des vignes. Il se fait fort aussi de n'employer, depuis 30 ans sur ses 6 ha de vignes, ni engrais ou désherbant chimiques, ni insecticide ou acaricide. Les vendanges sont manuelles. Une belle régularité, notamment en côtes-du-jura et en crémant.

Ce magnifique macvin pourrait trouver place dans un tableau de Van Gogh, lui qui savait si bien magnifier la couleur jaune. Sa robe d'or, limpide et brillante, est déjà un appel. À l'aveugle, on pourrait presque le confondre avec un vin de paille, en raison de sa palette de pruneau, de figue, de pain d'épice et de vanille. Très liquoreuse, la bouche offre un florilège de fruits : citron et pruneau, poire aussi. Puissance, richesse, complexité, ce macvin a tout pour plaire. ⧗ 2019-2030

EARL DE CHANTEMERLE, 2, rue du Clos, 39800 Poligny, tél. 03 84 37 02 58, reverchon.chantemerle@wanadoo.fr

La **Savoie** et le **Bugey**

Du lac Léman au sud de Chambéry, le vignoble savoyard occupe les premières pentes alpines, entre 300 et 600 m. Entre lacs, alpages, chalets et vergers, les vignes forment une mosaïque complexe de microclimats et de terroirs aux caractères montagnards plus ou moins accentués, où s'épanouissent une multitude de cépages, majoritairement blancs. Le vignoble du Bugey, quant à lui, s'étend sur les éboulis calcaires abrupts du département de l'Ain. On y produit des vins rouges, rosés et blancs, ainsi que le fameux rouge effervescent de Cerdon.

Superficie : 2 031 ha
Production : 106 990 hl
Types de vins : blancs majoritairement (70 %), secs pour la plupart ; rouges et quelques rosés. Quelques blancs effervescents.

CÉPAGES :

Rouges : mondeuse, gamay, pinot noir.
Blancs : jacquère (majoritaire), altesse (roussette), bergeron (roussanne), chasselas, chardonnay, molette, gringet.

Histoire

La culture de la vigne remonterait aux Allobroges, selon les écrits de Pline et Columelle. Au Moyen Âge, les moines étendent le vignoble aux versants pentus des Alpes et aux plaines fertiles, ce jusqu'au XIXe siècle. Comme les autres vignobles français, ceux de Savoie et du Bugey souffrent du phylloxéra à la fin du XIXe siècle. Bien que replantés dans les années 1890, sur une surface plus modeste, ils ne sont véritablement reconnus qu'après la Seconde Guerre mondiale. La modernisation des méthodes de culture et de vinification et la maîtrise des rendements provoquent un saut qualitatif, un essor accentué par le développement du tourisme hivernal. Mais si la production viticole est en progression depuis les années 1980, le nombre de viticulteurs et de petites exploitations a tendance à décroître.

Sols et climat

Du lac Léman à la vallée de l'Isère, dans les départements de la Savoie et de la Haute-Savoie, de l'Isère et de l'Ain, le vignoble occupe les basses pentes favorables des Alpes le long des vallées. Il est constitué d'une mosaïque complexe de terroirs diversifiés, établie en îlots plus ou moins étendus. Une diversité géographique à laquelle font écho les variantes climatiques, les caractères montagnards étant accentués par le relief ou tempérés par le voisinage du lac Léman et de celui du Bourget.

Cépages et styles de vins

Les cépages sont assez nombreux mais plusieurs d'entre eux n'existent qu'en très faible quantité, le pinot noir et le chardonnay notamment. Nous évoquerons ici les principaux. Le gamay, importé du Beaujolais voisin, donne des vins frais et légers. La mondeuse, cépage local, est à l'origine de vins rouges de caractère, typés et charpentés, notamment à Arbin, dont elle est la variété exclusive. C'était, avant la crise phylloxérique, le cépage le plus planté de la Savoie. La jacquère, cépage blanc le plus répandu, engendre des vins blancs frais et légers, à consommer jeunes. L'altesse (ou roussette), cépage très fin et typiquement savoyard, est celui des vins blancs en roussette-de-savoie. Le bergeron, nom local de la roussanne, donne quant à lui des vins blancs de grande qualité, spécialement à Chignin, avec le chignin-bergeron. Le chasselas est présent sur les rives du lac Léman. Dans le Bugey, le poulsard jurassien entre avec le gamay dans l'assemblage des effervescents du Cerdon. Il y voisine avec la mondeuse, le pinot noir et le gamay. En blanc, on y trouve la jacquère, l'altesse, le chardonnay (majoritaire ici) et l'aligoté, sans oublier la molette, cépage local employé dans l'élaboration des vins effervescents.

Vigneron de l'année

Julien Barlet (La Cave du Prieuré)

pour le vin-de-savoie Jongieux Mondeuse 2018

Située à Jongieux, la Cave du Prieuré est un domaine familial de 30 hectares (moitié blanc moitié rouge), conduit par les frères Barlet, Noël (61 ans) et Pascal (56 ans), ainsi que par leurs deux fils, Julien (36 ans) et Simon (24 ans). Leurs roussettes de Marestel comme leurs mondeuses sont régulièrement plébiscitées : quatre coups de cœur en trois éditions du Guide. Très impliqué dans le rayonnement des vins de Savoie, Julien Barlet, le vinificateur, croit fermement dans l'avenir et le potentiel du vignoble de Jongieux pour l'élaboration de grands vins.

Jeune domaine, jeune vignoble. Comment êtes-vous parvenus à vous placer parmi les meilleurs vignerons de Savoie?

Nous sommes passés de la polyculture, vaches, vignes et céréales, à la viticulture en trois générations. Nos grands-parents vivotaient en vendant du lait. Il n'y avait pas de marché pour le vin. À la veille des vendanges, ils appelaient les négociants pour libérer la cave. C'était dans les années 1960. Ils faisaient les vins avec les moyens du bord et avec des vignes à gros rendements. L'accession des vins de Savoie à l'AOC en 1973, la reconnaissance du cru Jongieux en 1989 et la réputation du coteau de Marestel nous ont poussés vers les sommets : en 2000, nous avons participé au remembrement, au défrichage et à la reconstitution des hauts de Marestel. Avec quelques compétences techniques acquises à l'école, BTS viti-oeno pour ma part, on ne pouvait que tendre vers le meilleur. Bien sûr, nous pouvons faire mieux. Nous comptons sur l'arrivée de mon cousin Simon au domaine cette année. Il a fait ses études d'œnologie à Changins en Suisse et ses stages en Bourgogne dans de grands domaines (Trapet, Leflaive). Il vient tout juste de rentrer de Nouvelle-Zélande.

Coup de cœur deux années de suite pour la mondeuse : avez-vous un secret?

Jongieux n'est pas le secteur le plus réputé pour la mondeuse. Son fief, c'est Arbin. On n'obtiendra jamais les mêmes mondeuses profondes et poivrées. Ce que nous recherchons, c'est le fruité. Comme c'est un cépage tardif très généreux, nous veillons à baisser les rendements pour obtenir un raisin bien mûr. Nous ramassons le raisin à la main et le vinifions grappe entière afin de préserver cette magnifique âpreté qui est la signature de la mondeuse. Dix jours de macération semi-carbonique, pas plus, pour faire ressortir la fraîcheur et le fruité.

Des projets?

Oui, en tant que Président du cru Jongieux, je m'emploie à faire reconnaître l'excellence des roussettes issues du coteau de Marestel, incliné à 70 % et constitué d'une roche calcaire friable : 30 hectares seulement classés en cru Marestel, dont 25 plantés. Nous souhaiterions un classement en 1er cru des meilleures parcelles. Jongieux, c'est le berceau de l'altesse. À Marestel, elle se distingue de toutes les autres altesses par sa richesse aromatique, ses notes fumées et truffées, sa structure, pleine, charnue, soutenue par une nervosité naturelle et une fine amertume. C'est un grand vin blanc de Savoie qui se garde merveilleusement bien.

ROUSSETTE-DE-SAVOIE
Dom. de l'Idylle
ANNE DE CHYPRE 2018 **

Production : 10 000 b. | Élevage :
8 à 11 €

Philippe et François Tiollier ont accueilli au domaine la jeune génération, en l'occurrence Sylvain, de retour pour les vendanges 2012 après des études d'œnologie sur cet important domaine de 22 ha. Depuis que Philippe a pris sa retraite en 2017, ce sont Sylvain et son oncle François qui gèrent l'exploitation.

Le nom de cette cuvée évoque l'origine légendaire de l'altesse (ou roussette). Le cépage aurait été rapporté par la fille du roi de Chypre lors de son mariage avec un duc de Savoie au XIIIes. La complexité caractérise les arômes de ce vin : fleurs blanches, meringue, bergamote nuancés de notes beurrées et minérales. Grâce et amplitude au palais en font un modèle de générosité en année solaire. ⧗ 2020-2022

⊶ EARL TIOLLIER (DOM. DE L'IDYLLE), 345, rue Croix-de-l'Ormaie, 73800 Cruet, tél. 04 79 84 30 58, tiollier.idylle@wanadoo.fr

---

VIN-DE-SAVOIE
Vignobles Perceval
CHIGNIN BERGERON CUVÉE PRESTIGE 2018 **

Production : 5 000 b. | Élevage :
11 à 15 €

Créée en 1910 par Jean-Baptiste Perceval, ce domaine situé aux Marches, juste en-dessous du mont Granier, est conduit depuis 1990 par Pascal Perceval. En 2014, le vigneron reprend le Ch. de la Gentilhommière. Il exploite aujourd'hui un vignoble de 50 ha donnant naissance à une gamme d'une trentaine de vins en AOC et en IGP.

Voici une roussanne d'une grande complexité, qui allie richesse et finesse. L'acacia et le miel, puis la pêche blanche et l'abricot confit (si typique du bergeron) donnent un vin blanc harmonieux et persistant, avec beaucoup de gras mais sans sucrosité. Un modèle du genre dans un millésime chaleureux. ⧗ 2021-2024

⊶ SARL VIGNOBLES PERCEVAL, 709, chem. de Cresmont, 73800 Les Marches, tél. 04 79 28 13 13, laurie.vignoblesperceval@hotmail.com

---

VIN-DE-SAVOIE
La Cave du Prieuré
JONGIEUX MONDEUSE 2018 ***

Production : 20 000 b. | Élevage :
8 à 11 €

Vigneron de l'année

Pascal et Noël Barlet, épaulés par Julien (cinquième génération et fils du second), sont à la tête d'un vignoble d'une trentaine d'hectares sur les coteaux de Jongieux. Des vignerons aussi à l'aise en rouge qu'en blanc; en témoigne la présence régulière dans le Guide de leurs cuvées, désormais vinifiées par Julien.

L'élégance est au rendez-vous dans cette mondeuse au fruité croquant. Indéniablement structurée pour la garde, elle se montre puissante dès l'attaque, complexe dans son déroulement et persistante comme il se doit. Un vin taillé pour la garde. ⧗ 2024-2029

⊶ GAEC LA CAVE DU PRIEURÉ, Le Haut, 73170 Jongieux, tél. 04 79 44 02 22, contact@caveduprieure.fr

VIN-DE-SAVOIE

Philippe et Sylvain Ravier

TERROIR DES ABYMES ELECTRIK ABYMES 2018 ★★

Production : 90 000 b. | Élevage :
5 à 8 €

Philippe Ravier conduit un domaine qui s'est considérablement agrandi, passant de 3 ha à ses débuts, en 1983, à 40 ha aujourd'hui. Son fils Sylvain l'a rejoint en 2007. L'une des belles références de la Savoie viticole.
Avec son nez de fruits mûrs, d'agrumes aux notes anisées, cet Abymes possède tous les atouts d'une grande jacquère : minéralité, vivacité, finesse et matière, finale longue et citronnée, légère amertume. Sa remarquable harmonie lui a valu un coup de cœur. ⧗ 2020-2022

⊶ EARL PHILIPPE ET SYLVAIN RAVIER, 68, chem. du Cellier, 73800 Myans, tél. 04 79 28 17 75, vinsdesavoie@wanadoo.fr

VIN-DE-SAVOIE

Adrien Vacher

MONDEUSE LA SASSON RÉSERVE GASTRONOMIQUE 2018 ★★

Production : 10 000 b. | Élevage :
5 à 8 €

Charles-Henri Gayet, propriétaire du château de la Violette, est également négociant et dirigeant depuis 1989 de la maison familiale Adrien Vacher, fondée en 1950. Il est épaulé par ses filles Pauline et Charlotte.
La cuvée « Sasson » évoque la statue érigée sur une place de Chambéry pour célébrer le rattachement de la Savoie à la France. Égrappée à 100 %, macérée trois semaines et élevée six mois en cuve, la mondeuse a donné naissance à un vin très aromatique : fruits rouges confits et épices s'expriment volontiers, jusque dans la bouche ronde et harmonieuse. Une version moderne et gourmande de ce cépage. ⧗ 2020-2022

⊶ ADRIEN VACHER DISTRIBUTION, ZA Plan Cumin, 177, rue de la Mondeuse, 73800 Les Marches, tél. 04 79 28 11 48, contact@adrien-vacher.fr

VIN-DE-SAVOIE

Dom. du Ch. de la Violette

MONDEUSE SOUS LES CÈDRES 2018 ★★

Production : 20 000 b. | Élevage :
5 à 8 €

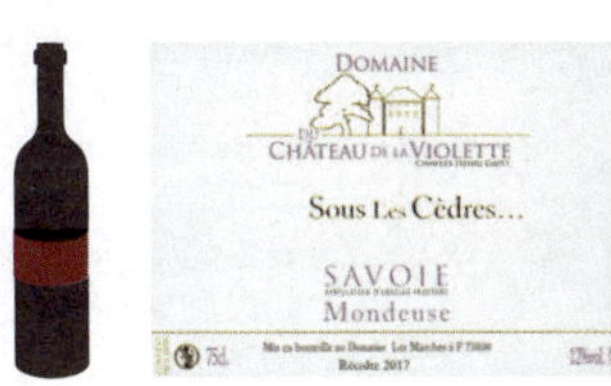

Charles-Henri Gayet, négociant et patron de la maison Adrien Vacher, a repris en 2000 ce domaine créé en 1957 au pied du mont Granier, passé de 7 à 30 ha et dont les vins sont régulièrement au rendez-vous du Guide, en blanc comme en rouge.
Tout est intense dans cette mondeuse vinifiée en grappes entières, cuvée quatorze jours et élevée sous bois. De la robe profonde à reflets noirs à la bouche puissante, charnue, épicée et persistante, en passant par le nez de petits fruits noirs bien mûrs (cassis, mûre et myrtille). Coup de cœur à l'unanimité pour ce fleuron des vins rouges de Savoie. ⧗ 2020-2024

⊶ SCEA CH. DE LA VIOLETTE, 203, rte de Myans, 73800 Les Marches, tél. 04 79 28 13 30, chateaudelaviolette@gmail.com

Le **Languedoc**

Ce vignoble immense s'étale le long du littoral méditerranéen, de Leucate, à l'ouest, jusqu'à Nîmes et la Camargue, à l'est, puis couvre les contreforts des Cévennes aux portes de Carcassonne. Il parcourt trois départements : l'Aude, le Gard et l'Hérault. Il offre une diversité de paysages et une mosaïque de terroirs entre mer et montagne (Corbières), sous influence climatique méditerranéenne, à l'origine d'une vaste palette de vins rouges, blancs et rosés, de vins doux naturels et d'effervescents. Des vins, qui après avoir été longtemps assimilés à la viticulture de masse, font l'objet d'un renouveau constant depuis près de trente ans.

Superficie : 246 000 ha
Production : 12,7 Mhl (toutes catégories confondues) ; 1 245 000 hl (AOC du Languedoc).
Types de vins : rouges majoritaires, rosés et blancs secs ; effervescents (à Limoux) ; vins doux naturels (muscats).

CÉPAGES PRINCIPAUX

Rouges : grenache noir, syrah, carignan, mourvèdre, cinsault, cabernet-sauvignon.
Blancs : grenaches gris et blanc, macabeu, clairette, bourboulenc, vermentino (rolle), muscat à petits grains, muscat d'Alexandrie, marsanne, roussanne, piquepoul, chardonnay, mauzac, chenin, ugni blanc.

Histoire

C'est aux Grecs que l'on doit l'implantation de la vigne, dès le VIIIe siècle av. J.-C., autour de Narbonne. Avec les Romains, le vignoble du Languedoc se développe rapidement, allant même jusqu'à concurrencer le vignoble romain : l'empereur Domitien ordonne alors, en l'an 92, l'arrachage de la moitié des surfaces. Probus annule ce décret en 270 ; le vignoble languedocien renaît. Au Moyen Âge, il connaît une période de grande prospérité sous l'influence des monastères et des abbayes. Le commerce du vin continue de s'étendre avec notamment, aux XVIIIe et XIXe siècles, l'amélioration des infrastructures portuaires (création du port de Sète, ouverture du canal du Midi). La création du chemin de fer entre 1850 et 1880 assure le développement de nouveaux marchés dont les besoins sont satisfaits par l'abondante production de vignobles reconstitués après la crise phylloxérique. C'est alors l'époque de la viticulture de masse, intensive et de mauvaise qualité, qui ne déclinera qu'à partir du milieu du XXe siècle ; une période marqué par de nombreuses crises, comme la révolte vigneronne de 1907. La reconnaissance des vignobles languedociens en VDQS (1949) puis en AOC, par étapes, a permis un renouveau. Grâce à ses bons terroirs en coteaux et au retour des cépages traditionnels, le Languedoc viticole produit aujourd'hui des vins de grande qualité.

Sols et climat

Les aires de production offrent des situations très variées selon l'altitude, la proximité de la mer, l'établissement en terrasses ou en coteaux, les sols et terroirs. On distingue ainsi une zone montagneuse, une plaine côtière, une zone de garrigue et une autre de piémont. Une diversité qui fait aussi l'originalité du vignoble : abruptes falaises blanches de la Clape, paysage de montagne au Pic-Saint-Loup, douces pentes de Picpoul-de-Pinet, terrasses du Larzac… C'est le climat méditerranéen qui assure l'unité du Languedoc, un climat chaud et sec, à pluviométrie faible et très irrégulière, renforcé par des vents soufflant de la terre (mistral, tramontane), ceux venant de la mer apportant une humidité salutaire.

Cépages et styles de vins

Engagé depuis trente ans dans un vaste chantier visant à identifier les terroirs et à y adapter de nouveaux cépages, le Languedoc produit aujourd'hui un panel très complet de vins blancs, rouges et rosés, de vins doux naturels et d'effervescents. Les cépages rouges sont principalement le carignan, le grenache, la syrah, le mourvèdre et le cinsault. Les blancs sont issus du grenache, du picpoul, du bourboulenc, du macabeu, de la clairette et depuis peu, de la marsanne, de la roussanne et du vermentino. Pour les effervescents, on fait appel au mauzac, au chardonnay et au chenin.

Vigneron de l'année

Famille Fabre

pour le languedoc rouge L'Orangerie de Luc 2018

À la tête d'une entité familiale

qui regroupe quatre exploitations, Louis Fabre est le représentant d'une des plus anciennes familles vigneronnes du Languedoc. Il obtient un coup de cœur avec la cuvée L'Orangerie de Luc 2018.

Le Château de Luc est l'une des propriétés de la famille Fabre. Comment s'organise vos différentes activités ?

Les différents domaines familiaux ne se sont pas morcelés au fil des générations et nous travaillons ensemble sur différents terroirs au sein d'un groupement. Il y a donc plusieurs domaines. L'Orangerie de Luc est l'une des cuvées de base du Château de Luc présent dans la famille depuis 1876.

Quel est l'encépagement et le mode de vinification de cette cuvée ?

Elle est issue à 60 % de syrah et nous travaillons de manière traditionnelle dans les Corbières puisque nous vinifions en grains entiers. L'un des bienfaits de cette vinification est de favoriser une expression du fruit plus immédiate, dès la jeunesse du vin. La moitié de la cuvée est aussi vinifiée sans soufre. Le soufre étant un solvant, nous extrayons ainsi moins de tanins susceptibles de donner de la dureté. On obtient un vin d'AOC languedoc beaucoup plus agréable jeune. On peut boire cette cuvée immédiatement, sur son fruit, sans être gêné par les tannins ou la garder deux ou trois ans. En AOC corbières, avec le cépage carignan, on sera davantage sur des vins de garde.

Quels sont les autres cépages de cette cuvée ?

Du carignan et un peu de grenache. Le grenache est intéressant dans nos assemblages pour favoriser justement cette ouverture.

S'agit-il d'une sélection de parcelles particulières ?

Oui, globalement ce sont toujours les mêmes parcelles, argilo-calcaires qui donnent cette cuvée. Nous y avons de vieilles vignes de syrah : l'une des parcelles a été plantée par mon père et je l'ai vinifiée pour la première fois en 1982. Ce sont des vignes bien enracinées qui donnent de petits rendements sur des terrasses avec beaucoup de cailloux roulés en surface. Des sols qui se réchauffent très vite, riches en éléments minéraux.

Vous êtes en bio depuis de longues années. Qu'est-ce qui vous a poussé dans cette démarche ?

Mon père ne désherbait pas et n'aimait pas les produits chimiques. À mes débuts, je me suis investi dans l'élaboration des cahiers de charge bio. C'est un ensemble de pratiques qui a comme mission d'utiliser les produits les moins agressifs possibles pour la biodiversité. C'est nécessaire pour trouver des équilibres autour de la plante. On travaille beaucoup aujourd'hui sur l'enherbement, les haies, la mise en place de « couloirs verts » pour favoriser la vie des insectes, etc. C'est une bonne chose, mais je crois que nous n'en sommes qu'au début. Les questions de diversité commencent à être considérées globalement dans notre région.

L'existence de cette cuvée est aussi liée à la restauration du patrimoine…

Oui, l'Orangerie du château n'avait plus de toit depuis longtemps. Nous avons décidé de créer cette cuvée et que, pour chaque bouteille vendue, un peu d'argent soit mis de côté pour la refaire. C'est ce que nous faisons cette année. Il faut maintenant que l'on continue pour refaire les fermetures…

Zoom
Blanquette-de-limoux, une élaboration délicate

Pour la blanquette, 150 kg de raisins sont nécessaires pour obtenir 1 hl de moût qui, débourbé, fermente à basse température. Après clarification, assemblage et adjonction de la liqueur de tirage, le vin subit une seconde fermentation en bouteille; on procède ensuite à la mise sur lattes et à l'élevage. Ce n'est qu'après dégorgement et adjonction de la liqueur d'expédition que le vin sera le compagnon de toutes les fêtes. Le chardonnay donne un agréable parfum et surtout, du moelleux et du gras à la blanquette de limoux.

BLANQUETTE-DE-LIMOUX
Dom. Rosier
BLANC DE BLANCS CUVÉE CHARME DU SOLEIL ★★

Production : 20000 b. | Élevage :
5 à 8 €

En 1982, Michel Rosier a quitté sa Champagne natale pour venir s'implanter sur les terres d'altitude (300 à 450 m) de Villelongue-d'Aude, ancien village fortifié en circulade, situé dans la partie ouest de l'appellation limoux. Douceur du climat... et du foncier, les terres du Sud ont leurs attraits. Au programme, des bulles, de blanquette, puis de crémant. En 1985, la maison s'est installée à Limoux. Michel Rosier est épaulé depuis 2010 par son fils Nicolas et 12 viticulteurs lui apportent leurs raisins.

Neuf mois de vieillissement sur lattes ont patiné cette blanquette exemplaire qui intègre 10 % de chardonnay. Limpide et lumineuse, elle dévoile un nez délicat et frais de fruit blanc et de fleur, souligné d'une fine nuance d'épices. Fraîcheur, légèreté, clarté de fruit, finale acidulée avec cette petite touche d'amertume stimulante : la bouche enchante par son équilibre, sa pureté et son dynamisme. Du cousu-main. ⧗ 2019-2022

SAS DOM. ROSIER, rue Farman, BP_23, 11300 Limoux, tél. 04 68 31 48 38, domaine-rosier@wanadoo.fr

CABARDÈS
Ch. Auzias
INSTINCT MARIN 2017 ★★★

Production : 8000 b. | Élevage :
8 à 11 €

À deux pas de la cité de Carcassonne et du canal du Midi, le Ch. de Paretlongue est fondé au XIIe s par les chanoines de Carcassonne à l'emplacement d'une villa gallo-romaine, puis passe entre les mains de plusieurs propriétaires nobles. Racheté en 1872 par les Auzias, négociants en vin, il est exploité par leurs descendants, Nathalie et Dominique Auzias, qui disposent après agrandissement de 160 ha d'un seul tenant.

Troisième coup de cœur consécutif pour le domaine avec son assemblage syrah et cabernet-sauvignon qui forment ici un duo de choc. « Marin » car souffle ici un joli vent de fraîcheur qui vient modérer la puissance naturelle d'un fruit parfaitement mûr. Très friand, à peine marqué par le bois (15 % de l'assemblage), le nez enchante par son fruit épanoui de cerise, de fruits rouges et de fruits des bois. Bien charnue, ronde, appuyée sur des tanins fondants, la bouche diffuse ses notes croquantes de fruit teintées d'une touche gourmande de vanille, avec fraîcheur et sans aucune mollesse. Sensuel et charnel, ce très beau vin offre ce compromis savoureux entre maturité et vigueur. Le jury s'incline devant tant de grâce ! ⧗ 2020-2025

EARL CH. AUZIAS PARETLONGUE, Dom. Paretlongue, 11610 Pennautier, tél. 04 68 47 28 28, bastien@auzias.fr

CABARDÈS

Le Clos des Natices

2017 ★★

Production : 10 000 b. | Élevage :

8 à 11 €

Enfant du pays, fils de vigneron, Loïc Galy reprend en 2009, avec sa femme Mélanie, 10 ha de vignes situées au cœur de Cabardès sur des calcaires marins et lacustres riches en fossiles dont des natices, d'où le nom du domaine.

Une entrée dans le Guide sur les chapeaux de roue pour le Clos des Natices avec ce rouge né du cabernet franc et de la syrah, élevés en cuve avec un bref passage en barrique de trois mois. Noire, la robe annonce un nez puissant, concentré, qui décline le fruit très mûr, avec des notes intensément grillées et mentholées. Au diapason, le palais impressionne par son volume, sa richesse, ses tanins parfaitement pris dans le fruit et ses riches flaveurs d'épices et de praline. Déjà savoureux, mais de belle garde. ⧗ 2020-2026

⊶ *LOÏC GALY, hameau Caunettes Hautes, 11170 Moussoulens, tél. 06 72 02 16 31, loicgaly@hotmail.fr*

CORBIÈRES

Ch. Auris Bio

2018 ★★★

Production : 6 000 b. | Élevage :

8 à 11 €

Ancienne grange cistercienne de l'abbaye de Fontfroide – 162 ha, dont 40 ha de vignes –, sur le versant nord du massif de Fontfroide. Jean-Claude Albert acquiert le domaine en 2005, restructure le vignoble et engage sa conversion bio (certification en 2014 pour les blancs).

Ce domaine régulièrement présent dans le Guide tient cette fois son coup de cœur. Un assemblage grenache blanc et marsanne, élevé en cuve, est à l'origine de ce vin intense, riche et élégant. Fleurs blanches et pêche blanche à foison au nez ; corps charnu, rond, élégant, qui diffuse les mêmes arômes intenses. Un 2018 voluptueux, long, légèrement fumé en finale. ⧗ 2020-2022

⊶ *EARL ALBERT AURIS, Ch. Auris, CD_613, rte du Massif-de-Fontfroide, 11100 Narbonne, tél. 06 83 65 97 11, axel.dewoillemont@maisonalbert.fr*

Zoom
Le vignoble de Cabardès

Au nord-ouest de Carcassonne, le vignoble de Cabardès constitue la partie la plus occidentale du Languedoc. Ici, chaque forteresse résonne encore de la croisade des Albigeois. C'est aussi à cet endroit qu'en 1666 a débuté le creusement du canal du Midi. Soumis à l'influence océanique, l'encépagement se partage entre les spécialités de la Méditerranée et celles de l'Atlantique : grenache et syrah sur les terroirs les plus secs, cabernet-sauvignon et merlot sur les sols les plus profonds.

CORBIÈRES

Les Celliers d’Orfée

CUVÉE SEXTANT 2016 ★★★

Production : 26 600 b. | Élevage : fût

15 à 20 €

Créée en 1933, la cave d’Ornaisons a fusionné avec celle de Ferrals-les-Corbières. Son nom poétique réunit la première syllabe de ces deux villages. La coopérative dispose d’un vignoble de 970 ha répartis sur les AOC corbières et corbières-boutenac.

Élevée douze mois en fût neuf, cette cuvée ambitieuse met en avant la syrah (70 %). La robe en tire sa profondeur et le nez ses arômes puissants, très mûrs, entre kirsch et pruneau, sur un fond généreusement boisé. La bouche impressionne par sa puissance, son onctuosité, ses tanins élégants et sa palette aromatique persistante qui mêle fruits frais, fruits mûrs et torréfaction. L’équilibre est remarquable dans un style généreux et puissant assumé. ⧗ 2022-2030

SCV LES CELLIERS D’ORFÉE, 53, av. des Corbières, 11200 Ornaisons, tél. 04 68 27 09 76, sandra@celliersdorfee.com

---

CORBIÈRES

Ch. de Fontenelles

ÉLYSÉE 2017 ★★

Production : 33 000 b. | Élevage : fût

8 à 11 €

Domaine familial situé sur le versant nord de l’Alaric. En cinq générations, sa surface est passée de 7 à 40 ha. Aux commandes depuis 1993, Thierry et Nelly Tastu misent sur la qualité.

Un talent indéniable illustré par cette cuvée dominée par la syrah que complètent le grenache et 25 % de vieilles vignes de carignan. L’élevage en fût a apporté des nuances torréfiées à un fruit mûr typiquement languedocien. La bouche charme par sa texture ronde et par la fraîcheur du fruit : un équilibre idéal. Fruits rouges macérés, épices exotiques, gingembre, vanille, le tout se prolonge agréablement. De l’élégance pour ce vin déjà gourmand. ⧗ 2022-2029

EARL FONTENELLES, 76, av. des Corbières, 11700 Douzens, tél. 04 68 79 12 89, info@fontenelles.com

---

CORBIÈRES

Ch. Lalis

LES PETITS MOULINS 2017 ★★★

Production : 10 000 b. | Élevage : fût

8 à 11 €

Œnologue depuis 1995 et conseiller viticole, Philippe Estrade a repris en 2002 le domaine familial fondé un siècle plus tôt, qu’il a modernisé. Il exploite aujourd’hui 52 ha sur les pentes de l’Alaric et sur le terroir de Lagrasse.

Habitué du Guide, le château signe cette cuvée dominée par la syrah (80 %), haute en couleur et en saveurs, issue d’une longue cuvaison. Le nez, à la fois intense et raffiné, délivre un fruit pur et mûr (cassis, mûre et fruits compotés). La bouche confirme ces belles dispositions : texture veloutée, tanins soyeux, gourmandise et clarté du fruit, le tout porté par une juste fraîcheur. Une élégance qui aura unanimement séduit le jury. ⧗ 2022-2026

ENP PHILIPPE ESTRADE, Ch. Lalis, 2, rue des Fleurs, 11220 Ribaute, tél. 04 68 43 19 50, lalis@orange.fr

Zoom
Les corbières

Massif montagneux aride, les Corbières sont limitées à l'est par la côte méditerranéenne, au sud par une barrière calcaire saisissante qui les sépare du Roussillon, au nord par l'axe Carcassonne-Narbonne, et à l'ouest par une série de hauteurs, tel le Pech de Bugarach. C'est surtout un vignoble de vins rouges. La syrah apporte partout sa richesse et son fruit, mais plus particulièrement à l'ouest de l'appellation où sa maturité est plus lente. À l'est, le mourvèdre, le carignan et le grenache noir donnent à ce vignoble son identité.

CORBIÈRES

Dom. Py Bio

ANTOINE 2016 ★★

Production : 20000 b. | Élevage :
8 à 11 €

Jean-Pierre Py a repris depuis dix ans les vignes familiales, décidé de sortir de la coopérative pour faire son vin, et consenti à d'importants investissements d'équipements de la cave. Il dispose de 130 ha sur le flanc nord de la montagne d'Alaric, désormais en bio certifié.
Antoine a manifestement inspiré son grand-père, Jean-Pierre Py, qui lui dédie cette cuvée. Les carignan, syrah et grenache composent un vin à la robe grenat et au nez bien ouvert, entre fruits (fruits noirs, griotte) et notes boisées (vanille). La bouche se montre tout aussi flatteuse : élégance, fraîcheur préservée, tanins fondus et finale sur un fruit cacaoté et épicé qui souligne le juste usage de la barrique.
⧗ 2021-2025

⊶ *JEAN-PIERRE PY, 114, av. des Corbières, 11700 Douzens, tél. 06 07 45 49 63, domaine.py@orange.fr*

CORBIÈRES

Ch. de Saint-Eutrope

LE REDOUTABLE 2018 ★★

Production : 48000 b. | Élevage :
8 à 11 €

Quatre générations se sont succédé sur ce domaine. Après avoir vinifié plus de vingt-cinq ans dans une coopérative, Olivier Verdale a repris en 2000 avec son frère Jean-Louis l'exploitation familiale : 47 ha de vieilles vignes sur le terroir réputé de Boutenac.
Grenache noir et syrah composent ce rosé de saignée de caractère. Ne vous fiez pas à la pâleur de la robe, c'est un rosé moderne, certes, mais à forte personnalité : puissant et concentré au nez, il offre des notes de fruit que l'on retrouve en bouche, associées au bonbon anglais. Rond, il n'oublie pas de rester frais pour autant. Redoutable de gourmandise et de plénitude. ⧗ 2019-2020

⊶ *EARL CH. DE SAINT-EUTROPE, 31, rue de Fabrezan, 11220 Saint-Laurent-de-la-Cabrerisse, tél. 04 68 44 05 55, verdale.olivier@orange.fr*

CORBIÈRES-BOUTENAC

Ch. Grand Moulin

GRÈS DE BOUTENAC 2016 ★★

Production : 13 000 b. | Élevage :
11 à 15 €

Son père, vendeur de bétail, possédait une petite vigne. Jean-Noël Bousquet décide à huit ans qu'il sera vigneron, achète son premier hectare à dix-sept ans, s'installe comme jeune agriculteur en 1978 – en fermage – et achète des vignes en coteaux alors dédaignées (500 F l'hectare...) En 1988, à la tête de 24 ha, il installe sa cave dans un ancien moulin. Il a transmis en 2014 à son fils Frédéric 130 ha de vignes, en IGP, corbières et corbières-boutenac. L'exploitation exporte 70 % de sa production.

La forte personnalité des vins de cette petite AOC est dignement représentée par cette cuvée intense, élevée douze mois en fûts neufs et issue de deux cépages de caractère (mourvèdre et carignan). La robe profonde et le nez généreux traduisent la belle maturité du raisin : arômes solaires de fruits rouges et de fruits noirs (cassis), d'épices douces et notes discrètement boisées. La bouche déploie un fruité profond, concentré, bien soutenu par des tanins fondants. Une cuvée résolument languedocienne qui concilie puissance et élégance. ⧗ 2022-2029

EARL FRÉDÉRIC BOUSQUET, 6, av. Gallieni, 11200 Lézignan-Corbières, tél. 04 68 27 40 80, contact@chateaugrandmoulin.com

---

CORBIÈRES-BOUTENAC

Ch. Saint-Estève

GANYMÈDE 2017 ★★

Production : 10 000 b. | Élevage :
20 à 30 €

Dans la famille Latham, on trouve Hubert, qui tenta le premier de traverser la Manche en avion, ou Henri de Monfreid, le célèbre explorateur et écrivain. Petit-fils du second, Éric Latham, après avoir exporté du café et du cacao de la Côte-d'Ivoire, a acquis en 1984 le Ch. Saint-Estève (120 ha aujourd'hui) rattaché jadis à l'abbaye de Fontfroide.

L'étiquette conte l'histoire de Ganymède, échanson des dieux, et le contenu de la bouteille est parfaitement en accord. Le jury est tombé sous le charme de cet assemblage de quatre cépages dominé par le carignan et vinifié en macération carbonique. La richesse du vin se manifeste dans des arômes intenses et complexes, même si l'empreinte de l'élevage domine encore (torréfaction et clou de girofle). Ronde et soyeuse, la bouche impressionne par son intensité, avec une juste fraîcheur qui assure la persistance. Puissance et harmonie pour ce corbières-boutenac qui mérite un séjour en cave. ⧗ 2022-2029

GFA CH. SAINT-ESTÈVE, Ch. Saint-Estève, 11200 Thézan-des-Corbières, tél. 04 68 43 32 34, contact@chateau-saint-esteve.com

CRÉMANT-DE-LIMOUX

Antech

CUVÉE EUGÉNIE 2017 **

Production : 90 000 b. | Élevage :
8 à 11 €

Propriétaire de vignes, une maison de négoce familiale depuis six générations, dirigée aujourd'hui par Françoise Antech, à la suite de son père Georges et de son oncle Roger. Une valeur sûre, spécialisée dans l'élaboration des bulles limouxines.

Cinq cuvées retenues mais honneur au coup de cœur qui va à Eugénie. La robe claire et cristalline laisse s'élever un cordon persistant et abondant. Églantine, agrumes, fruits blancs, nuances minérales de pierre à fusil, le nez enchante. La bouche nerveuse, éclatante et tendue, au dosage millimétré, s'étire en longueur sur les agrumes, libérant en finale une salinité revigorante. Finesse, retenue, longueur, relief : de la classe et une belle perspective de garde pour ce crémant de gastronomie (poissons fins, fruits de mer). ⧗ 2019-2024

SAS MAISON ANTECH, *Dom. de Flassian, 11300 Limoux, tél. 04 68 31 15 88, courriers@antech-limoux.com*

FAUGÈRES

Les Amants de la vigneronne

DE CHAIR ET DE SANG 2017 ***

Production : 4 200 b. | Élevage :
15 à 20 €

À l'entrée du vieux village de Faugères, une maison de caractère entourée de vignes. Christian et Régine Godefroid y ont aménagé des chambres d'hôtes et conduisent un petit domaine de 8 ha créé en 2004 sur un terroir de schistes, qui s'est rapidement imposé comme une valeur sûre de l'appellation.

Un tiers de syrah pour deux tiers de mourvèdre dans cette cuvée ébouriffante, longuement (dix-huit mois) élevée en fûts. Mûr et frais, le nez embaume les fruits noirs (cerise, myrtille), la garrigue et le menthol. Bien du Sud par sa texture veloutée, ses tanins caressants et sa maturité, la bouche n'en oublie pas de rester fraîche, élégante avec une variété aromatique qui s'entiche de fines nuances d'épices. Une classe et une harmonie logiquement saluées par un coup de cœur. ⧗ 2021-2028

GAEC LES AMANTS DE LA VIGNERONNE,
*1207, rte de Pézenas, 34600 Faugères, tél. 04 67 95 78 49,
lesamantsdelavigneronne@gmail.com*

FAUGÈRES

Peyregrandes Bio

2018 **

Production : 2 600 b. | Élevage :
8 à 11 €

Marie Boudal cultive avec un soin méticuleux ses vieilles vignes (24 ha en bio) de syrah, de grenache, de carignan et de mourvèdre (certaines sont âgées de plus de soixante-dix ans) accrochées sur les flancs des coteaux escarpés de Roquessels, en appellation faugères. Elle a deux étiquettes : Ch. de Peyregrandes et Dom. Bénézech-Boudal.

Les deux cépages rhodaniens, roussanne et marsanne, au meilleur de leur forme dans cet assemblage qui aura conquis le jury. Le nez, plus délicat que puissant, dispense d'élégantes notes d'amande fraîche, de crème et de fruit jaune. Tendre à l'attaque, la bouche monte en puissance et déploie sa chair onctueuse, ses saveurs juteuses et épicées aiguisées par une très belle acidité. La longue finale dotée d'une amertume stimulante clôt en beauté ce grand blanc de table qui saura se garder quelques années. ⧗ 2019-2023

SCEA DOM. BÉNÉZECH-BOUDAL,
*11, chem. de l'Aire, 34320 Roquessels, tél. 04 67 90 15 00,
chateau-des-peyregrandes@wanadoo.fr*

FITOU

Dom. Bertrand-Bergé

Bio

LA BOULIÈRE 2016 ★★★

Production : 8000 b. | Élevage :
15 à 20 €

À l'instar de son aïeul Jean Sirven, qui vinifiait son vin à la fin du XIXe s., Jérôme Bertrand a quitté la coopérative en 1993 pour élaborer ses propres vins. Il a cru très tôt dans la qualité des terroirs rudes de Fitou, a élevé et valorisé les vins du cru, puis hissé son domaine (36 ha) parmi les grands. Depuis la récolte 2011, le vignoble est conduit en bio certifié.

Une régularité qui impose le respect tant les cuvées de ce domaine séduisent les dégustateurs d'une année à l'autre. En témoigne ce 2016 grenat qui révèle tout le potentiel du mourvèdre issu d'une parcelle très caillouteuse, où les galets restituent la nuit la chaleur emmagasinée le jour. Le nez profond révèle des notes de fruits rouges (groseille) et noirs (cassis), nuancées de cacao. Au palais, c'est la puissance et la finesse du mourvèdre, ainsi que le gras du grenache qui s'expriment pleinement. Les tanins sont certes bien présents, mais élégants et fondus. Ils s'accompagnent d'une fraîcheur bienvenue qui porte loin la finale. ⧗ 2021-2027

SCEA BERTRAND-BERGÉ, 38, av. du Roussillon, 11350 Paziols, tél. 04 68 45 41 73, bertrand-berge@wanadoo.fr

FITOU

Ch. de Montmal

2017 ★★

Production : 33300 b. | Élevage :
11 à 15 €

Locomotive des Hautes Corbières, cette coopérative fondée à Tuchan en 1913 regroupe quelque 200 vignerons et vinifie le fruit de 1 500 ha de vignes implantées sur un terroir rude et sec propice aux grands vins. À sa carte, des corbières, fitous, vins doux naturels et vins en IGP.

Les terroirs autour du mont Tauch mettent en avant les cépages locaux avec une constance remarquable. En témoigne cette cuvée grenat à nuances violines qui rappelle la garrigue environnant les vignes, le thym et le romarin. Après aération, des notes de fruits noirs rejoignent la palette. La bouche exprime toute la complexité du terroir : du fruit, des épices, un boisé fin, beaucoup de profondeur et une belle longueur accompagnant des tanins de qualité. ⧗ 2021-2026

SCA MONT TAUCH, 2, rue de la Cave, 11350 Tuchan, tél. 04 68 45 41 08, contact@mont-tauch.com

Zoom
Le carignan, un enfant du Sud

Ce cépage espagnol s'implanta en Languedoc dès le XIIe siècle. Sa maturité tardive le destinait à ne s'épanouir que dans les régions généreusement ensoleillées. Robuste et de fort rendement, il s'avéra idéal pour produire en masse les vins médiocres dont le Languedoc resta trop longtemps spécialiste. Dans les années 1970, le vin « ordinaire » cessant de plaire, sa mauvaise réputation rejaillit sur le cépage. On arracha des hectares de Carignan. Mais il revient. Cultivé, non plus massivement en plaines, mais à petit rendement sur des coteaux, il affirme ses qualités dans les fitou, minervois, corbières, côtes-du-roussillon ou saint-chinian. Il apporte aux assemblages de la couleur, de la vivacité, des arômes épicés. Soigné avec talent, il peut même être vinifié seul.

FITOU

Ch. de Nouvelles

GABRIELLE 2017 ★★

Production : 8000 b. | Élevage : fût

15 à 20 €

Aux abords du col d'Extrême, le domaine tire son nom de Jacques Fournier de Novelli – pape sous le nom de Benoît XII au XIVe s. – qui eut ici un château. Propriété de la famille Daurat-Fort depuis 1834, il couvre 75 ha (en conversion bio). À sa tête, Jean Daurat-Fort et son fils Jean-Rémy, le premier président l'organisme de défense des vins de Fitou.

Ce domaine tire son excellence de ses magnifiques terroirs de schistes. Issu d'une longue macération, ce vin se présente dans une robe foncée à reflets violets. Il se distingue par l'élégance de sa palette : clou de girofle, épices (thym et romarin) et fruits noirs (mûre confiturée). En bouche, des notes de tapenade s'invitent dans une matière ronde et friande, soutenue par des tanins de grande qualité qui porteront le vin dans le temps. Quelle harmonie !

⧗ 2022-2028

SCEA R. DAURAT-FORT,
Ch. de Nouvelles, 11350 Tuchan,
tél. 04 68 45 40 03, daurat-fort@terre-net.fr

IGP CÔTES DE THAU

Les Vignerons de Florensac

LES CONSTELLATIONS DRACO 2017 ★★

Production : 5000 b. | Élevage : fût

8 à 11 €

Née en 1934, cette coopérative installée dans des bâtiments à l'architecture typique du Languedoc regroupe 150 adhérents et 700 ha de vignes. À sa carte, du picpoul-de-pinet et des vins IGP.

Un nom de cuvée inspiré de la constellation et qui change chaque année en fonction de l'assemblage. Le 2017, qui met en exergue le cabernet-sauvignon et la syrah, aura séjourné douze mois en fût. Les nuances torréfiées du nez nous le rappellent, mais sans excès. Souple et suave à l'attaque, la bouche séduit par sa rondeur, ses tanins enrobés et par la belle complexité de ses arômes fruités et grillés.

⧗ 2020-2024

SCA LES VIGNERONS DE FLORENSAC,
5, av. des Vendanges, 34510 Florensac,
tél. 04 67 77 00 20, caveau@vignerons-florensac.fr

IGP CÔTES DE THONGUE
Dom. des Capriers
OCTAVE SYRAH GRENACHE 2017

★★

Production : 7 000 b. | Élevage :
11 à 15 €

Marion Vergnes et son frère Mathieu, autodidactes mais d'origine vigneronne, ont repris les commandes de ce domaine familial (32 ha) en 2001. En 2003, ils ont construit un nouveau chai et se sont lancés dans la commercialisation de leurs vins.
Cette cuvée née de syrah et de grenache, à la robe opaque, délivre de puissants arômes de fruits rouges confits, de tapenade, de chocolat noir et de garrigue. Adossée à des tanins puissants mais bien travaillés, la bouche se distingue par sa gourmandise, son relief et sa longue finale épicée. Du caractère certes, mais beaucoup d'élégance qui vaut à la cuvée un coup de cœur unanime. Du potentiel en cave si on résiste au charme évident de sa jeunesse. ⧗ 2020-2026

GAEC MARION ET MATHIEU VERGNES, 605, av. de la Gare, 34480 Puissalicon, tél. 06 58 02 57 59, contact@domainedescapriers.fr

---

IGP GARD
Cellier des Chartreux
ORIGINE 2017 ★★★

Production : n.c. | Élevage :
8 à 11 €

Née en 1929, la coopérative de Pujaut, bourgade des environs d'Avignon, vinifie 720 ha de vignes dans les crus lirac et tavel, en AOC régionales et en IGP. Ses cuvées sont régulièrement en vue dans ces pages, notamment ses vins blancs.
Cette excellente coopérative signe un chardonnay ambitieux, élevé sous bois, bien du Sud par ses arômes de fruits surmûris et de vanille. Grasse, puissante et bien équilibrée, la bouche offre les flaveurs épanouies et confiturées d'un chardonnay qui a vu le soleil avec les nuances apportées par le chêne. C'est riche, mais harmonieux et bien structuré. ⧗ 2020-2022

SCA CELLIER DES CHARTREUX, 1412, RD_6580, 30131 Pujaut, tél. 04 90 26 39 40, contact@cellierdeschartreux.fr

---

IGP PAYS D'OC
Bruno Andreu
SAUVIGNON AROMATIC 2018 ★★

Production : 20 000 b. | Élevage :
5 à 8 €

Issu d'une famille vigneronne et lui-même vigneron pendant vingt ans (Ch. la Condamine Bertrand), Bruno Andreu a créé sa propre marque en 2017. Il s'approvisionne auprès de vignerons et domaines languedociens et élève ses vins dans un chai datant de 1610, situé près de Montpellier.
Qui a dit que le sud était trop chaud pour le sauvignon blanc ? Certainement pas Bruno Andreu qui prouve tout le contraire avec ce sauvignon vinifié à basse température et élevé en cuve. Tout ce qu'il faut pour préserver la pureté d'arômes du cépage : genêt, agrume, menthol et végétal frais. Éclatante, la bouche restitue toute la palette perçue au nez. Elle affiche une rondeur confortable et une très belle acidité. Ajoutons-y une vraie complexité, une longueur plus qu'honorable et on obtient un coup de cœur indiscutable. ⧗ 2019-2020

SAS BRUNO ANDREU, 53, av. de Béziers, 34290 Montblanc, tél. 04 67 31 58 48, contact@bruno_andreu.com

IGP PAYS D'OC

Les Vignes de l'Arque

ALEXIA 2018 ★★

Production : 20 000 b. | Élevage :
5 à 8 €

Ce domaine du pays d'Uzège (Gard) porte le nom du château médiéval du IXᵉs. qui surplombe la cave. Il a été créé en 1994 par MM. Fabre et Rouveyrolles, deux anciens coopérateurs; et Patrick, fils du premier, est responsable des vinifications. Le vignoble s'étend sur 85 ha dispersés dans quatre villages voisins; il produit du duché-d'uzès et des vins en IGP Cévennes et Pays d'Oc.

Une « petite bombe », exulte le jury ! Sauvignon et muscat se combinent à merveille et donnent un blanc explosif aux arômes débridés de fruit de la Passion, de mangue, de litchi et de feuille de tomate. Tout aussi exotique, le palais flatte par son intensité, sa juste rondeur, soulignée en finale par ce qu'il faut de tonicité. Délicieux. « Vivement l'été », conclut un dégustateur. ⧗ 2019-2020

LES VIGNES DE L'ARQUE, rte d'Alès, 30700 Baron, tél. 04 66 22 37 71, vigne-de-larque@wanadoo.fr

---

IGP PAYS D'OC

Gérard Bertrand Bio

CIGALUS 2018 ★★

Production : n.c. | Élevage :
20 à 30 €

Enfant des Corbières, Gérard Bertrand est un important propriétaire et négociant du sud de la France, dont les cuvées apparaissent dans le Guide sous diverses AOC (corbières, fitou, minervois, languedoc, côtes-du-roussillon) et en IGP.

Un trio chardonnay, viognier et sauvignon, certifié Demeter, à l'origine de ce blanc somptueux qui ne joue pas sur l'exubérance aromatique mais sur l'élégance. Au nez, l'aubépine et la pinède se marient à un fond toasté sans outrance. Intense et presque ferme à l'attaque, la bouche monte en puissance, déployant une belle rondeur fruitée, stimulée par une fraîcheur parfaitement préservée qui donne tonus et éclat à une finale marquée par un noble boisé. Un beau blanc de table à la puissance maîtrisée, qui offre aussi une perspective de garde. ⧗ 2020-2025

SPH GÉRARD BERTRAND, Ch. l'Hospitalet, rte de Narbonne-Plage, 11100 Narbonne, tél. 04 68 45 28 50, vins@gerard-bertrand.com

Zoom
Les vins IGP

La catégorie Indication géographique protégée a été définie en 2009 et correspond aux vins de pays. Elle désigne des vins issus d'une zone géographique délimitée, mais dont le lien au terroir est moins fort que pour les vins AOC. L'IGP s'applique à d'autres denrées dont la notoriété et le caractère sont liés à un territoire donné mais dont certaines phases d'élaboration peuvent se dérouler en dehors de cet espace géographique.

IGP PAYS D'OC
Famille Cros-Pujol
SYRAH VIOGNIER LE BASTION 2018 ★★

Production : 25 000 b. | Élevage :
5 à 8 €

Connue en AOC faugères sous l'étiquette Château Grézan, la famille Cros-Pujol produit également des vins en IGP Oc.
Une cuvée qui prouve toute la pertinence de l'association syrah et viognier popularisée par la Côte-Rôtie. Dans cette version élevée en cuve, le nez intense hésite entre les deux : mûr et frais, très fruité (fruits noirs et rouges) et très floral, avec une touche d'épices et de végétal. Luxuriante, fraîche, fermement tannique, la bouche y ajoute de la violette et du Zan à foison, avec une belle et longue finale fumée à la conclusion. De belles sensations et une gourmandise irrésistible pour ce rouge fringant. ⧗ 2020-2024

FAMILLE CROS-PUJOL, RD_909, Ch. de Grézan, 34480 Laurens, tél. 04 67 90 27 46, cave@cg-fcp.com

IGP PAYS D'OC
Dom. Les Graviers
GÉNÉRATION 4 2017 ★★

Production : 1 400 b. | Élevage :
5 à 8 €

Jean-Pascal Pelagatti est la quatrième génération à exploiter ce domaine familial créé en 1930, situé à une dizaine de km au sud-ouest de Béziers. Il cultive en agriculture raisonnée 22 ha de vignes.
Une entrée fracassante dans le Guide pour Jean-Pascal Pelagatti qui a su conquérir le jury avec une pure syrah élevée en cuve et fût. Rien de démonstratif dans ce nez qui brille d'abord par sa complexité entre cerise noire, sous-bois et épices. Douce et fraîche, l'attaque ouvre sur un palais d'une parfaite harmonie, appuyé sur des tanins finement sculptés qui donnent encore un peu plus de relief à un fruit très pur de cerise épicée. De l'élégance, de la tenue, du raffinement, bref de la classe ! ⧗ 2019-2023

EARL LES GRAVIERS, rte de Lespignan, Les Graviers, 34500 Béziers, tél. 06 81 72 53 38, jppelagatti@hotmail.com

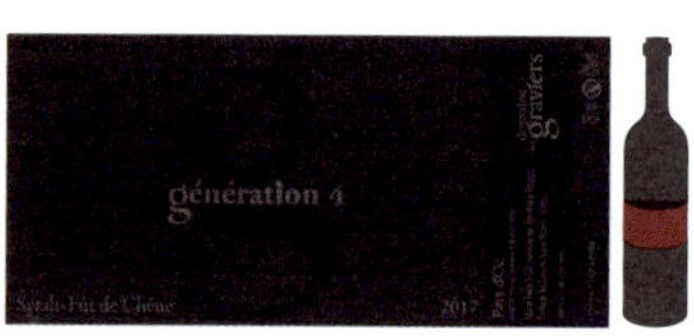

IGP PAYS D'OC
Dom. Picaro's
ECLOSION 2017 ★★

Production : 4 800 b. | Élevage :
8 à 11 €

Après trois ans passés en Amérique du Sud, Pierre-Yves Rouille et Caroline Vioche ont créé leur domaine en 2006, 11 ha sur les coteaux de Roujan, vendangés à la main et conduits en culture très raisonnée.
Les vieilles vignes de carignan plantées en 1972 font leur effet au nez comme en bouche. Une robe intensément violacée, un nez affriolant de cassis frais, de mûre, soutenu par des touches de silex et de garrigue, une bouche intensément fruitée, d'une fraîcheur immaculée, nantie de tanins parfaitement croquants : un rouge fièrement languedocien, vibrant et fringant de fruit, sans une once de mollesse. Les détracteurs du carignan, s'il en reste, seront peinés ! ⧗ 2019-2022

EARL PICARO'S, 5, chem. de Pézenas, 34320 Roujan, tél. 06 81 97 10 44, cvioche@orange.fr

LA CLAPE
Dom. Sarrat de Goundy
LE PLANTEUR 2017 ★★

Production : 10 000 b. | Élevage :

11 à 15 €

Pour la famille Calix, Sarrat de Goundy est une aventure familiale démarrée en 2000. Claude, le père, a acquis sa première vigne en 1966 – le vignoble couvre 80 ha aujourd'hui (en conversion bio) sur le massif de la Clape – et présidé aux destinées de la cave coopérative d'Armissan. Puis il a voulu tirer profit de son terroir rocailleux pour signer ses propres vins, aidé par sa femme Rosy et rejoint par son fils Olivier, en 2003, actuellement à la tête de l'exploitation.

Ce 2017 est le digne successeur du 2014, déjà coup de cœur. Un tri minutieux à la vendange, des vinifications au plus près du fruit (levures indigènes, pas de soufre), un élevage sur mesure, c'est la formule gagnante de cette cuvée qui s'ouvre sur un nez déjà épanoui, puissant, de fruits mûrs et de poivre noir, avec les nuances fumées du chêne en appoint. Ample dès l'attaque, la bouche charme par son volume, sa rondeur caressante, ses tanins soyeux et sa longue finale qui laisse pointer les notes vanillées de l'élevage. Harmonieux et avec toute l'élégance qui caractérise les grands vins de l'appellation. ⧗ 2020-2028

SARL OLIVIER CALIX,
46, av. de Narbonne, 11110 Armissan,
tél. 04 68 45 30 68, oliviercalix@hotmail.com

LANGUEDOC
Dom. les Anges de Bacchus
DÉLICE DES ANGES 2018 ★★

Production : 3 000 b.

5 à 8 €

À une quinzaine de kilomètres au nord de Montpellier, ce domaine familial de 20 ha a repris vie à partir de 2005 grâce à David Mouysset, qui a recréé la cave de son grand-père, inactive depuis 1963.

Un vin qui n'usurpe pas son nom et qui aura fait le délice du jury, unanime pour délivrer un coup de cœur à ce rosé pâle. Le nez exprime les fruits rouges frais (groseille) et des nuances florales (aubépine, rose) avec finesse. La bouche ronde accorde une belle présence au fruit jusqu'à la longue finale de groseille et de fraise, ponctuée d'une tonalité minérale. Classe et équilibre. ⧗ 2019-2020

DOM. LES ANGES DE BACCHUS,
59, rue des Verdales, 34570 Vailhauquès,
tél. 06 17 31 57 18, lesangesdebacchus@yahoo.fr

LANGUEDOC

Clos de l'Amandaie

GRÉS DE MONTPELLIER HUIS CLOS 2016 ★★★

Production : 6000 b. | Élevage :
20 à 30 €

À Aumelas, village situé à l'ouest de Montpellier, hameaux et vignobles parsèment la garrigue. Autour d'un château du XIIe s., parmi les chênes verts, de petites parcelles cachées dans les combes et une cave en pierre du Gard composent le domaine de Philippe Peytavy (20 ha).
Abonné au Guide, le domaine tient son coup de cœur, avec sa cuvée vedette, mi-syrah mi-grenache, élevée douze mois (en demi-muids et fûts de 500 l). Fruits mûrs, poivre, menthol, plantes aromatiques : le nez nous fait voir du pays. Tout aussi languedocienne par la suavité de la matière, la douceur des tanins et la déclinaison aromatique, la bouche conserve une forme de retenue et d'élégance singulières. Une puissance canalisée qui est aussi une très belle promesse d'avenir. ⧗ 2021-2030

PHILIPPE PEYTAVY, rte de Montpellier, 34230 Aumelas, tél. 06 86 68 08 62, closdelamandaie@free.fr

LANGUEDOC

Clos des Nines

OBLADIE 2017 ★★

Production : 2500 b. | Élevage :
15 à 20 €

En 2002, Isabelle Mangeart, chef des ventes dans une multinationale de l'agro-alimentaire, décide de changer de métier et crée de toutes pièces le Clos des Nines, dont le nom est un clin d'œil à ses trois filles (*nines*, en occitan). Le vignoble de 10 ha, d'un seul tenant, se niche au cœur de la garrigue et des oliviers, entre Sète et Montpellier.
Clin d'œil aux Beatles, la mélodie de cet Obladie aura transporté le jury unanime pour décerner un coup de cœur à ce blanc somptueux, raffiné et magistralement équilibré. Si un quart de l'assemblage (quatre cépages) a séjourné brièvement en fûts, le nez est centré sur les fruits blancs, les agrumes, le miel et les fleurs blanches. La palette s'élargit sur les fruits exotiques dans une bouche à la fois onctueuse et d'une fraîcheur exemplaire. Un compromis idéal pour un blanc du Sud dont la longue finale sur les fleurs blanches respire le printemps. ⧗ 2019-2023

CLOS DES NINES, rte de Cournonsec, D5-E7, 34690 Fabrègues, tél. 04 67 68 95 36, clos.des.nines@free.fr

LANGUEDOC

Fulcrand Cabanon

CABRIÈRES 2018 ★★

Production : 40000 b. | Élevage :
5 à 8 €

Coopérative fondée en 1937 et forte des 330 ha de ses adhérents, les caves de l'Estabel, réputées pour leurs rosés qui ont fait la gloire de Cabrières, présentent aussi une gamme de rouges dignes d'un vif intérêt. Elles produisent également de l'AOC clairette-du-languedoc, sur une vingtaine d'hectares de schistes. Le paysage dominé par le pic de Vissou, la richesse géologique et les sites archéologiques en font une étape obligée.
Un rosé issu d'une sélection parcellaire. Tout est fin et élégant : la robe pastel, le nez retenu, floral et légèrement épicé, la texture ronde, enveloppante et aromatique, des flaveurs originales de poivre et d'eucalyptus. Une délicatesse et un caractère salués par un jury unanime. ⧗ 2019-2021

L' ESTABEL, 20, rte de Fontes, 34800 Cabrières, tél. 04 67 88 91 60, contact@estabel.fr

LANGUEDOC

L'Orangerie de Luc Bio

2018 ★★

Production : nc b.

5 à 8 €

Enracinée dans les Corbières depuis 1605, la famille Fabre exploite 360 ha répartis en quatre domaines : le Ch. Fabre Gasparets (corbières-boutenac, le berceau), le Ch. Coulon, le Ch. de Luc et le Dom. de la Grande Courtade, sur le territoire de Béziers, dédié aux vins IGP. Ingénieur agronome et œnologue, Louis Fabre a pris en 1982 la tête de ces vignobles cultivés en bio dès 1991 (certification pour l'ensemble en 2014).

Une cuvée dont la finalité est de donner du plaisir mais aussi de financer la réfection de l'orangerie du Ch. de Luc. Le premier objectif est d'ores et déjà atteint. Coup de cœur, la cuvée met à l'honneur la syrah (60 %) vinifiée en grappes entières. Des notes intenses de fruits noirs frais, une touche de tapenade, un fond fumé et minéral, le nez est de très bon augure. Ce que confirme la bouche qui ne manque pas de tenue : attaque intense et tonique, tanins fermes, saveurs chaleureuses, finale de pierre à fusil qui intrigue et séduit. Du caractère à revendre et beaucoup de charme dans ce rouge déjà à point. ⧗ 2019-2023

GFA DU VIGNOBLE LOUIS MARIE ANNE FABRE, 1, rue du Château, 11200 Luc-sur-Orbieu, tél. 04 68 27 10 80, info@famille-fabre.com

Vigneron de l'année

LANGUEDOC

Ch. Saint-Martin de la Garrigue

GRÉS DE MONTPELLIER 2016 ★★

Production : 12 000 b. | Élevage :

15 à 20 €

Au milieu des pins centenaires, le château d'inspiration Renaissance a conservé son esthétique classique en s'enrichissant des apports de ses propriétaires successifs : seigneurs et notables, hommes d'épée ou d'Église, investisseurs. Depuis 2011, Jean-Luc Parret, assisté de Gilles Habit à la vinification, est responsable de ce domaine de 60 ha, planté de dix-sept cépages répartis sur des terroirs de grès rouges et de calcaires lacustres.

Un coup de cœur et deux étoiles de plus brillent dans le ciel déjà très étoilé de ce producteur remarquable. « Vin d'exception », s'exclame, enthousiaste, un jury. Remontons le fil. Une robe intense d'où émerge un bouquet déjà complexe de fruits noirs qui dévoile progressivement ses nuances de violette, de laurier et de thym, et un soupçon de chêne. Une bouche à la mesure, suave, dotée de tanins fins et croquants qui confèrent à l'ensemble un équilibre parfait et une élégance singulière. Une finale en queue de paon teintée de cassis, de mûre, de poivre et de Zan prolonge le plaisir. Longue garde possible si on résiste au charme de sa jeunesse. ⧗ 2020-2028

SCEA SAINT-MARTIN DE LA GARRIGUE, Saint-Martin de la Garrigue, RD_613, 34530 Montagnac, tél. 04 67 24 00 40, contact@stmartingarrigue.com

LANGUEDOC

Villa Dondona Bio

MONTPEYROUX 2016 ★★

Production : 8 200 b. | Élevage :
11 à 15 €

André Suquet, médecin devenu vigneron, reçoit les visiteurs dans la chapelle de l'ancien hôpital du XIVᵉs, convertie en caveau de dégustation, en compagnie de l'artiste peintre Jo Lynch, devenue vigneronne. Tous deux conduisent depuis 2001 ce domaine de 8,6 ha situé à la sortie du hameau du Barry.

Conserver le caractère du Languedoc tout en soignant l'élégance et la fraîcheur exige du talent. C'est ce qui aura tant séduit les jurés dans cette cuvée saluée pour sa délicatesse et sa grande buvabilité. Garrigue, notes grillées et fruit en confiture : pas de doute, on est dans le Languedoc. La bouche y ajoute une finesse de texture exemplaire, une fraîcheur inspirante, des tanins très soyeux et une grâce jubilatoire. À boire sur sa jeunesse. ⧗ 2019-2022

DOM. LYNCH-SUQUET, Villa Dondona, Le Barry, 34150 Montpeyroux, tél. 04 67 96 68 34, villadondona@wanadoo.fr

LANGUEDOC

Villa Symposia Bio

L'ORIGINE 2017 ★★

Production : 7 000 b. | Élevage :
20 à 30 €

Ancien propriétaire du Ch. Rol Valentin à Saint-Émilion, Éric Prissette a fait l'acquisition en 2003 d'un vignoble près de Montpellier. En bio depuis 2012, le vignoble couvre 18 ha.

Un retour fracassant dans le Guide pour Éric Prissette dont la cuvée haut de gamme L'Origine rafle la mise avec ce coup de cœur qui doit beaucoup à son talent et à ses vieilles vignes de syrah qui forgent le caractère épanoui de ce vin. D'une robe profonde émergent des arômes fringants de fruits noirs juteux et d'épices douces. Charnue et concentrée, la bouche séduit par ses tanins fins et fermes bien pris dans une chair dense qui regorge de cassis et de réglisse. La texture de grande classe, la fraîcheur de l'ensemble et la longueur ne trompent pas sur le pédigrée de la cuvée. Puissant et raffiné. ⧗ 2021-2030

SCEA VILLA SYMPOSIA, rue Saint-Georges, 34800 Aspiran, tél. 06 80 15 85 46, eric@villasymposia.com

LIMOUX

La Coume-Lumet

2017 ★★

Production : 3 500 b. | Élevage :
15 à 20 €

Domaine créé en 2013 par Luc Abadie, ingénieur en informatique, conseillé par son beau-frère Mathieu Dubernet, œnologue de renom établi à Narbonne. Couvrant 54 ha d'un seul tenant, le vignoble est implanté à Cépie, au nord de Limoux, dans un site préservé classé Natura 2000.

Une vinification haut de gamme, à la bourguignonne, pour un vin qui ne l'est pas moins. Le bois ajoute des nuances torréfiées à un nez intense de fruits mûrs (ananas) et frais (zeste de citron). Les fruits secs et le beurre frais ajoutent une couche de complexité supplémentaire à un palais somptueux, rond, raffiné par sa texture épanouie et sa fraîcheur préservée. La longue finale fumée et vanillée, dynamisée par un trait de citron, clôt en beauté ce limoux exemplaire et harmonieux. ⧗ 2019-2022

SCEA ABADIE-MALET, La Coume, 11300 Cépie, tél. 06 30 60 23 77, luc.abadie@la-coume-lumet.com

LIMOUX

Ch. Teramas Astruc

2017 ★★

Production : 15 000 b. | Élevage :
11 à 15 €

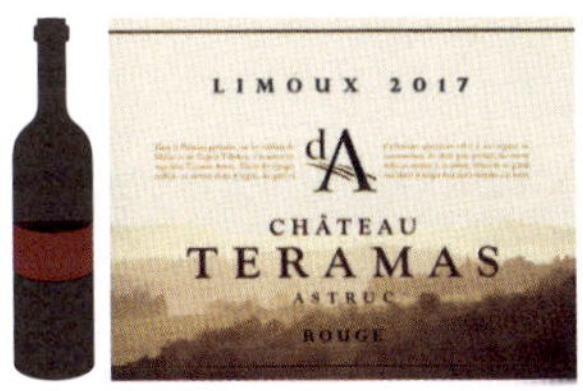

Vigneron-négociant, Jean-Claude Mas dispose d'un vaste vignoble de plus de 600 ha en propre constitué par quatre générations, auxquels s'ajoutent les apports des vignerons partenaires (1 300 ha). Depuis 2003, il est le propriétaire de ce domaine de 50 ha (dont 25 dédiés à l'appellation limoux), créé en 1862 par Jean Astruc, cocher du fiacre au Ch. de Bourigeole.

Plébiscité par le jury, cet assemblage bordelais, qui intègre une touche de syrah, aura séjourné huit mois en fût. Une robe grenat aux reflets violets, un nez puissant de fruits noirs bien mûrs (mûre, cassis), de figue et de pain d'épice, l'approche est plus qu'engageante. La suite est tout aussi réjouissante : une bouche ample, expressive, qui fait écho au nez avec une touche toastée en plus, adossée à des tanins soyeux et relevée par une très belle acidité. Un limoux puissant, concentré, vibrant, qui jouira d'une longue garde. ⧗ 2021-2028

⊶ SARL PIERJACQ ASTRUC,
20, av. du Chardonnay, 11300 Malras,
tél. 04 68 31 13 26, info@paulmas.com

MALEPÈRE

Dom. Girard

CUVÉE NÉRI 2017 ★★

Production : 2 600 b. | Élevage :
11 à 15 €

Le village d'Alaigne est une circulade : un village médiéval bâti en rond, les ruelles s'enroulant autour de l'église. Les Girard, vignerons depuis quatre générations, y conduisent un domaine en altitude (350 à 450 m) qui couvre aujourd'hui 38 ha. Ils élaborent leurs propres vins depuis 2000, année de l'installation de Philippe, secondé depuis 2014 par Jean-François. Une valeur sûre de l'appellation.

Une majorité de merlot pour la rondeur et le fruit complétée par le cabernet franc et le malbec pour la tenue et le relief. Un assemblage qui aura fait effet auprès du jury. Le nez laisse s'exprimer la cerise et les fruits noirs, finement soulignés par un boisé discret et torréfié. Le fruit s'épanouit dans une bouche bien mûre, aux nuances de fruit macéré, dont la rondeur intègre des tanins jeunes, parfaitement enrobés par un élevage sur mesure. D'un beau classicisme, cette cuvée évoluera avec grâce. Un bien bel ambassadeur pour l'appellation. ⧗ 2021-2025

⊶ SCEA DOM. GIRARD,
La Garriguette, 11240 Alaigne,
tél. 04 68 69 05 27, domaine-girard@wanadoo.fr

MINERVOIS

Dom. les Combes Cachées Bio

COMBE VIOLON 2018 ★★

Production : 2 105 b. | Élevage :
15 à 20 €

Ce domaine du Minervois a vu le jour grâce à trois amis du Lauragais, passionnés de viticulture : Michel Pousse, géographe de formation, Xavier Michelin, céréalier, et François Aumonier, agronome et chef d'entreprise. C'est avec David Ciry, œnologue conseil, et Christian Mignard, vigneron accompli, qu'ils ont élaboré leur premier millésime en 2015. Les vignes (15 ha), certifiées bio depuis 2018, sont éparpillées sur les communes de La Livinière, Siran et Cesseras.
Un peu de roussanne à l'appui du grenache blanc dans cette cuvée dont le nez charmeur et fin décline la fleur d'oranger, l'acacia et les agrumes. L'élevage sur lies et le bâtonnage ont étiré la texture et donné un supplément de complexité au fruit qui s'entiche de fines notes salines dans une finale lumineuse, portée par le citron et soulignée par une très belle acidité. Fringant, complet et très pur. « Grande classe », conclut un dégustateur. ⧗ 2019-2021

⊶ *EARL LES COMBES CACHÉES, 8, av. du Causse, 34210 Siran, tél. 06 72 88 65 10, lescombescachees@gmail.com*

MINERVOIS

Pierre Cros

LES ASPRES 2017 ★★

Production : 2 500 b. | Élevage :
30 à 50 €

Installé sur 25 ha de vignes, et au moins autant d'oliviers, d'amandiers et de chênes truffiers, Pierre Cros est un grand artiste vigneron, référence du Minervois, à en juger par son palmarès dans le Guide. Il se voit comme un « paysan » et dit tenir de ses père et grand-père, boulangers à Badens, son respect du client. Outre les cépages de l'appellation, Pierre Cros préserve de vieux ceps oubliés, voire « mal aimés » (comme l'aramon et le terret), et acclimate des variétés venues d'ailleurs.
Multirécidiviste, Pierre Cros épingle deux étoiles et un coup de cœur de plus à son palmarès grâce à ce haut de gamme, une cuvée pure syrah longuement élevée en fût. Torréfaction, épices, tapenade, fruits noirs, truffe et cacao, le nez fascine. Charnue, concentrée, dotée de tanins finement sculptés et bien pris dans la chair, la bouche en impose par son volume, son relief et l'amplitude de son fruit épicé et vanillé qui porte encore l'empreinte du bois. De longue garde, certes, mais diablement séduisant dès à présent. ⧗ 2020-2028

⊶ *PIERRE CROS, 20, rue du Minervois, 11800 Badens, tél. 06 74 47 25 80, dom-pierre-cros@sfr.fr*

MINERVOIS

Ch. Mirausse

LE GRAND PENCHANT 2017 ★★

Production : 10 000 b. | Élevage :

11 à 15 €

Proche de Carcassonne, une ancienne terre du seigneur de Badens, émigré en Autriche à la Révolution, devenue bien national et achetée par un ancêtre de Raymond Julien. Ce dernier a pris les rênes de la propriété en 1971 et exploite aujourd'hui une vingtaine d'hectares, accompagné de ses deux enfants. Viticulteur exigeant, il reste fidèle à la vendange manuelle et pratique la vinification en grains entiers.

Élevage en cuve et macération carbonique : tout est fait et bien fait pour exalter le caractère fruité de la syrah (75 %). Redoutable de gourmandise, le nez regorge de cassis frais que l'on retrouve dans une bouche ample, allègre, croquante, aux tanins lissés qui restitue de bout en bout toute la pureté aromatique du cépage. Envoûtant ! ⧗ 2019-2022

RAYMOND JULIEN, Ch. Mirausse, 11800 Badens, tél. 06 87 77 81 53, julien.mirausse@wanadoo.fr

MINERVOIS

Dom. Sainte-Léocadie

LES CLAUSES 2016 ★★

Production : 8 000 b. | Élevage :

5 à 8 €

Établi au sud-est de l'appellation minervois sur un terroir de mourrels particulièrement chaud et aride, ce domaine de 30 ha tire son nom d'une martyre vénérée par les arrière-grands-parents, fondateurs du vignoble. Arrivé sur l'exploitation en 1996, Thierry Bonnel a bâti une nouvelle cave en 2002.

L'élégance, le maître-mot de cette cuvée coup de cœur à l'unanimité du jury. Fin et précis, le palais distille ses notes gourmandes de myrtilles, de petits fruits rouges avec une touche végétale parfaitement rafraîchissante. Sur la même trame, jouant sur de petits tanins croquants et une belle acidité, la bouche respire le fruit et la souplesse, et se laisse porter en finale par une pointe d'amertume stimulante. Précis, net, d'une gourmandise irrésistible, c'est un minervois exemplaire et énergique. ⧗ 2019-2022

SCEA SAINTE-LÉOCADIE, La Combe, 34210 Aigne, tél. 04 68 91 80 27, contact@domaine-sainteleocadie.com

MINERVOIS-LA-LIVINIÈRE

Dom. Combe Blanche

LA GALINE 2017 ★★

Production : 12 000 b. | Élevage :

11 à 15 €

Guy Vanlancker, ancien instituteur originaire de Wallonie, se trouva en 1981 parachuté par les hasards de la vie sur les hauts coteaux de Calamiac où il commença à planter sur des terroirs alors délaissés. D'abord régisseur dans des domaines voisins, il conduit depuis 2000 à plein temps son vignoble qui couvre 12 ha sur les coteaux de La Livinière.

Issue chaque année du même terroir, situé sur les hauteurs du village, la cuvée, souvent sélectionnée, décroche le coup de cœur. Pour quoi ? Pour la robe, profonde et violacée, pour le nez sensuel et complexe combinant maturité (cassis, mûre) et fraîcheur (violette, menthol), pour la bouche surtout qui offre tout ce que l'on attend des meilleurs rouges de l'appellation : de la chair, une texture douce, des tanins fins et suaves, une pureté de fruit très florale, le tout souligné par une magnifique fraîcheur descendue du terroir d'altitude. Une harmonie, une plénitude et un équilibre qui auront conquis le jury. ⧗ 2019-2024

SCEA LES COMBES, 3, ancien chem. du Moulin-Rigaud, 34210 La Livinière, tél. 06 80 43 40 61, contact@lacombeblanche.com

MINERVOIS-LA-LIVINIÈRE

Le Grand Terroir

ÉLEVÉ EN FÛT DE CHÊNE NEUF

2016 ★★

Production : 16 000 b. | Élevage :

8 à 11 €

La nécessité des temps pousse à la concentration. Le groupe Alliance Minervois est né en 2008 de la fusion des caves de Homps, La Livinière, Rieux-Minervois, Villalier, auxquelles s'est ajoutée en 2012 celle d'Azillanet. La structure réunit 600 adhérents et 3 000 ha de vignobles, qui s'étendent des portes de Carcassonne à celles de Narbonne.

Pour digérer un élevage aussi luxueux (dix-huit mois en fûts neufs), il faut disposer d'une matière première à la mesure. C'est le cas pour cette cuvée qui associe à la syrah des touches de grenache et de carignan. Les arômes, discrets au nez, légèrement vanillés et cacaotés, s'enrichissent en bouche de nuances bien plus gourmandes de fruits frais et juteux issus de la macération carbonique. Le palais les enrobe d'une chair élégante, étayée par des tanins aussi fins que fondus et relevée par une fraîcheur exemplaire. L'élevage, en filigrane, s'efface devant l'intensité du fruit saupoudrant la finale de notes finement torréfiées. Fin, gourmand, harmonieux : du grand art. ⧗ 2019-2023

SCAV ALLIANCE MINERVOIS, 14, rte de Notre-Dame, 34210 La Livinière, tél. 04 68 91 22 14, contact@allianceminervois.com

---

MUSCAT-DE-FRONTIGNAN

Ch. Six Terres

2018 ★★

Production : 50 000 b. | Élevage :

5 à 8 €

Fondée dès 1904, la cave de Frontignan (devenue Frontignan Muscat) dispose aujourd'hui de plus de 600 ha (dont plus de 540 en AOC) cultivés par 150 coopérateurs ; elle fournit 85 % de l'AOC muscat-de-frontignan, tout en déclinant de multiples styles de vins à base de muscat à petits grains.

Le Ch. Six Terres est né en 1860 du remembrement de six parcelles, un vignoble de 20 ha dominant l'étang de Thau, dédié à l'origine à la production de vermouth. Aujourd'hui, seul le muscat-de-frontignan y est produit. Et quel muscat en 2018 ! D'un seyant jaune paille intense et pimpant, ce vin déploie des arômes non moins pimpants de jasmin, de rose, de litchi, de citron confit ou encore d'iode. Une complexité que ne renie pas la bouche, ample, longue et parfaitement équilibrée entre rondeur et fraîcheur. Un vin percutant et harmonieux en diable. ⧗ 2019-2022

SCA FRONTIGNAN MUSCAT, 14, av. du Muscat, BP_136, 34112 Frontignan Cedex, tél. 04 67 48 12 26, contact@frontignanmuscat.fr

MUSCAT-DE-MIREVAL
Dom. de la Belle Dame
IRRÉSISTIBLE BAISER 2018 ★★

Production : 7 200 b. | Élevage :
5 à 8 €

Jean-Luc Mazas a créé en 1996 ce domaine qui couvre 19 ha. Depuis 2007, il vinifie sa récolte et commercialise ses vins – secs, pétillants et VDN (muscat-de-mireval). Il propose aussi des produits du terroir. Il a engagé la conversion biodynamique de son exploitation, située dans un secteur classé en zone Natura 2000.
Irrésistible en effet que ce « baiser » tout en douceur… La robe est d'un jaune clair limpide. Le nez convoque de fines notes végétales tout en fraîcheur et un parfum de poire. La bouche est une longue caresse, suave, délicate, friande, soulignée par une fine trame acidulée qui soutient des arômes d'agrumes confits et de menthe. À se damner… ⧗ 2019-2022

SCEA DOM. DE LA BELLE DAME, 135, *chem. de la Tieulière, 34110 Mireval, tél. 06 62 24 10 10, contact@belledame.fr*

MUSCAT-DE-SAINT-JEAN-DE-MINERVOIS
Dom. de Barroubio
2018 ★★★

Production : 50 000 b. | Élevage :
8 à 11 €

La famille est établie dans le Minervois depuis la fin du XVe s. Installé en 2000, Raymond Miquel exploite 60 ha, dont 31 ha sont dédiés à la vigne. Référence en muscat-de-saint-jean-de-minervois, le domaine propose aussi des rouges intéressants en AOC minervois.
Une pluie d'étoiles et des coups de cœur réguliers depuis quelques années pour ce domaine qui excelle dans les trois couleurs et nous revient en grande forme cette année. Le nez tout en retenue et en élégance va piano : nuances de fleurs blanches, puis fruits blancs (poire), coing et touche exotique. Une texture de grande classe, une rondeur caressante, un alcool parfaitement intégré, un fruit multi-facette, une fraîcheur impeccable, une longue finale : un sommet d'élégance qui aura ému le jury. Une pépite produite en plus à quelque 50 000 exemplaires… Remarquable. ⧗ 2018-2021

RAYMOND MIQUEL, *Barroubio, 11, chem. des Jardins, 34360 Saint-Jean-de-Minervois, tél. 04 67 38 14 06, barroubio@barroubio.fr*

Zoom
Le muscat

Le muscat blanc ou plutôt les muscats car il en existe plusieurs variétés : à petits grains (considéré comme le plus noble, à l'origine surtout de vins doux naturels tels que ceux du Languedoc), d'Alexandrie (VDN surtout, aux côtés du muscat à petits grains), ottonel (en Alsace, où il entre dans l'encépagement de l'alsace muscat, sec ou doux). Ces variétés appartiennent à une famille de cépages réputée depuis l'Antiquité. Toujours très planté sur le pourtour de la Méditerranée, ils ont conquis bien d'autres régions d'Europe et du monde, s'adaptant à des climats très différents. Ils produisent tous les styles de vins blancs, avec comme point commun des parfums très marqués (raisin frais, rose, fruits exotiques, agrumes…).

PICPOUL-DE-PINET
Cave de l'Ormarine
CUVÉE PRESTIGE 2018 ★★

Production : 45 000 b. | Élevage :
5 à 8 €

Coopérative fondée en 1922, L'Ormarine – à l'époque Association des producteurs de vins blancs de Pinet – est un acteur de poids dans la défense de la récente AOC picpoul-de-pinet. Après la fusion avec les caves de Villeveyrac (2009) et de Cournonterral (2014), puis en 2017 des caves de Saint-Hippolyte-du-Fort et de Vias, elle regroupe 500 coopérateurs et dispose de 2 500 ha, dont 520 dédiés au seul cépage piquepoul. Depuis 2018, 650 ha sont en Terra Vitis.

Abonnée au Guide, cette bonne coopérative tient cette année son coup de cœur. La cuvée offre tout ce qui fait le charme des meilleurs blancs de l'appellation : un nez intense et frais, ouvert sur le pamplemousse, le végétal frais et les notes typiques d'un long élevage sur lies ; une bouche qui conjugue rondeur, gras, pureté aromatique et grande fraîcheur. Une finale citronnée clôt en beauté ce blanc vivifiant et énergique.
⧗ 2019-2021

CAVE DE L' ORMARINE, 13, av. du Picpoul, 34850 Pinet, tél. 04 67 77 03 10, contact@caveormarine.com

---

PIC-SAINT-LOUP
Bergerie du Capucin
LARMANELA 2016 ★★

Production : 4 400 b. | Élevage :
20 à 30 €

Guilhem Viau, après dix ans passés en cave coopérative, s'est lancé en 2008 et a baptisé son domaine languedocien du nom du lieu-dit où se situaient les pâturages et la bergerie de son aïeule Jeanne. Il conduit aujourd'hui un vignoble de 15 ha au pied du pic Saint-Loup.

Une robe profonde annonce un nez intense qui porte la marque d'une syrah (95 %) longuement élevée en fût : des notes fumées et cacaotées entourent un fond pulpeux et complexe de garrigue, de fruits noirs, de pruneau et d'olive noire. Juteuse, tonique dès l'attaque, la bouche impressionne par la profondeur de son fruit, ses tanins fins et fermes, et sa fraîcheur remarquable qui accompagne longuement une finale énergique et mentholée. Un vin allègre, vivant, d'un équilibre singulier. ⧗ 2020-2026

BERGERIE DU CAPUCIN, Villa Carrée, 80, imp. Puech-Camp, 34270 Lauret, tél. 04 67 59 01 00, contact@bergerieducapucin.fr

PIC-SAINT-LOUP
Ch. Lancyre
D'ICI ON VOIT LA MER 2018 ★★

Production : 6 000 b. | Élevage :
11 à 15 €

Régis Valentin, œnologue et maître de chai, a repris en 2001 le domaine familial créé en 1960 par les familles Durand-Valentin. Il produit des vins sur 80 ha de vignes occupant un beau terroir de calcaires durs et d'argiles rouges.

C'est une balade au sommet du Pic qui a inspiré ce joli nom de cuvée aux auteurs de ce rosé de pressurage direct (syrah et grenache). Les sensations sont au diapason : une robe pâle et limpide, un nez expressif entre fruits à noyau et bonbon, des saveurs franches, fraîches, élégantes et ce qu'il faut de gras. ⧗ 2019-2020

⊶ CH. LANCYRE, hameau de Lancyre, 34270 Valflaunès, tél. 04 67 55 32 74, contact@chateaudelancyre.com

---

SAINT-CHINIAN
Dom. Cathala
ABSOLUE 2017 ★★

Production : 1 800 b. | Élevage :
20 à 30 €

La famille Cathala cultive la vigne de père en fils depuis sept générations à Cessenon-sur-Orb, à 20 km au nord-ouest de Béziers. Les frères Bruno et Pascal ont constitué en 2011 à partir des terres familiales (15 ha) un vignoble de 5 ha dédié au saint-chinian. Ils proposent également des cuvées de négoce.

Le haut de gamme du domaine à l'honneur avec ce coup de cœur plébiscité par le jury. Dominante, la syrah offre sa couleur soutenue et son nez très floral de violette, nuancé de notes grillées issues d'un élevage de douze mois en barriques. Savoureux compromis de maturité et de fraîcheur, la bouche enchante par sa clarté, son relief, ses tanins fins et la délicatesse florale de son fruit. La finale finement boisée témoigne d'un très juste usage du fût. ⧗ 2019-2023

---

*⊶ DOM. CATHALA,
19, chem. du Pizou, 34460 Cessenon,
tél. 06 33 59 55 34, domaine.cathala@gmail.com*

Zoom
La syrah

La syrah est un cépage rouge natif de la vallée du Rhône ayant acquis sa notoriété sur les pentes escarpées du nord de la vallée (hermitage, côte-rôtie, crozes-hermitage, saint-joseph). Donnant des vins rouges colorés, charpentés, intenses, aux arômes puissants et complexes de fruits rouges et noirs, de violette, de réglisse et d'épices (poivre), parfois de longue garde, ce cépage qui a besoin d'un climat chaud pour mûrir a connu une rapide expansion à partir de 1960. On le retrouve ainsi dans les régions du sud de la France, en Provence et en Languedoc-Roussillon où il entre dans toutes les AOC de vins rouges, le plus souvent assemblé aux cépages de ces régions comme le grenache ou le mourvèdre. Il s'est même diffusé dans les secteurs orientaux du Sud-Ouest (AOC gaillac et fronton). Il est également très cultivé en Europe du Sud et de plus en plus dans les pays du Nouveau Monde dont l'Australie, son autre grande et ancienne terre d'élection.

SAINT-CHINIAN

Dom. les Païssels

2017 ★★

Production : 6 000 b. | Élevage :

11 à 15 €

Vivien Roussignol et Marie Toussaint se sont installés en 2011 sur ce vignoble de 2 ha composé de vieilles vignes cultivées sur des coteaux schisteux et taillées en gobelet. Ils ont acquis un hectare de vignes supplémentaire et continuent de privilégier les petits rendements.

Les Païssels sont le nom donné aux tuteurs en châtaignier utilisés pour soutenir les jeunes ceps taillés en gobelet. Quatre cépages et des vignes âgées de 30 à 80 ans au programme de cette cuvée haute en couleur. Le nez diffuse de doux effluves de fruits cuits, de Zan, de garrigue et de cacao que l'on retrouve dans une bouche chaleureuse, puissante, soutenue par des tanins gorgés de soleil. Du caractère à revendre, mais aussi beaucoup d'harmonie et d'élégance dans ce coup de cœur qui restitue avec emphase ses origines. Long potentiel de garde. ⧗ 2020-2030

VIVIEN ROUSSIGNOL, rue des Cèdres, 34360 Babeau, tél. 06 22 74 24 51, contact@paissels.fr

---

SAINT-CHINIAN

Ch. Saint-Martin des Champs

CAMILLE 2018 ★★

Production : 12 000 b. | Élevage :

8 à 11 €

Michel Birot et son fils Pierre ont acquis en 1997 ce château situé à Murviel-lès-Béziers, une des communes de l'AOC saint-chinian – un terroir déjà cultivé par leurs ancêtres en 1675. Ils l'ont restauré de fond en comble, le vignoble (95 ha) tout comme la cave.

Camille, la fille du vigneron, peut être flattée d'avoir donné son nom à ce rosé. Issu majoritairement de la syrah, celui-ci est peu coloré, mais dispense beaucoup d'arômes de fruits rouges frais et de jasmin. En bouche, il brille par son élégance, sa fraîcheur jamais agressive, son équilibre irréprochable et le croquant du fruit. La longue finale laisse le souvenir des fruits rouges acidulés, des fleurs et des épices. Un vin coup de cœur qui donnera toute sa mesure à table. ⧗ 2019-2020

EARL LES VINS DU CH. SAINT-MARTIN-DES-CHAMPS, av. de Saint-Martin, 34490 Murviel-lès-Béziers, tél. 04 67 32 92 58, domaine@saintmartindeschamps.com

TERRASSES-DU-LARZAC

Les Chemins de Carabote Bio

CHEMIN FAISANT 2017 ★★

Production : 5 000 b. | Élevage :

15 à 20 €

Depuis son premier millésime en 2005, Jean-Yves Chaperon s'est imposé comme l'une des valeurs sûres de l'appellation. Ce journaliste de radio, amateur de jazz, sait faire vibrer son terroir de galets roulés. Il a construit sa cave en pierre du Gard et conduit son vignoble (10 ha) en bio.

Les grenache et carignan épaulent la syrah dans cet excellent vin déjà épanoui au nez avec ses arômes expansifs de mûre, de poivre noir et de cachou. En bouche, on croque avec le même plaisir dans un fruit fringant, épicé, soutenu par des tanins serrés et croquants. Très flatteur, digeste, typé, frais en finale, ce vin vibrant et élégant est un grand coup de cœur. ⧗ 2020-2025

SCEA GARGAMOND, Mas de Navas, 34150 Gignac, tél. 06 07 16 76 13, contact@carabote.com

TERRASSES-DU-LARZAC

Dom. de la Réserve d'O Bio

HISSEZ O 2017 ★★

Production : 1 600 b. | Élevage :

20 à 30 €

Situées en altitude sur le causse d'Arboras, les vignes (12 ha) cherchent ici la terre sous les cailloux. Installés en 2005, Marie, la nouvelle présidente du syndicat Terrasses du Larzac, et Frédéric Chauffray travaillent en biodynamie et vinifient avec des méthodes douces (minimum de SO2, pas de levurage, ni de collage et de filtration) des vendanges où chaque grain est minutieusement choisi.

Une première fois coup de cœur dans le millésime 2012, la cuvée récidive avec le 2017, élevé dix-sept mois en fûts. Son nez encore discret dispense les notes toastées de l'élevage sur fond de garrigue et de menthol. Intense, la bouche déploie une chair ample, étayée par des tanins puissants, rafraîchie par une jolie acidité et prolongée par une finale qui porte encore l'empreinte du bois. Du caractère à revendre, de la structure et un charme qui opère dès à présent, même si la capacité de garde est à la mesure de l'ensemble. ⧗ 2020-2027

MARIE CHAUFFRAY, Dom. de la Réserve d'O, rue du Château, 34150 Arboras, tél. 06 76 04 03 88, contact@lareservedo.fr

Le **Roussillon**

Le plus méridional des vignobles français, implanté dans la Catalogne (département des Pyrénées orientales) est un vaste amphithéâtre cerné de massifs montagneux, une sorte d'île terrestre, bordé au nord par les Corbières, par le massif du Canigou à l'ouest, par les Albères au sud et, à l'est, par la Côte Vermeille et ses vignobles plongeant dans la Méditerranée. Il est réputé pour ses vins doux naturels.

Superficie : 7 300 ha
Production : 900 000 hl environ (dont 540 000 en AOC, et 307 000 en IGP, le reste sans IG).
Types de vins : rouges majoritaires, rosés, quelques blancs secs ; vins doux naturels.

CÉPAGES PRINCIPAUX :
Rouges : grenache noir, carignan, syrah, mourvèdre, lladoner pelut.
Blancs : grenaches gris et blanc, macabeu, malvoisie du Roussillon, roussanne, marsanne, vermentino, muscat à petits grains, muscat d'Alexandrie.

Histoire

Implantée dès le VIIe siècle av. J.-C., la vigne se développe au Moyen Âge, vins doux naturels et rouges corpulents offrant alors au Roussillon une solide réputation. Au XIXe siècle, le vignoble s'étend fortement avant de connaître la crise phylloxérique qui le détruit en partie. Replanté progressivement, il quitte les plaines pour rejoindre les coteaux. Dans la première moitié du XXe siècle se développe une production de masse de vins peu qualitatifs, destinés surtout au coupage avec les vins d'Afrique du Nord. Avec l'apparition des AOC dans les années 1930 pour les vins doux naturels, débute une politique de qualité qui aboutit à la reconnaissance des appellations côtes-du-roussillon et côtes-du-roussillon-villages dans les années 1970.

Sols et climats

Le vignoble du Roussillon est bordé par trois massifs (Corbières, Canigou et Albères) et traversé par trois fleuves (la Têt, le Tech et l'Agly) qui ont modelé un relief de terrasses et de coteaux aux sols variés : schistes noirs et bruns, arènes granitiques, argilo-calcaires… Le climat est particulièrement ensoleillé, avec des températures clémentes en hiver et chaudes en été. La pluviométrie est mal répartie et les pluies d'orage ne profitent guère à la vigne. Il s'ensuit une période estivale sèche, dont les effets sont souvent accentués par la tramontane, qui favorise la maturation des raisins.

Cépages et styles de vins

Le Roussillon se distingue avant tout par ses vins doux naturels réputés : nés du grenache noir, blanc et gris, les banyuls, maury et rivesaltes ambrés, grenats et tuilés, ou encore le muscat-de-rivesaltes en blanc. En vins secs, on trouve des rouges, des rosés et des blancs au caractère affirmé dû à la multitude des terroirs et des cépages : grenache, carignan, mourvèdre, syrah, cinsault ou le local lladoner pelut en cépages rouges ; grenache blanc, macabeu, malvoisie, marsanne, roussanne et vermentino en blancs.

Vigneron de l'année

Les Vignerons de Maury

pour les côtes-du-roussillon-villages rouge Lesquerde Granit Tradition 2018 et maury rouge Grenat 2017

Double coup de cœur pour les Vignerons de Maury dans cette nouvelle édition du Guide! La cave «coop» obtient la récompense ultime pour son côtes-du-roussillon-villages Lesquerde 2018 et son maury Grenat 2017. Vigneronne à la Cave et présidente de l'appellation maury, Aurélie Pereira revient sur ce succès.

Quelle est l'origine de la Cave de Maury?

La cave est née de la fusion des trois caves coopératives du village dans les années 1970. Elle reste depuis une petite structure à l'échelle de l'appellation maury, avec une centaine de coopérateurs et 750 hectares exploités.

Le côtes-du-roussillon-villages Lesquerde est une création récente. Comme se présente-t-il?

Le 2018 est notre deuxième millésime. Des vignerons qui nous ont rejoint ces dernières années disposent de parcelles intéressantes sur ce village. Nous nous sommes dit : pourquoi ne pas en faire une cuvée à part entière? Les sols y sont assez différents de Maury et donnent un caractère assez frais, floral.

Cette cuvée est un assemblage de syrah et de grenache. Qu'apporte le mariage de ces deux cépages?

À Lesquerde, la syrah s'enfonce dans le granite et livre des vins très élégants, soyeux, avec des notes poivrées. De son côté, le grenache amène son fruit, un côté gourmand, avec une certaine fraîcheur également sur ce terroir.

Quelques mots sur sa vinification?

À la cave, on privilégie l'expression du terroir plutôt que la technologie. Nous maitrisons les températures, mais sans excès, les macérations sont assez longues et l'élevage se réalise en cuve.

La cuvée Maury Grenat fait partie des vins emblématiques de la Cave. Quelles sont ses spécificités?

C'est une cuvée bien reconnue maintenant. Nous avons mené un bon travail depuis des années en mettant en avant son caractère de vin sur le fruit. C'est aussi une cuvée dotée d'une bonne matière que l'on peut servir sur une grande variété de plats. On la considère presque davantage comme un vin que comme un vin doux naturel.

Quelles sont vos options de vinification et vos conseils d'accord mets et vins pour ce vin?

Le but est de conserver la matière, le fruit, la gourmandise en évitant les élevages longs. C'est un vin qui s'accorde très avec du chocolat mais aussi avec des plateaux de fromages, et plus généralement avec des plats épicés, relevés, des cuisines asiatiques par exemple. Il convient très bien lors d'un apéritif dinatoire.

BANYULS

Terres des Templiers

RIMAGE PRESTIGE 2017 ★★

Production : 3434 b. | Élevage :
30 à 50 €

Devenu Terres des Templiers, l'ancien Cellier des Templiers est une coopérative créée en 1921. Elle revendique l'héritage de cet ordre militaire à qui l'on doit la mise en valeur des pentes schisteuses de Banyuls. Aujourd'hui, la cave dispose des 776 ha de ses 805 adhérents et, depuis la récolte 2011, du Mas Ventous, un vaste chai de vinification qui s'ajoute à la grande cave de 1964, réservée aux longs élevages. À sa carte, des collioure et des banyuls. La Cave de l'Abbé Rous appartient au même groupe coopératif : une cave créée en 1950 et nommée en hommage à l'abbé qui vers 1870 devint négociant-éleveur de vins de Banyuls pour financer l'agrandissement de l'église paroissiale sans faire appel à la générosité publique et qui se fit à l'occasion le mécène de Maillol.

Vieilles vignes, sélection des parcelles, tri à la vendange, élevage avec bâtonnage pendant neuf mois, et voilà le travail ! Une robe noire, des arômes de cerise, de mûre, de cassis, puis d'épices, de pruneau à l'eau-de-vie, enfin des notes de réglisse et de chocolat issues de la barrique. Puissant, ce vin s'appuie sur des tanins fondus et offre une plénitude remarquable. Les fruits confiturés enveloppent le palais durablement. Un rimage qui se transmettra d'une génération à l'autre. ⧗ 2019-2035

GICB TERRES DES TEMPLIERS/CAVE DE L'ABBÉ ROUS, rte du Mas-Reig, 66650 Banyuls-sur-Mer, tél. 04 68 98 36 92, info@templiers.com

---

BANYULS

Dom. la Tour Vieille

RESERVA ★★★

Production : 8000 b. | Élevage :
15 à 20 €

Créé en 1982, ce domaine de 13 ha regroupe les vignes de Vincent Cantié (à Collioure) et celles de Christine Campadieu (à Banyuls), issus l'un comme l'autre de vieilles familles vigneronnes. L'exploitation domine la mer sur les hauteurs de Collioure. Elle montre une belle régularité, aussi bien en vins doux naturels qu'en vins secs.

Un grenache noir très mûr pour la générosité, un peu de grenache gris pour la souplesse et du carignan pour la charpente. Ajoutez à cet assemblage un élevage de six ans en milieu oxydatif, en partie dans des bonbonnes de verre au soleil, et c'est ce vin original qui se livre dans le verre. Ambré, il convoque les arômes de fruits secs (amande grillée), de fruits confits (pruneau et figue), de vanille, de cacao, de tabac, de cuir… pour une exceptionnelle fête des sens. Et la fête se poursuit au palais. L'ensemble se révèle gourmand, riche et équilibré. Les flaveurs d'abricot sec et de pruneau nuancés d'une pointe d'orange amère se prolongent durablement. Une Reserva déjà aboutie ? Non, elle est capable de devenir encore plus grande à la faveur du temps. ⧗ 2019-2030

SCEA LA TOUR VIEILLE, 12, rte de Madeloc, 66190 Collioure, tél. 04 68 82 44 82, info@latourvieille.com

Zoom
Un bon banyuls sur la Côte Vermeille

Au XIIe siècle, les Templiers imaginèrent pour les banyuls des techniques qui perdureraient jusqu'à nos jours. Pour lutter contre les ruissellements d'eau causés par des averses rares mais violentes, ils organisèrent la culture en terrasses protégées par des murets et créèrent un réseau de canaux. Ils adoptèrent le mutage, consistant à stopper la fermentation alcoolique d'un vin par adjonction d'alcool vinique. Enfin, ayant constaté, lors de leurs transports maritimes, le bon effet du soleil sur les barriques restées sur le pont, ils inaugurèrent l'élevage en extérieur.
On pourra leur dédier une bonne pensée en dégustant un banyuls à Collioure, Port-Vendres, Banyuls-sur-Mer ou Port-Bou. La Côte Vermeille, toute en criques rocheuses et en ports de pêche, reste dépourvue de plages et de stations balnéaires. Rien n'y perturbe le plaisir des yeux.

BANYULS GRAND CRU

L'Étoile

SELECT VIEUX 1992 ★★★

Production : 2000 b. | Élevage :

30 à 50 €

Au cœur du village, la petite cave garde l'aspect rétro de l'époque de sa création. Fondée en 1921, c'est la plus ancienne coopérative de Banyuls. Connue pour ses vins doux naturels traditionnels hors d'âge, elle a su maintenir les traditions dans un esprit de famille. Les grands foudres, les demi-muids et les dames-jeannes accueillent des produits bien typés.

Après un quart de siècle d'élevage dans les vieux foudres de l'Étoile, la couleur est toujours soutenue, mais elle a pris les reflets cuivrés et bruns du café. Le vin se raconte dans un style fruité (fruits confits, pruneau, figue), puis dans celui de la torréfaction (café). Les épices, le cuir et la cire s'invitent comme protagonistes secondaires. Gourmand, rond, fondu, le palais suit ce fil narratif, avec en dénouement de longues notes torréfiées. C'est superbe. ⧗ 2019-2035

SCV L' ÉTOILE, 26, av. du Puig-del-Mas, 66650 Banyuls-sur-Mer, tél. 04 68 88 00 10, info@cave-letoile.com

COLLIOURE

Coume del Mas

FOLIO 2018 ★★

Production : 10 000 b. | Élevage :
15 à 20 €

Ingénieur agronome, Philippe Gard a d'abord travaillé à la chambre d'agriculture d'Auxerre, puis à celle de Bordeaux. Mais sa passion, c'est la vigne, et il a fini par se poser avec Nathalie en 1998 à Cosprons, près de l'anse de Paulilles, où il exploite aujourd'hui 15 ha en terrasses. Il lance son étiquette Coume del Mas en 2001. Intenses et raffinés, ses banyuls comme ses collioure ont d'emblée fait sensation.

Philippe Gard fait partie des grands vignerons du Roussillon, d'une régularité exemplaire. Il magnifie les grenaches gris et blanc dans cette cuvée parfaite d'équilibre : une robe brillante et limpide, un nez intense et complexe de fleurs blanches, d'agrumes et de fruits blancs, une bouche à la fois fraîche (notes mentholées), puissante et généreuse, dotée d'un délicat boisé et d'une longue finale sur les fruits secs. Un collioure typique du terroir de schistes. ⧗ 2020-2024

SARL LES VIGNOBLES DE LA COUME DEL MAS, 3, rue Alphonse-Daudet, 66650 Banyuls-sur-Mer, tél. 06 86 81 71 32, philippe@coumedelmas.com

COLLIOURE

Dom. Piétri-Géraud

TROUSSE CHEMISE 2016 ★★

Production : 3 446 b. | Élevage :
20 à 30 €

Établi au cœur de Collioure, dans une des plus petites rues de la cité, ce domaine est dirigé depuis 2006 par Laetitia Piétri-Clara, qui a pris la suite de sa mère Maguy. Appuyée par l'œnologue Hélène Grau, la vigneronne perpétue la tradition inaugurée à la fin du XIXe s. par son arrière-grand-père Étienne Géraud, médecin retourné aux vignes familiales. Le vignoble couvre 20 ha, essentiellement en AOC banyuls et collioure.

Une pointe de grenache noir accompagne le mourvèdre dans ce collioure de haut lignage, qui a connu un élevage luxueux de vingt-quatre mois en barriques de 300 l. Il en ressort paré d'une seyante robe grenat aux reflets noirs et doté d'un bouquet intense et complexe d'épices, de mûre, de fraise et de grillé. Une attaque souple ouvre sur une bouche ample et soyeuse, parfaitement équilibrée entre fraîcheur, structure tannique et boisé délicat. Un vin de gastronomie. ⧗ 2022-2030

SARL DOM. PIÉTRI-GÉRAUD, 22, rue Pasteur, 66190 Collioure, tél. 04 68 82 07 42, domaine.pietri-geraud@wanadoo.fr

CÔTES-DU-ROUSSILLON

Dom. Boudau

LE CLOS 2018 ★★★

Production : n.c. | Élevage :
8 à 11 €

Véronique Boudau et son frère Pierre sont à la tête du domaine familial depuis 1993. Ils ont décidé de donner un nouveau souffle à la propriété, qui couvre quelque 60 ha sur d'excellents terroirs, à l'entrée de la vallée de l'Agly. Le pari est réussi : la totalité de la production est mise en bouteilles et commercialisée, notamment dans un réseau de restaurants et de cavistes. Une valeur sûre, qui a engagé la conversion bio de son vignoble.

Ce 2018 suscite l'envie de la découverte au premier regard ! L'or attire. Très expressif, le nez joue sur la maturité de la pêche jaune, de l'abricot frais et sur des notes beurrées plus subtiles, puis se révèle une ravissante touche de fleur miellée. D'attaque ronde, le vin offre toute sa plénitude au palais : les arômes d'épices vanillées apparaissent sur fond de fruit, et la fraîcheur vient fort à propos. Un très bel accord pourrait être réalisé avec un cuisine épicée, comme une lotte au safran. ⧗ 2020-2026

SARL DOM. BOUDAU, 6, rue Marceau, 66600 Rivesaltes, tél. 04 68 64 45 37, contact@domaineboudau.fr

---

CÔTES-DU-ROUSSILLON

Dom. Domanova

2018 ★★

Production : 5 000 b. | Élevage :
5 à 8 €

Établie à Vinça, localité bordant un lac de retenue, la coopérative des Vignerons en Terres romanes (180 ha) est née de la fusion en 2008 de la cave de cette commune avec de celle de Tarerach. Deux villages d'altitude de la haute vallée de la Têt, avec le Canigou en toile de fond, où les cépages bénéficient de conditions climatiques fraîches.

Un rosé plein de tendresse dans sa robe saumon. Il offre d'emblée un bouquet de fleurs de printemps, puis c'est au tour des fruits des bois (framboise) de s'exprimer à la faveur de l'aération. Une même fraîcheur trouve écho au palais, après une attaque ample et veloutée. L'équilibre est remarquable, encore souligné en finale par une légère amertume. Servez l'escalivade de légumes, les poivrons grillés et autres tapas… Il est prêt. ⧗ 2019-2020

SCV LES VIGNERONS EN TERRES ROMANES, 6, av. de la Gare, 66320 Vinça, tél. 04 68 05 85 86, ttr@orange.fr

CÔTES-DU-ROUSSILLON

Ch. Nadal-Hainaut Bio

SIGNUM 2014 ★★

Production : 1500 b. | Élevage :
20 à 30 €

Implanté sur les sols caillouteux de la vallée de la Têt, non loin de Perpignan, ce domaine a pour lointaine origine le prieuré cistercien de Santa Maria de l'Eule, dont il reste une chapelle. Les bâtiments datent du XVIIIᵉs. et la propriété actuelle remonte au début du XIXᵉs., achetée par Jean-Denis Hainaut – un ancêtre de Martine et Jean-Marie Nadal, qui président à ses destinées depuis 1977. Une quarantaine d'hectares sont dédiés à la vigne et conduits en bio certifié depuis 2013.

Quelle présence ! Le nez est déjà profond, partagé entre des notes de garrigue et de tapenade. Nul doute, ce sont les paysages de la vallée de la Têt qui viennent à l'esprit. L'attaque est fraîche, mais ne vous y fiez pas, car bientôt c'est tout le volume et la rondeur de cet assemblage de syrah (70 %) et de grenache noir qui se révèlent. Les tanins présents possèdent un grain soyeux et se laissent volontiers envelopper de cette chair aux accents de fruits confiturés et de réglisse. Ce 2014 est parvenu à son apogée. ⧗ 2020-2024

⊶ *CH. NADAL-HAINAUT, Mas de l'Eule, RD_37, 66270 Le Soler, tél. 06 10 74 53 29, chateaunadalhainaut@gmail.com*

CÔTES-DU-ROUSSILLON

Dom. de la Perdrix

CHARAKTER 2016 ★★

Production : 4000 b. | Élevage :
20 à 30 €

À l'origine, en 1820, le vin était élaboré au village dans la vieille cave familiale. Installés en 1996, Virginie et André Gil décident d'élaborer leurs vins. Après avoir passé treize ans dans les anciens locaux, ils ont établi en 2009 un nouveau chai plus vaste au milieu des vignes, regardant le Canigou. Leur domaine couvre 35 ha en plein cœur des Aspres. La perdrix ? Un hommage au grand-père d'André, peintre catalan de renom, qui avait fait de l'animal l'un de ses sujets préférés.

La robe profonde hésite entre rouge et noir. Au premier nez, le sous-bois et l'humus confèrent un caractère un brin sauvage à ce vin, mais à l'aération se révèlent les arômes de fruits noirs (cerise burlat), les notes de vanilles et autres épices. Puissance, charpente, générosité... il en a du « charakter » ce 2016 ! Le fruit noir très mûr se croque en bouche, accompagné de touches poivrées adoucies par un joli toasté. Les tanins au grain de belle facture permettent d'envisager tout autant un service immédiat qu'une garde. Gibier ou tajine d'agneau lui iront bien. ⧗ 2020-2025

⊶ *DOM. DE LA PERDRIX, traverse de Thuir, 66300 Trouillas, tél. 04 68 53 12 74, contact@domaine-perdrix.com*

CÔTES-DU-ROUSSILLON-VILLAGES

Mas de la Devèze

TAUTAVEL 2017 ★★

Production : 5 000 b. | Élevage :
11 à 15 €

Simon Hugues était agriculteur, Nathalie commerciale dans la filière viticole à l'export. Ils ont repris en 2012 au cœur du terroir de Maury une très ancienne propriété qui avait été démantelée dans les années 1980. Ils cultivent 33 ha de vignes, la plupart conduites en gobelet.

Joli coup de cœur habillé de pourpre. Le nez intense et gourmand évoque la violette et la cerise, puis s'ouvre sur le poivre gris et le laurier. La bouche enveloppée, charnue et capiteuse séduit par son attaque puissante. Les notes de fruits rouges, les tanins droits et veloutés subliment un final rond et long. Remarquable de persistance. ⧗ 2020-2024

NATHALIE HUGUES, rte des Mas, Mas de la Devèze, 66720 Tautavel, tél. 06 52 38 57 36, contact@masdeladeveze.fr

---

CÔTES-DU-ROUSSILLON-VILLAGES

Les Vignerons de Maury

LESQUERDE GRANIT TRADITION 2018 ★★

Production : 13 000 b. | Élevage :
8 à 11 €

Vigneron de l'année

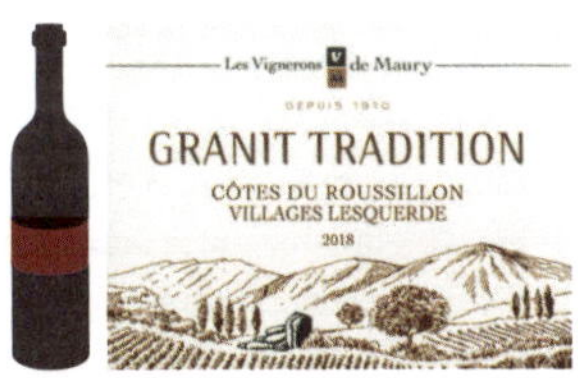

Fondée en 1910, la cave coopérative de Maury est aujourd'hui la plus ancienne du département encore en activité. Après les révoltes viticoles de 1907, elle regroupa plus de 130 propriétaires. Aujourd'hui, la cave dispose des 790 ha de ses adhérents; elle vit du grenache qui donne les traditionnels vins doux naturels et, depuis 2011, les maury secs.

Issu du duo syrah et grenache, ce 2018 grenat intense et brillant a choisi la cerise pour mot d'ordre. Au nez s'y mêlent la myrtille et des notes grillées. Charnu, doté de tanins fondus, le palais préserve cette subtilité aromatique. Surprenant et harmonieux. ⧗ 2020-2025

SCAV LES VIGNERONS DE MAURY, 128, av. Jean-Jaurès, 66460 Maury, tél. 04 68 59 00 95, contact@vigneronsdemaury.com

Zoom
Les côtes-du-roussillon-villages

Gneiss de Caramany, arènes granitiques de Lesquerde, schistes bruns de Latour-de-France et argiles rouges de Tautavel : ces quatre terroirs confèrent aux vins une richesse et une diversité qualitatives que les vignerons ont bien su mettre en valeur. Les côtes-du-roussillon-villages varient ainsi selon la nature de leur terroir. Les plus à l'ouest, nés à 350 mètres d'altitude sur un plateau dominant la vallée de Maury, issus de vendanges assez tardives (fin septembre), sont les vins de Lesquerde, réputés plus minéraux, frais, aux tanins fins. Commune du Fenouillèdes baignée par l'Agly, Latour-de-France produit des vins puissants mais sans excès, aux notes typiques de grillé et de fumée. Surplombant l'Agly, à 240 m. d'altitude, Caramany produit des vins plus généreux et veloutés, fruités et épicés. Tautavel, célèbre pour son site préhistorique de la caune de l'Arago où furent découverts des ossements d'Homo erectus (« l'Homme de Tautavel »), est aussi réputé pour son vin charpenté, « viril », aux arômes de garrigue, d'épices et de fruits mûrs. À noter que pour ces quatre villages, le carignan doit être vinifié en macération carbonique.

CÔTES-DU-ROUSSILLON-VILLAGES
Ch. de l'Ou
COMPARTIR 2017 ★★★

Production : 10 800 b. | Élevage :
30 à 50 €

Philippe Bourrier, agronome, et son épouse Séverine, œnologue, ont acheté en 1999 ce domaine dont le nom vient d'une résurgence dans un bassin en forme d'œuf (*ou* en catalan). Ils ont refait le chai et travaillé d'emblée en bio leur vignoble qui couvre 49 ha entre plaine du Roussillon et Fenouillèdes.

Compartir, c'est « partager » en espagnol. Le grenache noir domine dans ce vin pourpre si brillant, mais il est partageur et accepte une touche de syrah. Partager, c'est s'enrichir. Il en va ainsi de la palette de griotte confite qui prend des notes poivrées et fumées, puis toastées et beurrées pour être plus complexe et séduisante encore. Partager, c'est être plus harmonieux. Chaleureuse et puissante, la bouche n'en laisse pas moins une impression de soyeux grâce à un parfait équilibre des saveurs. ⧗ 2020-2026

CH. DE L' OU, rte de Villeneuve, 66200 Montescot, tél. 04 68 54 68 67, chateaudelou66@orange.fr

---

CÔTES-DU-ROUSSILLON-VILLAGES
Dom. Piquemal
LES TERRES GRILLÉES 2017 ★★★

Production : 9 000 b. | Élevage :
8 à 11 €

Sous l'impulsion d'Annie et de Pierre Piquemal, ce domaine familial (48 ha) est devenu une référence du Roussillon. Tout en maintenant les pratiques traditionnelles, il dispose d'un chai très moderne, à l'extérieur du village. Un outil adapté pour exalter l'expression de chaque terroir (schistes feuilletés, argilo-calcaires, galets roulés). Les vinifications sont assurées par Marie-Pierre Piquemal.

Pluie d'étoiles pour cette cuvée grenat à reflets pourpres : un vin de caractère élevé six mois en cuve et six mois en fût. Le nez puissant évoque le ciste et la mûre, puis s'ouvre sur les épices, la réglisse et la garrigue. La matière ronde et ample enveloppe le palais et, si elle est puissamment structurée, les tanins n'en sont pas moins veloutés. Finale fabuleuse. ⧗ 2020-2025

EARL DOM. PIQUEMAL, RD_117, km_7, lieu-dit Della-Lo-Rec, 66600 Espira-de-l'Agly, tél. 04 68 64 09 14, contact@domaine-piquemal.com

CÔTES-DU-ROUSSILLON-VILLAGES
Ch. Planères
LES ASPRES PRESTIGE 2017 ★★★

Production : n.c. | Élevage :
8 à 11 €

Le domaine des frères Jaubert et de Roland Noury, l'un des pionniers des crus du Roussillon, apparaît tel un balcon donnant sur les Albères, la mer et le Canigou. Conduit par la quatrième génération, le vignoble s'étend sur 105 ha, dont une soixantaine d'un seul tenant autour d'une bâtisse catalane du XIXe s., sur le plateau de Planères.

Des reflets burlat animent la robe profonde de ce vin qui réserve bien des surprises. N'est-il pas saisissant dans son expression aromatique ? Réglisse, tapenade, fruits noirs, épices et garrigue ne sont que quelques références de son incroyable palette. N'est-il pas élégant au palais ? Rondeur, richesse, tanins soyeux et cette finale dont on ne compte plus les caudalies. ⧗ 2020-2024

JAUBERT-NOURY, Ch. Planères, 66300 Saint-Jean-Lasseille, tél. 04 68 21 74 50, contact@chateauplaneres.com

IGP CÔTES CATALANES
Dom. Mas Crémat
LES SALES GOSSES 2018 ★★★

Production : 1 300 b. | Élevage :
20 à 30 €

Les terres de schistes noirs ont donné son nom au Mas Crémat (« brûlé » en catalan), repris en 2006 par une famille de vignerons bourguignons : Christine et Julien Jeannin, secondés par leur mère Catherine. Un superbe mas du XIXe s. et un vignoble de 30 ha labouré et conduit en fonction du cycle de la lune, en conversion bio.

Les Sales Gosses ? Un clin d'œil affectueux aux enfants du domaine... Dans le verre, un superbe vin né de mourvèdre, sans sulfites ajoutés. Le nez, puissant, convoque la garrigue et les fruits bien mûrs, le tout relevé d'épices (poivre). La bouche, ample, riche, dense et longue, associe puissance et finesse ; on y retrouve les senteurs sauvages et intenses de la garrigue. Toute la verve d'un terroir de schistes dans cette bouteille, ode magnifique aux vins du Roussillon. ⧗ 2020-2024

EARL JEANNIN-MONGEARD, Mas Crémat, 66600 Espira-de-l'Agly, tél. 04 68 38 92 06, mascremat@mascremat.com

---

IGP CÔTES CATALANES
Mas Karolina
L'ENVERRE 2017 ★★★

Production : 2 000 b. | Élevage :
20 à 30 €

Elle est allée vinifier aux États-Unis et en Afrique du Sud ; elle connaît le Bordelais où elle a longtemps vécu et où elle a obtenu son diplôme d'œnologue ; pourtant, c'est dans la vallée de l'Agly au charme sauvage que Caroline Bonville a posé ses valises en 2003. Elle conduit aujourd'hui un domaine de 18 ha, en cours de conversion bio.

Cinquième coup de cœur consécutif pour le domaine et deuxième d'affilée pour cette cuvée née de carignan (75 %) et de grenache noir. Un vin qui impressionne d'emblée avec sa robe pourpre profond aux reflets violines. Une profondeur que l'on perçoit également dans le bouquet, ouvert sur des arômes de cuir et de fruits noirs et rouges. La bouche offre beaucoup de gras et de densité, de volume et d'intensité. Le boisé, très maîtrisé, s'y exprime en symbiose avec les fruits noirs, la trame tannique est soyeuse, l'équilibre parfait et la finale très longue, sur des notes de café et de cacao. ⧗ 2022-2030

EARL MAS KAROLINA, 29, bd de l'Agly, 66220 Saint-Paul-de-Fenouillet, tél. 06 20 78 05 77, mas.karolina@gmail.com

IGP CÔTES CATALANES
Infiniment de l'Ou Bio
2016 ★★

Production : 20 000 b. | Élevage : fût
15 à 20 €

Philippe Bourrier, agronome, et son épouse Séverine, œnologue, ont acheté en 1999 ce domaine dont le nom vient d'une résurgence dans un bassin en forme d'œuf (*ou* en catalan). Ils ont refait le chai et travaillé d'emblée en agriculture biologique leur vignoble qui couvre 49 ha entre plaine du Roussillon et Fenouillèdes.
Une cuvée souvent en vue dans ces pages. Une pure syrah issue d'une vinification intégrale en fût de 300 l. La robe, tirant sur le noir, est des plus intenses. Le premier nez s'exprime sur la cerise noire, le fruit confit et le tabac, puis à l'agitation apparaissent des notes de cuir et de figue noire. Une attaque fraîche prélude à un palais ample, rond, charnu, doté de tanins d'une grande finesse de grain et d'une longue finale florale, réglissée et épicée. Un superbe vin de terroir, à la fois élégant et gourmand. ⧗ 2020-2025

SARL CH. DE L' OU, rte de Villeneuve, 66200 Montescot, tél. 04 68 54 68 67, chateaudelou66@orange.fr

Zoom
Le rancio sec

Bien avant les vin doux naturels, fierté des Catalans, on produisait dans le Roussillon des vins secs à fort degré, élevés sans ouillage dans de vieux fûts de bois (élevage oxydatif). Au bout de longues années, ces vins prenaient ce que l'on appelle des notes de rancio, arômes très complexes évoquant notamment la noix fraîche et les fruits secs, tandis que des reflets verts apparaissaient sur leur robe. Ces vins faillirent tomber dans l'oubli, mais de nombreux vignerons en conservaient un tonneau dans leur cave, car ces rancios étanchaient la soif des anciens, coupés d'eau, et surtout servaient à élaborer une cuisine typique. Aujourd'hui, cette saveur authentiquement catalane redevient à la mode. Après les vignerons de l'IGP Côte Vermeille, les premiers à disposer d'un cahier des charges, ceux de l'IGP Côtes catalanes ont défini le mode d'élaboration du rancio sec.

IGP RANCIO SEC
Jolly Ferriol Bio
AU FIL DU TEMPS ★★★

Production : 1 000 b. | Élevage :
50 à 75 €

Anciennement Mas Ferriol, un très ancien domaine. Des terres et des vignes (25 ha dont 8,3 ha de vignoble) entourent un corps de ferme de quatre cents ans, l'un des plus vieux de la région. Plus tard, la propriété fournissait, nous dit-on, des vins à Napoléon III. Restée à l'abandon après la dernière guerre, elle a été reprise en 2005 par Isabelle Jolly et Jean-Luc Chossart qui exploitent leurs vignes en bio.

Ce magnifique rancio est élu coup de cœur pour la deuxième année consécutive. Le jury de dégustation n'a pas résisté au charme de cette belle robe mordorée à reflets acajou. Le nez reflète toute la profondeur du charme d'antan : touche iodée, notes de caramel, de chocolat, de fruits secs d'abricot et de figue. Plus ce breuvage s'aère, plus il s'ouvre au plaisir des sens. L'attaque est ronde et dense. On apprécie pleinement l'équilibre entre la fraîcheur et la concentration. Et l'on rencontre lors de ce voyage gustatif des notes de curry, de tourbe et de fruits secs. Une belle invitation au partage, au coin du feu, tout simplement. ⧗ 2020-2050

JEAN-LUC CHOSSART, Mas Ferriol, RD_117, 66600 Rivesaltes, tél. 06 13 22 96 73, jollyferriol@gmail.com

MAURY
Mas Lavail
AMBRÉ HORS D'ÂGE 1999 ★★★

Production : 1 900 b. | Élevage :
50 à 75 €

Jean et Nicolas Batlle, père et fils, ont acquis ce joli mas du XIXᵉs. en 1999, à l'installation du second. À la tête de ce domaine de 80 ha de vieilles vignes, Nicolas poursuit le travail de quatre générations de vignerons sur les terres noires de Maury.

Inédit, un ambré de 20 ans sur le terroir de Maury ! Ambré, c'est-à-dire élaboré avec des grenaches, mais blanc et gris, déjà rares en pays de grenache noir, et mis en élevage oxydatif, ici en barrique depuis… le siècle dernier. Une couleur ambré, fauve, de vieux cognac, puis la fête commence : fruits secs, pruneau, torréfaction, écorce d'orange confite, abricot sec, tabac miellé, tilleul, cire… À chaque « coup de nez », c'est nouveau ! La bouche est très agréable, empreinte de douceur et de vivacité pour un superbe équilibre. Après, la fête aromatique se poursuit : figue, vanille, abricot et raisins secs pour la rondeur, fruits secs grillés et rancio en finale pour la vivacité et la longueur, c'est super.

EARL DOM. DE LAVAIL, *Mas de Lavail, RD_117, 66460 Maury, tél. 04 68 29 08 95, info@masdelavail.com*

MAURY

Les Vignerons de Maury

GRENAT 2017 ★★

Production : 20 000 b. | Élevage :
11 à 15 €

Vigneron de l'année

Fondée en 1910, la cave coopérative de Maury est aujourd'hui la plus ancienne du département encore en activité. Après les révoltes viticoles de 1907, elle regroupa plus de 130 propriétaires. Aujourd'hui, la cave dispose des 790 ha de ses adhérents; elle vit du grenache qui donne les traditionnels vins doux naturels et, depuis 2011, les maury secs.

Incontournable, ce grenat intense qui vous accueille avec un panier de cerises noires gourmandes, nuancées de sous-bois et de cuir. Une cerise à croquer – qui appelle en bouche le chocolat. Ampleur, soyeux, velouté des tanins... Remarquable. ⧗ 2019-2030

SCAV LES VIGNERONS DE MAURY, 128, av. Jean-Jaurès, 66460 Maury, tél. 04 68 59 00 95, contact@vigneronsdemaury.com

---

MAURY SEC

Clos des Vins d'amour

Bio

LE BÉGUIN 2015 ★★

Production : n.c. | Élevage :
30 à 50 €

Christine et Nicolas Dornier, tous deux œnologues, se sont associés à Christophe et Laurence Dornier pour reprendre en 2002 les vignes cultivées par la famille depuis 1860. Les deux couples ont quitté la coopérative en 2004 pour créer le Clos des Vins d'amour. Leur domaine (26 ha en bio) s'étend sur les terroirs schisteux de Tautavel, de Maury et de Saint-Paul-de-Fenouillet.

Sous une robe grenat intense se déploie une large palette aromatique : fruits secs, fruits cuits, cire d'abeille, vanille et torréfaction. Rond, riche, charnu et persistant, ce 2015 a tout pour plaire. Les tanins veloutés et la finale évocatrice de fruits à l'eau-de-vie le magnifient encore. ⧗ 2019-2025

SCEA VIGNOBLES DORNIER, 3, rte de Lesquerde, 66460 Maury, tél. 04 68 34 97 07, maury@closdesvinsdamour.fr

---

MUSCAT-DE-RIVESALTES

Dom. Bobé

2018 ★★

Production : 1 500 b. | Élevage :
5 à 8 €

Robert Vila, représentant la troisième génération, est établi depuis 1986 tout près de Perpignan sur les terrasses caillouteuses de la Têt. Il conduit un vignoble de 40 ha.

Quelle puissance et quelle complexité aromatique dans ce muscat bien doré : citron, pomelo, litchi, menthol. En bouche, la liqueur est bien équilibrée par une fraîcheur persistante. Un muscat gourmand et délicat, d'un classicisme très expressif.
⧗ 2019-2030

ROBERT VILA, Dom. Bobé, Mas de la Garrigue, 5, chem. de Baixas, 66240 Saint-Estève, tél. 04 68 92 66 38, robert.vila@wanadoo.fr

MUSCAT-DE-RIVESALTES

Dom. des Schistes Bio

JOIA 2017 **

Production : 3 000 b. | Élevage :
11 à 15 €

La cinquième génération officie dans cette exploitation de la vallée de l'Agly qui vinifie en cave particulière depuis 1989. Comme son nom l'indique, les marnes schisteuses dominent. À la vigne, Jacques et Michaël Sire sont pointilleux sur le travail du sol et leur domaine (plus de 50 ha) est conduit en bio. Une valeur sûre du guide.

D'un vieil or intense et lumineux, ce muscat traduit avec puissance et originalité sa remarquable évolution à travers des arômes d'ananas et d'abricot confits, de miel d'acacia alliés à une pointe de cassis. Très riche et complexe en bouche, il revient sur les arômes de confiture d'abricots en y ajoutant une touche de cannelle et une pointe mentholée en finale. ⧗ 2019-2030

EARL DOM. DES SCHISTES, 1, av. Jean-Lurçat, 66310 Estagel, tél. 06 64 75 66 54, sire-schistes@wanadoo.fr

---

RIVESALTES

Vignerons catalans

AMBRÉ HAUTE COUTUME 1966 ***

Production : 2 000 b. | Élevage :
75 à 100 €

En 1964, une poignée de vignerons s'unissent parce qu'ils sont convaincus que « le groupe est meilleur que le meilleur du groupe ». Aujourd'hui, les Vignerons Catalans rassemblent sept caves coopératives, 1 500 adhérents et une quarantaine de caves privées, soit plus de 10 000 ha.

Les très vieux millésimes de vins doux naturels participent de la culture du Roussillon. Ce beau cinquantenaire de 1966 est un bijou dans son écrin ambre roux. Il libère avec intensité des senteurs de fruits secs, de miel, de moka, d'épices, de café, d'agrumes et une touche de litchi. Équilibré, remarquable de fondu, il conserve une ligne fraîche qui porte loin les arômes de noisette, de fruits à noyau, de grillé et de moka. Superbe *per molts anys* (pour encore de nombreuses années). ⧗ 2019-2030

VIGNERONS CATALANS, 1870, av. Julien-Panchot, 66962 Perpignan Cedex_9, tél. 04 68 85 04 51, contact@vigneronscatalans.com

Zoom
Les vins doux naturels

Les conditions de production des vins doux naturels sont très strictes. Les raisins ont une teneur en sucres naturels de plus de 252 g/l (l'équivalent de plus de 14 % vol. d'alcool). Le rendement est limité à 28 hl/ha pour certains muscats, à 30 hl/ha dans les autres cas. Seuls sont autorisés les cépages grenache, macabeu, malvoisie, muscat blanc à petits grains, muscat d'Alexandrie (uniquement pour le muscat de rivesaltes). Un élevage de douze à trente mois est obligatoire, sauf pour les muscats. La particularité des vins doux naturels réside dans l'arrêt de la fermentation par ajout d'alcool neutre d'origine vinique titrant 96 % vol. d'alcool. Cette opération est réalisée généralement à mi-fermentation et permet de conserver entre 54 et plus de 125 g/l de sucres naturels. Les vins titrent 15 % vol. minimum d'alcool acquis.

Le **Poitou** et les **Charentes**

Les vignobles des anciennes provinces de l'Aunis, de la Saintonge et du Poitou ont prospéré avant celui du Bordelais, grâce au port de La Rochelle. Si le Poitou n'a gardé que quelques ceps, les Charentes ont, depuis le XVIe s., fondé leur essor sur la distillation des vins blancs. Le cognac a fait leur réputation – une eau-de-vie qui contribue à un élégant vin de liqueur, le pineau-des-charentes.

Superficie : Haut-Poitou : 99 ha ; Charentes : 685 400 ha (80 035 plantés, essentiellement destinés à la production du cognac ; pineau-des-charentes : 1 132 ha).
Production : Haut-Poitou : 3431 hl ; Charentes : 895 000 hl (cognac) ; 105 400 hl (pineau-des-charentes).
Types de vins : vin de liqueur (le pineau-des-charentes, assemblage de moût et de cognac, eau-de-vie élaborée dans la même aire d'appellation) ; vins tranquilles rouges, rosés et blancs (haut-poitou).
SOUS-RÉGIONS : Haut-Poitou au nord (rattaché viticolement au Val de Loire). Vignobles du cognac et ses six terroirs.

CÉPAGES PRINCIPAUX:
Rouges : cabernet franc, cabernet sauvignon, merlot, gamay (ce dernier uniquement pour le haut-poitou).
Blancs : ugni blanc (surtout), colombard, folle blanche (pour le cognac) ; sémillon, montils, sauvignon.

Histoire

C'est au Moyen Âge que s'épanouissent les vignobles du Poitou, de l'Aunis, de la Saintonge et de l'Angoumois, favorisés par l'essor des villes de l'Europe du Nord et par le renouveau de la navigation maritime. La Hollande devient au XIVe siècle le principal débouché, et ce sont les négociants de ce pays qui introduisent la distillation, à l'origine du cognac. La notoriété de l'eau-de-vie s'affirme aux XVIIIe et XIXe siècles, si bien que le cognac est reconnu en appellation en 1909.

Sols et climat

La région est marquée par des paysages de plaines en Poitou, plus ondulés en Charente, où les sols prennent ça et là la couleur blanchâtre du calcaire. Le climat océanique très doux, ensoleillé l'été et à l'arrière-saison, avec de faibles écarts de températures, permet une lente maturation des raisins qui rapproche en cela le Poitou-Charentes de l'Aquitaine.

Cépages et styles de vins

Les vins blancs du Haut-Poitou naissent du sauvignon, les rouges principalement du cabernet franc. Ugni blanc, colombard, folle blanche, montils, sémillon sont les principaux cépages du cognac qui, mélangé avec des moûts de raisins frais ou partiellement fermentés, donne le pineau-des-charentes.

IGP CHARENTAIS
Grains d'Estuaire
CUVÉE EMMA 2018 ★★

Production : 9 000 b. | Élevage :
11 à 15 €

Julien Bonneau, fils de Joël Bonneau (Ch. Haut Grelot dans le Blayais), et son ami Alexandre Lavigne, restaurateur à Saint-Palais-sur-Mer, ont créé en 2014 une gamme de vins, Grains d'Estuaire, à partir d'un vignoble de 10 ha situé à Saint-Bonnet-sur-Gironde, au sud de la Charente-Maritime. Paré d'une superbe robe sombre aux reflets cassis, ce vin s'ouvre sur des arômes intenses et complexes de pruneau cuit, de raisin mûr et de fruits noirs, agrémentés de nuances fumées. Une approche des plus prometteuses qui trouve un prolongement remarquable dans une bouche ample, riche, puissante, concentrée, longue, dotée de tanins soyeux. Du velours. ⧗ 2021-2029

⊸ EARL JOËL BONNEAU, 28, Les Grelauds, 33820 Saint-Ciers-sur-Gironde, tél. 05 57 32 65 98, *jbonneau@wanadoo.fr*

HAUT-POITOU
Dom. de Villemont
CUVÉE PRESTIGE 2018 ★★

Production : 5 000 b. | Élevage :
8 à 11 €

Créé en 1995, ce domaine très régulier en qualité surplombe la vallée de l'Envigne, au nord de l'AOC haut-poitou. Il étend son vignoble sur 33 ha, exploités en famille par les Bourdier. En 2019, Rodolphe et Virginie ont pris la suite de leurs parents Alain et Annie. Sous une robe rouge sombre, cette cuvée libère un nez intense de fruits mûrs. Au palais, les tanins sont certes présents, mais la chair est suffisamment dense pour bien les accueillir. Il en résulte une impression de soyeux et d'harmonie. ⧗ 2020-2022

⊸ EARL ALAIN BOURDIER (DOM. DE VILLEMONT), 6, rue de l'Ancienne-Commune, lieu-dit Seuilly, 86110 Mirebeau, tél. 05 49 50 51 31, domaine-de-villemont@wanadoo.fr

Zoom
Des origines légendaires

Selon la légende, c'est par hasard qu'au XVIe siècle un vigneron un peu distrait commit l'erreur de remplir de moût de raisin une barrique qui contenait encore du cognac. Constatant que ce fût ne fermentait pas, il l'abandonna au fond du chai. Quelques années plus tard, alors qu'il s'apprêtait à vider la barrique, il découvrit un liquide limpide, délicat, à la saveur douce et fruitée : ainsi serait né le pineau-des-charentes. Le recours à cet assemblage se poursuit aujourd'hui encore, de la même façon artisanale à chaque vendange, car le pineau-des-charentes ne peut être élaboré que par les viticulteurs.

PINEAU-DES-CHARENTES

Raymond Bossis ☆☆

Production : 4 000 b. | Élevage :
8 à 11 €

D'origine vendéenne, la famille Bossis s'est installée en Charente en 1924. Raymond Bossis a développé le domaine et, en 1970, la vente directe. C'est aujourd'hui son fils Jean-Luc qui conduit les 35 ha de vignes plantées sur les coteaux argilo-calcaires de l'estuaire de la Gironde, face au Médoc.
Merlot (80 %) et cabernet composent un pineau haut en couleur dans sa robe rouge profond légèrement tuilé. Le nez, diablement gourmand, évoque les fruits rouges, la fraise écrasée et la griotte notamment, agrémentés de nuances de grillé et d'aiguilles de pin. La bouche affiche un équilibre impeccable entre alcool et acidité, un fruité soutenu qui fait écho à l'olfaction et une longue finale sur le cacao et le fumé. Un délice à savourer dans sa jeunesse. ⧗ 2019-2022

SCEA LES GROIES, 4, Les Groies, 17150 Saint-Bonnet-sur-Gironde, tél. 05 46 86 02 19, contact@raymond-bossis.com

PINEAU-DES-CHARENTES

Thierry Jullion ☆☆

Production : 15 000 b. | Élevage :
8 à 11 €

Thierry Jullion, représentant la cinquième génération, exploite depuis 1981 un beau vignoble familial de 43 ha. Régulièrement remarqué dans le Guide pour son pineau et ses IGP Charentais, il produit aussi du cognac.
Le seul ugni blanc est à l'œuvre dans ce superbe pineau d'un doré intense, vieilli pendant cinq ans. Au nez, se dévoilent des notes complexes de tarte à l'abricot, de poire confite et de miel agrémentées de fines nuances végétales. La bouche se révèle souple en attaque, puis ample, fondue, soyeuse, florale, fruitée et miellée, le tout soutenu par une fraîcheur savamment dosée. Un modèle d'équilibre. ⧗ 2019-2024

SARL THIERRY JULLION, 1, Montizeau, 17520 Saint-Maigrin, tél. 06 83 54 27 73, thierryjullion@orange.fr

PINEAU-DES-CHARENTES

Veuve Baron et Fils

VIEUX LOGIS DE BRISSAC ☆☆

Production : 3 067 b. | Élevage :
15 à 20 €

Commandée par un ancien pavillon de chasse datant de François Ier, avec cour fermée par les chais de vinification et de vieillissement, la propriété, située au nord de Cognac, se transmet de père en fils depuis 1837. Antoine Baron, cinquième du nom, dirige depuis 2007 le domaine de 54 ha réputé pour ses pineaux blancs.
Le seul ugni blanc est à l'œuvre dans ce pineau magistral, né de la récolte 2005. La robe est d'un superbe jaune d'or brillant et limpide. Le nez, aussi puissant qu'élégant, évoque l'écorce d'orange confite, les fruits secs et le rancio. La bouche, centrée sur les mêmes sensations aromatiques, en impose par son équilibre parfait entre fruité, sucres et alcool bien fondu, par sa longueur et son intensité. ⧗ 2019-2029

SCEA VIGNOBLES BARON, Logis-du-Coudret, 16370 Cherves-Richemont, tél. 05 45 83 16 27, veuve.baron@wanadoo.fr

La **Provence**

Le vaste vignoble provençal s'étend sur près de 200 km de long, d'est en ouest, de Nice au sud d'Avignon, et sur 60 km de large entre les Alpilles et la Méditerranée. Aux côtés des pins et des oliviers, la vigne occupe des îlots très diversifiés, et si l'on trouve les trois couleurs de vins dans ce pays de soleil et de vents, c'est le rosé qui règne en maître.

Superficie : 29 000 ha
Production : 1 300 000 hl
Types de vins : rosés majoritaires, rouges de garde et blancs.

CÉPAGES PRINCIPAUX

Rouges : grenache, cinsault, syrah, carignan, tibouren, mourvèdre, cabernet-sauvignon.
Blancs : ugni blanc, vermentino (rolle), bourboulenc, clairette, sémillon, sauvignon.

Histoire

Si, 600 ans avant J.-C., les Phocéens débarquant à Marseille ont déjà multiplié les plants de lambrusques, ce sont les Romains, au IIe siècle, qui vont développer la culture de la vigne dans la *Provincia Romana*. Du Ve au XIIe siècle, les moines (abbayes de Saint-Victor à Marseille, Saint-Honorat sur les Îles de Lérins…) vont poursuivre et améliorer l'œuvre romaine, relayés par les nobles, à partir du XIVe siècle, à l'image du roi-vigneron René d'Anjou, comte de Provence au XVe siècle, qui acquièrent de nombreux domaines et posent les fondations de la Provence viticole moderne. Éléonore de Provence, épouse d'Henri III, roi d'Angleterre, donne aux vins de Provence un grand renom. Mais les siècles suivants voient souffrir le vignoble : éloignement des grands axes de communication, crise du phylloxéra en 1880, surproduction privilégiant la quantité à la qualité au début du XXe siècle. Mais la filière s'organise (mouvement coopératif) et les premières AOC apparaissent dans les années 1930 (cassis en 1936). Ces efforts et le développement du tourisme remettent les vins provençaux à l'honneur, les rosés en tête (38 % de la production nationale et 8 % de la production mondiale).

Sols et terroirs

Le vignoble provençal est très morcelé, la géopédologie très diversifiée et le relief offre des zones fort contrastées, tant au niveau des sols que des microclimats. L'on distingue néanmoins deux grandes zones. À l'ouest et au nord, on trouve collines et barres calcaires sculptées par l'érosion, dans un environnement de garrigue (montagne Sainte-Victoire, massif de la Sainte-Beaume). À l'est, face à la Méditerranée, les massifs cristallins des Maures et du Tanneron accueillent un relief plus doux de collines aux courbes rondes où règne le maquis. Plus à l'est encore, la Côte d'Azur prolonge cette zone cristalline avec des trouées volcaniques aux roches surprenantes comme les porphyres colorées du massif de l'Estérel. Les sols sont en général pauvres, bien drainés et peu profonds, sans excès d'humidité : des terroirs propices à l'épanouissement de la vigne. Quant au climat, le mistral apporte un air rafraîchissant à l'une des régions les plus chaudes de France, avec de rares mais très violentes précipitations.

Cépages et styles de vins

À l'image des autres vignobles méridionaux, la Provence offre une large palette de cépages : grenache, cinsault, carignan, mourvèdre, syrah, tibouren, cabernet-sauvignon… en rouge et rosé, ugni blanc, rolle, grenache blanc, clairette, marsanne, sémillon, bourboulenc… en blanc. On y produit ainsi toute la gamme des couleurs, mais ce sont les rosés qui dominent largement. La Provence s'impose comme la première région en France : près de 90 % de sa production viticole sont dédiés à cette couleur, avec une production annuelle en moyenne de 150 millions de bouteilles.

Vigneron de l'année

Gilles Baude (Dom. La Rose des Vents)

pour le coteaux-varois-en-provence blanc Seigneur de Broussan 2018

Figure indiquant les quatre points cardinaux, la rose des vents italienne, adoptée par les marins de la Méditerranée, permettait de trouver sa route. Celle des vins des coteaux-varois-en-provence a trouvé en Gilles Baude un « astrolabe » de talent. Cet œnologue signe avec force régularité des cuvées épatantes, à l'image de ce Seigneur de Broussan explosif.

Esprit d'équipe

Gilles Baude tient bon la barre d'un domaine familial fondé au début du XXe siècle, auquel il a donné une nouvelle jeunesse à son installation en 1994. Œnologue de formation, il précise, modeste, qu'il n'a pas l'exclusivité de la conduite des opérations. « Les grands vins ne peuvent être l'ouvrage d'un seul homme, mais le résultat d'un travail d'équipe œuvrant à la réussite constante d'une tradition raffinée. » De fait, c'est avec un véritable esprit artisan – et un brin « artiste » – empreint d'une modernité respectueuse du passé, qu'il anime les acteurs du domaine. « Mon beau-frère Thierry Josselin, par exemple, participe aux vinifications et se charge de la logistique commerciale. Cela me permet de mieux me consacrer aux différents terroirs de ces coteaux varois qui, du fait des caractéristiques physiques du biotope, possèdent plus de fraîcheur que les côtes de Provence. »

Micro-climat magique

Ces coteaux-varois, déployés dans le site grandiose du plateau triasique de la Roquebrussanne, Gilles Baude ne cesse de les mettre en avant. « Ce plateau est dominé par le massif de la Sainte Baume et la montagne de la Loube. Ces massifs participent à un micro-climat quasiment magique ». Il insiste sur la gamme étendue de saveurs et une diversité de bon aloi dispensées par les cépages rouges qui fleurent si bon le pays des cigales, cépages « locaux » auxquels le cabernet-sauvignon vient noblement prêter main forte. Les blancs, il en parle avec passion, allant jusqu'à « diviniser » le cépage rolle qui, sur des terres caillouteuses, déploie d'incomparables saveurs et permet de combiner fraîcheur, gras et puissance aromatique.
Le passage en bio en 1999 « n'a posé aucun problème particulier. » Ce mode de culture – « ce n'est pas si compliqué d'avoir des vignes saines » – ne fait que « renforcer une démarche visant à un objectif tout simple : élaborer de grands vins de garde dont les fraîcheurs élégantes seront marquées au sceau de terroirs d'exception ». Les récompenses du Guide sont reçues comme autant de reconnaissances d'un savoir-faire.

BANDOL

Ch. Canadel

2018 ★★

Production : 24 000 b. | Élevage :

15 à 20 €

Lors de la construction de la cave en 2013, des fouilles archéologiques ont mis au jour des traces d'activité agricole (moulin à huile, cuves à vin) datant de l'époque romaine qui témoignent de l'antériorité du domaine. Un domaine qui n'a retrouvé son identité qu'en 2007 avec son rachat par Jacques et Caroline de Chateauvieux. Deux ans plus tard, ces derniers ont confié la direction du vignoble (15 ha en restanques) à leur fille Laure Benoist et son mari Vianney, tous deux ingénieurs agronomes. En 2014, la première bouteille du Ch. Canadel voit le jour. La conversion bio est en cours.

Remarquable cuvée composée de 50 % de mourvèdre, 40 % de cinsault et 10 % de grenache. Elle se présente dans une robe rose pâle aux légers reflets cuivrés et libère des arômes complexes de fruits rouges, d'agrumes, de poire, de pêche et d'amande. Ample au palais, elle allie fraîcheur et rondeur jusqu'à la finale, aux délicates notes épicées et acidulées. ⧗ 2019-2020

SCEA CH. CANADEL, 994, chem. du Canadeau, 83330 Le Castellet, tél. 04 94 98 40 10, contact@chateau-canadel.fr

---

BANDOL

Ch. de la Noblesse

PIGNATEL 2016 ★★

Production : 780 b. | Élevage :

20 à 30 €

Ce domaine, fondé dans les années 1930 et resté familial depuis lors, étend ses vignes sur 10 ha d'un seul tenant. Aux commandes, Henri Gaussen, épaulé depuis 1990 par sa fille Agnès Gaussen-Cade, œnologue.

La version 2015 de cette cuvée avait obtenu un coup de cœur. L'histoire se répète avec un 2016 épatant de bout en bout. La robe est dense et sombre comme il se doit, le nez intense et gourmand, sur les fruits rouges mûrs, la violette, la vanille et les épices. Souple et franche en attaque, la bouche déploie ensuite une matière dense et volumineuse, étayée par des tanins fins et veloutés et par une longue finale pleine de fraîcheur et de fruit. Un bandol à la fois puissant et élégant, qui est loin d'avoir tout révélé… ⧗ 2023-2030

EARL CH. DE LA NOBLESSE, 1685, chem. de l'Argile, 83740 La Cadière-d'Azur, tél. 04 94 98 72 07, chateau.noblesse@gmail.com

Zoom
Le mourvèdre

D'origine espagnole, le mourvèdre est un cépage rouge qui réclame chaleur et ensoleillement pour donner toute sa mesure. De maturité tardive, il produit seul, ou plus souvent en assemblage, des vins rouges puissants, chaleureux, complexes (cerise noire, fruits mûrs, poivre, cuir…) et de longue garde, et des rosés à forte personnalité. Très planté en Espagne (où il est appelé morastrell ou monastrell), il est présent dans le sud de la France, surtout en Provence et à Bandol, où il domine dans les vins rouges (au moins 50 % de l'assemblage, aux côtés notamment du grenache et du cinsault), dans le Languedoc- Roussillon, où il a été implanté plus récemment, à Châteauneuf-du-Pape (où il fait partie des nombreux cépages autorisés), et plus modestement dans quelques autres pays de climat chaud. Synonymes : mataro, monastrell, morastrell.

BANDOL

Ch. Salettes

2017 ★★

Production : 35 000 b. | Élevage :
20 à 30 €

Depuis 1604, dix-huit générations de vignerons se sont succédé sur ce terroir argilo-calcaire et caillouteux sur lequel est implanté le vignoble : 34 ha d'un seul tenant au pied de La Cadière-d'Azur, conduit en bio. Un domaine entièrement restructuré, à la vigne et au chai, par Jean-Pierre Boyer, aux commandes depuis 1964. Une valeur sûre, d'une grande constance dans la qualité, et ce dans les trois couleurs de l'appellation.

Une belle robe pourpre aux doux reflets violines habille ce bandol composé à 71 % de mourvèdre, 12 % de grenache, 9 % de syrah et 8 % de cinsault. Le nez, intense, mise sur les fruits rouges et noirs (cerise, mûre, groseille, cassis). Arômes que l'on retrouve dans une bouche souple et fraîche en attaque, ample, dense et charnue dans son développement, bien soutenue par des tanins fermes mais élégants. Un vin net et complet, bâti pour la garde. ⧗ 2022-2030

SARL CH. SALETTES, 913, chem. des Salettes, 83740 La Cadière-d'Azur, tél. 04 94 90 06 06, salettes@salettes.com

BANDOL

Dom. la Suffrène

90 2018 ★★

Production : 140 000 b. | Élevage :
11 à 15 €

C'est au lieu-dit La Suffrène – qui aurait été autrefois la résidence d'une compagne du Bailli de Suffren – que s'étend une partie des vignes de ce domaine incontournable de l'AOC bandol. Un vignoble familial de 60 ha, morcelé en une centaine de parcelles, dont les raisins étaient portés à la coopérative jusqu'à l'arrivée de Cédric Gravier, qui a pris en 1996 la suite de ses grands-parents.

Un corail brillant dans le verre. Telle est cette cuvée issue de l'assemblage de 40 % de mourvèdre, 30 % de cinsault, 20 % de grenache et 10 % de carignan. Tout en délicatesse, elle égrène des arômes de pêche blanche, de fleur d'oranger et d'agrumes. Puis, elle emplit le palais de sa matière tendre et tonique à la fois, relevée de notes épicées en finale. La Suffrène est toujours au sommet… ⧗ 2019-2021

GAEC GRAVIER-PICHE, 1066, chem. de Cuges, 83740 La Cadière-d'Azur, tél. 04 94 90 09 23, commercial@suffrene.fr

CASSIS

Ch. Barbanau Bio

CUVÉE KALAHARI 2016 ★★

Production : 5 000 b. | Élevage :
20 à 30 €

Émile Bodin a créé le Clos Val Bruyère en 1889. Un siècle plus tard, Sophie, son arrière-petite-fille, et ses parents reprennent les quelques hectares de vignes reçus en héritage et font revivre ce Clos. La même année ils font l'acquisition du Ch. Barbanau, 23 ha de vignes situés à l'extrême ouest de l'appellation côtes-de-provence, à 360 m d'altitude. Aujourd'hui, Sophie et son mari Didier sont à la tête de ce château et produisent des vins en biodynamie certifiés Biodyvin depuis le millésime 2018.

Très belle réussite pour cette cuvée couleur jaune paille doré, née d'un assemblage de clairette, de marsanne et de sauvignon blanc, qui présente un nez élégant de fleur d'oranger, de pâte de fruit, de pain grillé et d'épices. La bouche se révèle riche, tout en volume, soutenue par un boisé fondu et offrant une bonne persistance aromatique. Un très joli blanc de garde. ⧗ 2020-2025

SCEA CH. BARBANAU, hameau de Roquefort, 13830 Roquefort-la-Bédoule, tél. 04 42 73 14 60, contact@chateau-barbanau.com

COTEAUX-D'AIX-EN-PROVENCE

Ch. Barbebelle

CUVÉE MADELEINE 2018 ★★

Production : 106 000 b. | Élevage :
8 à 11 €

Plus de trois siècles d'existence pour ce domaine de 300 ha où Brice Herbeau œuvre depuis les années 1970, dans des caves voûtées du XVIe s. Le vignoble de 45 ha est implanté sur les coteaux argilo-calcaires des parties hautes de la Trévaresse.

D'un seyant rose pâle aux reflets gris, ce vin d'une belle brillance s'ouvre sur des arômes tout en finesse de fruits rouges, d'agrumes et d'épices douces. On retrouve ces sensations dans une bouche pleine de fraîcheur, étirée dans une longue finale saline et épicée. Un rosé dynamique et parfaitement équilibré. ⧗ 2019-2020

SARL CH. BARBEBELLE, D_543, 13840 Rognes, tél. 04 42 50 22 12, contact@barbebelle.com

COTEAUX-D'AIX-EN-PROVENCE

Ch. de Beaupré Bio

LE CHÂTEAU 2018 ★★

Production : 24 000 b. | Élevage :
11 à 15 €

Construite en 1739, cette bastide servait au XIXe s. de relais de chevaux à la famille Double, des armateurs marseillais, avant d'être convertie en domaine viticole en 1890 par le baron Émile Double. Sa descendante, Phanette, œnologue et ingénieur en agriculture, conduit aujourd'hui un vignoble de 43 ha, en bio certifié depuis 2013.

Cette cuvée à la robe jaune clair et aux reflets dorés de vert est issue d'un assemblage de 50 % de vermentino, 25 % de sauvignon blanc, 20 % de sémillon et 5 % de clairette. Le nez, fin et complexe, mêle des arômes de pêche de vigne, de poire, de mangue et de subtiles notes florales. Une attaque vive et finement perlée ouvre sur une bouche ample et dense, étirée dans une longue finale qui allie avec élégance de jolis amers à la fraîcheur du fruit. ⧗ 2019-2022

EARL CH. DE BEAUPRÉ, 3525, RD_7N, 13760 Saint-Cannat, tél. 04 42 57 33 59, contact@beaupre.fr

COTEAUX-VAROIS-EN-PROVENCE

Ch. la Calisse Bio

PATRICIA ORTELLI 2018 ★★

Production : 5000 b. | Élevage :
20 à 30 €

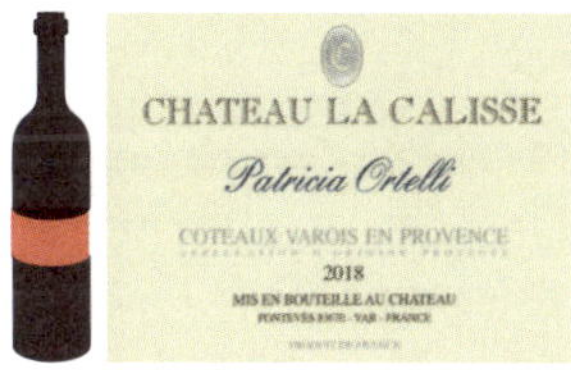

Une ancienne magnanerie, exploitée en polyculture au XIXᵉs. On y cultivait notamment des amandiers dont les fruits servaient aux confiseurs d'Aix-en-Provence pour la fabrication des calissons. Désormais dédié à la vigne (12 ha), le domaine est dirigé par Patricia Ortelli depuis 1991, et conduit en bio depuis 1996. Une valeur (très) sûre des coteaux-varois.

Une belle robe rose pâle habille cette cuvée composée de 70 % de grenache et de 30 % de syrah. Le nez, fin et gourmand, associe le pamplemousse à des notes d'épices légères. Une attaque fraîche ouvre sur une bouche parfaitement équilibrée, douce et soyeuse. La finale sur le fruit frais persiste agréablement. Un vin bien construit, délicat et moderne. ⧗ 2019-2020

SAS CH. LA CALISSE, RD_560, 83670 Pontevès, tél. 04 94 77 24 71, contact@chateau-la-calisse.fr

---

COTEAUX-VAROIS-EN-PROVENCE

Le Cellier de la Sainte-Baume

REFLETS 2018 ★★

Production : n.c. | Élevage :
- de 5 €

La coopérative de la Sainte-Baume est le fruit de la fusion de trois caves en 1973, suivie d'une autre fusion plus récente avec la cave de Tourves, en 1998. En 2012, elle a fêté son centenaire et abandonné le vieux bâtiment ocre au vaste fronton pour s'installer dans des locaux modernes à la sortie de Saint-Maximin.

La cave de la Sainte-Baume n'en est pas à son premier coup de cœur en rosé. Elle signe ici un assemblage remarquable de grenache, syrah, cabernet-sauvignon et cinsault qui séduit d'emblée par sa couleur litchi. Le charme continue d'opérer avec une olfaction fine et élégante centrée sur les agrumes, les fruits exotiques et les fleurs blanches. La bouche est un modèle d'équilibre : de la chair, une texture soyeuse, de la fraîcheur et une longue finale sur le fruit. ⧗ 2019-2020

SCA LE CELLIER DE LA SAINTE-BAUME, rte de Barjols, 83470 Saint-Maximin-la-Sainte-Baume, tél. 04 94 78 03 97, cellier.ste-baume@orange.fr

Zoom
Les coteaux-varois-en-provence

Au pied de la chaîne de la Sainte-Baume et dans les environs de Brignoles, ancienne résidence d'été des comtes de Provence, le vignoble est réparti sur vingt-huit communes, de façon discontinue, entre les massifs calcaires boisés ; chaque vignoble est donc soumis à des conditions climatiques particulières.

COTEAUX-VAROIS-EN-PROVENCE

Ch. de l'Escarelle

CROIX D'ENGARDIN 2015 ★★

Production : 3000 b. | Élevage :
30 à 50 €

En 1920, François-Joseph Fournier (déjà propriétaire de l'île de Porquerolles) fit cadeau à son épouse de cette propriété adossée aux contreforts de la montagne de La Loube. Dans les années 1960, la famille Gassier a transformé le domaine qui, avec 110 ha de vignes, représente sans doute la plus grande cave particulière de l'AOC coteaux-varois. Acquis en 2014 par l'homme d'affaires Yann Pineau, il est en conversion bio.
Ce 2015 couleur grenat profond est issu d'un assemblage de grenache et de syrah. Son nez s'ouvre sur les fruits noirs et se poursuit sur des notes grillées, épicées et chocolatées. En bouche, il se montre ample, charnu, concentré, avec en soutien des tanins fins et soyeux. Un vin de caractère, bâti pour une belle garde. ⧗ 2019-2020

SAS ESCARELLE DIFFUSION, rte de la Roquebrussanne, 83170 La Celle, tél. 04 94 69 09 98, contact@escarelle.fr

---

COTEAUX-VAROIS-EN-PROVENCE

Ch. Lafoux Bio

AUGUSTE 2017 ★★

Production : 4290 b. | Élevage :
15 à 20 €

Rachetée en 1999 par Claudine et Yvon Boisdron, la propriété doit son nom à la source voisine, La Foux. Elle est commandée par une bastide du XVIIIe s. bâtie sur un ancien fortin romain situé le long de la voie aurélienne. Le domaine s'étend sur 174 ha : du blé dur, des oliviers et 24 ha de vignes plantées sur un sol argilo-calcaire et entourées de chênes.
Née de 80 % de syrah et de 20 % de grenache, élevée pour partie en fût et pour partie en jarres de grès, cette cuvée est bien connue des lecteurs du Guide. Elle survole la dégustation en rouge avec sa version 2017. Un vin d'un beau rouge sombre, au nez complexe mêlant les fruits mûrs (cassis, cerise), la violette, les épices douces, la réglisse et le cacao. Une attaque souple et soyeuse ouvre sur une bouche puissante, riche, concentrée, aux tanins fondus et veloutés. Une jolie finale corsée, sur les épices, conclut la dégustation de ce vin diablement gourmand et généreux. ⧗ 2021-2025

SCEA CH. LAFOUX, RN_7, 83170 Tourves, tél. 04 94 78 77 86, contactlafoux@gmail.com

COTEAUX-VAROIS-EN-PROVENCE

Dom. la Rose des Vents Bio

SEIGNEUR DE BROUSSAN 2018 ★★

Production : 1600 b. | Élevage :
8 à 11 €

Fondée au début du XXe s., l'exploitation s'est transmise au fil des générations. Depuis 1994, Gilles Baude, œnologue talentueux, conduit le domaine et ses 52 ha de vignes avec son beau-frère Thierry Josselin, chargé de la commercialisation. Une valeur sûre en coteaux-varois.
Une grande part de vermentino (85 %) et une pointe de sémillon ont été assemblés dans cette cuvée d'un jaune pâle lumineux à souhait. Le nez expressif convoque les agrumes (pamplemousse) et les fruits exotiques (fruit de la Passion, mangue, litchi). Arômes que l'on retrouve avec intensité et élégance dans une bouche parfaitement équilibrée, ronde et concentrée tout en affichant beaucoup de fraîcheur. Explosif. ⧗ 2019-2021

EARL BAUDE, rte de Toulon, 83136 La Roquebrussanne, tél. 04 94 86 99 28, larosedesvents073@orange.fr

Vigneron de l'année

CÔTES-DE-PROVENCE

Bastide des Deux Lunes

TOUT PRÈS DES ÉTOILES 2018 **

Production : 11 000 b. | Élevage :

8 à 11 €

Au pied du massif des Maures, cette propriété familiale créée en 1850 produisait à l'origine du vin et de l'huile. À partir de 1940, les raisins furent livrés à la coopérative. Bertrand Dubois, œnologue, a repris en 2000 le vignoble (33 ha aujourd'hui) et relancé les vinifications au domaine. Le chai a vu le jour pour les vendanges 2012.

Une cuvée bien connue des lecteurs, qui n'a jamais aussi bien porté son nom. Né du seul rolle, elle se présente dans une jolie robe jaune pâle aux reflets verts et dévoile au nez des arômes intenses de fruits jaunes, d'agrumes et de fleurs blanches. La bouche affiche une grande finesse, un équilibre impeccable entre rondeur et fraîcheur, et déploie une longue finale légèrement iodée. ⧗ 2019-2022

BERTRAND DUBOIS, *Bastide des Deux Lunes, 467, chem. des Deux-Lunes, 83390 Puget-Ville, tél. 06 16 31 13 71, bastidedes2lunes@gmail.com*

CÔTES-DE-PROVENCE

Les Vignobles Gueissard

G 2018 **

Production : 2 600 b. | Élevage :

8 à 11 €

Pauline Giraud et Clément Minne, diplôme de « viti-œno » en poche, après des expériences en Provence et aux antipodes, décident de faire leur propre vin. Vignerons sans terres, ils prennent des parcelles en fermage en 2010 puis en pleine propriété, et constituent ainsi une mosaïque de 17 ha répartis sur plusieurs terroirs, en AOC bandol et côtes-de-provence.

Cette cuvée issue de 85 % de vermentino et 15 % de clairette séduit d'emblée avec sa robe lumineuse, couleur or blanc, et son nez intense de fruits exotiques (fruit de la Passion, mangue, litchi), de pêche et de fleurs blanches. Une palette aromatique à laquelle fait un long écho une bouche ample et riche, dynamisée par une finale sur le citron vert. Un blanc à la forte personnalité. ⧗ 2019-2022

SAS DOM. GUEISSARD, *405, traverse des Grenadières, Les Escadenières, RN_8, 83330 Le Beausset, tél. 09 81 49 76 00, pauline@lesvignoblesgueissard.com*

Zoom
Les bienfaits du mistral

Le climat provençal est de type méditerranéen. Avec 2 700 à 2 900 heures d'ensoleillement annuel, le vignoble jouit de températures très élevées, variables cependant en fonction des terroirs et du relief. Comme dans tous les vignobles méridionaux, les précipitations d'automne et du printemps peuvent être torrentielles, tandis que les étés sont secs et chauds, parfois caniculaires. Les vents sont nombreux, à commencer par le mistral, parfois très violent, qui a le mérite d'assainir le vignoble.

CÔTES-DE-PROVENCE

Dom. Jacourette

SAINTE-VICTOIRE 2016 ★★

Production : 3 000 b. | Élevage :

11 à 15 €

Hélène Dragon, quatrième du nom à diriger l'exploitation familiale, œuvre au chai et à la vente, tandis que son mari Frédéric Arnaud s'occupe de la vigne. Installé depuis 1997 à la tête de la propriété, le couple conduit un vignoble qui compte aujourd'hui 25 ha, situé à 5 km de la montagne Sainte-Victoire. Un domaine très régulier en qualité.

Cette cuvée fait la part belle à la syrah (90 %), complétée de 10 % de cabernet-sauvignon. Elle présente un nez très élégant et bien typé de cassis et de violette sur un fond de fines notes boisées et épicées. La bouche se montre puissante, ample et veloutée, construite sur des tanins soyeux à souhait, un boisé fondu et une fraîcheur savamment dosée. Un vin de caractère, bâti pour durer. ⧗ 2022-2030

EARL ARNAUD-DRAGON, rte de Trets, RD_23, 83910 Pourrières, tél. 04 94 78 54 60, helene.dragon@jacourette.com

---

CÔTES-DE-PROVENCE

Made in Provence

CLASSIC 2018 ★★

Production : 128 846 b. | Élevage :

11 à 15 €

Définitivement épatants ces vignerons, qui décrochent deux nouveaux coups de coeur avec leurs rosés. Honneur à cette cuvée à dominante de cinsault (60 %), au nez puissant, exubérant même, d'agrumes et de fruits exotiques. Une intensité aromatique à laquelle fait écho une bouche ample et suave, dynamisée par une longue finale rectiligne, pleine de fraîcheur. ⧗ 2019-2020

CÔTES-DE-PROVENCE

Made in Provence

COLLECTION PREMIUM 2018 ★★★

Production : 45 061 b. | Élevage :

11 à 15 €

Le second coup de coeur récompense une cuvée Premium, magnifique dans sa robe brillante et fraîche, comme dans on bouquet puissant de pamplemousse, de citron vert et de fleurs blanches. Issue d'un assemblage de syrah (60 %), de grenache (30 %) et de rolle (10 %), elle affiche beaucoup de volume en bouche et un superbe équilibre entre fraîcheur et douceur. Et quelle expression aromatique, centrée sur le fruit ! Un rosé d'exception. ⧗ 2019-2020

Made in Provence Diffusion est la société de négoce et de commercialisation de Virginie Fabre et Guillaume Philip, propriétaires depuis 2007 de l'excellent Dom. des Diables à Puyloubier. Une valeur très sûre.

SAS MIP DIFFUSION, chem. de la Colle, 13114 Puyloubier, tél. 06 81 43 94 62, contact@mip-provence.com

CÔTES-DE-PROVENCE

Ch. de Pourcieux

2018 ★★

Production : 130 000 b. | Élevage :

11 à 15 €

Entre monts Aurélien et Sainte-Victoire, le Ch. de Pourcieux, ensemble architectural du XVIIIes., appartient depuis son origine à la famille du marquis d'Espagnet, dont plusieurs membres furent conseillers du Parlement de Provence. Sa vocation viticole est maintenue depuis 1986 par Michel d'Espagnet, rejoint à la vinification par son fils Rémi et sa fille Alix à la commercialisation. Disposant d'environ 30 ha, le domaine s'est équipé en 2017 d'une cuverie neuve.

Double coup de cœur dans l'édition précédente (pour un blanc et un rosé), le domaine fait encore mouche avec ce 2018 épatant, né de syrah, de grenache, de cinsault et d'une pointe de vermentino. Le nez, aussi élégant qu'intense, dispense des arômes de fleurs blanches et de pomélo. La bouche se révèle croquante à souhait, pleine de fruits et de fraîcheur, enrobée par une matière suave. Un modèle d'équilibre. ⧗ 2019-2020

EARL CH. DE POURCIEUX, 1, rue de la Croix, 83470 Pourcieux, tél. 04 94 59 78 90, chateau@pourcieux.com

IGP MAURES

Dom. de l'Anglade

LE ROSÉ D'ANNA 2018 ★★

Production : 9 600 b. | Élevage :

11 à 15 €

L'unique domaine de la commune du Lavandou, acquis par la famille Van Doren en 1925. Les vignes (19 ha) côtoient ici pinèdes et roselières, ces dernières étant utilisées pour la fabrication des anches de clarinettes et de saxophones.

Grenache (85 %) et syrah unis pour le meilleur dans ce rosé superbe, à la robe pâle et brillante. Au nez, les fleurs blanches côtoient la fraise, dans sa version fruit et dans sa version bonbon. En bouche, le vin offre du gras, de la rondeur, de la douceur, de l'onctuosité, sans jamais manquer de fraîcheur, ni de son expression amylique et fruitée. Une vraie gourmandise. ⧗ 2019-2020

DOM. DE L' ANGLADE, av. Vincent-Auriol, 83980 Le Lavandou, tél. 04 94 71 10 89, info@domainedelanglade.fr

Zoom
Le nuancier des rosés de Provence

Imaginé par le conseil interprofessionnel des vins de Provence et conçu par le centre de recherche et d'expérimentation sur le vin rosé à Vidauban, ce nuancier référence les six principales couleurs des vins rosés produits dans les appellations provençales. Pour qualifier leur robe, il utilise un vocabulaire évocateur faisant référence à l'univers des fruits et au contexte aromatique des vins rosés. Les six couleurs sont : groseille, pêche, pomelo, melon, mangue et mandarine.

La **Corse**

Montagne dans la mer, l'île de Beauté et sa topographie tourmentée offre une multiplication de pentes et de coteaux, de microclimats favorisés par la proximité des montagnes et des vallées et une pauvreté des sols bénéfiques à la vigne. Le vignoble court tout autour de l'île, à proximité des côtes. On y cultive, aux côtés de variétés importées, des cépages introuvables sur le continent, comme le sciaccarello et le nielluccio, à l'origine de vins rouges et rosés typés, très majoritaires, ou comme le vermentino en blanc.

Superficie : 7 000 ha
Production : 350 000 hl dont 35,5 % en AOC, 59,2 % en IGP et 5,3 % en VSIG.
Types de vins : en AOC, rosés majoritaires (55 %), rouges (33 %), blancs (10,5 %), vins doux naturels muscat-du-cap-corse (1,5 %).
En IGP, rosés majoritaires (48 %), rouges (35 %) et blancs (17 %).

CÉPAGES PRINCIPAUX

Rouges : niellucciu, sciaccarellu, grenache, cinsault, syrah, carignan, aleatico.
Blancs : vermentinu (rolle), bourboulenc, clairette, muscat à petits grains.

Histoire

Ce sont les Phocéens qui ont introduit la vigne en Corse il y a 2 600 ans. La commune d'Aléria, sur la côte est, en porte encore le témoignage, cette ville où ces mêmes Phocéens avaient fondé le comptoir d'Alalia. Plus largement, la Corse, suite aux nombreuses et successives occupations par les Romains, les Barbares, les Toscans puis les Génois, a bénéficié de riches influences commerciales.

Sols et climats

Le relief et les modulations climatiques qu'il entraîne s'associent à trois types de sols principaux : les sols granitiques, les plus répandus, au sud et à l'ouest de l'île ; les sols de schistes au nord-est ; les sols calcaires entre ces deux zones. Le climat très ensoleillé est tempéré par une relative humidité due à l'influence maritime. L'ensemble de ces facteurs explique la présence de la vigne un peu partout dans l'île, seule l'altitude en limitant l'implantation.

Cépages et styles de vins

La Corse, largement dominée par les rouges et les rosés, se distingue par sa trentaine de cépages autochtones très diversifiés, qui côtoient des cépages importés. Pour les rouges et les rosés, les cépages phares sont le nielluccio (connu en Italie sous le nom de sangiovese) et le sciacarello, parfois associés aux « locaux » barbarossa et aleatico, au carignan, au cinsault, au grenache, au mourvèdre ou à la syrah ; pour les blancs, le vermentino (malvoisie de Corse) domine, accompagné parfois de l'ugni blanc (ou rossola), du bianco gentile, du codivarta... Le muscat à petit grains engendre le muscat-du-cap-corse.

Vigneron de l'année

Isabelle Courrèges (Dom. Pratavone)

pour l'ajaccio rouge Cuvée Tradition 2017

Rapatrié d'Algérie, Jean Courrèges ne s'est pas installé dans la plaine orientale comme nombre de pied noirs, qui allaient y reconstituer une viticulture intensive, préférant établir son domaine dans l'arrière-pays montagneux d'Ajaccio, aux terroirs d'arènes granitiques. Forte d'un solide bagage œnologique, sa fille Isabelle l'a agrandi et modernisé. Elle obtient un nouveau coup de cœur dans la difficile année 2017. Entretien.

Comment votre famille est-elle arrivée dans la région d'Ajaccio?

Mon père a retiré une impression décourageante de la côte orientale : pieds noirs et corses, deux communautés hostiles. Il a acheté alors avec son frère, en 1963, une maison de maître décatie au sud d'Ajaccio. Animé de l'esprit pionnier des rapatriés, il a défriché le maquis. Il avait du mal à vendre, mais quelle ardeur à planter et à vinifier ! D'abord des cépages communs, comme le cinsault, puis les variétés insulaires, promues par les pouvoirs publics pour restaurer la viticulture corse mise à mal par des scandales, à l'époque où naissaient les AOC corses (1976 pour ajaccio). Je le revoie rentrer tous les soirs, ses yeux bleus brillant dans une face noire de poussière ! Le bagne !

Et vous avez voulu devenir vigneronne?

Mais non, toute la fratrie voulait devenir dentiste comme un ami de mon père qui vivait bien, alors que nous étions démunis... Mais à Montpellier, j'ai échoué en médecine. J'ai alors bifurqué vers l'œnologie, prolongé mon cursus universitaire à Bordeaux, puis en Champagne. Ensuite, j'ai joué les pigeons voyageurs, vinifiant en hiver en Afrique du Sud et en Australie, avant de rentrer définitivement au domaine en 1991, car la santé de mon père vacillait. J'ai modernisé la cuverie, avant d'investir dans un nouveau chai aménagé en 2012. J'ai porté la superficie du vignoble de 33 à 50 ha : 20 ha de sciaccarellu, cépage principal de l'AOC ajaccio en rouge et rosé, complété par les niellucciu, barbarossa, grenache et cinsault et, en blanc, par les vermentinu, biancu gentile et muscat. Nous vendangeons l'essentiel à la machine, la nuit.

Quels vins proposez-vous? Beaucoup de rouges?

Des ajaccio surtout. Pour une bonne moitié des volumes, des rosés, pratiquement inexistants du temps de mon père – même si les rouges peuvent dépasser la moitié, si les conditions de maturation sont favorables. J'aime traduire dans les rouges et les rosés la délicatesse féminine du sciacarellu qui, comme le pinot noir, donne des vins à la fois élégants et solides. Hélas, avec la canicule d'août 2017, j'ai perdu la moitié de ma récolte : blocages de maturité, peu de jus. J'ai tout de même sélectionné des parcelles pour le vin rouge, mais il y en aura peu... Quant aux blancs, ils m'intéressent de plus en plus.

AJACCIO

Clos d'Alzeto

L'ALZETO PRESTIGE 2018 ★★

Production : 65 000 b.
8 à 11 €

Ce domaine de 55 ha proche du golfe de Sagone possède la parcelle de vignes la plus élevée de Corse : elle culmine à 500 m d'altitude. La famille Albertini est aux commandes depuis 1800, et c'est aujourd'hui Alexis qui est responsable de l'élaboration des vins.

Une touche de cinsault (10 %) épaule le sciaccarellu dans cette cuvée bien typée. Clair et limpide, aromatique, entre fruits, fleurs et poivre blanc, ce rosé déploie une bouche à la fois ronde et croquante, savoureuse par la clarté de son fruit (floral, fruité), ses nuances épicées et son équilibre irréprochable. ⧗ 2019-2020

CLOS D'ALZETO, Clos d'Alzeto, 20151 Sari-d'Orcino, tél. 04 95 52 24 67, contact@closdalzeto.com

---

AJACCIO

Dom. de Pratavone

CUVÉE TRADITION 2017 ★★

Production : 50 000 b. | Élevage :
8 à 11 €

Cette propriété d'environ 50 ha située non loin du site préhistorique de Filitosa est dirigée par Isabelle Courrèges. Elle en a modernisé le chai en 2012, le dotant d'un équipement à la pointe de la technologie, et a engagé en 2015 la rénovation des bâtiments. Une valeur sûre de l'appellation ajaccio.

Cette cuvée a tiré le meilleur parti de l'année solaire. Cépage emblématique de l'appellation, le sciaccarellu domine dans l'assemblage, accompagné de grenache (20 %) et de niellucciu (10 %). D'emblée, ce vin en impose par la densité de sa robe. Au nez, il monte en puissance, révélant un florilège d'arômes bien typés : mûre, cerise confite, cassis, relevés de notes épicées rappelant le poivre blanc. Concentré, puissant, harmonieux et persistant, à la fois gras et frais, il s'appuie sur une superbe structure faite de tanins soyeux. On pourra l'ouvrir prochainement, en le carafant, ou le garder quelques années. ⧗ 2020-2025

DOM. DE PRATAVONE, D757, 20123 Cognocoli-Monticchi, tél. 04 95 24 34 11, domainepratavone@wanadoo.fr

Vigneron de l'année

CORSE OU VIN-DE-CORSE

Dom. d'Alzipratu

PUMONTE 2018 ★★

Production : 20 000 b.
11 à 15 €

Créé en 1968 au nord-ouest de l'Île de Beauté par le baron Henry-Louis de La Grange, le domaine aujourd'hui conduit par Pierre Acquaviva et Cécilia, son épouse, couvre 43 ha répartis sur trois terroirs autour du couvent d'Alzipratu. Il bénéficie de la double influence climatique de la mer et de la montagne. Une référence (très) sûre pour ses Calvi, dans les trois couleurs.

Unanime, le jury s'est enthousiasmé pour ce Pumonte (« au-delà des monts ») qui associe les deux cépages insulaires à un tiers de grenache. Aussi discrète en couleur que volubile au nez, la cuvée offre souplesse, parfums (notes florales, fruits frais, bonbon anglais) et tenue. La longue finale, avec une pointe d'amertume, ponctue en beauté ce rosé harmonieux et expressif. ⧗ 2019-2020

DOM. D'ALZIPRATU, rte de Zilia, 20214 Zilia, tél. 04 95 60 32 16, bureau@alzipratu.com

CORSE OU VIN-DE-CORSE

Dom. de Granajolo Bio

PORTO-VECCHIO SCIACCARELLU

2017 ★★

Production : 2 980 b. | Élevage :
15 à 20 €

Ce domaine, fondé par André et Monika Boucher en 1974, se flatte d'avoir été le premier, en Corse, à obtenir une certification bio, en 1982. À la disparition de son père, Gwenaële, œnologue, forte d'une première expérience en France et en Australie, a repris la gestion de la propriété (20 ha) avec sa mère en 2002.

Cépage autochtone, le sciaccarellu passe pour craindre la chaleur extrême. Et pourtant, celui-ci s'est très bien comporté pendant l'été très sec de 2017. Aucun excès de chaleur ici, ni la moindre verdeur, le raisin a parfaitement mûri et engendré un vin délectable, modèle de son appellation. Si les reflets de la robe évoquent la cerise, c'est la fraise qui ressort au nez, au milieu d'un panier de fruits rouges très parfumés. Ce fruit rouge intense et mûr s'épanouit avec persistance dans une bouche ronde, aux tanins fondus. Un plaisir durable. ⧗ 2019-2024

DOM. DE GRANAJOLO, La Testa, 20144 Sainte-Lucie-de-Porto-Vecchio, tél. 04 95 70 37 83, info@granajolo.fr

CORSE OU VIN-DE-CORSE

Dom. Orsini

CALVI ASTRO 2015 ★★

Production : 4 000 b. | Élevage :
11 à 15 €

Tony Orsini conduit un domaine familial créé en 1962, situé sur les coteaux de Calenzana, dominant la baie de Calvi. Son vignoble de 21 ha est surtout planté de cépages insulaires : outre les cépages de l'appellation comme le nielluciu, le sciaccarellu et le vermentinu, ou encore le muscat, des cépages moins connus comme le bianco gentile. La propriété propose aussi apéritifs, liqueurs et confiseries.

Ce 2015 montre la qualité du millésime ainsi que le potentiel d'un cépage vermentinu bien né et bien élevé. Un séjour de vingt-quatre mois en demi-muids de chêne lui a donné des reflets dorés et une palette complexe, mêlant acacia, fruits blancs (pêche, poire et coing), miel et vanille. Fruitée et miellée, la bouche prolonge bien le nez. D'une rare profondeur, elle enchante par sa finale persistante, vive et citronnée, qui confère à cette bouteille finesse et allant. ⧗ 2019-2023

DOM. ORSINI, 20214 Calenzana, tél. 06 80 41 50 83, domaine.orsini@orange.fr

CORSE OU VIN-DE-CORSE

Prestige du Président

2018 ★★

Production : 5 500 b. | Élevage :
8 à 11 €

Fondée en 1958, la SCA UVIB est la plus grande coopérative vinicole de Corse. Établie dans la plaine orientale, à Aléria, non loin de l'étang de Diana, elle vinifie quelque 1 600 ha de vignes appartenant à 70 adhérents.

Un blanc 100 % vermentinu fermenté en fût et élevé en cuve. Nez intense, tonique et complexe (fleurs blanches, pomme verte, vanille, crème pâtissière), palais tout aussi riche, ample et généreux, agrémenté d'arômes d'écorce d'orange, à la longue finale légèrement boisée. « Un vin de gourmet. » ⧗ 2019-2022

SCA UVIB, Padulone, 20270 Aléria, tél. 04 95 57 02 48, aleymarie@uvib.fr

CORSE OU VIN-DE-CORSE

Prestige du Président

2016 ★★

Production : 26 000 b. | Élevage :

8 à 11 €

Fondée en 1958, la SCA UVIB est la plus grande coopérative vinicole de Corse. Établie dans la plaine orientale, à Aléria, non loin de l'étang de Diana, elle vinifie quelque 1 600 ha de vignes appartenant à 70 adhérents.

Cette cuvée baptisée en hommage au fondateur de la coopérative brille une fois de plus, avec de surcroît un coup de cœur. Née de l'assemblage du niellucciu (40 %), du sciaccarellu et de la syrah, elle connaît le bois (six mois pour ce 2016). Nos dégustateurs louent la profondeur de sa robe, l'intensité de son nez mariant la cerise kirschée et les fruits noirs compotés aux notes vanillées, toastées et cacaotées de l'élevage.

La bouche n'est pas en reste, ample et épicée en attaque, généreuse, fondue, harmonieusement boisée, encore un peu ferme en finale. Le vin rêvé pour une côte de bœuf. ⧗ 2019-2025

SCA UVIB, Padulone, 20270 Aléria, tél. 04 95 57 02 48, aleymarie@uvib.fr

CORSE OU VIN-DE-CORSE

Cave de Saint-Antoine

SANT' ANTONE 2018 ★★

Production : 50 000 b. | Élevage :

5 à 8 €

Née en 1975 de la volonté des vignerons des coteaux de Saint-Antoine, cette cave coopérative couvre 340 ha en plaine orientale, près de Ghisonaccia. Les trois quarts du vignoble sont implantés sur l'AOC corse.

Une dominante de niellucciu dans ce rosé lumineux, au nez expressif et gourmand de fruits rouges et de fleurs. La bouche offre le même éclat de fruit. Cet ensemble équilibré, à la fois moderne et bien typé, a séduit le jury. ⧗ 2019-2020

SCA CAVE DE SAINT-ANTOINE, Saint-Antoine, 20240 Ghisonaccia, tél. 04 95 56 61 00, info@cavesaintantoine.com

CORSE OU VIN-DE-CORSE

Terra Nostra

CUVÉE CORSICA 2017 ★★

Production : 60 000 b. | Élevage :

8 à 11 €

L'Union des vignerons associés du Levant (UVAL) est la structure commercialisant les vins de la Cave coopérative de la Marana, groupement de producteurs fondé en 1975 et établi à Borgo, commune au sud de Bastia. La cave regroupe environ 900 ha de vignes et une soixantaine de vignerons répartis sur la côte orientale de la Corse. Elle propose des vins de marque et vinifie également pour quelques domaines particuliers.

Pour la cuvée Corsica, le cépage mis en œuvre est évidemment l'une des variétés choyées dans l'Ile de Beauté : le niellucciu. Sa robe très profonde attire. Au-dessus du verre, un subtil boisé hérité d'un séjour en fût de réemploi laisse toute sa place à un fruit rouge très mûr, voire compoté. On retrouve ce fruit et ces notes d'élevage bien intégrées dans un palais harmonieux et persistant, adossé à des tanins soyeux. Une réelle élégance. ⧗ 2019-2023

CORSICAN - GROUPE UVAL, Rasignani, 20290 Borgo, tél. 04 95 58 44 00, f.malassigne@corsicanwines.com

CORSE OU VIN-DE-CORSE

Dom. San Micheli

SARTÈNE 2018 ★★

Production : 8 000 b. | Élevage :
15 à 20 €

Le développement de cette propriété a coïncidé avec l'affirmation de l'appellation corse et de ses cépages autochtones, comme le vermentino, dont ce vin blanc offre une admirable expression. Si sa robe jaune pâle à reflets verts est typique, c'est le nez, élégamment floral, nuancé d'agrumes, qui enchante. Quant au palais, rond et gras, minéral et fruité, tendu par une finale fraîche, il confirme l'excellence de cette bouteille. ⧗ 2019-2022

CORSE OU VIN-DE-CORSE

Dom. San Micheli

SARTÈNE 2018 ★★

Production : 12 000 b.
11 à 15 €

Une dominante de sciaccarellu dans ce rosé clair et limpide, dont le nez fin et ouvert offre des notes florales intenses. Fraîche dès l'attaque, la bouche séduit par son équilibre, par la netteté et l'élégance de son fruit et par sa longueur plus qu'honorable. ⧗ 2019-2020

Le Dom. San Micheli, l'un des plus anciens de l'appellation corse Sartène, est dans la famille des vignerons depuis le XVIIIe s. Jean-Paul et Bénédicte Phélip en ont pris les commandes en 1980. Exposé au sud-ouest, leur vignoble couvre 25 ha.

DOM. DE SAN MICHELI, 24, rue Jean-Jaurès, 20100 Sartène, tél. 04 95 73 15 75, contact@domainesanmicheli.fr

---

CORSE OU VIN-DE-CORSE

Dom. Vico

LE BOIS DU CERF 2018 ★★

Production : 20 000 b. | Élevage :
5 à 8 €

Ce domaine de 90 ha est le seul de Corse à ne pas être près de la mer. C'est au cœur de l'île, à Ponte-Leccia, que les vignes s'épanouissent sous le regard bienveillant du Monte Cinto, point culminant de l'île.

On ne compte plus les citations pour ce domaine très régulier dans les trois couleurs. Côté rosé, la cuvée met en avant des vignes vénérables (cinquante ans) de grenache et de sciaccarellu. Elle s'ouvre sur une robe claire et un nez puissant qui combine fruits mûrs, fruits frais et nuances presque pâtissières. L'attaque, vivace, tranche avec le nez et ouvre sur un palais intensément fruité, long et rafraîchissant. ⧗ 2019-2020

DOM. VICO - CLOS VENTURI, rte de Calvi, 20218 Ponte-Leccia, tél. 04 95 47 32 04, domaine.vico@orange.fr

IGP ÎLE DE BEAUTÉ

Yves Leccia Bio

L'ALTRU BIANCU 2017 ★★

Production : 5 000 b. | Élevage :
20 à 30 €

Œnologue, Yves Leccia a créé son propre domaine en 2005, après avoir dirigé avec sa sœur l'exploitation familiale pendant une quinzaine d'années. Il conduit aujourd'hui avec son épouse Sandrine un vignoble de plus de 16 ha, cultivé en bio, sur sols argilo-calcaires et schisteux à Poggio-d'Oletta. L'un des piliers de l'appellation patrimonio, souvent en vue aussi pour ses muscats.

Cépage principal des vins blancs corses d'appellation, le vermentinu a regagné en Corse ses lettres de noblesse, mais connaissez-vous l'« autre blanc », le biancu gentile ? Cette variété fait partie d'une nouvelle génération de cépages autochtones récemment redécouverts. Certains vignerons, comme Yves Leccia, en font des cuvées monocépage dans la catégorie IGP. D'un jaune pâle limpide, celle-ci a enchanté le jury : son nez bien ouvert et complexe, sur les agrumes et les épices, prélude à un palais aromatique, minéral et bien construit, ample et gras en attaque, tendu par une fraîcheur qui porte loin la finale. ⧗ 2019-2022

EARL YVES LECCIA, lieu-dit Morta-Piana, 20232 Poggio-d'Oletta, tél. 04 95 30 72 33, info@yves-leccia.com

---

IGP ÎLE DE BEAUTÉ

Réserve du Président

NIELLUCCIU 2018 ★★

Production : 100 000 b. | Élevage :
- de 5 €

Fondée en 1958, la SCA UVIB est la plus grande coopérative vinicole de Corse. Établie dans la plaine orientale, à Aléria, non loin de l'étang de Diana, elle vinifie quelque 1 600 ha de vignes appartenant à 70 adhérents.

Coup double pour la cave qui place un second rosé dans le millésime, toujours à petit prix et largement diffusé. Le nez intrigue par ses nuances de rhubarbe, de poivre et de menthol sur fond de bonbon anglais. La même complexité du fruit s'impose dans une bouche tonique, intense et équilibrée. ⧗ 2019-2020

SCA UVIB, Padulone, 20270 Aléria, tél. 04 95 57 02 48, aleymarie@uvib.fr

IGP ÎLE DE BEAUTÉ

Vignerons de Samuletto

2018 ★★

Production : 93 805 b. | Élevage :
5 à 8 €

Créée en 1975, la cave d'Aghione, la troisième structure coopérative de l'île, vinifie la production de quelque 800 ha de vignes et regroupe une trentaine d'exploitations en bordure de la plaine orientale. 2017 voit l'arrivée d'une chaîne d'embouteillage aussi bien pour les vins tranquilles que pour les effervescents. Le président actuel, André Casanova, a donné son nom à la marque principale commercialisée par la cave.

Les dégustateurs ont loué les charmes de cet assemblage de quatre cépages, dont la robe pâle et limpide dissimule un caractère affirmé. Le nez livre des notes intenses et fraîches de citron et de pamplemousse. Ces mêmes arômes s'expriment dans une bouche très convaincante, équilibrée, délicate et d'une gourmandise évidente. ⧗ 2019-2020

LES VIGNERONS D' AGHIONE, lieu-dit Aristone, 20240 Ghisonaccia, tél. 04 95 56 60 20, contact@vignerons-d-aghione.com

IGP ÎLE DE BEAUTÉ
Dom. Vecchio
COLLEZZIONE 2017 ★★

Production : 12 000 b. | Élevage :
11 à 15 €

Implanté non loin de la côte orientale, au pied du monte Sant'Appiano (1 100 m), face à la mer, un domaine progressivement agrandi (30 ha aujourd'hui) et restructuré à partir de 2000 par Florence Giudicelli-Girard et son mari. La conduite du vignoble se fait *a l'antiga* (à l'ancienne), ce que la vigneronne appelle la culture « sur-raisonnée » : limitation des rendements, réduction des désherbants chimiques... Bref, le respect de la vigne et de la terre.
À l'origine de cette cuvée grenat sombre, un terroir d'argiles rouges et de graves et une belle collection de cépages : nielluccIu (60 %), sciaccarellu, grenache, minustellu – un cépage autochtone redécouvert, sans doute le morrastel. Chaque variété joue sa partition pour former un nez complexe, sur le fruit rouge mûr et la cerise noire, rehaussés par des notes cacaotées peut-être apportées par une vinification partielle sous bois. Cette palette se prolonge dans une bouche persistante, offrant un rare équilibre entre acidité et alcool, encore un peu ferme en finale. Une bouteille qui s'entendra avec toutes les viandes et même avec certains poissons en sauce comme le thon. ⧗ 2019-2025

FLORENCE GIRARD, Listincone, 20230 Chiatra, tél. 06 03 78 09 96, vecchio@sfr.fr

---

MUSCAT-DU-CAP-CORSE
Dom. Pieretti
2017 ★★★

Production : 7 200 b. | Élevage :
20 à 30 €

Lina Pieretti a pris en 1989 la relève de son père Jean qui vinifiait comme ses ancêtres le produit de ses 3 ha, foulant aux pieds ses raisins. Elle a équipé le domaine d'une cave au bord de la mer et bichonne ses vignes balayées par les vents parfois violents du Cap corse – 11 ha répartis dans plusieurs communes du Cap, sur des sols rocailleux, argilo-schisteux.
La chaleur solaire du millésime et les vents de la mer toute proche semblent réunis dans cette cuvée intense et somptueuse. D'un jaune doré soutenu, ce 2017 libère des arômes exubérants de fleurs, de miel d'acacia et de fruits confits typés du cépage muscat. Le miel s'allie à l'abricot sec et au cédrat confit dans une bouche ample et persistante à souhait, qui a conquis nos dégustateurs par son rare équilibre entre douceur et fraîcheur. ⧗ 2019-2029

LINA VENTURI-PIERETTI (DOM. PIERETTI), Santa-Severa, 20228 Luri, tél. 04 95 35 01 03, domainepieretti@orange.fr

PATRIMONIO
Clos Alivu
2018 ★★

Production : 30 000 b. | Élevage :
8 à 11 €

Alivu ? « Olivier », en corse. Trois hectares de vieux ceps de nielluccIu et de vermentinu à Oletta. Ce petit domaine en patrimonio a été acquis en 2005 par Éric Poli, qui a réalisé de nouvelles plantations. Fils d'Ange Poli (Dom. de Piana), le vigneron est également à la tête des domaines familiaux de la région de Bravone, sur la Côte orientale ; il exploite 43 ha au total.
Un coup de cœur pour ce vin de pur nielluccIu dont les dégustateurs ont loué le volume et l'intensité. Si la robe est pâle, le nez regorge d'arômes floraux, de notes exotiques et amyliques. En bouche rien ne manque : texture suave, belle fraîcheur, flaveurs intenses de poire et de bonbon anglais, longueur. L'ensemble est harmonieux dans un registre aussi généreux que savoureux. ⧗ 2019-2020

ÉRIC POLI (CLOS ALIVU), Bravone, 20230 San-Nicolao, tél. 06 19 42 54 91, clos.alivu@orange.fr

Le **Sud-Ouest**

Vaste et varié, le vignoble du Sud-Ouest couvre quatre zones principales : le piémont du Massif Central, la moyenne Garonne, le Bergeracois et Duras, et le piémont pyrénéen. Les vignobles du Sud-Ouest devrait-on dire : on en recense plus d'une vingtaine, avec des terroirs, des cépages et des histoires distinctes. Le point commun entre les appellations, aussi éloignées qu'irouléguy, gaillac ou marcillac, réside dans des vins de caractère et dans une incomparable palette de cépages locaux (manseng, tannat, négrette, loin-de-l'œil…).

Superficie : 51 500 ha (environ)
Production : 1 600 000 hl (environ)
Types de vins : rouges ; rosés ; blancs secs et moelleux ; vins effervescents (gaillac) ; vins de liqueur (floc-de-gascogne).

CÉPAGES PRINCIPAUX

Rouges : malbec (cot ou auxerrois), tannat, négrette, fer-servadou (braucol ou mansois), duras, merlot, cabernet franc, cabernet-sauvignon, syrah, gamay.
Blancs : sauvignon, sémillon, muscadelle, mauzac, l'en de l'el (loin de l'oeil), gros manseng, petit manseng, courbu, baroque, ugni blanc (ce dernier pour l'armagnac).

Histoire

Jusqu'à l'apparition du rail, les vignobles de la Garonne et de la Dordogne ont vécu sous l'autorité bordelaise. Fort de sa position géographique et des privilèges royaux, le port de la Lune dicte sa loi aux vins de Duras, de Buzet, de Fronton, de Gaillac et de Bergerac. Tous doivent alors attendre que la récolte bordelaise soit entièrement vendue aux amateurs d'outre-Manche et aux négociants hollandais avant d'être embarqués, quand ils ne sont pas utilisés comme vins « médecins » pour remonter certains clarets. De leur côté, les vins du piémont pyrénéen ne dépendent pas de Bordeaux mais sont soumis à une navigation hasardeuse sur l'Adour avant d'atteindre Bayonne. Leur renommée n'a dès lors que peu dépassé le voisinage immédiat. Nombre de ces vignobles ont été créés par des monastères aux Xe et XIe siècles, en liaison avec le pèlerinage de Saint-Jacques-de-Compostelle, et se sont développés aux XVIIe et XVIIIe siècles grâce aux négociants hollandais qui favorisent l'exportation de vins doux et d'eaux-de-vie.

Sols et climats

À l'est, le vignoble du piémont du Massif Central, dont les principales appellations sont gaillac et cahors, est planté sur les terres sédimentaires du bassin aquitain, de même que les vignobles de l'Aveyron, petits et pentus. La Moyenne Garonne, entre Fronton et Marmande, comprend une douzaine de vignobles implantés sur les terrasses de la rive gauche du Tarn et de la Garonne, sous un climat océanique tempéré. Le Bergeracois, concentré autour de la ville de Bergerac, prolonge naturellement le Libournais et son climat océanique, tempéré par quelques influences continentales ; le vignoble de Duras étant quant à lui dans le prolongement de l'Entre-deux-Mers. Le Piémont pyrénéen (madiran, jurançon…), la chaîne de montagne en arrière-plan, est irrigué par l'Adour et ses affluents et soumis à la double influence climatique de l'Atlantique et des Pyrénées.

Cépages et styles de vins

Le Sud-Ouest est un véritable musée ampélographique des cépages d'autrefois, et nulle part ailleurs on ne trouve une telle diversité de variétés, dont certaines sont sorties de la nuit des temps viticoles : manseng, tannat, négrette, duras, len-de-l'el (loin-de-l'œil), mauzac, fer-servadou, arrufiac et baroque, ou encore raffiat de Moncade et camaralet de Lasseube. Ces cépages donnent aux vins des accents d'authenticité et de typicité inimitable ; des vins de tous types et de toutes les couleurs, à même de combler tous les amateurs : blancs secs ou liquoreux, effervescents, rosés tendres ou vineux, rouges légers ou de garde. Des vins qui côtoient les produits fermiers avec lesquels ils se marient tout naturellement, pour faire du Sud-Ouest une région privilégiée de gastronomie de tradition.

Vigneron de l'année

Méo Seriès (Cabidos)

pour l'IGP Comté tolosan blanc doux Petit Manseng Gaston Phoebus 2015

Relancé par la famille de Nazelle, Cabidos, dans le village béarnais du même nom, poursuit sa brillante trajectoire après la reprise en 2015 par Robert Alday. Le domaine (9 ha) a obtenu de nombreux coups de cœur, dont deux consécutifs pour la cuvée Gaston Phoebus en doux. Maître de chai depuis douze ans, Méo Sakorn Seriès est Thaïlandaise. Retour sur le parcours singulier de la femme qui murmure à l'oreille des vignes…

Cette carrière dans le vin, est-ce une surprise de la vie?

Agronome consultante en Thaïlande, je ne m'intéressais qu'au riz, ma spécialité, au maïs et au caoutchouc. Mon mariage avec un Français, kinésithérapeute pour Médecins sans frontières et envoyé en Asie, a changé le cours de ma vie. Quand mon époux a trouvé un poste à Bordeaux en 1997, j'ai décidé de faire du vin – l'un des symboles de la France. Le plus difficile a été d'apprendre la langue. J'ai fait beaucoup de progrès au Centre de formation pour adultes attaché au lycée viticole de Blanquefort. J'ai tiré ensuite grand profit de mes stages aux châteaux Gazin Rocquencourt et Pape Clément (pessac-léognan). Ensuite, nous sommes retournés en Thaïlande où, pendant plus de deux ans, j'ai planté un vignoble pour l'homme d'affaire cofondateur de Red Bull.

Comment êtes-vous devenue maître de chai à Cabidos?

De retour en France, je travaillais à la coopérative de Génissac. Une amie dans le métier, qui connaissait ma passion et ma compétence pour la taille de la vigne m'a permis en 2006 d'être embauchée à Cabidos, où je suis devenue directrice technique l'année suivante.

Vos vins blancs tirent leur caractère du petit manseng, cépage blanc béarnais, comme le jurançon et le pacherenc-du-vic bilh. Quelles sont les différences?

L'emploi exclusif de ce cépage tout d'abord, le plus noble pour moi, même en sec pour la cuvée Gaston Phoebus; un raisin à la peau épaisse, peu sensible à la pourriture, qui va faciliter la conversion bio engagée cette année. Le climat ensuite, plus chaud, qu'à Jurançon, et les sols, des argiles sur calcaires profonds. Enfin, une densité de plantation très élevée (entre 5 500 et 6 500 pieds/ha, voire plus), qui garantit petits rendements et concentration. Pour la cuvée Gaston Phoebus, issue de raisins passerillés, la récolte s'est achevée début décembre.

Peut-on parler d'un style Méo Sériès?

Je recherche avant tout la netteté aromatique. Petits pressoirs et microcuves (1 000 l) permettent à notre équipe de six personnes un travail de précision. Et peut-être aussi le fait que je murmure aux pieds de vigne, aux levures aussi, pendant qu'elles travaillent dans les petites cuves…

Un plat thaï pour accompagner la cuvée Gaston Phoebus?

Le Tom Yam, soupe de poulet ou de fruits de mer au galanga et à la citronnelle, ou le Tom Kha Kaii, cette même soupe au lait de coco.

La canicule invite à acclimater à des cépages adaptés aux étés chauds. On dit que vous misez aussi beaucoup sur la syrah?

Le domaine comporte 1 ha du grand cépage de la vallée du Rhône, qui donne ici des vins rouges pleins de fruit. Nous projetons d'en planter davantage.

Vigneron de l'année

La famille Deffarge (Ch. Moulin Caresse)

pour le montravel rouge Grande Cuvée 100 pour 100 2016

On a des traces écrites de la propriété en 1749. Géré maintenant à quatre mains, Moulin Caresse domine la vallée de la Dordogne, installé sur les terroirs qui prolongent dans le Bergeracois plateau et coteaux de Castillon et de Saint-Émilion. Un domaine de 52 ha qui s'est imposé de longue date par ses vins rouges de garde élevés en barrique. Sa Grande Cuvée 100 pour 100 collectionne les coups de cœur. Entretien avec Sylvie Deffarge.

Votre mari Jean-François Deffarge se dit « autodidacte » en œnologie…

Il s'est formé aux côtés de son père, qu'il a rejoint en 1972 comme aide familial dès l'âge de seize ans, avant de prendre les rênes du domaine en 1980. Son grand-père était cofondateur de la coopérative de Port-Sainte-Foy, son père est resté coopérateur et Jean-François est devenu administrateur de la cave. Il rêvait cependant de faire son vin de A à Z et élaborait des cuvées à partir de quelques parcelles. Il a pris son indépendance en 1994. BTS en poche, nos fils Quentin et Benjamin nous ont rejoints. D'abord salariés, ils sont cogérants depuis 2011. Quentin, expert en commercialisation, travaille beaucoup avec moi, et Benjamin, passionné de vinification et de viticulture (il a créé des outils), avec son père. Quatre salariés permanents et des occasionnels renforcent l'équipe.

À quand la bio ?

Nous avons obtenu la certification Haute valeur environnementale niveau 3, qui implique déjà bien des contraintes. Pour traiter les vignes, nous utilisons ainsi un pulvérisateur confiné à panneaux, qui récupère les intrants en excès (soufre, cuivre) : moitié moins de produits achetés, moins de produits dans l'air et dans les sols. La bio est en ligne de mire.

Premier coup de cœur, un haut-montravel (blanc liquoreux) 1994. Neuf autres ont suivi…

Nous présentons surtout nos vins rouges de garde, fers de lance du domaine, des bergerac et des montravel plus ambitieux. Des assemblages de merlot (au moins 50 %), de cabernet franc, de malbec et parfois de cabernet-sauvignon, issus des coteaux argilo-calcaires. En 2015, le 2010 de la Grande Cuvée 100 pour 100 a été qualifié de « bombe » par le président de la République d'alors ! Les blancs, qui marient sauvignon, sémillon et muscadelle produits sur les terres de boulbènes du plateau, sont secs (montravel) ou liquoreux (haut-montravel). Nos fils ont introduit une gamme en IGP Périgord, Les Frangins. À notre carte, pas moins de quinze cuvées.

Ce millésime 2016 a-t-il été facile ? Et le suivant, frappé par le gel ?

Tardive, en raison de la canicule de juillet qui a retardé la maturation, l'année 2016 a été superbe, tant en volume qu'en qualité, avec du fruit et de la fraîcheur. En 2017, par chance, le terrible gel de printemps n'a touché notre vignoble – en coteau – qu'à 10 %, mais nous avons perdu 45 % de la récolte en raison de la fraîcheur et de l'humidité. Année précoce, avec des vendanges rentrées un mois plus tôt que l'an dernier (dès fin août pour le sauvignon), 2017 s'annonce fort bien.

BERGERAC

Ch. Bouffevent

CUVÉE MATHILDE 2018 ★★

Production : 19 000 b. | Élevage :
5 à 8 €

Installée en 1992, Françoise Pauty exploite 30 ha de vignes et 20 ha de pommiers dans la vallée de la Dordogne. La propriété appartient à la famille depuis 1906 et le vignoble est conduit en agriculture raisonnée.

Composée de merlot majoritaire (80 %) et de malbec, une cuvée élue coup de cœur l'an dernier et de nouveau couronnée. Dans la lignée du 2016, ce 2018 offre de réelles qualités, tant dans ses arômes que dans sa structure. Il se pare d'une robe sombre aux reflets violets de jeunesse. Encore réservé, il s'ouvre sur des arômes gourmands et suaves de fruits rouges qui s'épanouissent au palais : la fraise des bois, puis la mûre se déploient dans une bouche veloutée et longue, étayée par des tanins soyeux et relevée en finale de touches poivrées. L'élevage de neuf mois en barrique met en valeur le fruit, sans le masquer. ⧗ 2020-2025

SCEA CH. BOUFFEVENT, 19, rte de Bouffevent, 24680 Lamonzie-Saint-Martin, tél. 05 53 24 29 05, chateaubouffevent@orange.fr

---

BERGERAC

Ch. les Brandeaux

2017 ★★

Production : 25 000 b. | Élevage :
- de 5 €

Jean-Marc Piazzetta est œnologue, son frère Thierry est commercial : des compétences complémentaires pour conduire ce vignoble familial, acquis en 1936 par l'arrière-grand-père, qui s'étend aujourd'hui sur 30 ha.

Il doit presque tout au merlot (90 %), complété par le cabernet-sauvignon. Son nez élégant est centré sur les fruits rouges frais, relevés d'épices. Tout aussi fruité, le palais se montre souple en attaque, tendre et équilibré. Modèle des bergerac à boire sur leur fruit, c'est un vin plaisir par excellence. ⧗ 2019-2023

EARL PIAZZETTA, Les Brandeaux, 24240 Thénac, tél. 05 53 58 41 50, les.brandeaux@gmail.com

---

BERGERAC

Dom. de Moulin-Pouzy

2018 ★★

Production : 80 000 b. | Élevage :
5 à 8 €

Fabien Castaing est à la tête depuis 2008 d'un vignoble constitué par cinq générations à partir de la fin du XIXe s. sur la rive gauche de la Dordogne, en particulier le Dom. de Moulin-Pouzy, 55 ha exploités en viticulture raisonnée. En 2016, il a acquis le Ch. les Mailleries, un domaine de 12 ha conduit en bio.

Nos dégustateurs sont tombés sous le charme de cette cuvée à la robe intense, dont la rondeur affable met en valeur un fruité gourmand et flatteur. Le nez monte en puissance sur des notes de baies sauvages bien mûres. Ces petits fruits, rouges puis noirs, s'épanouissent avec persistance dans un palais généreux, à la finale délicatement poivrée. L'expression remarquable d'un merlot dominant mûri sous un été chaleureux. ⧗ 2020-2025

EARL VIGNOBLES CASTAING, 12, rte des Rivailles, 24240 Cunèges, tél. 05 53 58 41 20, info@fabiencastaing.com

BERGERAC

Les Vignerons de Sigoulès

L'AUDACE 2017 ★★

Production : 8800 b. | Élevage :
15 à 20 €

Fondée en 1939, la coopérative de Sigoulès regroupe aujourd'hui 150 adhérents, qui cultivent 900 ha de vignes au sud de Bergerac.
Nos dégustateurs ne tarissent pas d'éloges sur cette cuvée mariant le merlot majoritaire aux cabernets, des raisins récoltés à la main. Un séjour de douze mois en barrique lui a légué un boisé raffiné et bien fondu aux nuances de cèdre et d'épices. Ce boisé élégant s'allie à des notes de vendanges très mûres dans un palais charnu, rond et persistant, soutenu par des tanins marqués mais soyeux. Une remarquable expression d'un millésime difficile et une réelle maîtrise de l'élevage. ⧗ 2021-2026

SCA CAVE DE SIGOULÈS, Mescoules, 24240 Sigoulès, tél. 05 53 61 55 00, contact@vigneronsdesigoules.fr

---

BRULHOIS

Ch. Grand Chêne

2017 ★★

Production : 43000 b. | Élevage :
5 à 8 €

Née de l'association, en 2002, des caves de Goulens et de Donzac, elles-mêmes créées en 1960, la cave du Brulhois vinifie sous des marques diverses la plus grande partie des vins de l'appellation brulhois.
Issue de la propriété (15 ha) de David Delpech implantée sur les coteaux graveleux de Dunes, sur la rive gauche de la Garonne, cette cuvée issue de tannat (60%), de cabernets et de merlot tire son nom d'un chêne vieux, dit-on, de sept cents ans. Elle est par ailleurs élevée en partie dans le chêne. Nos dégustateurs l'ont couverte d'éloges, et ce n'est pas la première fois. Sa robe soutenue à reflets violines inspire confiance, ainsi que son nez expressif, d'une rare finesse, mêlant fruits rouges frais, baies noires, boisé vanillé et torréfié. Dans une belle continuité aromatique, la bouche se déploie avec rondeur, soutenue par une trame tannique encore ferme mais sans agressivité, au grain savoureux. La finale épicée et grillée laisse le souvenir d'un vin typé, d'une juste maturité. ⧗ 2019-2024

LES VIGNERONS DU BRULHOIS, 3458, av. du Brulhois, 82340 Donzac, tél. 05 63 39 91 92, gbenac@vigneronsdubrulhois.com

BUZET

Baron d'Albret

2017 ★★

Production : 500000 b. | Élevage :
5 à 8 €

Importante coopérative du Sud-Ouest de la France, la cave de Buzet réunit 184 viticulteurs et produit de nombreux vins de l'appellation (en rouge, blanc et rosé). Elle a été créée en 1953 et l'appellation buzet a vu le jour vingt ans plus tard. Elle prône une viticulture durable, conciliant progrès techniques et pratiques naturelles. Un tiers de son vignoble est certifié Haute valeur environnementale.
Un demi-million de cols, pas moins, de ce Baron qui pourra s'inviter sur nombre de tables, pour mettre en valeur une volaille, un rôti ou une fricassée de cèpes. Un bon vin, comme l'atteste ce coup de cœur, le quatrième obtenu en rouge par cette marque. L'assemblage est classique : merlot à 40 %, complété par les deux cabernets à parité. L'élevage fait une part à la barrique (neuf mois). Il en résulte une robe profonde, un nez sur les fruits rouges bien mûrs soulignés d'un léger boisé, une bouche charnue, ample et longue, d'une réelle élégance. Quant au potentiel, il est intéressant pour le millésime. ⧗ 2020-2025

LES VIGNERONS DE BUZET, 56, av. des Côtes-de-Buzet, 47160 Buzet-sur-Baïse, tél. 05 53 84 74 30, buzet@vignerons-buzet.fr

BUZET

Baron d'Ornezan

2017 ★★

Production : 100 000 b. | Élevage :

5 à 8 €

Importante coopérative du Sud-Ouest de la France, la cave de Buzet réunit 184 viticulteurs et produit de nombreux vins de l'appellation (en rouge, blanc et rosé). Elle a été créée en 1953 et l'appellation buzet a vu le jour vingt ans plus tard. Elle prône une viticulture durable, conciliant progrès techniques et pratiques naturelles. Un tiers de son vignoble est certifié Haute valeur environnementale.

une cuvée qui dévoile tout le charme de cette appellation ; elle naît des trois cépages principaux du Bordelais (merlot 40 %, cabernets 60 %) et bénéficie d'un apport bien dosé de la barrique. Très colorée, elle libère des parfums intenses et complexes de fruits noirs très mûrs teintés de chocolat ; le palais, à l'unisson, se montre puissant, gras et persistant. Il associe une belle structure à un côté gourmand et suave, souligné par des tanins enrobés. Une remarquable image du millésime. ⧗ 2020-2024

⊶ LES VIGNERONS DE BUZET, 56, av. des Côtes-de-Buzet, 47160 Buzet-sur-Baïse, tél. 05 53 84 74 30, buzet@vignerons-buzet.fr

CAHORS

Le Clos d'un Jour Bio

UN JOUR SUR TERRE 2016 ★★

Production : 3 300 b.

15 à 20 €

Un jour… Stéphane Azémar, architecte de formation, et Véronique, archéologue, ont quitté la région parisienne pour s'installer en 1999 sur une petite propriété à Duravel, un village abrité du vent du nord par un arc de collines, et faire de la vigne leur métier. Ils conduisent leur vignoble (7 ha sur la troisième terrasse du Lot) en bio certifié. Ils produisent aussi du safran.

Cinquième coup de cœur pour le domaine et deuxième pour cette cuvée : un modèle de l'appellation, d'une grande authenticité. Un vin élevé dans des contenants originaux : des jarres de terre cuite tournées à la main, évoquant les dolia de l'Antiquité, qui permettent comme la barrique une oxygénation ménagée, mais sans apport d'arômes boisés. Le malbec s'exprime dans toute sa pureté dans ce vin à la robe profonde, noir d'encre, et aux parfums de mûre et de crème de cassis, nuancés d'une pointe réglissée. Quant au palais, ample, charnu, puissant et suave, soutenu par des tanins serrés mais enrobés, il montre une rare élégance jusqu'en finale. On pourra apprécier cette bouteille assez jeune en la carafant. ⧗ 2021-2027

⊶ VÉRONIQUE AZÉMAR, Le Port, 46700 Duravel, tél. 06 70 74 18 33, s.azemar@wanadoo.fr

CAHORS

Ch. Lagrézette

CUVÉE MARGUERITE 2016 ★★

Production : 10 900 b. | Élevage :

30 à 50 €

Un domaine vedette du vignoble cadurcien, acquis en 1985 par l'homme d'affaires Alain-Dominique Perrin. Il est renommé pour l'architecture caractéristique de son manoir du XVIes., avec ses tours en poivrière, ses toits pentus et son pigeonnier ; pour son patrimoine viticole aussi (82 ha), exploité depuis le XVIes. ; pour ses vins ambitieux, surtout, régulièrement en vue dans ces pages.

Issue d'un vignoble de malbec sur graves et sols argilo-graveleux bénéficiant d'un microclimat sec et précoce, cette cuvée a fait grande impression dès l'approche, avec sa robe profonde et très typée, d'un noir d'encre aux nuances violettes. Le nez brille par sa complexité, panier de petits fruits, cerise et mûre en tête, mis en valeur par un boisé réglissé, torréfié et fumé. Une attaque ronde ouvre sur un palais d'une rare ampleur, soutenu par des tanins déjà enrobés qui laissent une sensation de moelleux. Une belle fraîcheur complète l'harmonie et porte loin la finale. « Quel volume ! Quelle puissance ! » concluent les jurés. ⧗ 2022-2030

⊶ SCEV LAGRÉZETTE, Ch. Lagrézette, 46140 Caillac, tél. 05 65 20 07 42, cblanc@lagrezette.fr

CAHORS

Dom. de Mériguet

2016 ★★

Production : 20 000 b. | Élevage :

8 à 11 €

Conduit par Anthony Janicot depuis 2002, ce vignoble familial est scindé en trois îlots : le Dom. de Mériguet (8 ha), le Ch. Lamagdelaine Noire (16 ha) et le Dom. de Matèle (4 ha en IGP côtes-du-lot).

Planté en retrait du Lot, sur les coteaux de Trespoux et de Lacapelle, le terroir est situé en altitude (300 m) ; les sols sont argilo-calcaires et caillouteux. Longuement élevé en cuve et en fût, le vin revêt la robe dense, d'un violet profond presque noir, de tout malbec bien né. On loue encore davantage ses parfums intensément fruités (mûre, cassis, fruits rouges frais), rehaussés d'une touche de violette et soulignés par un boisé chocolaté et réglissé. Ces arômes se prolongent dans une bouche charnue, puissante avec suavité, soutenue par des tanins d'une grande finesse. La longue finale est marquée par un retour de la réglisse. Un cahors très pur. ⧗ 2022-2029

EARL VIGNOBLES JANICOT, D_820, 46090 Valroufié, tél. 06 84 34 15 72, anthonyjanicot@yahoo.fr

CAHORS

Triguedina

MALBEC DU CLOS 2017 ★★★

Production : 100 000 b. | Élevage :

8 à 11 €

En 1830, Étienne Baldès plante ses premières vignes au Clos Triguedina. Après des expériences en Bourgogne et dans le Bordelais, Jean-Luc Baldès (septième génération) prend la suite en 1990. Il agrandit le vignoble – 65 ha aujourd'hui dont 40 ha de malbec, plantés essentiellement sur les trois plus belles terrasses de l'appellation cahors (à Vire-sur-Lot, Puy-l'Évêque et Floressas), fait du domaine l'une des grandes références caduriennes et s'impose comme un ambassadeur incontournable du malbec. Clos Triguedina ? Les pèlerins de Saint-Jacques de Compostelle avaient l'habitude de s'y restaurer : « me trigo de dina » signifie « il me tarde de dîner » en occitan.

Tous les vins de sa gamme ont eu un coup de cœur, le premier était un 1991, l'un des premiers millésimes de Jean-Luc Baldès. Quant à ce Malbec du Clos, vinifié en cuve, il offre une splendide expression du cépage, de l'appellation et du millésime. C'est un authentique « vin noir » à la robe profonde animée de reflets violines et aux arômes intenses et pimpants de fruits noirs légèrement épicés et mentholés. En bouche, il dévoile une superbe matière, ample, consistante et suave, tendue par une belle fraîcheur qui lui donne relief et allonge. L'élégance même. ⧗ 2020-2025

SARL JEAN-LUC BALDÈS (TRIGUEDINA), lieu-dit les Poujols, 46700 Vire-sur-Lot, tél. 05 65 21 30 81, contact@jlbaldes.com

CÔTES-DE-DURAS

Dom. Amblard

SAUVIGNON 2018 ★★

Production : 20 000 b. | Élevage :

5 à 8 €

Ce vaste domaine de 100 ha appartient à la famille Pauvert depuis 1938. Ses vins sont régulièrement en vue dans ces pages, notamment ses côtes-de-duras blancs.

Si la robe jaune clair à reflets verts est classique, le nez séduit par sa fraîcheur et par sa complexité, qui se révèle à l'aération : agrumes, fruité légèrement muscaté, amande fraîche et bonbon acidulé se bousculent au-dessus du verre. Ces qualités aromatiques se prolongent dans un palais harmonieux, à la fois gras et tendu, qui donne l'impression de croquer dans le fruit. La petite touche d'amertume en finale ajoute à l'attrait de cette bouteille. ⧗ 2019-2022

SCEA DOM. AMBLARD, 47120 Saint-Sernin-de-Duras, tél. 05 53 94 77 92, domaine.amblard@wanadoo.fr

CÔTES-DE-DURAS
Dom. de Ferrant
SIGNATURE 2016 ★★

Production : 2 500 b. | Élevage :
15 à 20 €

Denis Vuillien, ex-ingénieur de travaux publics, et son épouse Marie-Thérèse ont opté pour une retraite active en reprenant ce domaine situé dans la vallée du Dropt : 13 ha de vignes (en bio certifié depuis 2018) et 9 ha de pruniers d'Ente qui donnent des pruneaux d'Agen.
Le domaine obtient un coup de cœur pour la troisième année consécutive. Après deux rosés, c'est cette cuvée de rouge, mi-merlot mi-cabernets (avec 35 % de cabernet franc et 15 % de cabernet-sauvignon) qui est plébiscitée. Avec un élevage de douze mois en barrique, elle arbore une robe grenat sombre et libère des arômes gourmands de fruits rouges et de cassis très mûrs – le fruit écrasé dans la bassine à confiture, avant cuisson. La bouche, à l'unisson du nez, se déploie avec ampleur, puissance et longueur, soutenue par des tanins soyeux. Une harmonie durable. ⧗ 2021-2027

SCEA VIGNOBLES VUILLIEN, Dom. de Ferrant, 47120 Esclottes, tél. 05 53 84 45 02, contact@domaineferrant.com

CÔTES-DE-DURAS
Dom. Grand Bois
2016 ★★

Production : 37 300 b. | Élevage :
8 à 11 €

Marque de la structure de négoce créée par Marie-Thérèse et Denis Vuillien, propriétaires du Dom. de Ferrant en côtes-de-duras.
Issu du négoce, ce vin rouge assemblant le merlot (60 %) et les deux cabernets a été élevé pour moitié en cuve et pour l'autre en barrique. On aime son nez mêlant fruits rouges confiturés et notes boisées, prélude à une bouche puissante, ronde, suave et épicée. ⧗ 2021-2026

SAS FERRANT SÉLECTION , Dom. de Ferrant, 47120 Esclottes, tél. 05 53 84 45 02, sas@domaineferrant.com

CÔTES-DU-MARMANDAIS
Ch. la Bastide
2017 ★★

Production : 20 000 b. | Élevage :
5 à 8 €

La coopérative de Marmande représente 95 % de la production de l'appellation, soit environ 800 ha pour six millions de bouteilles répartis dans de nombreux domaines. Elle a remis à l'honneur l'abouriou, vieux cépage rouge du Lot-et-Garonne menacé de disparition, en lui aménageant un conservatoire en 2004.
Situées à Cocumont, sur la rive gauche de la Garonne, ces anciennes terres nobles étaient commandées par un château remontant à la guerre de Cent Ans, aujourd'hui disparu. Propriétaire depuis 1943, la famille Lafitte exploite aujourd'hui 57 ha et confie depuis 1965 ses raisins à la coopérative. Souvent retenu, son blanc enchante les dégustateurs cette année. Il naît de sauvignons blanc et gris et séjourne dix mois en barrique. Il en retire des notes vanillées qui soulignent ses arômes de fleurs blanches, de genêt et de buis. L'abricot et les agrumes s'ajoutent à sa palette dans un palais gras et suave, tonifié par une finale fraîche et longue. ⧗ 2019-2022

CAVE DU MARMANDAIS, La Cure, 47250 Cocumont, tél. 05 53 94 50 21, info@cavedumarmandais.fr

CÔTES-DU-MARMANDAIS

Cave du Marmandais

SECRET DE VIGNERON ÉLEVÉ EN FÛT DE CHÊNE 2017 ★★

Production : 4 000 b. | Élevage :
8 à 11 €

La coopérative de Marmande représente 95 % de la production de l'appellation, soit environ 800 ha pour six millions de bouteilles répartis dans de nombreux domaines. Elle a remis à l'honneur l'abouriou, vieux cépage rouge du Lot-et-Garonne menacé de disparition, en lui aménageant un conservatoire en 2004.
Abouriou, malbec et merlot composent ce 2017 modeste par ses volumes, mais excellent par sa qualité. La robe est profonde, le nez bien ouvert, complexe, entre fruits des bois très mûrs, sous-bois et notes d'élevage élégantes, épicées et vanillées ; intense et fraîche en attaque, dense, suave et très longue, la bouche est charpentée par des tanins boisés déjà fondus : le jury est conquis. ⧗ 2020-2026

CAVE DU MARMANDAIS, La Cure, 47250 Cocumont, tél. 05 53 94 50 21, info@cavedumarmandais.fr

COTEAUX-DU-QUERCY

Dom. de Lacoste

2018 ★★

Production : 3 000 b. | Élevage :
5 à 8 €

Annexé au lycée viticole de Cahors-Le Montat, le domaine de Lacoste est un outil pédagogique pour les élèves suivant la formation viticole et œnologique. Complété par une truffière, son vignoble de 18 ha, situé au cœur du Quercy blanc et de l'appellation coteaux-du-quercy, permet aux étudiants de faire des travaux pratiques.
Né du cabernet franc (50 %), du merlot et du malbec, ce rosé a enchanté nos dégustateurs, tant par sa qualité aromatique que par sa structure. Vinifié par pressurage direct, il affiche une robe saumon brillant animée de reflets gris. Son nez monte en puissance sur des notes acidulées de fraise, de cerise et de pêche jaune. Framboise, pêche de vigne, litchi, agrumes, la bouche est un panier de fruits, mis en valeur par une matière puissante, concentrée, souple et ronde en attaque, puis d'une vivacité portant loin la finale. ⧗ 2019-2020

LYCÉE VITICOLE DE CAHORS-LE MONTAT, 422, Lacoste, 46090 Le Montat, tél. 06 78 52 97 01, aurelien.chassagne@educagri.fr

FLOC-DE-GASCOGNE

Cave de Condom ★★

Production : 20 000 b. | Élevage :
5 à 8 €

Fondée en 1951, la cave de Condom, au centre du terroir armagnacais de la Ténarèze, rassemble aujourd'hui 130 adhérents sur un territoire d'environ 1 300 ha. Elle fournit un tiers des vins (en IGP côtes-de-gascogne) diffusés par l'Union Plaimont Producteurs, qu'elle a intégrée en 1999. Pour la distribution de ses armagnacs et de ses flocs, que l'on trouve notamment dans ses boutiques de Condom et de Lectoure, elle est rattachée au vaste groupe coopératif polyvalent Val de Gascogne.
Déjà remarquable l'an dernier, ce floc rosé se hisse au sommet de la sélection cette année, et ce n'est pas la première fois. Le jus de merlot, après mutage à l'armagnac et douze mois de cuve, a produit un vin de liqueur qui a tout du fruit rouge : la couleur, les arômes et le goût. Du fruit rouge dans tous ses états, frais et confit, avec la cerise au premier plan. L'armagnac soutient les arômes tout au long de la dégustation, sans la moindre dureté, et une belle acidité porte loin la finale. ⧗ 2019-2022

VAL DE GASCOGNE, 59, av. des Mousquetaires, 32100 Condom, tél. 05 62 28 44 92, m.maupome@valdegascogne.coop

FRONTON

Ch. Baudare

NÉGRETTE PERLE NOIRE 2017 ★★

Production : 30 000 b. | Élevage :

5 à 8 €

Au temps de Napoléon, Guillaume Vigouroux fut le seul des quatre frères à revenir des champs de bataille. David, son descendant (cinquième génération), installé sur le domaine familial en 1995, s'est marié avec une Anglaise qui contribue à la renommée de la négrette outre-Manche. Le vignoble, créé en 1882, s'étend aujourd'hui sur 80 ha, complété en 2009 par les 20 ha du Dom. Callory. À la carte des Vigouroux, des fronton très réguliers en qualité.

Née de pure négrette, cette Perle noire obtient un coup de cœur pour la troisième fois. Cueillie bien mûre sur trois terroirs différents, elle est élaborée de manière à exalter le fruit : macération préfermentaire à froid et élevage en cuve. La robe profonde est de bon augure. Le nez intense et gourmand dévoile les parfums de réglisse et de violette typés du cépage, agrémentés de notes de fruits rouges confiturés et de touches mentholées. Ample et veloutée, généreuse et persistante, la bouche bénéficie en finale d'un plaisant retour aromatique : tous les attraits du grand cépage frontonnais. ⧗ 2020-2023

EARL CH. BAUDARE, 161, rue Basse-Près-de-l'Église, 82370 Campsas, tél. 05 63 30 51 33, vigouroux@aol.com

FRONTON

Haut-Capitole

2016 ★★

Production : 32 000 b. | Élevage :

5 à 8 €

Les caves de Técou, de Rabastens, de Fronton et des Côtes d'Olt ont uni leurs forces en 2006 en créant le groupe Vinovalie, dont le nom renvoie aux valeurs collectives du rugby. Un groupe qui fédère 400 vignerons et rassemble quelque 3 800 ha de vignes répartis sur trois appellations : gaillac, fronton et cahors.

« Cassis ! Violette ! » lit-on sur les fiches de dégustation. Le nez livre avec exubérance les arômes qui signent le cépage négrette, complété dans cette cuvée par du cabernet franc. On hume aussi au-dessus du verre des notes de fraise et de fruits noirs dans la bassine à confiture, des touches mentholées et un léger boisé qui met ce fruit en valeur. En bouche, une belle fraîcheur, une texture fine et soyeuse et une finale persistante, fruitée et boisée, laissent le souvenir d'une réelle harmonie. ⧗ 2020-2024

SCA VINOVALIE (SITE DE FRONTON), 175, av. de la Dourdenne, 31620 Fronton, tél. 05 62 79 97 79, laboratoire@vins-fronton.com

FRONTON

La Grande Cuvée du Ch. Marguerite

2017 ★★

Production : 12 400 b. | Élevage :

5 à 8 €

Les caves de Técou, de Rabastens, de Fronton et des Côtes d'Olt ont uni leurs forces en 2006 en créant le groupe Vinovalie, dont le nom renvoie aux valeurs collectives du rugby. Un groupe qui fédère 400 vignerons et rassemble quelque 3 800 ha de vignes répartis sur trois appellations : gaillac, fronton et cahors.

négrette et cabernet franc composent ce fronton à la robe soutenue qui montre une réelle présence pour le millésime. Délicat et fin, son nez s'ouvre sur la cerise et les fruits noirs, soulignés de notes d'élevage aux nuances d'épices douces (vanille et cannelle). Ce fruité gourmand, confituré, associé à un boisé épicé bien dosé, se prolonge dans une bouche ronde et dense, soutenue par des tanins soyeux, à la finale fraîche. Un vin généreux qui laisse une impression agréable de légèreté. ⧗ 2020-2024

SCA VINOVALIE (SITE DE FRONTON), 175, av. de la Dourdenne, 31620 Fronton, tél. 05 62 79 97 79, laboratoire@vins-fronton.com

GAILLAC

Ch. l'Enclos des Roses

BRUT MÉTHODE ANCESTRALE ★★

Production : 5 000 b. | Élevage :

11 à 15 €

Aurélie Balaran, fille de Roselyne et Jean-Marc Balaran (Dom. d'Escausses), a acquis en 2007 des parcelles du Ch. Larroze, propriété de la famille Cros dans les années 1980, et créé le Ch. l'Enclos des Roses. Elle conduit aujourd'hui un vignoble de 50 ha. Domaine certifié Haute valeur environnementale.

Vinifiée en brut, cette méthode ancestrale a été placée au sommet de la sélection parmi les vins effervescents. On loue sa bulle remarquable de finesse et de persistance, ses parfums intenses de fruits blancs et de fruits exotiques et son palais à l'unisson du nez, vif en attaque, gourmand, alerte et long. Une délicatesse et une fraîcheur qui conviendront à l'apéritif et aux desserts peu sucrés. ⧗ 2019-2020

⊶ *EARL DENIS BALARAN, 32, rte de la Salamandrie, 81150 Sainte-Croix, tél. 06 18 57 93 53, contact@famillebalaran.com*

GAILLAC

Grande Réserve de Labastide

2018 ★★

Production : 400 000 b.

- de 5 €

La plus ancienne coopérative du Tarn (fondée en 1949) est aussi le plus gros producteur de vins blancs de la région. Elle s'est illustrée dès 1957 en créant le gaillac perlé. Elle regroupe aujourd'hui une centaine d'adhérents.

Ce rosé de saignée mariant duras, braucol et syrah s'est classé premier parmi les gaillac de cette couleur. Saumon clair, il a enchanté nos dégustateurs par ses arômes intenses et frais, farandole de fleurs, de fruits blancs, de groseille, de fruits exotiques et de bonbon anglais. Vif en attaque, il garde jusqu'en finale une fraîcheur tonique qui lui donne une belle allonge. ⧗ 2019-2020

⊶ *SCA CAVE DE LABASTIDE-DE-LEVIS, lieu-dit La Barthe, 81150 Labastide-de-Levis, tél. 05 63 53 73 73, commercial@cave-labastide.com*

GAILLAC

Dom. Laubarel

PREMIÈRES CÔTES MAUZAC

L'AUBARÈL 2017 ★★

Production : 1 500 b. | Élevage :

8 à 11 €

Ce petit domaine de 7 ha fondé en 1904 a été repris en 2008 par Lucas Merlo, vigneron natif d'Albi. Après avoir travaillé dans le Médoc et à Cahors, il s'est installé sur les premières côtes de Gaillac. Exploitation certifiée Haute valeur environnementale.

Vinifié et élevé onze mois en barrique, ce mauzac a pris des tons paille doré. Intense au nez, il s'ouvre sur des arômes complexes de boisé grillé, de fruits secs et de poire mûre, rehaussés de touches minérales. Vive en attaque, équilibrée entre fraîcheur et souplesse, la bouche déploie des notes de mirabelle et de fruits blancs bien mûrs, alliées à un boisé fondu. La finale est persistante, tonique et mentholée. De la présence et une réelle harmonie. ⧗ 2019-2022

⊶ *LUCAS MERLO (DOM. LAUBAREL), 3000, rte de Cordes, 81600 Gaillac, tél. 06 61 94 76 91, lucas.merlo545@orange.fr*

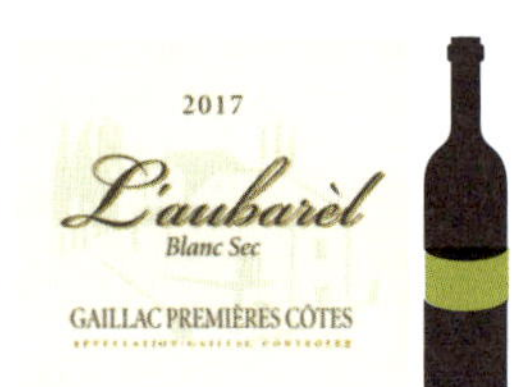

GAILLAC

Ch. Montels

VENDANGES TARDIVES 2016 ★★

Production : n.c. | Élevage :
8 à 11 €

Créé par Bruno Montels en 1985, ce domaine de 25 ha est situé à Souel, sur le plateau calcaire de Cordes. Il est bien connu des lecteurs du Guide, notamment pour ses gaillac doux.

Depuis 2011, gaillac est la troisième appellation française à bénéficier de la mention « vendanges tardives ». Distinguant des vins issus de raisins passerillés ou atteints par la pourriture noble, produits à tout petits rendements (25 hl/ha), vendangés à la main par tries successives et très riches en sucres (100 g/l minimum), cette dénomination constitue le sommet des vins doux. Celui-ci est un modèle du genre : associant le loin de l'œil et la muscadelle, il se pare d'une robe d'or aux nuances cuivrées et libère des parfums raffinés de poire Williams, de gelée de coing et de fruits exotiques. Ces arômes complexes s'épanouissent dans un palais à la fois suave et frais, de grande longueur. ⧗ 2019-2029

SCEV BRUNO MONTELS, Burgal, 81170 Souel, tél. 05 63 56 01 28, brmontels@gmail.fr

GAILLAC

Dom. Rotier Bio

L'ÂME 2017 ★★★

Production : 3078 b. | Élevage :
20 à 30 €

Alain Rotier et Francis Marre, beaux-frères, se partagent le travail : Francis aux cultures et Alain à l'élaboration des vins. La propriété (35 ha), fondée en 1985, est aujourd'hui l'un des piliers du vignoble gaillacois, notamment pour ses vins doux qui collectionnent étoiles et coups de cœur du Guide. Le vignoble, qui met notamment en valeur le duras (en rouge) et le len de l'el (en blanc), est en bio certifié depuis 2012.

Un gaillac rouge au sommet pour ce domaine qui s'est surtout illustré en blanc. Pour nommer cette cuvée, le vigneron a pensé à Baudelaire, chantre du vin. Il a mis à l'honneur le duras – vieux cépage local en verve cette année – (90 %, avec le braucol en complément) dans ce vin vinifié et élevé douze mois en barrique. Le nez expansif s'ouvre sur la violette, les fruits rouges et noirs, les épices et la réglisse. Riche, ample et charnu, parfaitement équilibré entre suavité et fraîcheur, le palais s'appuie sur des tanins savoureux qui portent loin la finale épicée et mentholée. Nos dégustateurs ne parlent pas d'âme, mais évoquent une réelle personnalité. ⧗ 2019-2024

SARL ROTIER MARRE, Petit Nareye, 81600 Cadalen, tél. 05 63 41 75 14, rotier.marre@domaine-rotier.com

IGP ARIÈGE

Dom. de Lastronques

MERLOT ÉLEVÉ EN FÛT DE CHÊNE 2017 ★★

Production : 8000 b. | Élevage :
5 à 8 €

Situé au nord du département, sur des coteaux argilo-calcaires de la vallée de la Lèze, face aux Pyrénées, ce domaine de 16 ha, fondé en 1998 sur les terres d'une ancienne seigneurie du XVIIIes., est l'un des acteurs de la renaissance du vignoble ariégeois et l'une des valeurs sûres de l'IGP locale. Propriété certifiée Haute valeur environnementale.

Élevée six mois en fût, cette cuvée de merlot à la robe profonde arrive au sommet de la sélection, et ce n'est pas la première fois. Expressif, le 2017 s'ouvre sur les fruits noirs frais, mûre et cassis en tête. Souple en attaque, charnu, structuré et long, il fera plaisir dès maintenant et devrait vieillir avec grâce. ⧗ 2019-2023

GFA DOM. DE LASTRONQUES, 166, chem. de Lastronques, 09210 Lézat-sur-Lèze, tél. 05 61 69 12 13, cydoniaviti@wanadoo.fr

IGP COMTÉ TOLOSAN
Cabidos
PETIT MANSENG GASTON PHŒBUS 2015 ★★

Production : 5 000 b. | Élevage :
15 à 20 €

Vigneron de l'année

Agriculteur originaire de l'Aisne, Vivien de Nazelle avait hérité d'une gentilhommière dans le nord du Béarn. Découvrant son passé viticole, il entreprit à partir de 1995 d'y développer le vignoble et planta notamment du petit manseng : 9 ha aujourd'hui, et des installations dernier cri qui lui permettent d'élaborer d'excellents vins, blancs secs et doux notamment, très souvent en vue dans ces pages. En 2015, le domaine a été repris par Robert Alday, promoteur et constructeur de la côte basque.

Un changement de propriétaire, mais une belle constance dans la qualité. Quoi d'étonnant ? Méo Sakorn Sériès, qui officie au chai depuis 2007, reste en place. Cette agronome thaïlandaise formée à l'œnologie à Bordeaux montre son talent millésime après millésime. Cette année comme dans la dernière édition avec un liquoreux (140 g/l de sucres) issu de petit manseng récolté à la mi-novembre et vieilli en barrique. Une robe vieil or, une palette mêlant la poire et l'ananas confits typés du cépage aux fruits secs légués par l'élevage, un palais ample et gras, équilibré par une pointe d'acidité : un vin solaire et opulent. ⧗ 2019-2029

SCEA ARNOA (CH. DE CABIDOS), 303, rte du Château, 64410 Cabidos, tél. 05 59 04 43 41, contact@chateau-de-cabidos.com

---

IGP COMTÉ TOLOSAN
Rigal
MALBEC CÉPIA 2018 ★★

Production : 100 000 b. | Élevage :
- de 5 €

À la tête de plus de 250 ha en cahors, cette maison cadurcienne, dont les origines remontent à 1755, rayonne aujourd'hui dans tout le Sud-Ouest, affiliée depuis 2003 au vaste groupe Advini.

Outre ses cahors, la maison propose des vins en IGP issus du même cépage malbec, comme celui-ci, fort loué pour la finesse de ses arômes et pour le velouté de sa texture. Sa robe profonde tire sur le noir. Son nez franc mêle les fruits noirs et la cerise à l'alcool. Souple en attaque, bien structurée, la bouche séduit par ses tanins déjà fondus et par sa finale fraîche. Agréable dès aujourd'hui, cette bouteille ne manque pas de réserves. ⧗ 2019-2024

SAS RIGAL, Les Hauts Coteaux, 46700 Floressas, tél. 05 65 30 70 10, marketing@rigal.fr

IGP CÔTES DE GASCOGNE
Dom. de Miselle
COLOMBARD - GROS MANSENG 2018 ★★

Production : 108 000 b. | Élevage :
- de 5 €

Ce domaine est depuis longtemps déjà voué à la viticulture : des armagnacs y étaient élaborés au XIXᵉ s. Depuis 1998, la famille Chevallier, originaire du nord de la France, fait revivre cette propriété typiquement gasconne avec son pigeonnier traditionnel, dotée d'un vignoble de 28 ha. À sa tête, Julien Chevallier, ingénieur en agriculture.

Réputée pour ses moelleux à base de petit manseng, la propriété s'impose cette année par un blanc sec issu de colombard majoritaire. Aussi intense à l'œil qu'au nez, ce vin s'ouvre sur des notes flatteuses de citron et d'agrumes mûrs, avec une note d'amande. Tout aussi aromatique au palais, il se montre gras, tonique et long. Pour l'apéritif comme pour la table, sans oublier le fromage. ⧗ 2019-2022

EARL DOM. CHEVALLIER, Miselle, 32110 Caupenne-d'Armagnac, tél. 05 62 08 84 56, contact@miselle.com

IGP CÔTES DU TARN

Les Vignes de Garbasses

CABANÈS BRAUCOL 2018 ★★

Production : 5 000 b. | Élevage :
11 à 15 €

Entre les vallées du Tarn et de l'Agoût, ce domaine de 17 ha, situé en dehors d'une aire d'appellation, est proche du vignoble de Gaillac. Aussi Guy Fontaine, à la tête de la propriété depuis 1996, vinifie-t-il les cépages de cette AOC, y compris l'antique prunelard. Et aussi d'autres variétés, pas moins de treize en tout, rouges surtout. Il propose aussi des produits fermiers comme de l'huile de tournesol et des pâtes de blé dur.
Le braucol est le nom occitan du fer-servadou, cultivé sous le nom de mansois sur les terres rouges de Marcillac. Le terroir est ici fort différent, très caillouteux, et la situation géographique plus méridionale. Ce vin en offre une remarquable image ; il garde aussi la mémoire, dans sa superbe matière, d'un été et d'un début d'automne très ensoleillés. Sa robe couleur d'encre, animée de reflets violets, apparaît aussi profonde que son nez, aux nuances complexes de framboise, de myrtille et de prune d'ente. Ample, charnue et structurée, la bouche finit sur un agréable retour du fruit noir. Une très belle expression et un certain potentiel. ⧗ 2019-2023

GAEC DES GARBASSES, *Le Bousquet, 81500 Cabanès, tél. 05 63 42 02 05, vignesdesgarbasses@orange.fr*

IGP LANDES

Les Vignerons landais

DOUX PETIT MANSENG EXPRESSION IMPÉRATRICE 2017 ★★

Production : 7 500 b. | Élevage :
8 à 11 €

Cette coopérative fondée en 1958 regroupe aujourd'hui quelque 150 vignerons sur les terroirs de Tursan et de Chalosse, dans le sud des Landes. Elle dispose de 500 ha et vinifie 95 % de l'AOC tursan.
Cépage béarnais, le petit manseng est adapté à l'élaboration de vin doux. Vendangé à la mi-septembre, en début de passerillage, il a donné naissance à ce vin jaune doré qui, sans faire preuve d'une grande concentration, brille par sa présence aromatique et par son harmonie. Le nez s'ouvre sur les fleurs blanches, puis sur la pêche, l'abricot sec et l'orange confite. Remarquablement équilibrée entre douceur et fraîcheur, la bouche s'étire en une longue finale marquée par un plaisant retour du zeste d'agrumes confits. ⧗ 2019-2022

SCA LES VIGNERONS LANDAIS TURSAN-CHALOSSE, *30, rue Saint-Jean, 40320 Geaune, tél. 05 58 44 51 25, technique@tursan.fr*

IGP PÉRIGORD

Le Cerf noir

SAUVIGNON 2018 ★★

Production : 10 002 b. | Élevage :
- de 5 €

Union de coopératives, Couleurs d'Aquitaine est née en 2008 à l'initiative des quatre caves de la Dordogne : Cave de Port-Sainte-Foy, Les Vignerons de Sigoulès, Cave de Monbazillac et Alliance Aquitaine. Prolongée par une structure de négoce, elle sélectionne, élève et distribue aussi et surtout des vins de propriétés du Bergeracois et du Bordelais. Un acteur de poids du grand Sud-Ouest viticole.
Une robe pâle et brillante pour ce sauvignon au nez intense, net et tonique, entre fleurs blanches et pamplemousse, et au palais harmonieux, rond en attaque et frais en finale, d'une rare persistance. Il s'accordera aussi bien avec des fruits de mer et poissons grillés qu'avec salade aux chèvres chauds. ⧗ 2019-2022

SAS COULEURS D'AQUITAINE, *Les Seguinots, rte de Marmande, 24100 Saint-Laurent-des-Vignes, tél. 05 53 63 78 55, avernhet@couleursdaquitaine.fr*

IGP TARN-ET-GARONNE
Dom. de Guillau
VIOGNIER CHARDONNAY PRÉLUDE ÉLEVÉ EN FÛT DE CHÊNE 2017 ★★

Production : n.c. | Élevage :
11 à 15 €

Un ancêtre charpentier a construit la grange qui sert aujourd'hui de chai, faisant parfois payer ses services en lopins de terre. Quant à Jean-Claude Lartigue, installé en 1990, il est au nombre des producteurs qui ont «bâti» leur appellation. Le Guide l'a découvert en 1999 alors que les coteaux-du-quercy étaient encore classés en vins de pays. Le domaine couvre aujourd'hui 15 ha, non loin de Montpezat-du-Quercy.
Un vin blanc sec mi-viognier mi-chardonnay, vinifié et élevé huit mois sur lies en fût neuf avec bâtonnage. Déjà fort apprécié dans les deux millésimes précédents, il obtient un coup de cœur grâce à un surcroît de fraîcheur et d'élégance. D'un or pâle brillant, il séduit par son nez intense, partagé entre les arômes d'acacia du chardonnay et les notes d'abricot du viognier, agrémentés de nuances de miel et d'un boisé qui sait rester discret. Ample et soyeuse, la bouche est servie par une belle acidité qui porte loin la finale. ⧗ 2019-2023

EARL LARTIGUE (DOM. DE GUILLAU), 181, rte de Borredon, 82270 Montalzat, tél. 06 11 86 22 04, jean-claude.lartigue@orange.fr

IROULÉGUY
Lehia
2018 ★★★

Production : 3000 b. | Élevage :
20 à 30 €

Non loin de Saint-Étienne-de-Baïgorry et de son château, la coopérative a été créée en 1952, une année avant la promotion des irouléguy en «vins délimités de qualité supérieure». Elle a participé à l'ascension de l'appellation et amorcé un virage qualitatif au cours des années 1990. Aujourd'hui, elle regroupe quarante viticulteurs qui apportent le fruit de près de 140 ha. Les chais ont été rénovés à plusieurs reprises après 2000 (avec notamment, après 2015, la création d'un nouveau cuvier de petite capacité et d'un nouveau magasin). Une valeur sûre.
Son nom, qui signifie «défi» en basque, signale une cuvée ambitieuse. Elle naît pour l'essentiel de petit manseng et séjourne sept mois en fût et en foudre. Tout aussi remarquable que le millésime 2016, elle obtient de surcroît un coup de cœur, son deuxième. Parée d'une robe lumineuse animée de reflets dorés, elle offre un nez expressif et charmeur, panier de pêches jaunes et d'ananas, rehaussé de notes beurrées et mentholées. Elle enchante par son volume, sa rondeur, son équilibre entre gras et vivacité et par sa longue finale dynamique où l'on retrouve les fruits exotiques. Excellents accords en perspective avec du saumon de l'Adour et du fromage ossau-iraty. ⧗ 2019-2023

SCA CAVE D' IROULÉGUY, rte de Saint-Jean-Pied-de-Port, 64430 Saint-Étienne-de-Baïgorry, tél. 05 59 37 41 33, contact@cave-irouleguy.com

Zoom
Les mansengs (petit et gros)

Appartenant à la même famille, ce sont deux cépages originaires du piémont pyrénéen et plantés essentiellement dans le sud-ouest de la France, où ils font notamment la renommée des jurançon, assemblés ou non avec d'autres cépages locaux comme le courbu. Si on reconnaît au premier davantage de finesse et une meilleure aptitude à la surmaturité, les deux variétés sont fréquemment associées dans les vins blancs secs et doux (jurançon, béarn, irouléguy, pacherenc-du-vic-bilh, saint-mont), vifs et parfumés (pêche, agrumes), produits dans le Béarn et en Gascogne. Synonyme : mansengou.

JURANÇON
Dom. de Burgué-Séré
LA PALOMBIÈRE SEC 2017 ★★

Production : 3 500 b. | Élevage :
11 à 15 €

Fondé en 1807 et conduit depuis 2010 par Benoît et Sébastien Séré, ce domaine familial de 7,5 ha est implanté sur les coteaux environnant le petit village de Saint-Faust. Il propose non seulement des jurançon, mais aussi des vins rouges nés de tannat et de cabernets.
Depuis quatre ans, cette cuvée de jurançon sec issue de vieilles vignes de petit manseng gravit sereinement, barreau après barreau, l'échelle de la palombière pour se hisser au sommet. Avec son nez beurré, brioché et vanillé, qui laisse percer un fruité aux nuances d'ananas et d'agrumes, le 2017 témoigne d'une vinification et d'un élevage en foudre bien menés. Explosif en bouche, rond et ample, il monte en puissance et s'étire dans une belle finale vanillée. 2019-2022

STÉ DU BASSOT, 157, Maison-Burgué, chem. Lasbiste-Bassot, 64110 Saint-Faust, tél. 05 59 83 06 40, jeannot.sere@orange.fr

JURANÇON
Dom. Cauhapé
LA CANOPÉE SEC 2017 ★★

Production : 5 000 b. | Élevage :
20 à 30 €

Dans la première édition du Guide, un coup de cœur avait couronné un jurançon moelleux 1982 élaboré par Henri Ramonteu, installé en 1980. Douze autres ont suivi. Le domaine s'étend sur 43 ha de vignes escarpées, plantées à flanc de colline. Il propose une large gamme de jurançon secs et doux.
Issu de petit manseng cueilli surmûri au cœur de l'automne, en même temps que les raisins destinés aux vins doux, ce jurançon sec haut de gamme a été élevé dix mois sur lies en barrique, avec bâtonnage. Il en ressort paré d'une robe éclatante, jaune citron. Intense, et élégant, le nez décline tout une gamme de senteurs fraîches : fleurs blanches, ananas, litchi, menthe, citron. Ronde en attaque, complexe et longue, la bouche offre une finale très tonique aux accents de citron vert. De la matière et de la finesse. 2019-2024

SCEA DOM. CAUHAPÉ, quartier Castet, 64360 Monein, tél. 05 59 21 33 02, contact@cauhape.com

JURANÇON
Cru Larose
NECTAR D'AUTOMNE VENDANGES TARDIVES 2016 ★★

Production : 2 500 b. | Élevage :
20 à 30 €

Dans la famille depuis trois générations, ce domaine d'à peine 3 ha est conduit depuis 2005 par Chantal Peyroutet-Davancens. Situé sur la crête de Saint-Faust, face aux Pyrénées, le vignoble bénéficie d'un ensoleillement maximal.
Nos dégustateurs avaient déjà remarqué le 2014. Le 2016 obtient la même note avec un coup de cœur. Né de petit manseng récolté le 1er décembre, il affiche une robe doré profond : il s'agit d'un liquoreux opulent (110 g/l, soit deux fois le minimum requis pour prétendre à la mention « vendanges tardives »). Cette richesse se traduit dès le premier coup de nez par des arômes de fruits confits : le coing et les fruits exotiques, ananas en tête, si typés de l'appellation. Elle se conjugue jusqu'en finale avec une acidité qui donne à cette cuvée d'une belle ampleur une remarquable tenue, un superbe équilibre et une longue finale. 2020-2030

CHANTAL PEYROUTET-DAVANCENS, 251, chem. des Crêtes, 64110 Saint-Faust, tél. 05 59 83 12 06, contact@crularose.com

JURANÇON

Dom. Lasserre

2017 ★★

Production : 33000 b. | Élevage :

8 à 11 €

Fondée en 1949, la cave de Gan réunit 750 ha de vignes, soit plus de 250 viticulteurs. Elle fournit plus de la moitié des volumes de l'appellation jurançon et joue aussi un rôle majeur dans l'AOC béarn. Elle propose ses vins de marque et des vins de propriétés élaborés par ses soins. Un acteur incontournable du vignoble du piémont pyrénéen.

Vinifié par la cave de Gan, ce jurançon moelleux issu de la propriété de Jean-Charles Lasserre assemble les gros et petits mansengs. Un élevage en cuve met en valeur le fruit intense des deux cépages principaux de l'appellation, qui s'expriment dans des parfums très nets et typés de fruits exotiques confits. Ces arômes se prolongent dans un palais rond et gras à souhait, tendu par une fraîcheur qui porte loin la finale liquoreuse, teintée de nobles amers : le jury est conquis. Du foie gras ? Un dessert ? Pourquoi pas, mais un poulet rôti conviendra aussi à ce vin doux. ⧗ 2019-2027

CAVE DES PRODUCTEURS DE JURANÇON, 53, av. Henri-IV, 64290 Gan, tél. 05 59 21 57 03, cave@cavedejurancon.com

MADIRAN

Dom. Sergent

LES NOYERS 2016 ★★

Production : 16900 b. | Élevage :

8 à 11 €

En 1902, Hubert Dousseau acquiert le domaine. Depuis 1995, Brigitte et Corinne, ses arrière-petites-filles, y conduisent un vignoble de 22 ha. Elles ont converti en gîte une petite maison gasconne au cœur des vignes et proposent, outre le vin, des foies gras, confits et autres magrets de canard.

Encore une année faste pour le domaine : cette cuvée, issue d'une seule parcelle de tannat, succède à deux coups de cœur pour le millésime précédent. D'un grenat intense et brillant, ce 2016 s'impose d'emblée par son nez somptueux, qui s'ouvre sur un boisé raffiné aux nuances de moka, avant de déployer une chaleureuse gamme fruitée – les fruits noirs confiturés, la cerise au kirsch – nuancée de réglisse et de menthol. Suave en attaque, consistante et charnue, la bouche déroule un tapis de tanins savoureux aux accents d'épices et de cèdre, qui soulignent la longue finale réglissée et mentholée. Un madiran de caractère à la superbe expression. ⧗ 2022-2028

EARL DOUSSEAU , Dom. Sergent, 32400 Maumusson-Laguian, tél. 05 62 69 74 93, contact@domaine-sergent.com

MARCILLAC

Les Vignerons du Vallon

LES CRESTES 2018 ★★

Production : 20000 b. | Élevage :

8 à 11 €

Établie dans le fameux vallon de Marcillac, cette coopérative, créée en 1965, regroupe une quarantaine de vignerons qui cultivent 105 ha. Elle fournit 55 % de la production de l'AOC. Une valeur sûre.

Une robe profonde à reflets violets pour cette cuvée aux parfums intenses et gourmands de fruits rouges très mûrs, voire confiturés, rehaussés d'épices. Une attaque ronde et puissante ouvre sur un palais consistant, toujours bien fruité, à la fois ample et frais, soutenu par des tanins de qualité. La finale persistante relevée de poivre et de poivron rouge donne à ce vin beaucoup de relief. Un remarquable équilibre. ⧗ 2020-2024

SCA UNICOR, RD_840, 12330 Valady, tél. 05 65 72 70 21, valady@groupe-unicor.com

MONBAZILLAC

Ch. le Fagé

CUVÉE GRANDE RÉSERVE VINIFIÉ EN FUT DE CHÊNE 2016 ★★

Production : 1700 b. | Élevage :
15 à 20 €

Créé en 1757, ce domaine commandé par un petit château aux allures de chartreuse, sur la côte nord de Monbazillac, couvre 48 ha aujourd'hui. Héritier de dix générations, Benoît Gérardin en a pris les rênes en 2012 et cherche à élaborer des vins droits, fruités et frais.
Vinifiée en barrique de 400 l et restée dix mois dans le bois, cette cuvée affiche une robe or profond qui annonce un vin puissant. Abricot et pêche confits, zeste de citron, miel, rôti, épices : le nez brille par sa complexité et l'élevage sait rester discret. Vif en attaque, gras, harmonieux et long, le palais déploie une superbe palette, encore plus riche qu'à l'olfaction : fruits exotiques et fruits jaunes compotés, figue, coing, soupçon d'agrumes, pain d'épice, rehaussés en finale d'un délicat boisé aux nuances d'amande et de la note rôtie typique des grands liquoreux. ⧗ 2020-2030

CH. LE FAGÉ, Ch. le Fagé, 24240 Pomport, tél. 05 53 58 32 55, info@chateau-le-fage.com

MONBAZILLAC

Ch. Monbazillac

2016 ★★

Production : 12400 b. | Élevage :
15 à 20 €

Propriété de la cave de Monbazillac depuis 1960, le château de Monbazillac (XVIes.) présente une architecture originale, qui allie des systèmes défensifs médiévaux et des éléments Renaissance. Emblématique du Bergeracois, il est le cadre de multiples activités culturelles (expositions, conférences, cinéma de plein air…). La cave vinifie près d'un tiers de l'appellation monbazillac.
Après une fermentation partielle en barrique, ce 2016 est resté un an dans le bois. Gourmand, généreux et tonique, il a charmé nos dégustateurs. Sa robe s'anime de reflets or vif. Flatteur, tonique, le nez marie la pêche jaune, les agrumes, l'ananas et le miel, soulignés d'un léger vanillé. Après une attaque alerte, où l'on retrouve l'ananas allié au fruit de la Passion, le palais déploie des arômes persistants de fruits confiturés, de miel et d'épices douces dans une matière onctueuse, tendue par une ligne de fraîcheur qui étire la finale : l'harmonie même. ⧗ 2020-2029

CAVE DE MONBAZILLAC, rte de Mont-de-Marsan, 24240 Monbazillac, tél. 05 53 63 65 00, monbazillac@chateau-monbazillac.com

MONTRAVEL

Ch. Laulerie

COMTESSE DE SÉGUR 2017 ★★

Production : 15000 b. | Élevage :
8 à 11 €

Installés dans le Périgord en 1977, les Dubard ont créé un vaste ensemble viticole, conduit depuis 2008 par la deuxième génération, représentée par Marine et Grégory Dubard. Leur fleuron bergeracois est le Ch. Laulerie, 85 ha aujourd'hui. Ils ont étendu leurs propriétés dans le Libournais voisin. Une valeur sûre du Bergeracois. Domaine certifié Haute valeur environnementale.
Issue de pur sauvignon fermenté en cuve de bois, élevée six mois en foudre de chêne, une cuvée phare du domaine. Elle obtient son quatrième coup de cœur avec un 2017 salué pour la qualité de son boisé, aux nuances de vanille et de noisette, qui laisse percer un fruité acidulé, citronné, un rien fumé. Ces notes d'élevage bien fondues s'associent à la pomme et au coing dans une bouche harmonieuse et longue, à la finale légèrement poivrée. ⧗ 2019-2022

CH. LAULERIE, Le Gouyat, 24610 Saint-Méard-de-Gurçon, tél. 05 53 82 48 31, contact@vignoblesdubard.com

MONTRAVEL
Ch. Moulin Caresse
GRANDE CUVÉE CENT POUR 100 2016 ★★

Production : 19 000 b. | Élevage :
11 à 15 €

Très ancienne propriété familiale (1749) située sur les hauteurs de Montravel, ce vaste domaine est aujourd'hui l'une des références en Bergeracois, grâce au travail mené depuis 1990 (sortie de la coopérative) par Jean-François Deffarge, « autodidacte en œnologie », qui passe aujourd'hui la main à ses enfants Benjamin et Quentin. Le vignoble (52 ha) s'étend sur deux terroirs bien distincts : des pentes argilo-calcaires et un haut plateau de boulbène.

Après un coup de cœur pour la version blanche de cette cuvée dans la dernière édition, le domaine renouvelle l'exploit pour le rouge du même millésime. La robe profonde montre des reflets violines de jeunesse. Le nez s'ouvre sur un boisé épicé, aux nuances d'encens, qui laisse poindre du fruit rouge poivré. On retrouve le fruit rouge, bien marié aux notes d'élevage, dans une bouche séveuse, à la fois ample et fraîche, soutenue par des tanins marqués mais soyeux. Généreux, tendu et persistant, ce vin laisse augurer une bonne garde. ⧗ 2020-2029

EARL DEFFARGE-DANGER, 1235, rte de Couin, 24230 Saint-Antoine-de-Breuilh, tél. 05 53 27 55 58, contact@moulincaresse.fr

Vigneron de l'année

PACHERENC-DU-VIC-BILH
Dom. Laougué
L'ORÉE 2018 ★★

Production : 6 000 b. | Élevage :
8 à 11 €

Pierre Dabadie s'est installé en 1980 sur l'exploitation familiale, dont la superficie est passée de 7 à 25 ha. Ses vins, rouges comme blancs, secs comme doux, sont régulièrement en vue. En 2014, son fils Sylvain, qui a pris le relais, réoriente la conduite de la vigne et renouvelle les cuvées.

Une cuvée innovante et plébiscitée : ce pacherenc sec donne le premier rôle au petit courbu (90 %, avec le petit manseng en complément), cépage qui n'apparaît le plus souvent qu'en appoint dans l'appellation. Dès l'approche, il s'impose par sa robe d'un jaune profond étincelante de reflets dorés, puis par son nez intense, sur les agrumes, l'ananas et les fruits blancs, nuancés de miel et d'un soupçon d'épices douces. On retrouve l'ananas rôti et les agrumes dans une bouche ample, onctueuse et longue, portée par une belle acidité citronnée et marquée en finale par une noble amertume. Un vin harmonieux et complexe, pour l'apéritif comme pour la table. ⧗ 2019-2023

EARL DABADIE, rte de Madiran, 32400 Viella, tél. 05 62 69 90 05, contact@domaine-laougue.fr

Zoom Montravel

Le plus célèbre enfant de Montravel est sans nul doute Michel Eyquem de Montaigne qui, après avoir exercé les fonctions de maire de Bordeaux, se retira dans ses terres, où il rédigea ses *Essais*. Sur la rive droite de la Dordogne, entre Castillon-la-Bataille à l'ouest et Sainte-Foy-la-Grande à l'est, l'AOC montravel est délimitée sur quatorze communes, dans la partie occidentale du département de la Dordogne. Partie intégrante du Bergeracois, elle jouxte des vignobles du Bordelais : à l'est, le Libournais et au nord, l'Entre-deux-Mers et le pays foyen. Son territoire appartenait jadis à l'évêque de Bordeaux, si bien que ses vins jouissaient du privilège qui leur permettait d'entrer librement dans le grand port aquitain. La région a finalement été rattachée au Sud-Ouest viticole au XXe siècle. Le vignoble partage avec ses voisins girondins son encépagement principal, dominé par le merlot en rouge, le sauvignon et le sémillon en blanc, son substrat géologique – un calcaire à astéries que l'on retrouve en Libournais et en Entre-deux-Mers. Il produit des vins d'assemblage, des blancs secs très aromatiques et des vins rouges ambitieux, corsés et de garde.

PACHERENC-DU-VIC-BILH

Saint-Martin

BARRIQUES D'OR 2018 ★★

Production : 15 000 b. | Élevage :
15 à 20 €

Le groupe Plaimont est le fruit d'une association de trois caves qui, en 1979, unirent leurs initiales (PL pour Plaisance, AI pour Aignan et MONT pour Saint-Mont) pour créer ce leader des vins du Sud-Ouest produisant 40 millions de bouteilles par an. Rejoint en 1999 par les caves de Condom et de Crouseilles, Plaimont représente 98 % de l'appellation saint-mont, environ la moitié des AOC madiran et pacherenc-du-vic-bilh ainsi que des IGP côtes-de-gascogne. Un acteur de poids.
La Saint-Martin, fête qui parlait au monde rural, s'est effacée devant le 11 Novembre : c'est le même jour, qui coïncide peu ou prou avec la date de la récolte des raisins (petits et gros mansengs, petit courbu) à l'origine de ce superbe moelleux. Si la robe est pâle, le nez monte en puissance, révélant tout au long de la dégustation de multiples nuances : fleurs blanches, fruits blancs et fruits exotiques, touche vanillée. Gorgés de sucre, mangue, ananas, fruit de la Passion se déploient dans une bouche ronde, mis en valeur par une fine acidité qui allège le vin et porte loin la finale. Un pacherenc exquis, intense et complexe. ⧗ 2019-2025

⊶ PLAIMONT, *rte d'Orthez, 32400 Saint-Mont, tél.* 05 62 69 62 87, *l.mene-castillou@plaimont.fr*

PÉCHARMANT

Ch. Corbiac

CUVÉE CYRANO 2016 ★★

Production : 18 000 b. | Élevage :
8 à 11 €

Issu d'une famille apparentée à Cyrano de Bergerac, Antoine de Corbiac, qui a rejoint sa mère Thérèse sur l'exploitation, représente la dix-septième génération sur le domaine. Très ancien, ce vignoble de 16,5 ha aujourd'hui, idéalement perché sur la crête du coteau de Pécharmant, est une valeur sûre du Bergeracois. Une structure de négoce a été également créée : elle commercialise des vins de la propriété et ceux de la gamme Cyrano de Bergerac.
Élue coup de cœur dans le millésime précédent, cette cuvée renouvelle l'exploit. La robe profonde est de bon augure, tout comme le nez, complexe et bien ouvert, heureux mariage de fruits des bois et des notes toastées de l'élevage. La bouche, à l'unisson du nez, s'impose par son ampleur, sa charpente, son équilibre entre rondeur et fraîcheur et par sa longueur. Sa densité va de pair avec une suavité qui donne à cette bouteille un profil à la fois solide et aimable. ⧗ 2023-2029

⊶ CH. CORBIAC PÉCHARMANT, *rte de Corbiac, 24100 Bergerac, tél.* 05 53 57 20 75, *corbiac@corbiac.com*

ROSETTE

Ch. du Lac

2018 ★★★

Production : 38 600 b.
5 à 8 €

À Ginestet, terroir situé au nord de Bergerac et plutôt dédié à la production de blancs moelleux, Sébastien Dantin conduit avec autant de discrétion que de talent un domaine de 35 ha.
Après le 2011 et le 2015, le 2018 vaut à ce vigneron son troisième coup de cœur : de quoi donner du lustre à cette petite appellation méconnue. Issu de sauvignon gris et de sémillon, ce vin d'un or clair et brillant enchante par son expression intense et complexe, florale et fruitée, et plus encore par sa vivacité tonique, qui met en valeur ses arômes et porte loin la finale. Une acidité qui n'allait pas de soi si l'on se rappelle l'été caniculaire de 2018. ⧗ 2019-2023

⊶ DOM. DU LAC, *Le Lac, 24130 Ginestet, tél.* 05 53 57 45 27, *domainedulac@orange.fr*

La **vallée de la Loire** et le **Centre**

La très étendue région viticole de la vallée de la Loire est unie par le fleuve que l'on dit royal et ses affluents, la vigne n'étant jamais bien éloignée de l'eau et des châteaux Renaissance. Les vignobles du pays nantais, de l'Anjou et du Saumurois, de la Touraine et du Centre forment ainsi un vaste ensemble aux terroirs et aux climats variés, où la plupart des types de vins sont déclinés.

Superficie : 51 900 ha
Production : 2 841 395 hl
Types de vins : blancs (45 %) secs, demi-secs, moelleux et liquoreux, rosés (22 %), rouges (21 %), effervescents (12 %).
SOUS-RÉGIONS : Région nantaise, Anjou-Saumur, Touraine, Centre.

CÉPAGES PRINCIPAUX

Rouges : cabernet franc (breton), cot, gamay, pinot noir, grolleau ; accessoirement : pineau d'Aunis, cabernet-sauvignon, pinot meunier.
Blancs : muscadet (ou melon de Bourgogne), chenin (pineau de la Loire), sauvignon ; accessoirement : chardonnay, romorantin, pinot gris (malvoisie), tressallier, menu pineau.

Histoire

Comme dans nombre d'autres régions viticoles françaises, la vigne a été introduite ici par les Romains. Là aussi, les moines – augustins et bénédictins – ont développé le vignoble au Moyen Âge, le long des voies romaines et de la Loire et ses affluents : des voies de communication essentielles pour la commercialisation des vins ligériens. Et c'est ainsi à l'époque médiévale que bien des crus de la Loire et du Centre ont vu leur réputation accroître, à l'image des vins de Saint-Pourçain, de l'Anjou, de l'Orléanais ou de la Touraine.

Sols et climats

Planté sur le Massif armoricain, le vignoble du pays nantais, aire du muscadet et d'une partie de l'Anjou, est vallonné et bénéficie d'un climat océanique. La zone de l'Anjou et du Saumurois propose un climat atlantique, avec de grandes variations d'ensoleillement et de pluies selon les années. On distingue l'Anjou blanc (Saumurois), ses sols crayeux (tuffeau), et l'Anjou noir, ses sols de schistes et autres roches primaires du Massif armoricain. Plus à l'est, on trouve le vignoble de Touraine, succession de vallées et de coteaux sous influence océanique et continentale, bénéficiant d'une saine humidité. Dans les sols, se mêlent argile, calcaire, sable et parfois silex ou graviers. Enfin, les vignobles du Centre se distinguent par leurs sols jurassiques, voisins de ceux du Chablisien pour Sancerre et Pouilly-sur-Loire, et leur climat semi-continental, aux hivers froids et aux étés chauds. On rattache également les vignobles de Saint-Pourçain, des côtes roannaises et du Forez à cet ensemble.

Cépages et styles de vins

Dans le pays nantais, le melon donne naissance au muscadet, vin blanc sec, la folle blanche au gros-plant, autre vin blanc sec, tandis que la région d'Ancenis est colonisée par le gamay noir. En Anjou et en Saumurois, la palette des vins est complète : blancs secs, demi-secs, liquoreux et mousseux, issus de chenin (ou pineau de la Loire), très majoritaire, récemment associé au sauvignon et au chardonnay ; des rosés demi-secs nés de grolleau noir ; des rouges fins et corsés issus de cabernet franc et de cabernet-sauvignon. En Touraine ouest, on trouve des vins rouges de caractère nés de cabernet franc. En blanc, le chenin donne des vins remarquables, comme à Vouvray ou à Montlouis. À l'est, le sauvignon (en blanc) et le gamay (en rouge et rosé) produisent des vins légers et fruités. On trouvera aussi dans les coteaux-du-loir des rouges épicés nés du pineau d'Aunis, ou encore des rouges originaux issus de pinot meunier dans l'Orléanais. Dans les vignobles du Centre, le sauvignon règne à Sancerre, Reuilly, Quincy, Menetou-Salon, Pouilly. En rouge et en rosé, on trouve essentiellement des vins nés de gamay et de pinot noir.

Vigneron de l'année

François Cazin (Le Petit Chambord)

pour le cheverny rouge 2018

Niches ligériennes aux confins de la giboyeuse Sologne, au sud de Blois, les appellations cheverny et cour-cheverny méritent d'être mieux connues. Très attaché à des typicités qui mettent en avant le terroir, François Cazin fait partie des valeurs sûres de ces AOC, dont il extrait d'élégants vins de caractère, tel son cheverny rouge 2018 riche et aromatique, son troisième coup de cœur en quatre éditions du Guide.

De Chambord à Petit Chambord

Ici, François Cazin gère avec habileté les 23 hectares d'un domaine familial complanté de cépages rouges et blancs. Quatre générations l'ont travaillé. Les règes, enherbées, s'étirent en bordure du château de Cheverny, que les amateurs de bande dessinée connaissent bien : il servit de modèle au château de Moulinsart dessiné par Hergé. Un château que François 1er songea, un temps, doter de magnificences supérieures à celles de Chambord. Serait-ce la raison pour laquelle ce domaine, campé sur un espace charnière entre Beauce et Sologne, a pris le nom de Petit Chambord ? Quoi qu'il en soit, François Cazin, attentif à des terroirs siliceux qui à la fin du XIXe siècle tinrent en respect le phylloxéra, entend surtout garder les spécificités originelles de sols enfin reconnus par l'œnologie pensante.

L'affirmation des cépages

« Nous sommes aujourd'hui très loin de certaines incuries du marché qui faillirent condamner ce vignoble et, en particulier, mettre hors-jeu ce cépage romorantin (réservé aux cour-cheverny) que les amateurs vénèrent pour sa typicité originale. » Depuis leur reconnaissance en AOC (1993), cheverny et cour-cheverny se sont affirmés. « Surtout avec ses blancs », souligne Francis Cazin, qui rend compte avec une sorte de ferveur militante des mille et une attentions apportées à chaque cépage enraciné sur la parcelle la mieux adaptée à son expression. Aux sauvignon et gamay sont dévolus les terres sablonneuses sur argile, pinot noir et romorantin extraient tonicité et minéralité de l'argilo-calcaire. Quant au rarissime orbois, descendant du meslier Saint-François, « il booste nos crémants ».

Adaptation

Le but ne varie pas : obtenir une fraîche élégance qui résulte d'un méticuleux travail au chai. « Les processus de vinification, jamais préétablis, nous les adaptons aux potentialités de chaque millésime, avec, toujours, le respect du cépage : levures indigènes, peu de soufre, filtrations parcimonieuses. Nous collons à la HVE (Haute Valeur Environnementale). » Le dernier coup de cœur du Guide ? « C'est une joie qui nous interpelle. Avec un message : continuer à évoluer dans le bon sens. »

Vigneron de l'année

Carine et Stéphane Sérol (Dom. Sérol)

pour le côte-roannaise rouge Perdrizière 2018

S'il vous prend le désir gourmand de faire halte à Roanne, chez Troigros, vous découvrirez d'incroyables menus en complicité avec des vins de renommée mondiale. Mais pas seulement : parce qu'il connaît – et pratique – « l'art de la barricaille », Michel Troigros ne craint pas d'afficher de séduisants nectars du voisinage. Comme ceux de Stéphane Sérol, qui incarne le renouveau du vignoble roannais.

Vie microbienne et profondeur des vins

Il paraît être entré en vigne comme on entre en religion. Il, c'est Stéphane Sérol. Il connaît, jusqu'à l'intimité les terroirs de l'appellation côte-roannaise composés de nombreuses variétés granitiques, leur exposition est-sud sur les contreforts des Monts de la Madeleine. Et tous les ruisseaux qui dévalent la montagne, découpant les pentes, créant ainsi des situations privilégiées pour la vigne. « Je me devais de travailler en bio et si depuis 2013 je suis passé à la biodynamie, c'est parce que je fais, au quotidien, le constat qu'une telle démarche favorise la vie microbienne. Les sols sont mieux structurés. Et aujourd'hui, il s'avère que mes vins ont gagné en profondeur ».

L'exemple bourguignon

De sa formation (BTS viti-oeno à Mâcon), il ne dira que du bien. « La Bourgogne, c'est formateur. Les mêmes cépages enracinés sur des *climats* différents, qui aboutissent à des métissages variés, c'est magique ! C'est ce qui m'a poussé, au sortir de mes études, à me consacrer à la production de vins issus de sélections parcellaires. Elles s'imposent d'elles-mêmes ces sélections, elles dictent mes démarches, me mobilisent en permanence et m'intiment l'ordre de ne négliger aucun détail : respect de la biodiversité, choix raisonné pour chaque parcelle de cépages et porte-greffes compatibles avec de notables variétés granitiques ».

Haro sur le boisé

Et, de fait, si Stéphane ne propose que deux cuvées d'assemblages, il met à la disposition de sa clientèle nombre de flacons alliant le goûteux avec l'expressivité de ses sols : quatre en rouge, deux en blanc et trois surprenantes cuvées en amphores. « J'adore mettre au point des macérations en petits volumes et je déteste les excès boisés ».
Quels effets lui font ses multiples coups de cœur ? « Être reconnu par ses pairs, c'est un plaisir inestimable. C'en est même émouvant. Et je constate, à chaque fois, un engouement insoupçonné, plus neuf, plus jeune, dans ma clientèle de proximité, de plus en plus attirée par les vins de forte identité. 35 % de mes vins partent à l'export ». À la fin de l'entretien, Stéphane Sérol souligne, non sans malice, que 40 % de l'appellation roannaise est en bio... Ils sont grands ces petits du massif volcanique auvergnat !

ANJOU

Vignoble de l'Arcison

CUVÉE VIEILLES VIGNES 2018 ★★

Production : 5 000 b. | Élevage :

5 à 8 €

Une exploitation de 27 ha située sur le territoire de la commune de Thouarcé, célèbre pour son cru bonnezeaux. Romain Reulier a pris en 2008 la succession de ses parents sur ce domaine souvent en vue pour ses rosés.

Un superbe cabernet-sauvignon, complété par 20 % de cabernet franc, issu de vignes de cinquante ans d'âge qui puisent profond dans un terroir de schistes, lui assurant une belle complexité. Le nez puissant exhale des arômes de cassis et de framboise, dans lesquels s'entremêlent de fines notes de violette et de pivoine. L'harmonie se prolonge dans une bouche ronde, charnue et idéalement structurée, conclue par une finale où pointe une légère amertume. ⧗ 2020-2022

⊶ ROMAIN REULIER, *Vignoble de l'Arcison, 333, Le Mesnil - Thouarcé, 49380 Bellevigne-en-Layon, tél. 02 41 54 16 81, vignoble-arcison@orange.fr*

ANJOU

Dom. de la Tuffière

LEDIT VIN CHENIN 2018 ★★

Production : 8 000 b. | Élevage :

8 à 11 €

Situé sur la rive droite de la Loire, au nord-est d'Angers, ce domaine de 25 ha, de création monastique, remonte au XVIIes. Longtemps propriété du Ch. de la Tuffière, il a été repris en 1989 par les Coignard, exploitants sur ces terres depuis 1972. Leur fille Clarisse et son mari Fabrice Benesteau sont aux commandes depuis 2002. Leurs vins (blancs et rosés notamment) sont régulièrement remarqués dans nos éditions.

Un chenin vendangé à pleine maturité, qui offre une remarquable expression du fruit, après dix mois d'élevage en barrique. Poire et coing bien mûrs s'unissent à des notes grillées et vanillées. La bouche est au diapason. Ronde et ample, elle présente un boisé léger, parfaitement fondu, et s'achève sur une finale pleine de fraîcheur. ⧗ 2020-2022

⊶ EARL COIGNARD-BENESTEAU, *Dom. de la Tuffière, Lué-en-Baugeois, 49140 Jazré-Villages, tél. 02 41 45 11 47, vignobletuffiere@gmail.com*

ANJOU-VILLAGES

Dom. Bodineau

2017 ★★

Production : 6 200 b. | Élevage :

5 à 8 €

Établis dans le petit hameau de Savonnières, Frédéric Bodineau et sa sœur Anne-Sophie officient ensemble sur ce domaine familial (40 ha) dont l'origine remonte à 1850. Lui est à la vigne et au chai, elle à l'accueil et au service clientèle.

Une remarquable cuvée, 100 % cabernet franc, issue d'un terroir de schiste en bordure du Layon. Elle décline d'intenses arômes de fruits noirs et d'épices sur fond de réglisse et de violette. Opulente et merveilleusement aromatique, la bouche est au diapason, avec beaucoup de profondeur et de structure. ⧗ 2020-2022

⊶ EARL BODINEAU, *5, chem. du Château-d'Eau, Les-Verchers-sur-Layon, 49700 Doué-en-Anjou, tél. 02 41 59 22 86, domainebodineau@yahoo.fr*

ANJOU-VILLAGES
Dom. des Richères
CUVÉE CAMILLE 2017 ★★

Production : 2 700 b. | Élevage :
8 à 11 €

Anciennement rattaché à la seigneurie de Millé, ce domaine est exploité par la famille Guibert depuis 1775. En 2006, Fabrice Guibert a pris les rênes de la propriété et de ses 67 ha situés au cœur des coteaux-du-layon.

Une cuvée destinée aux amateurs de vins puissants. Fruits noirs et rouges très mûrs, presque compotés, s'expriment avec des accents de réglisse et de vanille. De la charpente, le vin n'en manque pas, mais il a aussi suffisamment de chair et d'ampleur pour envelopper le palais. En finale, une légère amertume signe tout le potentiel de cet anjou-villages. ⧗ 2020-2024

EARL GUIBERT, 7, rte d'Angers, Millé, Chavagnes-les-Eaux, 49380 Terranjou, tél. 02 41 54 10 47, faguibert@yahoo.com

---

BONNEZEAUX
Dom. le Mont
CUVÉE PRIVILÈGE 2017 ★★

Production : 2 600 b. | Élevage :
20 à 30 €

Depuis 1995, c'est Claude Robin, fils de Louis, qui conduit l'exploitation fondée par son grand-père en 1930 et implantée au sommet d'un coteau dominant la vallée du Layon. Il y pratique sur ses 25 ha une culture raisonnée avec enherbement et travail du sol. Une bonne référence de l'Anjou, notamment pour ses liquoreux, bonnezeaux en tête.

Une cuvée rare, issue du seul chenin, tellement dorée qu'elle en est lumineuse. Après un an d'élevage en fût, les notes vanillées accompagnent la palette de fleurs blanches. La bouche est à l'image du bouquet : puissante, pleine et généreuse, bien équilibrée et d'une très belle persistance aromatique. ⧗ 2020-2029

EARL LOUIS ET CLAUDE ROBIN, 64, rue des Monts, Faye-d'Anjou, 49380 Bellevigne-en-Layon, tél. 02 41 54 31 41, robinclaudemont@orange.fr

BOURGUEIL
Dom. du Petit Bondieu Bio
COUPLETS 2017 ★★

Production : 6 500 b. | Élevage :
11 à 15 €

Installée à Restigné, la famille Pichet s'évertue depuis quatre générations à produire des vins au plus près de la nature et des terroirs. Le domaine, qui s'étend sur 22 ha aujourd'hui, est géré par Thomas et son père Jean-Marc, conduit en bio certifié depuis le millésime 2013. Des vins d'une grande régularité dans la qualité.

autre coup de cœur pour ce vin grenat brillant, à la fois fruité et vanillé. Un élevage de dix-huit-mois en fût lui a donné de la structure, mais celle-ci est déjà bien fondue dans la matière ample et puissante. ⧗ 2020-2024

EARL THOMAS PICHET, 30, rte de Tours, Le Petit Bondieu, 37140 Restigné, tél. 02 47 97 33 18, thomaspichet@orange.fr

BOURGUEIL

Dom. du Petit Bondieu Bio

PETIT MONT 2017 ★★

Production : 15 000 b. | Élevage :
8 à 11 €

Installée à Restigné, la famille Pichet s'évertue depuis quatre générations à produire des vins au plus près de la nature et des terroirs. Le domaine, qui s'étend sur 22 ha aujourd'hui, est géré par Thomas et son père Jean-Marc, conduit en bio certifié depuis le millésime 2013. Des vins d'une grande régularité dans la qualité.

Le Petit Mont chante l'histoire des vignes de cabernet enracinées sur l'argilo-calcaire. Longuement fermenté, puis élevé en barrique, le voici dans sa robe grenat à reflets violines. Subtil, raffiné, le nez se fait courtois à l'aération. Plus démonstratif en bouche, ce bourgueil délecte le palais de ses arômes frais de baies rouges et de ses tanins soyeux. ⧗ 2020-2024

EARL THOMAS PICHET, 30, rte de Tours, Le Petit Bondieu, 37140 Restigné, tél. 02 47 97 33 18, thomaspichet@orange.fr

---

CABERNET-D'ANJOU

Dom. des Bonnes Gagnes

2018 ★★

Production : 8 000 b.
- de 5 €

Exploité par les Héry de père en fils depuis 1610, ce domaine fondé par les moines de l'abbaye du Ronceray s'étend sur 38 ha. Il bénéficie d'une terre riche, argilo-calcaire, qui assure le bon développement de la vigne.

Un cabernet-d'anjou d'un joli rose. Arômes de fraise acidulée et de framboise côtoient la groseille et la violette. La bouche fraîche et croquante trouve un remarquable équilibre. Belle matière ronde et persistante, relevée d'une légère amertume. ⧗ 2019-2020

EARL HÉRY VIGNERON, Orgigné, Saint-Saturnin-sur-Loire, 49320 Brissac-Loire-Aubance, tél. 02 41 91 22 76, hery.vigneron@orange.fr

---

CABERNET-D'ANJOU

Plessis-Duval

2018 ★★

Production : 4 700 000 b. | Élevage :
- de 5 €

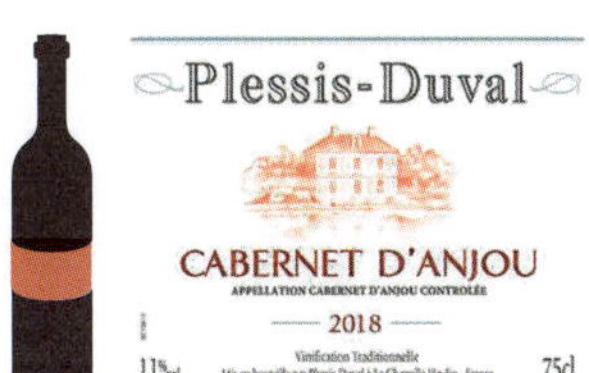

Une maison de négoce fondée en 2007 par le groupe Castel Frères et dédiée aux vins de Loire « alliant fraîcheur et plaisir du fruit ».

D'un rose pâle brillant, ce cabernet-d'anjou présente un nez d'une grande finesse, ouvert sur le pamplemousse, la pêche blanche et les notes florales. La bouche est au diapason, ronde et aromatique, avec un bel équilibre entre le sucre et l'acidité. Un travail de vinification salué par le jury. ⧗ 2019-2020

SAS CASTEL FRÈRES, L'Hyvernière, 44330 La Chapelle-Heulin, tél. 02 40 06 73 83

CHÂTEAUMEILLANT
Dom. Goyer
2018 ★★

Production : 5 600 b. | Élevage :
8 à 11 €

Samuel Goyer s'est installé en 2013. Il dirige avec Claire, son épouse, ingénieur agronome comme lui, une exploitation de 2,3 ha située sur la colline d'Acre, dans un hameau qui offre une jolie vue sur Châteaumeillant.
Sur la retenue au premier abord, le nez dévoile peu à peu sa finesse et sa complexité. Les notes fumées font place aux arômes de fruits rouges et noirs (cerise, mûre, cassis), vivifiés d'une subtile touche résineuse. Très souple en attaque, la texture veloutée s'appuie sur une trame de tanins mûrs. La finale fruitée, nuancée d'eucalyptus et de romarin, persiste remarquablement. Tout est en place pour une grande bouteille. ⧗ 2020-2023

SCEA DOM. GOYER, Acre, 36400 Neret,
tél. 06 63 78 01 80, cave@domainegoyer.com

CHEVERNY
Le Petit Chambord
2018 ★★★

Production : 21 000 b. | Élevage :
8 à 11 €

François Cazin exploite (en culture « très raisonnée ») une propriété familiale de 23 ha située à la lisière de la forêt de Cheverny, aux portes de la Sologne. Transmise de père en fils depuis quatre générations, elle est régulièrement sélectionnée dans ces pages.
Coup de cœur à l'unanimité pour cette cuvée élégante qui allie puissance et complexité, sous une robe intense à reflets violets. Le nez est une explosion de fruits rouges : la cerise et la fraise écrasée sont relevées par de fines notes de poivre et de cuir. En bouche se distingue la matière ronde, riche et aromatique. Un beau vin de garde. ⧗ 2020-2024

LE PETIT CHAMBORD,
voie du Petit-Chambord, 41700 Cheverny,
tél. 02 54 79 93 75, f.cazin@lepetitchambord.com

Vigneron de l'année

CHEVERNY
Dom. du Salvard
2018 ★★

Production : 100 000 b. | Élevage :
5 à 8 €

Le domaine du Salvard est une propriété de 45 ha construite sur les ruines d'un ancien château de la seigneurie de Fougères qui remonterait à l'an 1000. Acheté en 1910 par Maurice Delaille, il est aujourd'hui conduit par ses petits-fils, les frères Thierry et Emmanuel Delaille, ce dernier signant aussi une cuvée de cheverny à son nom.
Cette cuvée séduit dès le premier regard porté sur sa teinte pâle et lumineuse, puis par ses arômes de pomme et de poire, de bourgeon de cassis et de foin coupé Un même bouquet se distingue au palais, soulignant la douceur et le volume. Tout est finesse dans ce vin longuement persistant. ⧗ 2020-2022

DELAILLE, Le Salvard, 41120 Fougères-sur-Bièvre,
tél. 02 54 20 28 21, delaille@orange.fr

CHINON

Couly-Dutheil

CLOS DE L'OLIVE 2017 ★★

Production : 6 900 b. | Élevage :
15 à 20 €

La maison Couly-Dutheil a été créée en 1921 par Baptiste Dutheil; elle est aujourd'hui dirigée par Jacques Couly-Dutheil et son fils Arnaud. Avec un vignoble de près de 94 ha, dont les prestigieux Clos de l'Écho et Clos de l'Olive, un chai moderne aménagé dans le roc et des caves impressionnantes du Xes. situées sous le château de Chinon, elle fait partie intégrante du paysage viticole chinonais. Une référence incontournable.
Héritage pieusement recueilli par la famille Couly-Dutheil, qui s'est attachée à en faire vivre et perpétuer la renommée, ce clos doit son nom à Charles de l'Olive, son propriétaire au XVIIes. Le 2017 est un vin de haut lignage. Drapé dans une superbe parure rouge sombre, il offre un nez intense de pruneau, de fraise et d'épices. En bouche, il a de multiples attraits : amplitude, texture de velours n'excluant ni la puissance ni la fraîcheur. Un chinon bâti pour une longue garde. ⧗ 2022-2030

SCEA COULY-DUTHEIL PÈRE ET FILS, 12, rue Diderot, 37500 Chinon, tél. 02 47 97 20 20, info@coulydutheil-chinon.com

CHINON

Dom. Grosbois

CLOS DU NOYER 2017 ★★

Production : 5 000 b. | Élevage :
20 à 30 €

Une ancienne ferme fortifiée du XVes. située sur les hauteurs du coteau de Chinon. La famille Grosbois y cultive la vigne depuis 1850; une longue tradition perpétuée depuis 2008 par Nicolas, qui a exploré le monde viticole, en France et à l'étranger (Chili, Oregon, Australie...), avant de reprendre ce vignoble de 13 ha.
Ce Clos du Noyer parade dans une tenue sombre parcourue d'éclairs bleutés. Il affiche d'emblée son élégance avec ses arômes intenses de cerise confite et de violette. Une élégance que l'on retrouve dans une bouche ample, fraîche et longue, épaulée par des tanins fins, nets, précis, et prolongée par une belle finale un tantinet saline. ⧗ 2022-2029

DOM. GROSBOIS, Le Pressoir, 37220 Panzoult, tél. 02 47 58 66 87, grosboisnicolas@yahoo.fr

COTEAUX-D'ANCENIS

Dom. du Haut Plessis

MALVOISIE 2018 ★★

Production : 9 016 b.
5 à 8 €

Situé à Mauges-Sur-Loire, le Dom. du Haut Plessis s'étend sur un terroir de 46 ha de schiste et de limon sableux. Crée par une famille de vignerons en 1910, il s'est constamment agrandi et a changé de mains à plusieurs reprises au cours des années. Il produit des vins rouges et rosés issus du cabernet franc. Pinot gris, chardonnay, chenin, grolleau, melon, sauvignon... tous les grands cépages blancs sont également cultivés.
Cette cuvée sublime le cépage pinot gris. Sous une robe jaune pâle apparaissent des arômes intenses et complexes de fruits blancs compotés, de coing, d'amande fraîche et de foin coupé. D'attaque franche, la bouche très fruitée fait preuve de volume et de puissance, avec un parfait équilibre entre le sucre et l'acidité. Poire williams et nuances exotiques accompagnent la finale légèrement amylique. ⧗ 2020-2022

GAEC DU HAUT PLESSIS, 1, le Haut-Plessis, La Chapelle-Saint-Florent, 49410 Mauges-sur-Loire, tél. 06 15 30 91 26, domaineduhautplessis@orange.fr

COTEAUX-DU-GIENNOIS

Dom. de Villargeau

LES GENÊTS GRIS 2017 ★★

Production : 6000 b. | Élevage :
11 à 15 €

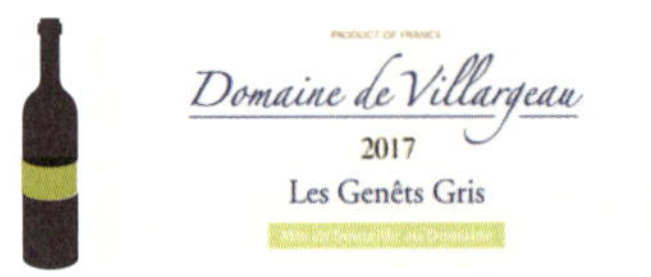

Depuis qu'ils ont commencé à défricher un plateau aux sols d'argiles à silex en 1991 pour y planter de la vigne, les frères Jean-Fernand et François Thibault – auxquels sont venus se joindre les fils Marc et Yves – ont fait la renommée du Dom. de Villargeau (22 ha), valeur sûre de l'appellation coteaux-du-giennois.

Le lieu-dit Les Genêts est un terroir d'argiles à silex. En héritage, ce vin exprime des arômes à la fois intenses, complexes et frais : fruits blancs (pêche) nuancés de fines touches minérales et florales, signes de jeunesse, mais aussi notes confiturées et miellées liées à l'évolution. Riche, la bouche est un heureux mariage de gras et de vivacité. Puissance maîtrisée et longue persistance. ⧗ 2019-2021

GAEC THIBAULT, 1, allée des Noyers, Villargeau, 58200 Pougny, tél. 06 62 29 69 30, marc@domaine-villargeau.fr

---

COTEAUX-DU-LAYON

Ch. de Brossay

SÉLECTION DE GRAINS NOBLES 2017 ★★★

Production : 1300 b. | Élevage :
20 à 30 €

Régulier en qualité, et ce dans tous les styles de vins d'Anjou, ce domaine créé en 1919 par Alexis Deffois se situe dans le haut Layon, dans le sud de l'Anjou et à l'ouest du Saumurois. Les petits-fils du fondateur, Hubert et Raymond Deffois – rejoints en 2010 par les gendres de ce dernier, Nicolas Tamboise et Benjamin Grandsart – conduisent un vignoble de 50 ha.

Il n'y en aura pas pour tout le monde ! Cette cuvée rare s'offre au regard dans une magnifique robe dorée. Son nez intense marie la douceur des fruits jaunes confiturés à la fraîcheur des notes mentholées. Après une attaque riche, la bouche présente un très bel équilibre ; les arômes d'abricot s'expriment pleinement sur un boisé fondu, puis la finale s'étire longuement. ⧗ 2020-2029

EARL CH. DE BROSSAY, Ch. de Brossay, 49560 Cléré-sur-Layon, tél. 02 41 59 59 95, contact@chateaudebrossay.fr

Zoom
Les Chevaliers du Sacavin

Fondée en 1904 par le baron Georges de Grandmaison, défendant les vins d'Anjou et de Saumur, la Confrérie des Chevaliers du Sacavin est la plus ancienne des confréries bachiques en France. Elle se place sous le patronage de Rabelais, grand amateur de vin, qui aurait pour la première fois au XVIe siècle employé le terme « sacavin ». Le mot typiquement angevin désigne le petit tonnelet muni d'une poignée que les vignerons et les travailleurs des champs emportaient pour leur journée de labeur. Il contenait du vin coupé d'eau. En 1947, Pierre Gasnier du Fresnes, président de l'Aéroclub de l'Ouest, devint grand maître des Chevaliers du Sacavin. Avec lui débuta le Rallye des vins, fleurs et châteaux d'Anjou, dont le succès dura 32 ans.

COTEAUX-DU-LAYON

Dom. des Closserons

VIEILLES VIGNES 2018 ★★

Production : 9200 b. | Élevage :

8 à 11 €

Les Leblanc sont viticulteurs de père en fils depuis le XVIIes. Jean-Claude a repris l'exploitation familiale en 1956. Ses fils Yannick et Dominique lui ont succédé en 1984, rejoints en 2008 par Fabien, fils du premier, et en 2014 par Pierre, fils du second. Un domaine de 45 ha conduit de manière très raisonnée, régulièrement en vue pour ses liquoreux, ses coteaux-du-layon notamment.

Derrière une robe aux reflets orangés patiente un nez discret, qui gagne en puissance à l'aération. Les fruits compotés y côtoient de fines notes de thé noir et des nuances épicées. Expressive et complexe, la bouche offre un parfait équilibre, de la fraîcheur et du gras, avec une matière exquise. Les arômes, riches et puissants, sont rehaussés d'une légère touche fumée. ⧗ 2020-2024

EARL JEAN-CLAUDE LEBLANC ET FILS, 2, rue des Monts, Les Closserons, 49380 Faye-d'Anjou, tél. 02 41 54 30 78, contact@domaine-leblanc.fr

---

COTEAUX-DU-LAYON

Dom. des Deux Vallées

CHAUME 2017 ★★

1er cru | Production : 10400 b. | Élevage :

11 à 15 €

René Socheleau et son fils Philippe ont repris et restructuré ce domaine de 44 ha en 2001, et construit un nouveau chai situé sur la corniche angevine, surplombant les vallées de la Loire et du Layon. Leurs vins sont régulièrement retenus dans le Guide.

Un superbe exemple de chenin botrytisé. La robe dorée à reflets cuivrés le place d'emblée dans la cour des grands. Et quel nez ! Une farandole de fruits secs, dans laquelle ne tardent pas à entrer une agréable fraîcheur anisée et de douces notes miellées. Après une attaque ronde et grasse, puissance et onctuosité caractérisent la bouche empreinte d'arômes d'agrumes confits et équilibrée par une juste fraîcheur. La petite touche acidulée en finale est un indéniable plus. ⧗ 2020-2029

SCEA DOM. DES DEUX VALLÉES, lieu-dit Bellevue, SAint-Aubin-de-Luigné, 49190 Val-du-Layon, tél. 02 41 78 33 24, contact@domaine2vallees.com

COTEAUX-DU-LAYON

Dom. de la Motte

ROCHEFORT CUVÉE LA GARDE

2018 ★★

Production : 900 b. | Élevage :

11 à 15 €

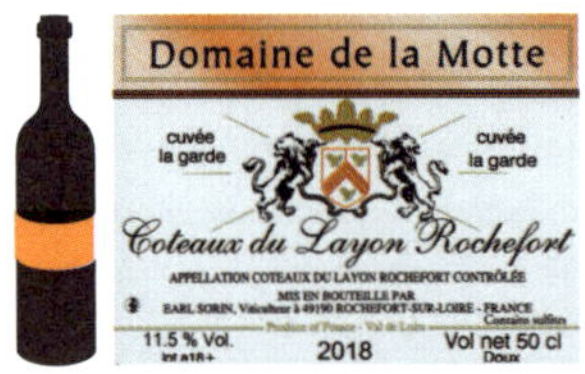

Ce domaine de 18 ha est implanté à l'entrée du village de Rochefort-sur-Loire, petit bourg situé juste avant la confluence du Layon et de la Loire. Fondé en 1935, il a été repris en 1995 par Gilles Sorin.

De l'or ! Quelle richesse dans ce vin expressif qui laisse le souvenir des fruits confits ou compotés. Tout est puissance et concentration, tant et si bien que les caudalies ne se comptent plus en finale. ⧗ 2020-2029

EARL SORIN, Dom. de la Motte, 35, av. d'Angers, 49190 Rochefort-sur-Loire, tél. 02 41 78 72 96, sorin.dommotte@wanadoo.fr

---

COTEAUX-DU-VENDÔMOIS

Dom. du Four à Chaux

2018 ★★

Production : 7 000 b. | Élevage :

- de 5 €

Ce domaine de 30 ha, géré par la même famille depuis six générations, est conduit depuis l'année 2000 par Dominique Norguet. Il tire son nom d'un four à chaux du XVIIIe s. situé sur la propriété.

Née d'un assemblage de pinot d'Aunis, de cabernet franc et de pinot noir, cette cuvée s'affiche dans une robe d'un rouge grenat. Au nez, les fruits noirs côtoient les fleurs séchées, avec une petite note poivrée, caractéristique du pinot d'Aunis. En bouche, le cassis et la cerise mûre précèdent des notes de garrigue et de thym. Fraîcheur, rondeur, gourmandise… que demander de plus ? ⧗ 2020-2022

DOM. DU FOUR À CHAUX, lieu-dit Berger, 41100 Thoré-la-Rochette, tél. 02 54 77 12 52, dominique.norguet@orange.fr

---

CÔTE-ROANNAISE

Alain Baillon

2018 ★★

Production : 5 000 b.

5 à 8 €

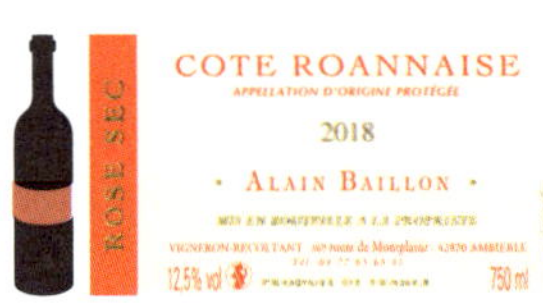

Autodidacte et ouvrier agricole pendant dix ans dans le Beaujolais, Alain Baillon a loué ses premières vignes en 1989, sur le coteau de Montplaisir, à Ambierle, cité historique dont l'abbaye bénédictine fut dédiée à saint Martin. Aujourd'hui, il exploite 7 ha de vignes et s'est affirmé comme l'une des valeurs sûres des côtes-roannaises.

Une robe saumonée, limpide, des fruits rouges, quelques notes d'épices… Gourmandise et fraîcheur sont au rendez-vous pour ce gamay rosé, qui offre un parfait équilibre entre rondeur et acidité. ⧗ 2020-2021

ALAIN BAILLON, 669, rte de Montplaisir, 42820 Ambierle, tél. 04 77 65 65 51, alain.baillon.42@free.fr

CÔTE-ROANNAISE
Dom. Sérol Bio
PERDRIZIÈRE 2018 ★★

Production : 8000 b. | Élevage :
15 à 20 €

Incarnant avec talent la renaissance du vignoble local, Stéphane Sérol a pris en 1998 la tête de ce domaine de 30 ha (en bio certifié et en cours de conversion à la biodynamie), dont les origines remontent à 1700 et que son père Robert a fait connaître dès 1971 en pratiquant la vente directe en bouteilles. Une valeur sûre de la Côte roannaise.

Vinifié avec 50 % de grappes entières, ce gamay élevé dix mois en foudre présente une belle robe rouge à reflets violacés. Le nez, intense et complexe, mêle fruits rouges, notes florales et épices (vanille, thym, clou de girofle). Il annonce une bouche à la fois riche et fraîche, soulignée par des tanins fins et conclue par une belle finale. ⧗ 2020-2024

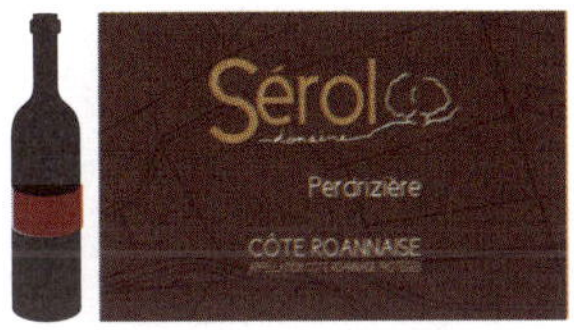

Vigneron de l'année

DOM. SÉROL, Les Estinaudes, 42370 Renaison, tél. 04 77 64 44 04, contact@domaine-serol.com

---

CÔTES-D'AUVERGNE
Les Amandiers
CHÂTEAUGAY 2018 ★★★

Production : 11000 b. | Élevage :
8 à 11 €

Domaine situé à quelque 500 m du château de Châteaugay construit au XIVᵉs. et coiffé d'une tour crénelée. L'exploitation créée en 1989 par Pierre Goigoux, sur 2,9 ha, compte aujourd'hui 18 ha de vignes.

Impossible de passer à côté du coup de cœur pour cette cuvée issue de vignes âgées de cinquante ans. Cerise, framboise et autres petits fruits rouges macérés dominent le nez complexe. La gourmandise règne au palais ; tant il y a de gras et de volume. Les tanins parfaitement fondus composent une structure élégante. Du beau travail. ⧗ 2020-2024

DOM. DE LA CROIX ARPIN, 63119 Châteaugay, tél. 04 73 25 00 08, gaec.pierre.goigoux@63.sideral.fr

---

CÔTES-D'AUVERGNE
David Pélissier
LES FESSES BLANCHES 2018 ★★

Production : 3000 b. | Élevage :
8 à 11 €

Établi dans le village vigneron de Boudes, à proximité de l'église romane, David Pélissier est à la tête d'une propriété fondée par son grand-père en 1919, qui lui a été transmise par son père Michel en 1999 et qu'il a agrandie par de nouvelles plantations (5 ha aujourd'hui).

D'emblée, ce vin séduit par sa robe jaune pâle teintée de reflets gris. Le bouquet, puissant et complexe, décline les agrumes et les fleurs blanches. L'attaque est vive, la bouche fruitée. Pamplemousse, orange, pêche… La fraîcheur caractérise ce chardonnay. Coup de cœur à l'unanimité pour cette cuvée confidentielle, dont le nom s'inspire de la forme du vallon dans lequel s'étend son terroir. ⧗ 2020-2022

DOM. PÉLISSIER, rte de Dauzat, 63340 Boudes, tél. 04 73 96 43 45, dfpelissier@gmail.com

Zoom
Le romorantin, un secret bien gardé

Voici un cépage qui n'a jamais franchi les limites de son terroir d'origine. On doit son implantation en Sologne viticole à François 1er. En 1519, alors qu'il séjournait à Romorantin (aujourd'hui commune du Loir-et-Cher), il en fit venir environ 80 000 pieds. Le roi aimait la ville où était née sa première épouse, Claude de France, au point qu'il avait confi é à Léonard de Vinci d'y faire construire un château royal. Le projet n'aboutit pas, mais le cépage suivit son petit bonhomme de chemin. Il n'alla pas plus loin que les environs de Blois, sur la rive gauche de la Loire où un terroir silico-argileux bien drainé l'attendait. Il fournit le cour-cheverny, appellation de vin blanc issu exclusivement de romorantin. Un peu plus de 50 hectares, une soixantaine d'hectolitres par hectare : le cour-cheverny se fait plutôt rare.

CÔTES-DU-FOREZ
Dom. du Poyet
CUVÉE DES VIEUX CEPS 2018 ★★★

Production : 5 000 b. | Élevage :
5 à 8 €

Jean-François Arnaud a repris l'exploitation familiale de 8 ha en 1995, après une formation en viticulture-œnologie. Il pratique un égrappage partiel de ses cuvées rouges afin d'allier le fruit aux tanins. Une valeur sûre du vignoble forézien

Magnifique expression du gamay dans ce vin issu de vignes cinquantenaires. Le nez se révèle peu à peu, mettant les fruits rouges mûrs à l'honneur. Les tanins soyeux structurent la chair ronde et veloutée, tout en équilibre. ⧗ 2020-2022

DOM. DU POYET, 255, rte de Sainte-Anne, 42130 Marcilly-le-Châtel, tél. 06 71 41 36 46, domainedupoyet@sfr.fr

---

COUR-CHEVERNY
Dom. de Léry
LE CLOS 2016 ★★

Production : 3 000 b. | Élevage :
15 à 20 €

Établis à Vineuil, Pascal et Véronique Bellier ont repris en 1995 l'exploitation familiale (45 ha) dont le chai entouré de hauts murs domine la Loire. Un domaine d'une régularité remarquable pour ses cheverny et cour-cheverny.

Coup de cœur à l'unanimité pour ce romorantin très confidentiel. Dans le verre, on admire la robe d'un or brillant et limpide. Le nez s'ouvre avec intensité et entremêle harmonieusement les fruits mûrs. En bouche, la pêche et l'abricot sont soulignés avec élégance par une fine note de miel. Élevée un an sous bois, cette cuvée intense et concentrée est un vrai délice. ⧗ 2020-2022

DOM. DE LÉRY, 3, rue Reculée, 41350 Vineuil, tél. 02 54 20 64 31, vinsbellier@wanadoo.fr

CRÉMANT-DE-LOIRE

Dom. de la Clartière

2016 ★★

Production : 6 500 b. | Élevage : ▮
5 à 8 €

Depuis 1930, quatre générations de « Pierre » se sont succédé à la tête de ce vignoble (33 ha) situé dans le haut Layon. Après Pierre-Marie, Pierre-Antoine Pinet a pris les rênes du vignoble en 2007, rejoint en 2017 par son frère cadet Édouard, de retour de l'étranger. Ce dernier œuvre à la cave.
Une cuvée tendre et expressive qui marie le chenin et le grolleau gris (20 %) avec le chardonnay. Sa minéralité et ses notes florales charment d'emblée, avant que ne se déploie toute sa fraîcheur en bouche. Les arômes d'agrumes prolongent le plaisir. ⧗ 2019-2022

⊶ EARL PINET, *La Clartière, 49560 Nueil-sur-Layon, tél.* 02 41 59 53 05, *earlpinet@orange.fr*

CRÉMANT-DE-LOIRE

Dom. de la Roche Lambert

SEC 2017 ★★

Production : 1 300 b. | Élevage : ▮
5 à 8 €

Le grand-père de Sébastien Prudhomme, actuel gérant de la propriété, était tonnelier et distillateur ambulant. Il a légué 1 ha de vignes à son petit-fils, qui en exploite aujourd'hui 26.
De jolis reflets mettent en valeur la robe rose pâle de ce vin floral et épicé, tout en élégance. Une fine effervescence caresse le palais à l'attaque, puis l'équilibre se réalise entre le caractère acidulé et la rondeur. Nul doute, ce crémant a tout ce qu'il faut pour plaire. ⧗ 2019-2020

⊶ SÉBASTIEN PRUDHOMME, *16, rue du Calvaire, 79100 Mauzé-Thouarsais, tél.* 05 49 96 64 18, *domainedelarochelambert@orange.fr*

FIEFS-VENDÉENS

Les Menhirs

MAREUIL 2018 ★★

Production : 18 000 b. | Élevage : ▮
- de 5 €

Cette propriété fondée en 1937 doit son nom à deux menhirs dressés à l'entrée du domaine. La troisième génération, aux commandes depuis 1994, conduit aujourd'hui un vignoble de 37 ha.
Un magistral assemblage de cabernet franc, de gamay et de pinot noir, complété par 10 % de négrette. Le nez offre une alliance complexe de cassis et de myrtille, mêlés d'épices et de cuir, sur fond de violette. La bouche est à l'image du bouquet : puissante, gourmande et légèrement tannique, avec une longue finale sur la cerise confiturée. ⧗ 2020-2022

⊶ EARL DOM. DE PIERRE FOLLE, *6, rte de Follet à Pierre-Folle, 85320 Rosnay, tél.* 02 51 28 21 00, *domaine-de-pierre-folle@orange.fr*

GROS-PLANT-DU-PAYS-NANTAIS

Dom. du Champ Chapron

SUR LIE 2018 ★★★

Production : 120 000 b. | Élevage :
- de 5 €

Ce vaste domaine de 70 ha, dont les origines remontent au XVIIes., est situé à la limite de l'Anjou et du pays nantais, sur la rive sud de la Loire. Carmen Suteau, qui en a pris la direction en 1999, a été rejointe par son fils en 2007.
Cette cuvée, issue de vignes de quarante-cinq ans, s'offre au regard dans une belle robe claire à reflets verts. Le cépage folle blanche est ici complété par 1 % de montils. Au nez complexe de fruits blancs, de pamplemousse et de fleur d'acacia répond une bouche ronde et fraîche à la fois, centrée sur la pêche de vigne et les notes de citron vert. Mais en finale, voici les fleurs qui s'invitent, laissant un souvenir durable. ⧗ 2020-2021

⊶ EARL SUTEAU-OLLIVIER, *Champ-Chapron, Barbechat, 44450 Divatte-sur-Loire, tél. 02 40 03 65 27, suteau.ollivier@wanadoo.fr*

IGP CALVADOS

Arpents du Soleil

2018 ★★

Production : 14 800 b. | Élevage :
11 à 15 €

Gérard Samson est « le » vigneron du Calvados, installé depuis 1995 sur les terres argilo-calcaires de Saint-Pierre-sur-Dives, à la tête d'un petit vignoble de 6,6 ha, héritier d'une histoire viticole qui prospéra de l'époque médiévale jusqu'à la fin du XVIIIes. Il signe des vins réguliers en qualité, notamment en blanc.
Des reflets framboise avenants brillent dans la robe soutenue. Au nez, les petits fruits rouges bien mûrs séduisent d'emblée et invitent à découvrir la bouche ronde et souple, persistante à souhait. ⧗ 2019-2021

⊶ GÉRARD SAMSON, *Grisy, 14170 Saint-Pierre-sur-Dives, tél. 02 31 40 71 82, gerard.samson979@orange.fr*

IGP PUY-DE-DÔME

Les Détours de Pierre

O'TERRA 2018 ★★★

Production : 2 000 b. | Élevage :
11 à 15 €

Après dix ans d'expérience dans le Languedoc et en Provence, Pierre Deshors, ingénieur agronome et œnologue, revient en 2007 dans sa région d'origine pour reprendre cette exploitation de 7,5 ha, dont l'emblème est l'ancien château surmonté d'un campanile du village vigneron du Crest.
Un grand bravo pour cette cuvée rare, issue du pinot noir. D'un grenat limpide, elle offre un nez riche et complexe, véritable concentré de cerise. Des notes de cuir lui confèrent un petit côté animal, avec juste ce qu'il faut d'épices pour compléter le fruit avec justesse. L'attaque est franche et chaleureuse. La rondeur de la matière et la souplesse des tanins en font un très beau vin. ⧗ 2020-2022

⊶ LA TOUR DE PIERRE, *10, rue Néraud, 63450 Le Crest, tél. 06 32 86 23 67, pdeshors@yahoo.fr*

IGP VAL DE LOIRE
Bruno Cormerais
POURPRE 2017 ★★

Production : 3 000 b. | Élevage :

5 à 8 €

Établi non loin de la Maine, sur les coteaux granitiques de Saint-Lumine-de-Clisson, ce domaine familial de 32 ha a été longtemps conduit par Bruno Cormerais qui a transmis en 2009 le flambeau à son fils Maxime. Pour imprimer à leurs vins leur « marque de fabrique », ces vignerons vendangent souvent plus tardivement que leurs collègues.

Une cuvée issue d'un terroir granitique, assemblage de merlot, de gamay (25 %) et d'abouriou (10 %). Élevée en cuve pendant six mois, puis en barrique durant quatorze mois, elle n'a pas été filtrée à la mise en bouteilles. La voici d'un rouge profond, brillant de reflets aubergine dans le verre. Elle évoque d'emblée les fruits noirs nuancés d'un boisé subtil. Une belle matière ample emplit le palais, soutenue par des tanins marqués, mais élégants. ⧗ 2020-2022

EARL BRUNO, MARIE-FRANÇOISE ET MAXIME CORMERAIS, 41, La Chambaudière, 44190 Saint-Lumine-de-Clisson, tél. 02 40 03 85 84, b.mf.cormerais@orange.fr

---

IGP VAL DE LOIRE
Dom. J. Martellière
MOELLEUX CHENIN VENDANGES RÔTIES 2018 ★★

Production : 1 700 b. | Élevage :

5 à 8 €

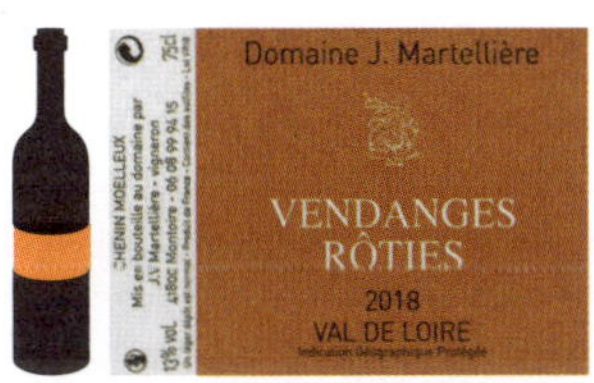

Jean-Vivien Martellière a repris en 2004 cette exploitation familiale de 12 ha fondée en 1967 par son grand-père Jean. Il vinifie exclusivement les trois AOC de la vallée du Loir : jasnières, coteaux-du-loir et coteaux-du-vendômois, et produit aussi des IGP Val de Loire. Très régulier en qualité.

Un moelleux d'une grande finesse, or pâle à reflets verts. Il libère des arômes de poire et de coing compotés, agrémentés de notes miellées et citronnées. En bouche, tout est richesse et ampleur, avec en finale une pointe d'amertume rafraîchissante. ⧗ 2020-2021

JEAN-VIVIEN MARTELLIÈRE (DOM. J. MARTELLIÈRE), 46, rue de Fosse, 41800 Montoire-sur-Loir, tél. 06 08 99 94 15, contact@domainemartelliere.fr

Zoom
Le melon de Bourgogne

Ce cépage n'a pas totalement disparu de sa région d'origine, la Bourgogne, mais la quasi-totalité de ses plantations sont situées à l'extrême ouest de la vallée de la Loire, autour de Nantes, dans les différentes AOC du muscadet où il est l'unique cépage autorisé et donne un vin sec, souple et vif, auquel un élevage sur lie confère gras et complexité aromatique. Synonyme : muscadet.

MUSCADET-SÈVRE-ET-MAINE

Dom. du Fief-Seigneur

SUR LIE 2018 ★★★

Production : 17 000 b. | Élevage :
5 à 8 €

Thierry et Jean-Hervé Caillé dirigent depuis 2002 cette exploitation familiale, dont le vignoble couvre 17 ha autour de Monnières. Un village situé au cœur de l'appellation muscadet-sèvre-et-maine, qui pourrait devenir un des prochains crus communaux, comme son voisin le Pallet.
Un superbe ensemble se déploie à chaque étape de la dégustation. Au nez des arômes intenses d'agrumes et de fruits blancs se déploient, escortés de notes de jasmin et d'acacia. Toute la minéralité typique de l'appellation s'exprime également et se prolonge au palais. Modèle d'équilibre, ce vin marque durablement les esprit par sa persistance aromatique et sa fraîcheur. ⧗ 2020-2021

EARL THIERRY ET JEAN-HERVÉ CAILLÉ, 12 bis, rue des Moulins, 44690 Monnières, tél. 02 40 54 65 03, thierry.caille343@orange.fr

---

MUSCADET-SÈVRE-ET-MAINE

Dom. de la Grange

GOULAINE 2012 ★★★

Production : 6 000 b. | Élevage :
11 à 15 €

Propriété familiale située au sud-est de Nantes, au cœur de l'aire du muscadet-sèvre-et-maine. Incarnant la neuvième génération de vignerons, Raphaël Luneau a pris la suite de son père Rémy en 2010.
Trente-six mois d'élevage sur lies ont façonné cette cuvée remarquable, issue de vignes de soixante ans. À l'agitation s'ouvre un nez complexe, centré sur les fruits blancs, le tilleul et les notes briochées. Puis viennent des notes de miel, de tabac et de noisettes grillées. Après une attaque souple, la bouche offre beaucoup de matière et une minéralité appuyée. Cette parfaite harmonie persiste jusque dans la finale longue et douce. ⧗ 2020-2022

EARL RÉMY ET RAPHAËL LUNEAU, 1, la Grange, 44430 Le Landreau, tél. 02 40 06 45 65, contact@domaineraphelluneau.fr

MUSCADET-SÈVRE-ET-MAINE

Ch. de la Gravelle Bio

GORGES 2014 ★★

Production : n.c. | Élevage :
11 à 15 €

Issue d'une lignée au service du vin remontant au XVe s., Véronique Günther-Chéreau, docteur en pharmacie, a quitté l'officine en 1989 pour se consacrer exclusivement aux trois vignobles familiaux (70 ha en tout), implantés dans trois terroirs distincts : le Ch. du Coing de Saint-Fiacre, acquis par son père Bernard Chéreau en 1973, le Grand Fief de la Cormeraie et le Ch. de la Gravelle (ces deux derniers en conversion bio). Elle est épaulée depuis 2010 par sa fille Aurélie.

Belle expression de la maturité du raisin pour ce melon de Bourgogne né sur des sols de roche verte. Le bouquet s'éveille à l'aération : poire et coing bien mûrs, portés par une minéralité soutenue. Une légère amertume sert de fil conducteur au palais, soulignant la structure et la longueur remarquables. ⧗ 2020-2022

SCEA GÜNTHER-CHÉREAU, Ch. de la Gravelle, Le Coing, 44690 Saint-Fiacre-sur-Maine, tél. 02 40 54 85 24, contact@vgc.fr

MUSCADET-SÈVRE-ET-MAINE

Pétard-Bazile

SUR LIE LE PLESSIS GLAIN LES VIEILLES VIGNES 2017 ★★

Production : 8000 b. | Élevage :
- de 5 €

Saint-Julien-de-Concelles domine la vallée de la Loire et les terres maraîchères où sont cultivés, entre autres, le muguet et la mâche nantaise. La famille Pétard y exploite, elle, la vigne depuis le XIXe s. sur des coteaux aux sols de micaschistes. Vincent Pétard a rejoint ses parents en 2004. Dix ans plus tard, après leur départ à la retraite, il s'est associé avec son ami d'enfance Christophe Bazile.

Cette cuvée élégante affiche une remarquable minéralité. Dans ce contexte d'autres arômes se déclinent : pêche jaune, poire, coing et fleurs blanches, bientôt rejoints par les fruits secs et les notes miellées. Ample, le palais laisse une impression de fraîcheur en misant sur les agrumes et une touche d'amertume finale. ⧗ 2020-2022

EARL PÉTARD-BAZILE, Le Plessis-Glain, 44450 Saint-Julien-de-Concelles, tél. 09 52 66 99 44, domaine.plessisglain@free.fr

ORLÉANS

Dom. Saint-Avit

2018 ★★

Production : n.c.
5 à 8 €

Héritier d'une longue histoire vigneronne (le domaine a été fondé en 1820), Pascal Javoy a repris les vignes familiales en 1987 : 17 ha en orléans et orléans-cléry.

Plaisir assuré pour les amateurs de minéralité.
Ce chardonnay jaune pâle, né sur un terroir de silice, offre un déluge d'agrumes et de fleurs blanches. Tout son fruité se retrouve dans la bouche subtile et gouleyante, peu marquée par le bois. Rond et plein, il persiste agréablement. Un beau vin, de bout en bout. ⧗ 2020-2022

JAVOY ET FILS, 450, rue du Buisson, 45370 Mézières-lez-Cléry, tél. 02 38 45 66 95, javoy-et-fils@orange.fr

POUILLY-FUMÉ

Patrick Noël

2018 ★★★

Production : 16 000 b. | Élevage :

11 à 15 €

Patrick Noël, originaire de Chavignol, a créé ce domaine en 1988 en reprenant les vignes familiales. Ses caves, enterrées à flanc de coteaux, sont situées à Saint-Satur, là même où les moines de l'abbaye éponyme exploitaient la vigne dès le XIVᵉs. Depuis 2009, sa fille Julie est à ses côtés pour exploiter une quinzaine d'hectares répartis entre les appellations sancerre, pouilly-fumé et menetou-salon.

Un vin subtilement ciselée, fort d'une élégante sobriété. Minéralité, fleurs fraîches (tilleul, verveine), touche végétale discrète... se font écho. Gras sans être lourd, le palais offre une juste vivacité et une jolie salinité. Le long retour aromatique fruité (ananas, pêche) et épicé achève superbement la dégustation de cette cuvée issu d'un terroir siliceux.

⧗ 2019-2024

EARL PATRICK NOËL, av. de Verdun, rte de Bannay, 18300 Saint-Satur, tél. 02 48 78 03 25, patricknoel-vigneron@orange.

POUILLY-FUMÉ

Jean Pabiot et Fils

KIMÉRIDE 2017 ★★

Production : 11 250 b. | Élevage :

11 à 15 €

Installés dans une belle demeure au pied du village des Loges, à quelques pas de la Loire, Alain Pabiot et son fils Jérôme conduisent un domaine constitué de plus de vingt parcelles, qui tire son nom des pierres blanches calcaires appelées localement « caillottes ». Leurs pouilly-fumé, réguliers en qualité, mûrissent dans des caves souterraines plusieurs fois centenaires.

Cette cuvée issue de terroirs kimméridgiens dévoile d'emblée une remarquable complexité olfactive : les notes florales (chèvrefeuille, acacia) sont suivies de nuances miellées sur un fond crayeux et citronné. Ample et dense, la bouche se déploie en rondeur et en douceur. Sa longue finale confirme la finesse de la palette aromatique. Un pouilly-fumé de grande classe. ⧗ 2019-2022

DOM. DES FINES CAILLOTTES, 9, rue de la Treille, Les Loges, 58150 Pouilly-sur-Loire, tél. 03 86 39 10 25, info@jean-pabiot.com

IGP VAL DE LOIRE

Dom. de la Potardière

GAMAY 2018 ★★

Production : 20 000 b. | Élevage :

- de 5 €

Propriétaire de ce domaine depuis 1879, la famille Couillaud conduit un vignoble de 27 ha au flanc d'un coteau appelé La Butte de la Roche, qui domine le marais de Goulaine. Romain a pris les commandes en 2010.

Ce rosé est issu d'un sol de schiste. À base de gamay complété par 15 % d'abouriou, il associe la fraîcheur des arômes de groseille et de pamplemousse à la douceur de la pêche jaune et des fruits exotiques. Acidulée, la bouche déploie un fruité remarquable qui persiste jusque dans une finale légèrement amère. ⧗ 2019-2020

EARL COUILLAUD ET FILS, La Potardière, 44430 Le Loroux-Bottereau, tél. 06 79 66 49 42, domainepotardiere@orange.fr

POUILLY-FUMÉ
Dom. des Rabichattes
2018 ★★

Production : 40 000 b. | Élevage :
8 à 11 €

Plusieurs vieilles familles vigneronnes sont installées aux Loges, hameau de Pouilly-sur-Loire. Chez les Grebet, on y cultive la vigne depuis… 1620 et douze générations. Le vignoble couvre aujourd'hui 24 ha.
Cette cuvée exprime fortement le terroir de marnes kimméridgiennes dont elle provient. Les arômes sont complexes : les fruits mûrs (la poire notamment) et les nuances de fleurs blanches se mêlent à des notes de poivre et d'agrumes. La bouche fait le plein de saveurs délicates. Elle associe harmonieusement la douceur et la vivacité, rehaussée d'un trait d'amertume et surtout d'une remarquable minéralité en finale. ⧗ 2019-2023

⊸ *DOM. DES RABICHATTES, 2, imp. des Rabichattes, Les Loges, 58150 Tracy-sur-Loire, tél. 03 86 39 00 11, scea.grebet@orange.fr*

POUILLY-SUR-LOIRE
Dom. Landrat-Guyollot
LES BINERELLES DES CUVÉES CRÉATIVES 2018 ★★

Production : 4 000 b. | Élevage :
8 à 11 €

Depuis 1992, Sophie Guyollot est établie au pied de la colline de Saint-Andelain sur un vignoble de 17 ha constitué de parcelles très variées, réunies par dix générations de vignerons, et surtout de vigneronnes.
Cette superbe bouteille provient d'un sol siliceux, l'un des terroirs de prédilection du chasselas. Le bouquet est expressif et flatteur : amande, fleurs blanches, menthe, fruits, subtile touche muscatée. La bouche, souple en attaque, propose un beau fond de fraîcheur. Des arômes de fleurs (jasmin), d'anis, de menthe et d'orange parcourent finement le palais. Un grand pouilly-sur-loire tout en délicatesse, déjà délicieux, mais qui vieillira bien. ⧗ 2019-2022

⊸ *DOM. LANDRAT-GUYOLLOT, Les Berthiers, 16, rue du Mont-Beauvois, 58150 Saint-Andelain, tél. 03 86 39 11 83, contact@landrat-guyollot.com*

QUARTS-DE-CHAUME
Ch. la Varière
LES GUERCHES 2017 ★★

Gd cru | Production : 2 600 b. | Élevage :
30 à 50 €

Issu d'une grande famille vigneronne installée depuis 1850 sur les coteaux de l'Aubance, Jacques Beaujeau est à la tête de la Varière, vaste domaine angevin (115 ha) qu'il a complété d'une propriété en saumur-champigny, le Dom. de la Perruche (40 ha). L'ensemble des propriétés est passé en 2015 sous le contrôle de la maison Ackerman, Jacques Beaujeau restant à la vinification.
Une cuvée rare, issue d'un chenin blanc botrytisé, élevée douze mois en barrique sur lies fines. Sa magnifique robe or est un régal pour l'œil. Le nez offre un festival d'arômes : pruneau, fruits confits, ananas et fines touches de miel. Puis vient le moment de découvrir cette matière complexe, puissante et aromatique, qui se prolonge remarquablement en finale. ⧗ 2020-2028

⊸ *SCEV CH. LA VARIÈRE, rte de Mozé, 49320 Brissac-Loire-Aubance, tél. 02 41 91 22 64*

QUINCY

Dom. du Tremblay

2018 ★★

Production : 8 200 b. | Élevage :

8 à 11 €

Tous deux ingénieurs agronomes, Jean Tatin et Chantal Wilk ont créé leurs domaines au début des années 1990. La famille exploite quasiment 11 ha, partagés en trois entités : en quincy, les Ballandors et le Tremblay, en reuilly, les Demoiselles Tatin.

Ce quincy de graves argilo-siliceuses impressionne par sa finesse aromatique. Les quelques notes de buis se dissipent dès l'aération pour laisser apparaître des senteurs florales prononcées, nuancées de minéralité et de fruits jaunes (pêche). Au palais, le gras et la douceur donnent une sensation de confiserie, mais une fraîcheur bien ciselée équilibre le tout. Complexe, harmonieux et gourmand. ⧗ 2019-2022

GFV DE QUINCY-REUILLY, Le Tremblay, 18120 Brinay, tél. 02 48 75 20 09, contact@domaines-tatin.com

REUILLY

Dom. de la Pagerie

2018 ★★★

Production : 30 000 b. | Élevage :

8 à 11 €

Un jeune domaine créé en 2017 par la famille Pointereau en plein cœur de Reuilly, sur 10 ha de vignes.

Une cuvée née sur la partie sablo-graveleuse de l'appellation. Intense dès l'ouverture, elle libère volontiers ses fragrances de fruits à chair blanche juteux (pêche de vigne, poire) complétées de subtiles touches minérales et végétales. Charnue et fraîche, elle a de la mâche et laisse une impression de plénitude. Un reuilly qui fait parler le terroir. ⧗ 2019-2022

SCEV DE LA PAGERIE, 16, chem. du Boulanger, 36260 Reuilly, tél. 02 54 21 94 88, contact@domainedelapagerie.fr

REUILLY

Philippe Portier

2018 ★★

Production : 1 600 b. | Élevage :

8 à 11 €

En 1991, Philippe Portier a relancé la culture de la vigne sur cette exploitation familiale de 22 ha dédiée essentiellement au quincy (1 ha de reuilly) et commandée par une ancienne berrichonne entièrement restaurée.

Pourpre à reflets noirs, la robe annonce la densité de ce vin. Les arômes sont intenses et complexes, en effet : fruits très mûrs, marmelade (cerise, cassis) et fraîcheur florale. L'extraction poussée se traduit par une chair concentrée, un gras prononcé et des tanins solides qui n'auront besoin que d'un peu de temps pour s'arrondir. ⧗ 2020-2023

SCA DOM. DES VICTOIRES, Dom. de la Brosse, 18120 Brinay, tél. 02 48 51 04 47, philippe.portier@wanadoo.fr

REUILLY

Jean-Michel Sorbe

PINOT GRIS 2018 ★★

Production : 8 000 b. | Élevage :

8 à 11 €

Cette maison regroupe un domaine viticole (14 ha) et une activité de négoce qui connaissent le même succès. Un ensemble repris en 1999 par la famille Joseph Mellot, qui a développé un espace œnotouristique au siège de l'exploitation.

Ce magnifique rosé apparaît dans une robe œil-de-perdrix pâle à reflets cuivrés. De bonne intensité, il s'exprime avec élégance, associant richesse et fraîcheur. Les senteurs fruitées (mangue, fruit de la Passion, abricot, fraise) se mêlent à la fleur d'oranger. Beaucoup de douceur en attaque, du gras en milieu de bouche, une pointe d'amertume en finale : la texture est remarquablement tissée. Un mariage gracieux de puissance et de finesse.
⧗ 2019-2021

SARL JEAN-MICHEL SORBE, Le Buisson-Long, rte de Quincy, 18120 Brinay, tél. 02 48 51 30 17, jeanmichelsorbe@jeanmichelsorbe.com

---

ROSÉ-DE-LOIRE

Dom. de Mihoudy

2018 ★★

Production : 25 000 b. | Élevage :

- de 5 €

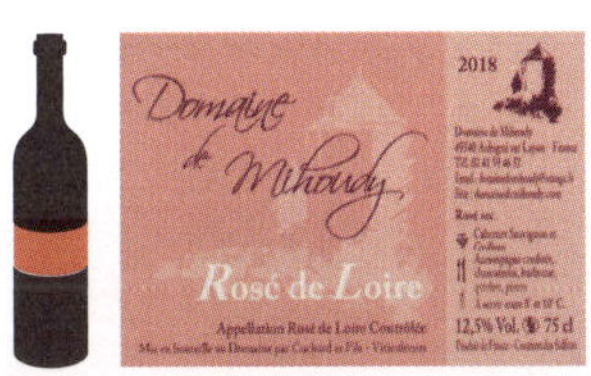

Bruno et Jean-Charles Cochard sont associés avec leur père Jean-Paul sur ce vignoble de 75 ha situé dans la vallée du Layon, dans leur famille depuis six générations. Un domaine de référence qui s'illustre souvent en anjou, blanc ou rouge, ainsi qu'en liquoreux, en bonnezeaux notamment. Incontournable.

Cabernet-sauvignon et grolleau entrent à parts égales dans ce rosé expressif et très aromatique. Le nez est un délice : s'entremêlent les arômes de framboise et de fraise, accompagnés de discrètes notes florales. Après une attaque franche et vive, les fruits rouges frais se retrouvent au palais; s'invitent alors des notes d'agrumes qui soulignent une vivacité parfaitement contenue et persistent agréablement en finale. ⧗ 2019-2020

EARL COCHARD ET FILS, Dom. de Mihoudy, 49540 Aubigné-sur-Layon, tél. 02 41 59 46 52, domainedemihoudy@orange.fr

Zoom
Le succès des vins rosés en Anjou

Après la crise phylloxérique, les cépages noirs se sont développés dans le vignoble angevin. À partir de la fin du XIXe siècle, les producteurs de la région se sont mis à élaborer des vins rosés – des «rougets» (clairets) consommés dans les cafés. Depuis la première décennie du XXIe siècle, les rosés de ce vignoble connaissent un regain de succès. Ils représentent aujourd'hui une bonne moitié de la production d'Anjou-Saumur qui est la deuxième région de France pour les vins de cette couleur. C'est le cabernet-d'anjou qui marche en tête, mais le rosé-d'anjou fournit également d'importants volumes.

SAINT-NICOLAS-DE-BOURGUEIL

Sylvain Bruneau Bio

CUVÉE RÉSERVE 2017 ★★

Production : 6000 b. | Élevage :
8 à 11 €

Représentant la troisième génération de vignerons sur ce domaine régulier en qualité, Sylvain Bruneau, installé en 1998, a converti au bio son vignoble, étendu sur une vingtaine d'hectares.
Le grand jury n'a pas longtemps hésité devant cette cuvée issue de cabernets cultivés en bio. Des vignes de soixante ans enracinées sur l'argilo-calcaire ont donné une vendange mûre à point. Au chai, la vinification a favorisé l'extraction, tandis que l'élevage en barrique a apporté des arômes vanillés et du gras. Pourpre à reflets rubis, le vin libère un large éventail aromatique allant des fruits rouges aux notes boisées. La bouche réunit puissance et équilibre. Belle référence pour l'appellation. ⧗ 2020-2026

SYLVAIN BRUNEAU, 14, La Martellière, 37140 Saint-Nicolas-de-Bourgueil, tél. 02 47 97 75 81, info@cave-bruneau-dupuy.com

---

SAINT-NICOLAS-DE-BOURGUEIL

Lysiane et Guy Mabileau

VIEILLES VIGNES 2017 ★★

Production : 28000 b.
5 à 8 €

Wilfried et Samuel Mabileau, qui incarnent la quatrième génération, ont rejoint en 2013 leur père Guy sur ce vignoble de 19,5 ha implanté sur les terrasses graveleuses de Saint-Nicolas.
C'est sur des graviers limoneux que la vendange a puisé sa finesse minérale. Ce vin, qui parade dans un habit rubis à reflets pourpre, ne se dévoile qu'avec parcimonie au nez. En bouche, il affirme sa noblesse au travers de tanins soyeux et d'une finale remarquable de longueur. Un très beau spécimen qui fait honneur à l'appellation et mérite encore d'être conservé en cave. ⧗ 2020-2026

GAEC LYSIANE ET GUY MABILEAU, 17, rue du Vieux-Chêne, 37140 Saint-Nicolas-de-Bourgueil, tél. 02 47 97 70 43, lysianeetguymabileau@gmail.com

SAINT-POURÇAIN

Ch. Courtinat

ROUGE TRADITION 2018 ★★

Production : 13000 b. | Élevage :
5 à 8 €

Typiquement bourbonnais avec sa petite tour ronde et son pigeonnier, ce domaine créé à l'emplacement d'un ancien couvent du XVIe s. a abandonné l'élevage et les céréales. Habitué du Guide, Christophe Courtinat exploite aujourd'hui 13 ha de vignes.
Des vignes de quarante ans sur un terroir argilo-calcaire ont produit ce vin de gamay complété par 20 % de pinot noir. Le nez s'ouvre sur le fruit, vite rattrapé par des notes de cuir qui confèrent à la palette un côté animal. La bouche évoque durablement la cerise et le cassis. Les tanins parfaitement fondus contribuent à une sensation de souplesse, tout en assurant le potentiel de garde. ⧗ 2020-2024

CH. COURTINAT, 11, rue de Venteuil, 03500 Saulcet, tél. 04 70 45 44 84, cavecourtinat@wanadoo.fr

SANCERRE

Roger Champault

LE CLOS DU ROY 2018 ★★

Production : 16 000 b. | Élevage :

11 à 15 €

Laurent et Claude Champault ont pris en 1997 le relais de leur père Roger, l'une des figures de l'appellation sancerre en rouge. Établi au hameau de Champtin, ancienne seigneuriale implantée sur des lieux-dits réputés de Sancerre, le domaine a aménagé son caveau dans un colombier du XVIe s. et dispose de 23 ha de vignes.

Le Clos du Roy est l'un des terroirs calcaires renommés du Sancerrois. Ouverte et distinguée, cette cuvée s'exprime avec une rare éloquence. Sur un fond d'agrumes (mandarine) se dégagent de délicates notes de fleurs blanches, de poire et d'épices douces. À la fois suave et frais en attaque, il développe un caractère charnu très gourmand. L'harmonie se réalise et une impression de « sobriété heureuse » ressort de sa dégustation. ⧗ 2019-2022

⊶ EARL ROGER CHAMPAULT ET FILS, *5, rte de Foulot, Champtin, 18300 Crézancy-en-Sancerre, tél. 02 48 79 00 03, roger.champault@orange.fr*

SANCERRE

Dom. Daulny

2018 ★★

Production : 5 000 b. | Élevage :

8 à 11 €

Étienne Daulny a pris en 1972 la tête du domaine régulier en qualité qui se transmet de père en fils depuis plusieurs générations et qui exporte aujourd'hui 85 % de sa production.

Issu de terroirs calcaires et marneux, ce rosé soutenu, nuancé de gris bleuté, décline volontiers des senteurs de pêche de vigne et de fraise, ponctuées de touches florales. Le palais est en harmonie, d'une fraîcheur délicate. Remarquable dans le millésime, voici un vin qui concilie légèreté, vivacité et élégance aromatique. ⧗ 2019-2021

⊶ ÉTIENNE DAULNY, *Chaudenay, 18300 Verdigny, tél. 02 48 79 33 96, domaine-daulny@wanadoo.fr*

SANCERRE

Paul Prieur et Fils

LES PICHONS 2017 ★★

Production : 2 600 b. | Élevage :

20 à 30 €

Héritier d'une longue lignée de vignerons (onze générations) établie sur les terres de Verdigny, Paul Prieur fut l'un des premiers vignerons de Sancerre à vendre sa production en bouteilles, en France et à l'étranger. Ces héritiers, aujourd'hui Philippe et son neveu Luc, exploitent un domaine d'une grande régularité, de 18,5 ha au pied de la célèbre colline des Monts Damnés. Des vignerons peu interventionnistes à la vigne comme au chai.

Le lieu-dit Les Pichons est un terroir de marnes kimméridgiennes. Cette cuvée est d'une régularité remarquable d'un millésime à l'autre. Le 2017, pourpre sombre, affiche des arômes profonds de fruits (cassis, cerise) bien mûrs, presque confiturés. Le boisé est parfaitement intégré. Rond en attaque, il est structuré par des tanins serrés, au grain fin, parfaitement fondus dans la matière ample et dense. Du grand art. ⧗ 2020-2025

⊶ SCEA PAUL PRIEUR ET FILS, *rte des Monts-Damnés, 18300 Verdigny, tél. 02 48 79 35 86, domaine@paulprieur.com*

SANCERRE

Dominique Roger

CUVÉE LA JOULINE 2018 ★★

Production : n.c. | Élevage :
20 à 30 €

Chez les Roger, on est vigneron de père en fils depuis le XVIIes. Installé en 1985, Dominique Roger conduit, en viticulture raisonnée, un vignoble de près de 11 ha. Sa cave est installée au cœur du village de Bué, dans une ancienne « vigneronnerie » du XIXes. Une valeur très sûre du Sancerrois.

Pourpre violacé, ce vin séduit d'emblée par ses arômes de fruits très mûrs, voire confiturés (cerise, mûre, myrtille, cassis), soulignés de vanille et de noix de coco. Au palais, il parvient à une remarquable harmonie, le gras enveloppant des tanins soyeux, au grain fin. La finale sur les fruits noirs, le pain grillé, la muscade est chaleureuse et fondue. Un potentiel étonnant. ⧗ 2022-2027

SCEA DOMINIQUE ROGER, 7, pl. du Carrou, 18300 Bué, tél. 02 48 54 10 65, contact@dominique-roger.fr

SANCERRE

Dom. de la Rossignole

L'ESSENTIEL 2017 ★★★

Production : 10 000 b. | Élevage :
8 à 11 €

Le nom de la famille Cherrier est attaché au vignoble de Sancerre depuis 1848. Le domaine actuel a été créé en 1927 par le grand-père Maurice, développé par son fils Pierre et depuis 1984 par la troisième génération, François et Jean-Marie, à la tête aujourd'hui de 15 ha de vignes. Ces derniers se sont implantés en 2010 dans l'appellation menetou-salon en reprenant les 10 ha du domaine du Loriot.

Cette cuvée issue de la sélection de terroirs argilo-calcaires est régulièrement retenue dans le Guide. Elle bénéficie d'un patient élevage sur lies. Le 2017 livre une corbeille de fleurs blanches et de fruits confits (coing), nuancée d'une touche épicée. Ample et charnue, elle ne se dépare pas de sa fraîcheur et offre en finale une signature saline typée. Grande délicatesse. ⧗ 2020-2024

SCEV PIERRE CHERRIER ET FILS, 26, rue de la Croix-Michaud, 18300 Verdigny, tél. 02 48 79 34 93, cherrierfreres@orange.fr

SAUMUR

Dom. du Bourg Neuf

2018 ★★

Production : 160 000 b. | Élevage :
5 à 8 €

Domaine de 38 ha fondé en 1955 par Raymond Joseph, conduit depuis 1986 par son fils Christian et dédié aux appellations saumur et saumur-champigny. La troisième génération (Valentin et François-Xavier) a rejoint l'exploitation en 2014.

Un cabernet franc très aromatique qui s'offre au regard dans une robe grenat à reflets violacés. Le nez exhale d'intenses arômes de fruits des bois confiturés (mûre) mêlés à de fines touches de thym. L'attaque est vive, la bouche gourmande, toujours sur le fruit. Souple et légère, elle présente une légère amertume en finale. ⧗ 2020-2024

SARL DOM. DU BOURG NEUF, 35, rue des Menais, 49400 Chacé, tél. 02 41 52 94 43, domaine.bourgneuf@orange.fr

SAUMUR
Dom. du Moulin de l'Horizon
LE BRUT 2016 ★★

Production : 40 000 b.
8 à 11 €

Du moulin de l'Horizon, qui donne son nom au domaine, il ne reste plus rien sur la butte témoin du Puy-Notre-Dame, la plus haute du Val de Loire (120 m). Hervé et Christine Desgrousilliers-Lefort, originaires du Pas-de-Calais, y conduisent depuis 2002 un vignoble de 32 ha et font vieillir leurs vins dans des caves creusées dans le tuffeau.
Un assemblage de chenin (70 %), de chardonnay (20 %) et de cabernet franc (10 %). Dans le verre s'épanouissent de fines bulles dans une robe jaune pâle à reflets or. Le nez, floral et printanier, évoque la primevère et le lilas, mais la poire et la pêche blanche s'invitent également. Il en va de même en bouche : fleur d'aubépine et notes d'écorce d'orange amère soulignent la rondeur de la chair, tandis qu'une pointe de fraîcheur apparaît en finale. ⧗ 2019-2021

⊶ EARL DOM. DU MOULIN DE L'HORIZON, 11_bis, rue Saint-Vincent, Sanziers, 49260 Le Puy-Notre-Dame, tél. 02 41 52 25 52, domaine@moulindelhorizon.com

SAUMUR
Dom. du Vieux Pressoir
ALIÉNOR 2016 ★★

Production : 5 000 b. | Élevage : 🛢
8 à 11 €

Le domaine a été racheté en 2015 par la famille Vagnon en 2015 qui en a délégué la gestion à François et Virginie Prinsloo. Ce jeune couple sud-africain pour l'un et ligérienne pour l'autre s'occupe désormais des 26 ha de vignes. Le domaine tire son nom d'un vieux pressoir datant du début du XXᵉs.
Voilà un vin qui met parfaitement en valeur le chenin, après un élevage de neuf mois. Très expressif, c'est un condensé de fruits blancs, agrémenté de touches de sous-bois. L'attaque est douce, la bouche souple, ronde et grasse, et la finale si fraîche, avec des notes de citron vert. ⧗ 2020-2022

⊶ SCEA FAMILLE VAGNON, 205, rue du Château-d'Oire, 49260 Vaudelnay, tél. 02 41 52 21 78, contact@levieuxpressoir.fr

SAUMUR-CHAMPIGNY
Dom. du Fondis
CUVÉE DE BRUYN VIEILLES VIGNES 2018 ★★

Production : 15 000 b. | Élevage : 🛢
5 à 8 €

À l'origine, le Fondis et les Vallettes ne formaient qu'un seul domaine. En 1986, le premier a pris son indépendance. Il couvre aujourd'hui 23 ha et c'est Laurent Jamet qui en assure la conduite depuis l'an 2000, rejoint par son épouse Géraldine en 2010.
Un remarquable cabernet franc, dont la robe grenat intense attire le regard. Le nez est un concert de petits fruits mûrs, dans lequel les nuances florales jouent à l'unisson. Framboise, groseille, cerise et violette se retrouvent dans une bouche ronde et ample. Les tanins soyeux comme du velours apportent une subtile amertume en finale. ⧗ 2020-2024

⊶ EARL DOM. DU FONDIS, 14, le Fondis, 37140 Saint-Nicolas-de-Bourgueil, tél. 02 47 97 78 58, contact.domainedufondis@gmail.com

SAUMUR-CHAMPIGNY
Dom. de la Perruche
2017 ★★★

Production : 7 000 b. | Élevage :

8 à 11 €

Jacques Beaujeau, figure du vignoble de l'Anjou, également propriétaire du vaste domaine du Ch. la Varière à Brissac, a acquis en 2000 cette propriété en saumur-champigny. À la tête de 45 ha de vignes, il s'illustre avec régularité dans ces pages.

Une magnifique cuvée à la robe profonde qui décline des arômes de fruits rouges mûrs, avec des nuances florales. Gourmande à souhait, elle emplit le palais de sa matière ample et persistante, bien soutenue pas des tanins qui savent se faire oublier. ⧗ 2020-2024

SCEA DOM. DE LA PERRUCHE, 29, rue de la Maumenière, 49730 Montsoreau, tél. 02 41 91 22 64

SAUMUR-CHAMPIGNY
La Seigneurie
2018 ★★★

Production : 40 000 b. | Élevage :

5 à 8 €

Le vignoble (20 ha aujourd'hui), créé en 1969 par Pierre-Louis Foucher, est situé sur les hauteurs de la ville de Saumur et la salle de dégustation offre un panorama à 180° sur la vallée de la Loire. Il a été repris en 2005 par Alban Foucher, fils du fondateur.

Coup de cœur à l'unanimité pour ce vin sombre qui dévoile toute sa complexité à l'aération : fruits des bois à peine compotés et notes florales. D'attaque ample, la bouche élégante trouve un bel équilibre sucre-acidité et épanouit ses arômes en finale. ⧗ 2020-2022

EARL FOUCHER, 71, rte de Champigny, 49400 Saumur, tél. 02 41 50 11 15, laseigneurie.vins@hotmail.fr

---

SAVENNIÈRES
Dom. du Petit Métris
CLOS DE LA MARCHE 2017 ★★

Production : n.c.

15 à 20 €

Régulièrement mentionné dans le Guide, ce domaine s'affirme comme une valeur sûre du vignoble angevin, tant pour ses blancs secs que pour ses liquoreux. Créée en 1742, la propriété domine du haut de son coteau le village de Saint-Aubin-de-Luigné traversé par le Layon.

La robe brillante, or clair, est déjà un indice de finesse. À l'olfaction, le nez marie avec élégance la fraîcheur des fruits blancs et la douceur des notes florales. Suit une bouche délicatement beurrée, ronde et complexe. L'attaque est franche, la longueur exceptionnelle. Un chenin d'une remarquable subtilité. ⧗ 2020-2028

GAEC JOSEPH RENOU ET FILS, 13, chem. de Treize-Vents, Le Grand-Beauvais, 49190 Saint-Aubin-de-Luigné, tél. 02 41 78 33 33, domaine.petit.metris@wanadoo.fr

SAVENNIÈRES-COULÉE-DE-SERRANT

Clos de la Coulée de Serrant

2017 ★★★

Production : n.c. | Élevage :
50 à 75 €

Ce vénérable clos de 7 ha planté de vieux ceps de chenin accrochés à des coteaux schisteux, création des cisterciens en 1130, est l'une des rares appellations en monopole du vignoble français. Confortée au fil des siècles par des amateurs illustres et couronnés, son aura a pris une dimension internationale depuis que Nicolas Joly, « pape » français de la biodynamie, préside à sa destinée, accompagné aujourd'hui de sa fille Virginie. Le vin tire son caractère original et unique de raisins récoltés en surmaturité – voire botrytisés – en quatre ou cinq passages. À la cave, surtout pas de bois neuf qui masquerait le terroir, mais des barriques de 500 l. Et aussi peu d'interventions que possible.

La Coulée de Serrant 2017 se présente avec grande élégance dans sa robe nette et limpide, dorée à l'or fin. Une élégance que l'on retrouve d'emblée en portant le nez dans le verre : trame minérale très claire aux tonalités crayeuses, fruits mûrs (coing, poire), notes mentholées, herbes aromatiques, nuances florales… Quelle complexité à chaque aération ! La bouche ? De l'énergie dès l'attaque, un gros volume, de la densité, du gras, une chair tendre et soyeuse, une finale longue et intense. Un vin blanc véritablement à part, à la fois d'une grande richesse et d'une pureté admirable. ⧗ 2024-2035

NICOLAS JOLY, Ch. de la Roche aux Moines, 7, chem. de la Roche-aux-Moines, 49170 Savennières, tél. 02 41 72 22 32, info@coulee-de-serrant.com

TOURAINE

Philippe Catroux ★★

Production : 9 000 b.
5 à 8 €

Comme dans de nombreuses exploitations de Limeray, l'histoire viticole familiale est ici ancienne (1890). Représentant la cinquième génération, Philippe Catroux, installé depuis 1984, conduit un domaine de 17 ha.

Ce vin aux fines bulles régulières se distingue d'emblée par sa complexité aromatique : il marie les agrumes, les fruits blancs bien mûrs et les notes florales au nez. Laissant une impression de fraîcheur au palais, il poursuit sa longue farandole : pamplemousse, clémentine et écorce d'orange. Des notes de raisins secs et d'épices douces s'invitent à la fête dans une finale persistante. ⧗ 2020-2022

PHILIPPE CATROUX, 2 et 4, rue des Caves-de-Moncé, 37530 Limeray, tél. 02 47 30 13 10, philippe.catroux@caves-catroux.com

Zoom
Le Traité de bon usage du vin de Rabelais

En naissant, Gargantua s'écria : « À boire, à boire, à boire ! » Son fils Pantagruel hérita de sa soif légendaire. Les scènes d'agapes copieusement arrosées abondent dans les aventures de ces géants qu'écrivit François Rabelais. Est-ce parce que le moine, fameux médecin et écrivain, naquit entouré des vignobles de Touraine ? Ses ouvrages déplurent aux théologiens de la Sorbonne, qui les condamnèrent, mais Rabelais était trop bon vivant et trop humaniste pour s'en soucier. Il écrivit aussi le *Traité de bon usage du vin*, qui dispense quelques sages conseils comme ! « Ne buvez jamais seuls. La compagnie de buveurs est une engeance hautement estimée (…) ». Ce traité instructif amuse aussi par son histoire. Il était perdu mais on en trouva une version traduite en tchèque. La (re)traduction en français par Marianne Canavaggio ne cherche pas à imiter Rabelais ; elle est parue aux éditions Allia.

TOURAINE

Ch. de Fontenay

LE CLOS DES SABLES 2018 ★★

Production : 4000 b.

5 à 8 €

Didier et Carole Corby ont repris en 1996 une exploitation située sur la rive gauche du Cher, à deux pas de Chenonceaux. Nathalie et Philippe Carli les ont rejoints à la tête de ce domaine de 15 ha commandé par un château des XVIIe et XIX[e]s. entièrement restauré.

Une cuvée confidentielle, issue d'un assemblage moitié gamay, moitié grolleau. La robe saumon clair brille de reflets dorés. L'expression aromatique s'inscrit dans le registre des fruits rouges, mais de fines touches beurrées sont également perceptibles. La bouche est à l'unisson. On perçoit beaucoup de fraîcheur et une minéralité typée. La dégustation se conclut sur des notes toastées persistantes. ⧗ 2019-2021

CH. DE FONTENAY, 3, Fontenay, 37150 Bléré, tél. 02 47 57 93 05, vin@lechateaudefontenay.fr

TOURAINE

Dom. de Pierre

SAUVIGNON LE CHEMIN ROMPU 2018 ★★

Production : 60000 b. | Élevage :

5 à 8 €

Ingénieur agricole, Lionel Gosseaume, après avoir travaillé quinze ans dans des organisations professionnelles, a sauté le pas en 2007 en reprenant en fermage 9 ha à Choussy, au cœur de la Sologne viticole. Son domaine compte aujourd'hui 28 ha.

Un sauvignon brillantissime, explosion de fleurs blanches et de fruits exotiques. Il surprend par sa puissance et sa souplesse, signe d'une belle maturité du raisin : arômes d'agrumes et de poire s'accompagnent d'une touche de mûre, avec une finale fruitée qui n'en finit pas. ⧗ 2020-2022

DOM. DE PIERRE, 6, chem. des Étangs, 41700 Choussy, tél. 02 54 46 44 86, info@lionelgosseaume.fr

TOURAINE-OISLY

Dom. Octavie

2017 ★★

Production : 20000 b. | Élevage :

8 à 11 €

Cette exploitation familiale créée en 1885 tient son nom de l'arrière-grand-mère à qui ont appartenu les premières parcelles. Un domaine dirigé depuis 1988 par Isabelle Rouballay, revenue sur les terres familiales après plusieurs années dans la banque, et son époux Noë, pépiniériste de formation, qui œuvre au chai : 32 ha de vignes à la lisière de la Sologne.

La finesse et la complexité caractérisent ce 2017 jaune pâle à reflets verts. Le nez délivre des arômes de poire et d'amande, avant de laisser poindre quelques notes de fleurs blanches et une touche citronnée. Suit une bouche élégante et pleine, très persistante. Un sans faute. ⧗ 2020-2022

DOM. OCTAVIE, 7, rte de Marcé, 41700 Oisly, tél. 02 54 79 54 57, domaineoctavie@domaineoctavie.com

VALENÇAY

Dom. Minchin

LE CLAUX DELORME 2017 ★★★

Production : 12 486 b. | Élevage :
8 à 11 €

Valeur sûre de l'appellation menetou-salon avec son domaine La Tour Saint-Martin, Bertrand Minchin, aussi à l'aise en rouge qu'en blanc, est établi depuis 1987 à la tête de 17 ha de vignes sur les hauteurs de Morogues. En 2004, il s'est étendu sur l'appellation valençay avec les 15 ha du Claux Delorme, à Selles-sur-Cher, et s'y est rapidement imposé comme une belle référence.

Quel vin expressif ! Des arômes intenses de fruits rouges frais et de mûre se déclinent, accompagnés d'élégantes notes d'épices et de gibier. La bouche gourmande et pleine laisse apparaître une touche de café torréfié dans ce bouquet parfaitement composé. La dégustation s'achève en beauté sur une finale longue et épicée. ⧗ 2020-2024

DOMAINES MINCHIN, *Le Claux Delorme, Saint-Martin, 18340 Crosses, tél. 02 48 25 02 95, cave@domaines-minchin.vin*

VOUVRAY

Maison Peltier Frères

MÉTHODE TRADITIONNELLE
CUVÉE DE LA COLINIÈRE 2014 ★★

Production : 28 000 b. | Élevage :
5 à 8 €

La maison Peltier a été créée vers 1900 sur le site d'une ancienne carrière. Les caves labyrinthiques du domaine ont été creusées dans le tuffeau au fil des générations. Un chai tout neuf y est associé depuis 2012. Aujourd'hui, trois frères dirigent l'exploitation.

Tout plaît dans ce vin, la robe or clair, l'effervescence fine et persistante, le nez de fleurs et de fruits mûrs avec quelques notes grillées, la bouche ronde, florale, vineuse et parfaitement équilibrée qui se prolonge dans une totale harmonie. Voici le fruit de la patience des frères Peltier pour obtenir des raisins mûrs à point et pour élever leurs cuvées sur lies fines. ⧗ 2019-2022

EARL PELTIER FRÈRES, *43, rue de la Mairie, 37210 Chançay, tél. 02 47 52 93 34, maisonpeltier1@gmail.com*

VOUVRAY

Dom. du Petit Trésor

Bio

SEC BELLE AU NATUREL 2017 ★★

Production : 5 000 b. | Élevage :
15 à 20 €

Acquisition du Dom. Sylvain Gaudron, cette exploitation, d'une superficie de 1,2 ha, est conduite en biodynamie par Gilles Gaudron. Les vignes sont assagies. Les raisins récoltés à la main sont pressés lentement et mis à fermenter dans des fûts de deux ans pour éviter de les marquer par le bois neuf.

Une seule cuvée est produite chaque année sur ce domaine. Le 2017 est un sec. Un léger vanillé souligne les arômes intenses de fruits frais et d'abricot au nez, tandis qu'en bouche le fruité se fait plus mûr encore, toujours agrémenté d'un boisé fin. Riche et frais à la fois, le vin ne manque pas de rondeur et une légère amertume assure sa persistance harmonieuse. ⧗ 2020-2024

DOM. DU PETIT TRÉSOR, *59, rue Neuve, 37210 Vernou-sur-Brenne, tél. 02 47 52 12 27, sylvain.gaudron@domainegaudron.fr*

VOUVRAY
Dom. de Vaugondy
SEC 2017 ★★

Production : 5 000 b. | Élevage :
5 à 8 €

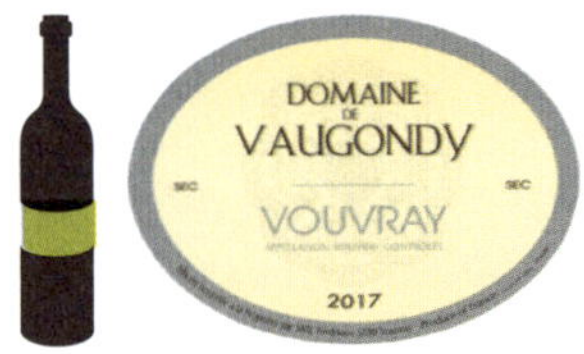

Le Dom. de Vaugondy est le plus petit des six vignobles Feray. Il couvre 6,5 hectares sur la commune de Vernou-sur-Brenne. Les sols argilo-siliceux sont parfaitement adaptés à l'expression du pineau de la Loire.

Sous une robe or clair nuancée de reflets verts, ce vin présente toute l'expression attendue en vouvray : coing, poire mûre, fleur d'acacia et miel. La bouche longue et ample se développe dans une remarquable succession de saveurs et d'arômes avec des nuances de cire d'abeille et de pêche. Comme l'écrit l'un des membres du jury : « Un très grand vin ! » 2020-2024

SARL PERDRIAUX, 73, rue du Petit-Coteau, 37210 Vouvray, tél. 02 47 52 60 77, secretariat@vignobles-feray.com

---

IGP VAL DE LOIRE
Dom. du Sillon Côtier
GROLLEAU GRIS 2018 ★★

Production : 10 000 b. | Élevage :
- de 5 €

Aux confins ouest du vignoble nantais, les vignes du Sillon Côtier dominent la baie de Bourgneuf. Installé en 2014, Nicolas Ferré représente la cinquième génération à la tête de l'exploitation, qui compte 15,5 ha.

Un grolleau gris qui a séduit les dégustateurs par son élégance et sa puissance maîtrisée. Le nez, épicé et floral, libère aussi des parfums de fruits mûrs. Ample, la bouche est un modèle d'équilibre jusque dans sa finale fruitée, portée par une pointe d'amertume. 2020-2022

EARL DU SILLON CÔTIER, 10, chem. du Coin-Sarah, 44760 Les Moutiers-en-Retz, tél. 02 40 64 77 29, sillon-cotier@wanadoo.fr

---

MENETOU-SALON
Cave Prévost
2018 ★★

Production : 50 000 b. | Élevage :
5 à 8 €

Le domaine (13 ha aujourd'hui) a été constitué dans l'entre-deux-guerres par l'arrière-grand-père. Quelques années avant la reconnaissance de l'AOC menetou-salon en 1959, il s'est lancé dans la vente directe. Gérard Prévost a quitté complètement la coopérative, aménagé le caveau, doublé la cuverie. Sa fille Maude et son neveu Nicolas Jabaudon ont pris sa suite en 2009.

Intense, le nez séduit d'emblée par sa gourmandise. Les notes végétales et florales nuancent élégamment les arômes fruités (poire, agrumes). Ronde et grasse sur le fond, la bouche se structure autour d'une vivacité équilibrée. La finale minérale et saline conclut en beauté ce menetou-salon. 2019-2023

GAEC PRÉVOST, 3, rte de Quantilly, 18110 Vignoux-sous-les-Aix, tél. 02 48 64 68 36, contact@cave-prevost.com

MENETOU-SALON

Le Prieuré de Saint-Céols

CUVÉE DES BÉNÉDICTINS 2017 ★★

Production : 5 100 b. | Élevage :
11 à 15 €

Pierre Jacolin a créé ce vignoble de toutes pièces en 1986. Il l'a développé depuis, tant en surface qu'en notoriété (12 ha aujourd'hui). Le chai est installé dans les bâtiments d'un ancien prieuré bénédictin dépendant de l'abbaye de La Charité-sur-Loire.
Quelle belle teinte violine profond à reflets rubis ! Les parfums de fruits rouges surmûris se mêlent aux nuances apportées par l'élevage (vanille, café, praline) et à de subtiles touches épicées. Au palais, les tanins veloutés s'intègrent très bien dans la texture fraîche, empreinte de notes empyreumatiques et d'arômes de griotte. Une bonne démonstration de ce que le bois peut apporter au vin pour enrichir ses qualités originelles. ⧗ 2021-2023

SCEA DU MANAY, *Le Prieuré de Saint-Céols, 18220 Saint-Céols, tél. 02 48 64 40 75, domaine.jacolin@gmail.com* SAS *Jacolin*

MONTLOUIS-SUR-LOIRE

Patrice Benoit

DEMI-SEC DILECTUM 2017 ★★

Production : 1 400 b. | Élevage :
5 à 8 €

Patrice Benoit est issu d'une famille au service du vin depuis quatre générations. Pour s'installer, il a dû acheter des parcelles laissées par des vignerons partant à la retraite. Il est maintenant à la tête d'une propriété de 14 ha.
Le vin a fermenté dans des fûts et a été élevé sur ses lies fines jusqu'à la mise en bouteilles. La robe d'or pâle brille dans le verre. Le nez tout à fait typique d'un chenin mûr rappelle l'abricot, avec une touche minérale qui le rattache à son terroir. L'équilibre en bouche est parfait, et les fruits mûrs se développent en finale. Un très beau montlouis-sur-loire, ample, vineux, expressif et qui vieillira bien.
⧗ 2020-2029

PATRICE BENOIT, *3, rue des Jardins, 37270 Saint-Martin-le-Beau, tél. 02 47 50 63 93, patrice.benoit.vins@orange.fr*

MONTLOUIS-SUR-LOIRE

Dom. Les Pierres écrites

MŒLLEUX OR DES PETITS BOULAY 2017 ★★

Production : 800 b. | Élevage :
20 à 30 €

Coralie et Anthony Rassin, après une longue pérégrination dans le Languedoc, la vallée du Rhône septentrionale et l'Afrique de Sud, ont posé leurs valises sur leurs terres d'origine à Saint-Martin-le-Beau, où ils ont repris en 2016 le Dom. Flamanand-Delétang d'Olivier Flamand, une belle référence en montlouis-sur-loire. Fidèles au lieu, ils ont donné au domaine de 8 ha le nom de la cuvée emblématique de leur prédécesseur, qui lui-même l'avait emprunté à son grand-père archéologue, du nom de ces pierres écrites nord-africaines.
Déjà coup de cœur l'an passé, ce domaine présente ici un mœlleux issu de raisins triés sur le volet. La couleur est dorée à souhait. Le nez encore un peu fermé livre à l'aération des notes gourmandes en diable de poire, de coing et de fruits confits. La bouche, très longue et parfaitement équilibrée, évoque le caramel et les fruits compotés. Les fermentations longues en fûts avec les levures naturelles sont un atout indéniable. Épatant. ⧗ 2021-2030

DOM. LES PIERRES ÉCRITES, *19, rte d'Amboise, 37270 Saint-Martin-le-Beau, tél. 06 31 72 22 68, domainelespierresecrites@gmail.com*

La **vallée du Rhône**

L'un des plus anciens vignobles de France et la seconde région viticole de l'Hexagone après le Bordelais, traversé par le Rhône, fleuve fougueux qui file vers le Midi et voit fleurir la vigne sur chaque rive. On distingue deux grands secteurs très différenciés : la vallée du Rhône septentrionale et la vallée du Rhône méridionale. Sur les deux rives du fleuve, naissent des vins secs dans les trois couleurs, des vins doux naturels et des effervescents. Longtemps assimilés à la « p'tite côte », ce gentil vin de comptoir qu'une brève cuvaison rendait léger et peu tannique, les vins rhodaniens figurent parmi les plus remarquables de France (côte-rôtie, hermitage, châteauneuf-du-pape…).

Superficie : 73 468 ha
Production : 2 830 000 hl
Types de vins : rouges très majoritairement, rosés et quelques rares blancs ; vins doux naturels ; quelques effervescents (clairette-de-die).
SOUS-RÉGIONS : Vallée du Rhône septentrionale (entre Vienne et la rivière Drôme au sud de Valence) et vallée du Rhône méridionale (du sud de Montélimar à Avignon et à la Durance).

CÉPAGES PRINCIPAUX

Rouges : syrah, grenache, mourvèdre, cinsault, carignan et de nombreux autres cépages devenus très rares (counoise, vaccarèse, muscardin…).
Blancs : viognier, roussanne, marsanne, grenache blanc, clairette blanche, bourboulenc…

Histoire

C'est aux abords de Vienne que se trouve l'un des plus anciens vignobles de France, développé par les Romains, après avoir été sans doute créé par les Phocéens de Marseille. Vers le IVe siècle av. J.-C., la culture de la vigne est attestée dans les secteurs des actuels hermitage et côte-rôtie. Elle apparaît dans le Diois au début de l'ère chrétienne. Au XIIe siècle, les Templiers plantent les premières vignes à Châteauneuf-du-Pape, vignoble développé deux siècles plus tard sous le pape Jean XXII puis sous ses successeurs. Quant aux vins gardois, ils sont fort réputés aux XVIIe et XVIIIe siècles ; les cités de Tavel et des environs édictent des règles de production et apposent les initiales CDR (« côtes-du-rhône ») sur leurs tonneaux, une anticipation de l'AOC. Après une nette diminution des superficies au XIXe siècle et au début du XXe siècle, avec des vins souvent assimilés à des vins de comptoirs, le vignoble rhodanien est consacré en 1937 avec la création de l'AOC côtes-du-rhône. Aujourd'hui, son image s'est nettement redressée et son visage s'est diversifié (des vins légers aux grands vins de garde), et la vallée du Rhône constitue le second vignoble français d'AOC en superficie et en production.

Sols et climats

On distingue traditionnellement deux zones : la vallée du Rhône septentrionale, au nord de Valence, et la vallée méridionale, au sud de Montélimar, deux secteurs séparés l'un de l'autre par une cinquantaine de kilomètres vierges de vigne. Dans la partie septentrionale, la vallée s'encaisse entre Alpes et Massif central, offrant un climat tempéré, sous influence continentale, avec des coteaux souvent très pentus et des sols granitiques ou schisteux. Dans la partie méridionale, la vallée s'élargit et on arrive en Provence. Le climat y est méditerranéen et les sols variés : terrasses de galets roulés, sols argilo-graveleux, molasses et sables. Enfin, le Diois se distingue par son climat montagneux et ses sols calcaires.

Cépages et styles de vins

On trouve ici toute la palette des vins : des vins secs dans les trois couleurs, des vins doux naturels et des effervescents. Dans la partie méridionale, règne le grenache, mais les excès climatiques obligent les viticulteurs à utiliser plusieurs cépages pour obtenir des vins équilibrés, notamment la syrah, le mourvèdre, le cinsault, la clairette, le bourboulenc, la roussanne. Dans la partie méridionale, la syrah s'impose dans les vins rouges (et rosés). Les vins blancs sont quant à eux majoritairement issus des cépages roussanne, marsanne et viognier. Dans le Diois, on trouve les cépages clairette et muscat.

Vigneron de l'année

Yann Chave

pour les crozes-hermitage rouge Le Rouvre 2017 et hermitage rouge 2017

Chave, un nom qui sonne agréablement aux oreilles des amateurs de vins rhodaniens du Nord. Ici, Yann, fils de Bernard et Nicole. Un vigneron établi en 1996 sur le domaine familial, conduit en bio, et qui s'illustre avec une grande régularité en hermitage et en crozes-hermitage. Cette année, pas de jaloux : un coup de cœur dans chacune de ces appellations. Incontournable.

Se projeter dans le temps long

En 1996, Yann Chave, qui a pris les rênes de la propriété familiale ancrée dans le Rhône depuis quatre générations, met au monde ses premiers vins. « Le vin c'est un peu comme un enfant. On se doit de l'élever dans le respect de ce qu'il est. » C'était un millésime froid, 1996. Peu rassurant pour qui se lance dans la grande aventure œnologique. Et pour ce premier « enfant », Yann envisage, comme il le fera pour ceux qui lui succèderont, un devenir « droit et sincère dans l'exercice de la vie. » Pas question, sous quelque pression que ce soit, de jeter aux orties une éthique aussi exigeante. Elle l'entraînera vers l'agriculture biologique. Adhésion totale, quasi militante, qui ne s'inscrit pas dans une tendance opportuniste, mais dans une réflexion sur la vie des sols, de la plante, et un désir de faire du vin un témoignage socio-culturel. « Il faut se projeter dans le temps long. Nous construisons pour les générations futures et non pour nous satisfaire de nos propres réussites, à la manière d'un Narcisse qui contemplait dans l'eau son visage », martelle ce self-made de la viticulture, orienté au départ vers l'économie et la banque.

Conserver les repères du terroir

Pas d'étude viticole. « Formé sur le tas, au côté des parents, sans le moindre secours des gourous de la vinif », Yann cherche à produire – le bio le lui a « fait comprendre » – des vins « sincères et équilibrés » qui « ne ressemblent qu'à eux-mêmes. » Des vins, « fruits de l'observation et de la rigueur. Rien à voir avec tous ces vins stéréotypés bourrés d'intrants selon les circonstances. » Avec une passion toujours nouvelle, il bichonne ses crozes-hermitage (18 hectares d'argiles rouges et galets roulés), son hectare et demi d'hermitage où les nobles syrahs, cultivées en terrasses travaillées au cheval, captent les variantes de sols argilo-calcaires capteurs des eaux de pluie. Au chai, il se permet « de moins boiser pour conserver les repères du terroir », et propose aux vins de courts séjours en demi-muids. Complice supplément d'âme transmis à son hermitage rouge 2017 que confirme un coup de cœur ?… Yann avoue être touché par cette distinction, comme par celle décernée à son crozes-hermitage. Un chaud au cœur « récompense du quotidien ».

Vigneron de l'année

Roland Terrasse (Ch. Rochecolombe)

pour les côtes-du-rhône rouge 2017 et côtes-du-rhône-villages Saint-Andéol Élevé en fût de chêne 2017

Dans cette pittoresque Ardèche,

la vigne a conquis ses lettres de noblesse. Elle ne court plus, sauvage, dans la forêt. Foin désormais des horribles piquettes dont Jean Ferrat se faisait le chantre. Bacchus a redonné vie à ces campagnes. À l'instar de Rochecolombe, propriété familiale travaillée en bio par Roland Terrasse. Un domaine très souvent en vue pour ses côtes-du-rhône et ses *villages*, cette année encore avec deux coups de cœur à la clé.

Saga vigneronne

Qu'est-ce qui a pu pousser Robert Herberigs, enfant d'Outre Quiévrain, auteur compositeur et artiste peintre renommé, à acquérir, en 1925, le château de Rochecolombe non loin de l'ancienne Bergoïata (aujourd'hui Bourg-Saint-Andéol) où fut martyrisé l'apôtre Andéol ? A-t-il été séduit par le style Directoire de la bâtisse ou par l'éclat de sa pierre de construction ? Nul ne le sait… Mais quand, après 1945, son fils aîné, Gilbert, peut-être inspiré par les écrits d'Olivier de Serres, s'attache à réhabiliter des terres où abricotiers et vignes se disputent l'espace, une page se tourne. « Ce fut le début d'une véritable saga vigneronne », révèle Roland Terrasse, son petit-fils.

Éviter la sclérose

« Je n'ai pas vraiment fait d'études – un BTA – et ce que j'ai appris, je l'ai acquis en mûrissant le savoir-faire des anciens. Par exemple, je sais que mon arrière-grand-père, en 1940, suite à une tornade qui détruisit les fruitiers, prit la décision de privilégier la vigne. Les trois quarts du domaine datent des années 1950. On faisait du vrac. Pour le négoce. Ce n'est qu'en 1964 qu'on est passé à la bouteille. » Temps de vaches maigres qui instruisent et forment le jugement. Roland Terrasse confesse qu'il aime à s'étonner des pratiques de ses pairs. « C'est déjà s'interroger pour apprendre. » Une curiosité qui l'incite à « multiplier les échanges car la routine sclérose et endort. »

L'évidence bio

La question de l'agriculture biologique ne l'embarrasse pas. Elle lui paraît « démarche de bon sens », partagée par « les générations d'avant le productivisme ». Le bio, « lame de fond qui prend des airs à la mode, a toujours été présent ici. »
Et peu importe s'il a attendu 2007 pour en recevoir le label officiel. Impressionnante par l'élégante profondeur de ses vins, la palette de Rochecolombe dispense des nectars racés, issus de sélections parcellaires.
Roland accueille, serein, les récompenses du Guide, « simples reconnaissances du travail ». Ajoutant, modeste, qu'il ne crée pas, lui, le potentiel de ses vins. « Le potentiel, il est dans la vigne, dans le grain disait mon grand-père. Je m'applique, humblement, à le transformer ».

BEAUMES-DE-VENISE
Dom. Saint-Roch
CUVÉE DES TAUS 2017 ★★
Production : 12 000 b. | Élevage :
8 à 11 €

Les Meissonnier sont enracinés depuis seize générations à Beaumes-de-Venise, d'abord comme arboriculteurs et maraîchers, puis comme viticulteurs, un parcours suivi par un grand nombre après le grand gel de 1956. La production au domaine est en revanche récente: Stéphane Meissonnier et son épouse Stéphanie ont décidé de créer leur cave en 2012 pour vinifier le fruit de leurs 45 ha de vignes.
Les Taus, ce sont les armoiries du village de Beaumes-de-Venise. Cette cuvée, déjà coup de cœur dans le passé, leur fait honneur. Composée de grenache et de syrah, elle diffuse au nez des senteurs profondes et chaleureuses de sous-bois de fruit macéré avec un fond noblement animal. La même plénitude s'impose dans un palais rond et soyeux, puissant mais élégant, porté par des tanins à point et une fraîcheur sauvegardée en finale. Si on s'en régale déjà, ce beau rouge a de l'avenir. ⧗ 2020-2025

EARL SAINT-ROCH, 167, rte d'Aubignan, 84190 Beaumes-de-Venise, tél. 04 90 65 84 37, domaine.saintroch@orange.fr

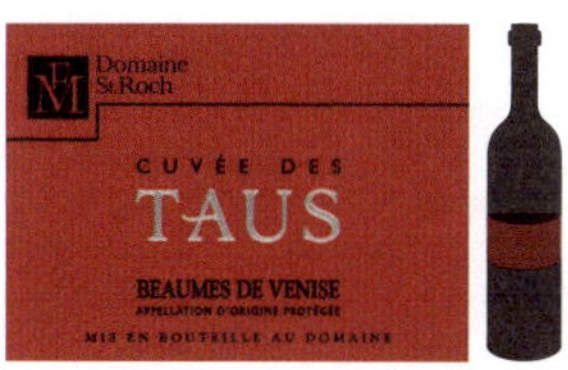

CAIRANNE
La Bastide Saint-Dominique Bio
LES 2 ARBRES 2017 ★★★
Production : 16 000 b. | Élevage :
11 à 15 €

Créé en 1979 par Gérard et Marie-Claude Bonnet, ce domaine établi à Courthézon, sur les vestiges d'une ancienne chapelle du XVIe s., s'étend sur 50 ha. Il est aujourd'hui géré par Éric, qui a converti le vignoble à l'agriculture biologique (certification en 2014) et complété sa propriété par une structure de négoce. Il a été rejoint par sa sœur Véronique en 2016.
Doublement étoilé l'année dernière pour son côtes-du-rhône, le domaine décroche la lune cette année avec son cairanne qui assemble à parts égales grenache, syrah, mourvèdre et carignan. Un nez juteux, «printanier», de fruits noirs mûrs et frais, nuancé de sous-bois, une attaque franche sur les fruits noirs plus confits, des tanins doux noyés dans le fruit, un alcool intégré, une longueur poivrée des plus agréables: la bouche est simplement parfaite, harmonieuse, goûteuse, et donne une irrésistible «envie d'y revenir». ⧗ 2021-2026

SCEA LA BASTIDE SAINT-DOMINIQUE, 1358, chem. Saint-Dominique, 84350 Courthézon, tél. 04 90 70 85 32, contact@bastidesaintdominique.com

CAIRANNE
Dom. le Renard
L'EFFRONTÉE 2016 ★★
Production : 3 000 b. | Élevage :
15 à 20 €

Marie-Christine Andrieu et Pascal Valadier ont quitté en 2009 la coopérative de Cairanne pour créer leur propre structure qui associe deux entités, le Dom. le Renard et le Dom. Valand. Le premier s'étend sur 25 ha en bio depuis 2018, le second sur 15 ha en agriculture biologique depuis 2010. Au programme: côtes-du-rhône, *villages*, cairanne et IGP Principauté d'Orange.
Syrah et grenache à parité avec une longue macération et un élevage partiel en fût: une combinaison gagnante. Opaque, la robe annonce un nez intense de fruit macéré, de sous-bois et de truffe souligné de chêne. La barrique se fait discrète en bouche, apportant sa patine, sa rondeur et ses nuances aromatiques à un palais charnu, long, aussi puissant qu'élégant. Laissons la parole au jury: «super équilibre», «vin remarquable», «très belle cuvée», «continuez!». Tout est dit. ⧗ 2021-2028

EARL VALAND, 31, chem. des Muletiers, 84850 Travaillan, tél. 04 90 37 71 73, valadier17@orange.fr

CHÂTEAUNEUF-DU-PAPE
Dom. de Fontavin Bio
TRILOGIES 2016 ★★

Production : 25 000 b. | Élevage :
20 à 30 €

Situé au nord de Courthézon, ce domaine familial de 45 ha, réparti dans huit communes et cinq appellations, est dirigé depuis 1998 par Hélène Chouvet, œnologue, qui a converti le vignoble à l'agriculture biologique.
Un Trilogies qui réunit trois cépages (grenache, syrah et mourvèdre) et trois terroirs de l'appellation (sables, grès et galets): une heureuse combinaison qui a fait mouche auprès du jury. Fruits rouges bien mûrs, épices, menthol: la belle maturité des raisins s'impose comme une évidence au nez. Avec sa chair onctueuse, ample, ses tanins doux et intégrés, son corps gorgé de fruit et d'épices, la bouche le confirme. Remarquable de volume et de gourmandise, on prend dès à présent beaucoup de plaisir. De longue garde également. ⧗ 2020-2030

EARL HÉLÈNE ET MICHEL CHOUVET, Dom. Fontavin, 1468, rte de la Plaine, 84350 Courthézon, tél. 04 90 70 72 14, helene-chouvet@fontavin.com

CHÂTEAUNEUF-DU-PAPE
Dom. Albin Jacumin
LA BÉGUDE DES PAPES 2017 ★★★

Production : 30 000 b. | Élevage :
20 à 30 €

Albin Jacumin a pris la tête en 1999 de l'exploitation familiale agrandie par les générations précédentes: pas moins de 18 ha en châteauneuf-du-pape, auxquels s'ajoutent 6 ha en côtes-du-rhône et 1,4 ha d'où il tire un «vin de France». Il a aménagé une cave en 2007 et modernisé les installations.
Le domaine glane ici son premier coup de cœur et, un bonheur ne venant jamais seul, il obtient la note maximale. Derrière cette réussite, un assemblage tout ce qu'il y a de plus typique (grenache, syrah et mourvèdre) et un élevage mixte, en cuve et barrique. Ce qui a tant plu? La robe, grenat intense, le nez, bien balancé entre fruit mûr et discrètes nuances boisées, la bouche surtout, volumineuse, charnue, longue, intensément parfumée, ourlée de tanins satinés. Une puissance parfaitement canalisée qui laisse le souvenir d'un vin raffiné, harmonieux et complexe. ⧗ 2022-2030

EARL ALBIN JACUMIN, 1, chem. Mgr-Jules-Avril, BP_28, 84230 Châteauneuf-du-Pape, tél. 04 90 83 78 55, domaine.ajacumin@orange.fr

Zoom
Le grenache noir

Cépage rouge espagnol, né en Catalogne ou en Aragon, le grenache noir reste l'une des variétés les plus plantées dans le monde. Un temps décrié, il est revenu en grâce par le biais des grands vins rouges produits en Catalogne (Priorat) et dans le sud de la vallée du Rhône (châteauneuf-du-pape). Son implantation, du pourtour méditerranéen à la Californie en passant par l'Australie, traduit son exigence pour des climats bien ensoleillés, chauds et secs. Accumulant beaucoup de sucre dans ses baies, il produit des vins rouges suaves et chaleureux (d'où l'habitude de l'assembler à d'autres variétés, notamment rhodaniennes ou méridionales aux qualités complémentaires comme la syrah, le mourvèdre, le carignan ou le cinsault), ainsi que des vins doux naturels puissants et complexes en Roussillon (rivesaltes, banyuls, maury) et dans la vallée du Rhône (rasteau). Il intervient aussi largement dans les vins rosés du sud de la France. Synonymes : grenache (France), garnacha (Espagne), cannonau (Sardaigne).

CHÂTEAUNEUF-DU-PAPE

Ch. Maucoil Bio

L'ESPRIT DE MAUCOIL 2016 ★★

Production : 1000 b. | Élevage :
50 à 75 €

Un domaine aux origines anciennes – les Romains y installèrent une légion, les princes d'Orange leur archiviste –, acquis par Guy Arnaud en 1995. Sa fille Bénédicte et son mari Charles Bonnet, installés en 2009, ont converti en bio les 45 ha de vignes.

Produit dans les meilleurs millésimes uniquement, issu d'une sélection des plus vieilles vignes du domaine (70 ans), L'Esprit réunit les treize cépages de l'appellation, vinifiés ensemble, puis élevés en barriques neuves. Il en résulte un vin impressionnant, profond, de longue garde où les fruits rouges percent timidement au nez derrière un boisé bien en évidence pour l'heure. L'élevage est perceptible en bouche mais tout est à la mesure: la concentration, la structure, la fermeté des tanins, la longueur. Une harmonie absolue qui promet de bien belles émotions à celui qui sait attendre. ⧗ 2023-2033

SCEA CH. MAUCOIL, chem. de Maucoil, 84100 Orange, tél. 04 90 34 14 86, bbonnet@maucoil.com

CHÂTEAUNEUF-DU-PAPE

Dom. des Pères de l'Église

LE CALICE DE SAINT-PIERRE 2017 ★★

Production : 15000 b. | Élevage :
15 à 20 €

Serge Gradassi est à la tête de ce domaine familial depuis 2002, avec sa nièce Laetitia qui l'a rejoint en 2015. Le vignoble, situé aux quatre points cardinaux de l'appellation, s'étend sur un peu plus de 19 ha.

De vieux grenaches, une touche de mourvèdre et une larme de syrah composent ce beau vin prometteur. Pour l'heure, on loue sa robe profonde aux reflets violacés et son nez expressif, déjà gourmand, de framboise, de mûre et d'épices. Ample et soyeuse dès l'attaque, campée sur des tanins fins, la bouche offre volume, structure et longueur, bref, tout ce qui fait un grand châteauneuf de garde. ⧗ 2022-2028

SCEA PAULETTE GRADASSI ET FILS, 2, av. Impériale, 84230 Châteauneuf-du-Pape, tél. 06 87 09 60 50, peres.de.leglise@wanadoo.fr

CHÂTEAUNEUF-DU-PAPE

Dom. Pierre Usseglio et Fils

CUVÉE DE MON AÏEUL 2017 ★★

Production : 4000 b. | Élevage :
50 à 75 €

Dans les années 1930, Francis Usseglio, salarié viticole d'origine italienne, devient métayer et vinifie sa première récolte en 1949. Son fils Pierre agrandit le domaine et le transmet en 1990 à ses fils Jean-Pierre et Thierry, aujourd'hui à la tête de 38 ha de vignes.

Châteauneuf a le rare privilège, dans le sud de la vallée du Rhône, de pouvoir vinifier des cuvées en mono-cépage. Le grenache ici, qui affiche plus de cent ans au compteur! Le nez en tire ses effluves chaleureux de cerise noire confite, juste soulignées d'un trait de vanille provenant d'un élevage de douze mois en demi-muid. Ample, ronde, soyeuse, ensoleillée, la bouche restitue toute la plénitude de fruit et de texture de ces vignes exceptionnelles. Un vin aussi sensuel que généreux qui a fait le bonheur du jury. ⧗ 2021-2029

EARL PIERRE USSEGLIO ET FILS, 10, rte d'Orange, 84230 Châteauneuf-du-Pape, tél. 04 90 83 72 98, info@domainepierreusseglio.fr

CLAIRETTE-DE-DIE

Dom. Guigouret

TRADITION MÉTHODE ANCESTRALE ★★

Production : 134 000 b. | Élevage :

8 à 11 €

À la fois propriété familiale et société de négoce, l'entreprise Carod s'est fortement développée depuis sa création en 1965, jusqu'à produire aujourd'hui 2 millions de cols par an. Un acteur de poids dans le Diois, acquis en 2008 par les Grands Chais de France, avec pour fleuron le Dom. Guigouret.
Déjà coup de cœur dans le passé, cette cuvée nous revient en très grande forme. Tout y est élégant : la bulle fine et furtive, le nez flagrant et gourmand sur le fruit jaune et le litchi, la bouche gracile, friande de fruit exotique et d'agrume, avec une douceur parfaitement équilibrée par une belle fraîcheur. Vin de fruit. ⧗ 2019-2020

SCEA DOM. GUIGOURET, quartier du Gap, RD_93, 26340 Vercheny, tél. 04 75 21 73 77, contact@caves-carod.com

CONDRIEU

Stéphane Montez du Monteillet

CHANSON 2017 ★★

Production : 10 000 b. | Élevage :

30 à 50 €

Les origines du domaine remontent au XVIe s. ; les Montez y cultivent la vigne depuis 1741. Installé en 1999 à la suite de son père Antoine, Stéphane Montez représente la neuvième génération vigneronne. Il conduit aujourd'hui un vignoble de 30 ha (cornas, côte-rôtie, condrieu, saint-joseph et IGP), établi sur les hauteurs de Chavanay à 320 m d'altitude. Une valeur sûre de la vallée septentrionale.
Du nom d'une parcelle située au cœur de l'appellation, abrupte et granitique, ce condrieu aura charmé le jury. Au nez, le jasmin et l'abricot donnent le tempo, avec des nuances toastées et beurrées en contrepoint. Fruits secs, agrumes, miel, poivre, les notes vont crescendo dans une bouche harmonieuse qui offre tout ce que l'on attend des meilleurs condrieu : de la chair, de l'amplitude, de la richesse, le tout rythmé par une belle fraîcheur et conclu par cette salinité propre à l'appellation qui laisse le souvenir d'un vin à la fois puissant et subtil, gras et aérien. Aucun bémol pour cette chanson qui tient plus du concerto. ⧗ 2020-2026

EARL VIGNOBLES MONTEZ, Dom. du Monteillet 7, 42410 Chavanay, tél. 04 74 87 24 57, stephanemontez@aol.com

CORNAS

Les Remizières

2017 ★★

Production : 3 300 b. | Élevage :

20 à 30 €

Jusqu'en 1973, Alphonse Desmeure apportait sa vendange à la coopérative. Son fils Philippe développe la propriété à partir de 1977, généralise la production en bouteilles et accroît le vignoble : 36 ha aujourd'hui, disséminés sur plusieurs communes et conduits en bio non certifié avec ses enfants, Émilie et Christophe. Une référence incontournable, avec des vins d'une rare constance. Une activité de négoce a été créée en 2010 afin de diversifier la production dans d'autres appellations.
Issu de l'activité de négoce, ce grand cornas coloré respire le fruit noir sur un fond généreusement fumé et torréfié. L'élevage se fond dans une bouche puissante, opulente, très réglissée, étayée de tanins fins et persistants qui étirent le fruit sans l'assécher jusqu'en finale remarquable de fraîcheur minérale. Le jury est sous le charme. De longue garde. ⧗ 2023-2030

SAS LES REMIZIÈRES, 1459, av. du Vercors, 26600 Mercurol-Veaunes, tél. 04 75 07 44 28, contact@domainedesremizieres.com

COSTIÈRES-DE-NÎMES

Dom. d'Espeyran

L'ENVOL 2018 ★★

Production : 18 000 b. | Élevage :
8 à 11 €

Un très vaste domaine de 535 ha, propriété de la famille Sabatier d'Espeyran depuis 1791. C'est aujourd'hui la neuvième génération qui est aux commandes.
Grenache (60 %) et syrah composent un rosé remarquable en tout point. La robe est d'une limpidité cristalline. Le nez, tout en finesse, convoque les fruits rouges. La bouche, au diapason du bouquet, se montre délicat, souple, frais, parfaitement équilibré. Un modèle du genre. ⧗ 2019-2020

SCEA DE LA RIBASSE ET DE L'ARGENTIÈRE, Mas d'Espeyran, 30800 Saint-Gilles, tél. 06 21 44 30 06, contact@domaine-espeyran.fr

COSTIÈRES-DE-NÎMES

Dom. Pastouret Bio

CUVÉE MATHIEU 2018 ★★

Production : 10 000 b. | Élevage :
8 à 11 €

La famille Pastouret a créé son domaine au début du XXᵉs. Jeanne et Michel Pastouret s'y sont établis en 1981 et ont engagé en 1993 la conversion bio de leur vignoble (30 ha aujourd'hui). Leur fille Virginie a élaboré son premier millésime en 2015.
Deux étoiles et un coup de cœur de plus au palmarès déjà bien garni de ce domaine remarquable de régularité. Le 2015 de cette cuvée avait déjà décroché la lune, le 2018 est son digne successeur. Moderne, expressif, entre fruit mûr et notes épicées, le nez séduit d'emblée. Avec son toucher délicat, sa rondeur légère, ses tanins tendres, la bouche enfonce le clou et diffuse longuement ces mêmes notes gourmandes de cassis juteux et d'épices douces. Aussi charmeur qu'élégant, il est à point. ⧗ 2019-2024

EARL DOM. PASTOURET, rte de Jonquières, 30127 Bellegarde, tél. 04 66 01 62 29, contact@domaine-pastouret.com

CÔTE-RÔTIE

La Landonne

2015 ★★★

Production : n.c. | Élevage :
+ de 100 €

Parmi les crus d'exception de la maison Guigal, La Landonne se distingue à double titre : c'est un vrai lieu-dit cadastré, planté uniquement de syrah sur les pentes vertigineuses de la Côte blonde aux sols argilo-calcaires riches en oxyde de fer. Comme pour La Turque et La Mouline, l'élevage se prolonge quarante mois.
Certes 2015 peut faire penser au mythique 1961, quand Marcel Guigal vinifiait pour la première fois à la suite de son père, mais « la tradition, c'est nourrir les flammes, pas vénérer les cendres », philosophait Gustave Mahler... La Landonne 2015 enflammera encore longtemps le cœur (et le palais) des oenophiles qui auront la chance d'en disposer. Un monument qui s'ouvre sur des arômes complexes de fruits noirs et rouges (cassis, prune, griotte), de cuir, de cacao et de graphite. Une note de graphite qui apporte aussi beaucoup de fraîcheur à une bouche ample, massive, dense, puissante, bâtie sur des tanins au velouté extraordinaire. Et quelle finale ! Longue, intense, profonde, elle semble défier le temps... ⧗ 2025-2040

É. GUIGAL (LA LANDONNE), Ch. d'Ampuis, 69420 Ampuis, tél. 04 74 56 10 22, contact@guigal.com

Zoom
Côte Brune et Côte Blonde

Deux secteurs en appellation côte-rôtie : la Côte Blonde et la Côte Brune. Selon la légende, le seigneur de Maugiron, qui possédait la Côte-Rôtie au XVIe s., aurait partagé son domaine lors du mariage de ses filles : l'une blonde, l'autre brune... Cette différenciation devrait plutôt être recherchée dans l'origine géologique du substrat au sein duquel ce vignoble plonge ses racines. En effet, les terroirs qui s'apparentent à la Côte Blonde sont majoritairement constitués de gneiss. Par altération, ces roches ont donné naissance à des sols siliceux, de couleur claire, assez fréquemment recalcarisés par des apports issus de recouvrements lœssiques du plateau. La Côte Brune, quant à elle, est plutôt constituée de micaschistes, dont l'altération a généré des sols moins siliceux, plus argileux et plus riches en fer. La couleur sombre de ces terroirs en est le résultat.

CÔTE-RÔTIE
Dom. Pichat
LES GRANDES PLACES 2016 ★★

Production : 2 000 b. | Élevage :
50 à 75 €

Après des études à Beaune, puis une expérience aux États-Unis et dans le Bordelais, sur le domaine de son épouse (Ch. Filliol), Stéphane Pichat est revenu sur ses terres donner du souffle à cette propriété ancienne, fondée par ses arrière-grands-parents. Installé en 2000, il lance la mise en bouteilles (1 000 au commencement, 15 à 20 000 aujourd'hui) et signe à partir de 5 ha en côte-rôtie et en condrieu des vins d'une qualité toujours irréprochable.
Après son coup de cœur l'année passée, Stéphane Pichat double la mise avec ce 2016 moins solaire que le 2015 mais tout aussi gracieux. Les vingt-quatre mois d'élevage n'ont pas éteint le fruit (griotte) qui se mâtine de toast, de camphre et de lard fumé dans un nez ouvert et déjà complexe. Les fruits noirs et le chocolat prennent le relais dans une bouche particulièrement intense qui aura inspiré le jury par son élégance : texture de dentelle, fraîcheur, tanins enrobés, explosivité des arômes qui persistent très longuement dans une finale épicée sur le poivre de Sichuan. De l'avenir et déjà du plaisir dans cette cuvée qui pourra être dégustée avant le 2015. ⧗ 2021-2035

SCEA DOM. PICHAT, 6, chem. de la Viallière, 69420 Ampuis, tél. 04 74 48 37 23, info@domainepichat.com

CÔTE-RÔTIE
François Villard
LE GALLET BLANC 2017 ★★

Production : 29 000 b. | Élevage :
30 à 50 €

Vigneron réputé de la vallée du Rhône nord, François Villard, ancien cuisinier, s'est installé en 1989 à Saint-Michel-sur-Rhône pour créer son vignoble : 36 ha aujourd'hui dans cinq crus, complétés par une petite activité d'achat de raisin. Dans son chai cathédrale naissent de beaux vins dans les deux couleurs.
Deux étoiles et un coup de cœur de plus au palmarès de ce vigneron talentueux adepte des vinifications en grappes entières. Discret, le nez monte lentement en puissance, déployant une belle palette entre fruits (mûre, framboise, cassis), boisé discret, Zan et notes minérales. Ample, soyeuse, l'attaque ouvre sur un palais étiré, ciselé par des tanins déjà fondus et porté par la fraîcheur et la pureté de ses arômes de fruits rouges et d'épices. Une extraction tout en finesse et un juste usage de la barrique pour un rouge de grande classe, intense, allègre et déjà si gourmand. ⧗ 2022-2035

SARL FRANÇOIS VILLARD, 330, rte du Réseau-Ange, 42410 Saint-Michel-sur-Rhône, tél. 04 74 56 83 60, vinsvillard@wanadoo.fr

CÔTES-DU-RHÔNE

Ch. Rochecolombe Bio

2017 ★★

Production : 50 000 b. | Élevage :

5 à 8 €

Ancienne propriété de l'auteur-compositeur flamand Robert Herberigs, ce domaine ardéchois de 28 ha (en bio certifié) est conduit depuis 1998 par Roland Terrasse. Il doit son nom à la pierre « blanche comme une colombe » qui compose le château, de style Directoire. Souvent en vue pour ses côtes-du-rhône et ses *villages*.

Un coup de cœur de plus au palmarès déjà bien fourni de ce château pour cet assemblage typiquement sud rhodanien de grenache et de syrah. L'élevage en cuve a préservé toute leur pureté aromatique qui s'exprime sur des arômes très gourmands de crème de cassis, de mûre et de violette. Fidèle au nez, la bouche restitue cette plénitude de fruit, y ajoute des touches de sous-bois et de poivre et une matière riche et ronde, bien campée sur des tanins doux. Une « gourmandise », conclut un jury sous le charme. ⧗ 2020-2024

EARL HERBERIGS-TERRASSE, chem. de Rochecolombe, 07700 Bourg-Saint-Andéol, tél. 04 75 54 50 47, rochecolombe@aol.com

Vigneron de l'année

CÔTES-DU-RHÔNE

Ch. Saint-Nabor

TRADITION 2018 ★★

Production : 10 000 b. | Élevage :

- de 5 €

Ce domaine, dans la même famille depuis six générations, s'est développé à partir de 1970, sous l'impulsion de Gérard Castor : 7 ha à son installation, 150 ha en production aujourd'hui, sur des terroirs variés. En 2011, ses deux fils Jérémie et Raphaël ont pris le relais.

Magnifique rosé de saignée que ce 2018 à dominante de grenache, orné d'élégants reflets orangés. Au nez se dévoilent de puissants arômes de fruits rouges, d'agrumes et de bonbon anglais. La bouche, long écho à l'olfaction, séduit quant à elle par sa grande fraîcheur et sa netteté. Imparable. ⧗ 2019-2020

EARL VIGNOBLES SAINT-NABOR, Dom. de Saint-Nabor, rte de Barjac, 30630 Cornillon, tél. 04 66 82 24 26, vignoblesaintnabor@yahoo.fr

CÔTES-DU-RHÔNE

Terranea

VIEILLES VIGNES 2018 ★★★

Production : 173 333 b. | Élevage :

- de 5 €

Un négoce créé en 2003 par Frédéric Chaulan – rejoint en 2009 par Serge Cosialls –, qui propose une gamme complète de vins de la vallée du Rhône, du nord au sud.

Le grenache et la syrah composent un rouge affriolant, portait-robot du côtes-du-rhône idéal. Une robe d'un pourpre brillant, un nez juteux, à la fois mûr et frais, centré sur les fruits rouges et noirs : l'entame est engageante. Avec sa richesse contenue, ses tanins onctueux, sa belle rondeur, l'éclat et la pureté de ses flaveurs fruitées, la bouche n'est que plaisir et volupté. Pas une seule fausse note dans cette partition qui aura fait lever le jury. À boire sur son fruit de jeunesse. ⧗ 2019-2022

SAS TERRANEA, rue des Négades, ZAC du Crépon-Sud, 84420 Piolenc, tél. 04 90 34 18 47, terranea.sarl@wanadoo.fr

CÔTES-DU-RHÔNE

Terre de Gaulhem

2017 ★★

Production : 3 500 b. | Élevage :

5 à 8 €

Un jeune domaine créé en 2006 par Nicolas (œnologue-conseil réputé) et Magali Constantin. Situé au nord de Vaison-la-Romaine, à 280 m d'altitude, aux lieux-dits Bédaride et Crotedollier, ce petit vignoble couvre à peine plus de 2 ha.

Un assemblage de quatre cépages fermentés ensemble et élevé en cuve, sur lies fines, pendant dix mois. Derrière une robe rubis aux reflets violets de jeunesse, un nez fringant livrant sans retenue des arômes très juteux de mûre et de cassis. La framboise s'invite à son tour dans ce grand bol de fruits qui explose dans une bouche volumineuse, tout en rondeur et en parfums, soulignée de tanins fins et croquants. Un vin jubilatoire, équilibré, à croquer sans attendre. ⧗ 2019-2021

MAGALI ET NICOLAS CONSTANTIN, 1088, chem. de Saumelongue, 84110 Vaison-la-Romaine, tél. 06 73 88 49 45, nicolas.constant1@orange.fr

CÔTES-DU-RHÔNE

Dom. le Vieux Lavoir

2018 ★★

Production : 20 000 b. | Élevage :

5 à 8 €

Ce domaine – dont la cave a une architecture proche de celle du lavoir de Tavel – est dans la même famille depuis six générations. Le vignoble a été créé en 1956. Sébastien Jouffret, installé en 1991, vinifie aujourd'hui la récolte de 70 ha.

Régulièrement à l'honneur avec ses cuvées à petits prix, le domaine récidive de la plus belle des manières avec ce 2018, fraîchement sorti des cuves, assemblage de quatre cépages emmené par la syrah. Ouvert sans réserve, le nez offre un grand bol de fruits noirs avec un nuance discrètement épicée. Volubile, illuminée par une belle acidité, la bouche restitue ces mêmes flaveurs, remarquable d'équilibre et soutenue par des tanins croquants qui confèrent à l'ensemble tenue et relief. D'une gourmandise redoutable, ce côtes-du-rhône n'en demeure pas moins sérieux et offre un bon potentiel en cave. ⧗ 2019-2023

EARL ROUDIL-JOUFFRET, 775, rte de la Commanderie, Le Palai-Nord, 30126 Tavel, tél. 04 66 82 85 11, roudil-jouffret@wanadoo.fr

CÔTES-DU-RHÔNE-VILLAGES

Dom. Grande Bellane Bio

VALRÉAS 2018 ★★★

Production : 20 000 b. | Élevage :

5 à 8 €

Domaine familial créé en 1919, c'est la cinquième génération qui est aujourd'hui aux commandes. Travaillé en agriculture biologique depuis 1991, le vignoble couvre 60 ha sur la commune de Valréas, perché à 400 m d'altitude. Damien Marres est un adepte des vinifications sans soufre.

Retour en fanfare dans le Guide pour ce domaine qui décroche un coup de cœur avec ce Valréas fraîchement sorti des cuves (Inox), assemblage classique de grenache et syrah. Tout y est convaincant : la robe pourpre, le nez harmonieux, bien typé, complexe (fruits mûrs, violette, réglisse et épices), la bouche voluptueuse, très en chair, puissante, aux tanins particulièrement soyeux. Une sensation de plénitude et d'harmonie qui aura emballé le jury. ⧗ 2019-2024

SCEA MONNIER MARRES, 1915, chem. de Visan, 26790 Tulette, tél. 04 75 98 01 82, vmarres@hotmail.com

CÔTES-DU-RHÔNE-VILLAGES

Ortas

PANORAMA MOSAÏQUE 2018 ★★

Production : 200 000 b. | Élevage :

5 à 8 €

Fondée en 1925, cette coopérative qui regroupe plus de 650 ha de vignes et 80 adhérents est l'une des plus anciennes caves rhodaniennes et le principal producteur de l'AOC rasteau. Ortas est sa marque ombrelle. Elle a rejoint en 2015 le Cercle des Vignerons du Rhône, regroupant également les coopératives de Sablet (Cave le Gravillas) et de Visan (les Coteaux de Visan).

Un nez paradoxal, à la fois frais par ses notes de bourgeons de cassis et bien du sud dans ses nuances de cuir, d'épices et de fruits confits. En bouche, c'est le sud qui l'emporte : texture ronde et capiteuse, saveurs langoureuses de fruit bien mûr, tanins doux. Au final : équilibre et plaisir. ⧗ 2019-2024

ORTAS - CAVE DE RASTEAU, *rte des Princes d'Orange, 84110 Rasteau, tél. 04 90 10 90 10, vignoble@rasteau.com*

CÔTES-DU-RHÔNE-VILLAGES

Dom. des Pasquiers Bio

PLAN DE DIEU 2018 ★★

Production : 150 000 b. | Élevage :

8 à 11 €

Jean-Claude et Philippe Lambert ont repris en 1998 le domaine familial, fondé en 1935 et fort d'un vignoble de 85 ha. Ils se sont lancés dans la vente en bouteilles quatre ans plus tard. La nouvelle génération est arrivée en 2013, et la conversion bio a été engagée la même année.

Un charme certain dans ce Plan de Dieu qui s'ouvre sur un nez fin et aromatique aux francs arômes de cassis. Les dégustateurs ont loué la rondeur soyeuse de la matière et les saveurs pulpeuses qui procurent une sensation singulière de plénitude et de gourmandise. ⧗ 2019-2022

SCEA VIGNOBLES DES PASQUIERS, *10, rte d'Orange, 84110 Sablet, tél. 04 90 46 83 97, domainedespasquiers@gmail.com*

CÔTES-DU-RHÔNE-VILLAGES

Dom. Pélaquié

LAUDUN 2018 ★★

Production : 60 000 b. | Élevage :

8 à 11 €

Saint-Victor-la-Coste s'étend sous les ruines du Castellas, le château fort médiéval des seigneurs de Sabran. Depuis 1976, Luc Pélaquié y conduit ce domaine familial vaste (98 ha) et ancien (XVII^e^s.), dont les vins (côtes-du-rhône, *villages*, lirac et tavel) sont régulièrement en vue dans le Guide.

Signature toujours très fiable, le domaine assemble six cépages dans ce blanc élevé en cuve Inox, déjà repéré l'année passée. La robe pâle et le nez délicat, frais et floral, ouvrent sur une bouche qui marie tension et volume. Les dégustateurs ont apprécié le gras de la matière affiné par une belle vivacité qui illumine et prolonge le fruit (fruits blancs). Du bel ouvrage. ⧗ 2019-2022

EARL DOM. PÉLAQUIÉ, *7, rue du Vernet, 30290 Saint-Victor-la-Coste, tél. 04 66 50 06 04, contact@domaine-pelaquie.com*

CÔTES-DU-RHÔNE-VILLAGES
Ch. Rochecolombe Bio
SAINT-ANDÉOL ÉLEVÉ EN FÛT DE CHÊNE 2017 ★★★

Production : 20 000 b. | Élevage :
8 à 11 €

Ancienne propriété de l'auteur-compositeur flamand Robert Herberigs, ce domaine ardéchois de 28 ha (en bio certifié) est conduit depuis 1998 par Roland Terrasse. Il doit son nom à la pierre « blanche comme une colombe » qui compose le château, de style Directoire. Souvent en vue pour ses côtes-du-rhône et ses *villages*.
Élevé douze mois dans des fûts de 400 l, cet assemblage grenache et syrah à parité a enflammé le jury. Un nez floral et fruité (cassis) nuancé de notes vanillées, une bouche épanouie, adoucie par des tanins soyeux, des saveurs qui intègrent harmonieusement le chêne : tout est élégant et raffiné dans ce rouge complet, intense, qui fait un usage idéal du bois. Très longue finale sur les épices pour clore en beauté ce coup de cœur mérité. ⧗ 2019-2024

EARL HERBERIGS-TERRASSE, chem. de Rochecolombe, 07700 Bourg-Saint-Andéol, tél. 04 75 54 50 47, rochecolombe@aol.com

Vigneron de l'année

CÔTES-DU-RHÔNE-VILLAGES
Pierre Vidal Bio
CUVÉE SPÉCIALE 2018 ★★

Production : 100 000 b. | Élevage :
5 à 8 €

Pierre Vidal, installé à Châteauneuf-du-Pape avec son épouse vigneronne, a créé son négoce en 2010. Une maison déjà bien implantée grâce aux sélections parcellaires vinifiées par ce jeune œnologue formé en Bourgogne, qui s'est développée depuis 2015 vers les vins bio et les vins « vegan ».
Élu vigneron de l'année du Guide 2019, Pierre Vidal est toujours en grande forme sur la foi de cette cuvée qui glane un nouveau coup de cœur. Le nez impressionne par son volume et ses nuances : baies rouges, cassis en confiture, nuances poivrées. La gourmandise perçue au nez explose en bouche : la matière riche et suave délivre ses saveurs langoureuses de fruits rouges et noirs, dans un ensemble charnu et fringuant qui « donne envie d'y revenir ». Long et irrésistible, ce simple *villages* sur l'étiquette lorgne du côté des grands. ⧗ 2020-2024

EURL PIERRE VIDAL, 631, rte de Sorgues, 84230 Châteauneuf-du-Pape, tél. 06 88 88 07 58, contact@pierrevidal.com

Zoom
Avignon fête le vin

Elles et ils se qualifient de « fous de vin ». Les Compagnons des Côtes du Rhône sont une cinquantaine, professionnels de la vigne ou amateurs. Depuis plus de vingt ans, ils organisent à Avignon, le dernier week-end d'août, le Ban des Vendanges, manifestation hautement festive. Elle marque la reprise des vendanges. D'autres confréries bachiques s'y joignent pour célébrer le plaisir et la fierté d'être vigneron, dans cette région ensoleillée où l'on n'a pas l'habitude de cacher sa joie. Les visiteurs se retrouvent sur le rocher des Doms – piton rocheux sur la rive droite du Rhône qui servit de protection pour la fondation et le développement d'Avignon. Son sommet accueille désormais un gracieux jardin public d'où l'on peut contempler la ville. Entre autres réjouissances, un pique-nique festif précède le Bal des vendanges, sur une vaste piste de danse, en plein air, très animée.

CÔTES-DU-VIVARAIS
Clos de l'Abbé Dubois
CUVÉE SIMONE ÉLEVÉ EN FÛT DE CHÊNE 2017 ★★

Production : 3600 b. | Élevage :
5 à 8 €

L'abbé Dubois fut missionnaire en Inde au XVIIIe s. avant de revenir dans son village natal de Saint-Remèze. Il y fit construire une maison provençale qui commande aujourd'hui un domaine de 27 ha, propriété de Claude Dumarcher depuis 1986, rejoint en 2016 par son fils.
Simone ? L'artiste qui a dessiné les étiquettes. La robe d'un beau rubis aux nuances bleutées signe la jeunesse et l'intensité de cette cuvée mi-syrah mi-grenache. Du verre s'élève un bouquet fringuant qui soigne la fraîcheur du fruit: fruits rouges et mûre relevés d'une pincée de vanille et de réglisse issue du chêne. La bouche enfonce le clou: belle matière, souplesse, tanins fins et fermes, intensité et longueur du fruit qui évolue sur le fruit mûr et le pruneau en finale. Toute la plénitude des rouges de la vallée du Rhône dans cette cuvée déjà charmeuse qui devrait combler Simone. ⧗ 2019-2023

CLAUDE DUMARCHER, 7, rue Jean-Antoine-Dubois, 07700 Saint-Remèze, tél. 04 75 98 98 44, claudedumarcher@orange.fr

CROZES-HERMITAGE
Yann Chave Bio
LE ROUVRE 2017 ★★

Production : 25000 b. | Élevage :
20 à 30 €

Un domaine créé en 1969 par Bernard et Nicole Chave, repris en 1996, restructuré et agrandi (19,5 ha aujourd'hui, conduits en bio) par leur fils Yann. Ce dernier en a fait l'une des belles références des appellations hermitage et crozes-hermitage.
Deuxième coup de cœur en trois ans pour ce crozes à peu près idéal qui illustre tout le talent de Yann Chave. Le nez est celui d'une syrah mûre et fraîche aux accents de fruits noirs frais et juteux, de violette et d'épices. Une fraîcheur de fruit que l'on retrouve dans une bouche concentrée mais fringante, structurée par des tanins serrés et croquants, soutenue par une belle acidité qui accompagne longuement le fruit en finale. C'est délicieux, aérien, élégant, finement élevé. Gros potentiel de garde si on résiste au charme évident de sa jeunesse. ⧗ 2021-2028

SCEA CHAVE PÈRE ET FILS, 1170, chem. de la Burge, 26600 Mercurol-Veaunes, tél. 04 75 07 42 11, chaveyann@yahoo.fr

Vigneron de l'année

CROZES-HERMITAGE
Jean Esprit
PERLES NOIRES 2017 ★★

Production : 4836 b. | Élevage :
20 à 30 €

Après des études en viticulture et œnologie, et des expériences en France et à l'étranger, Jean Esprit a repris le domaine familial créé en 1909 et l'a doté d'une cave en 2017. Il exploite à Crozes-Hermitage une quinzaine d'hectares plantés en grande partie de vieilles vignes.
Des syrah de 40 ans en moyenne, plantées sur des sols de galets roulés, sont à l'origine de ce rouge somptueux, au nez fragrant mêlant le cassis, les fruits rouges et les herbes fraîches. Puissant et rond, étayé par des tanins présents mais arrondis par l'élevage, la palais diffuse un fruit pulpeux et solaire qui se teinte d'épices et de chêne en finale. Un vin riche, épanoui, chaleureux et remarquablement équilibré. Une entrée dans le Guide sur les chapeaux de roue. ⧗ 2020-2025

EARL DOM. ESPRIT, 785, chem. des Blanches, 26600 Pont-de-l'Isère, tél. 06 79 72 01 49, jean.esprit@domaine-esprit.com

CROZES-HERMITAGE
Dom. des Remizières
CUVÉE CHRISTOPHE 2017 **

Production : 19 000 b. | Élevage :
15 à 20 €

Jusqu'en 1973, Alphonse Desmeure apportait sa vendange à la coopérative. Son fils Philippe développe la propriété à partir de 1977, généralise la production en bouteilles et accroît le vignoble: 36 ha aujourd'hui, disséminés sur plusieurs communes et conduits en bio non certifié avec ses enfants, Émilie et Christophe. Une référence incontournable, avec des vins d'une rare constance. Une activité de négoce a été créée en 2010 afin de diversifier la production dans d'autres appellations.
Après Émilie l'année passée, c'est au tour de la cuvée Christophe de décrocher le coup de cœur. Au nez, un joli pas de deux entre les fruits noirs bien mûrs et les notes de chêne. L'élevage ambitieux (75 % de bois neuf) est parfaitement intégré, arrondissant la texture, patinant un peu plus des tanins fins et mûrs et apportant son nuancier épicé à un fruit généreux et frais. Structure, fraîcheur, concentration: tout est en place pour un avenir radieux. ⧗ 2021-2027

EARL DESMEURE, Dom. des Remizières, 1459, av. du Vercors, 26600 Mercurol-Veaunes, tél. 04 75 07 44 28, contact@ domaineremizieres.com

GIGONDAS
Dom. Brusset
TRADITION LE GRAND MONTMIRAIL 2017 **

Production : 60 000 b. | Élevage :
15 à 20 €

Soixante-huit terrasses exposées plein sud composent ce vignoble de 70 ha situé sous les Dentelles de Montmirail. Créé en 1947 par André Brusset, puis dirigé par son fils Daniel, il est aujourd'hui conduit par son petit-fils Laurent. Une valeur sûre en gigondas et en cairanne.
Un coup de cœur qui nous vient tout droit des terrasses caillouteuses de l'appellation. 20 % de syrah et 20 % de mourvèdre épaulent le grenache dans cette cuvée haute en couleur et en parfums, qui décline des fragrances de fruits rouges et de fruits des bois soulignées d'une touche discrète de chêne. Riche et pulpeuse, appuyée sur des tanins fins, juste enrobés par l'élevage, la bouche restitue cette plénitude de fruit dans un ensemble abouti, d'une harmonie parfaite et d'une gourmandise déjà évidente. ⧗ 2020-2026

SA DOM. BRUSSET, 70, chem. de la Barque, 84290 Cairanne, tél. 04 90 30 82 16, contact@domainebrusset.fr

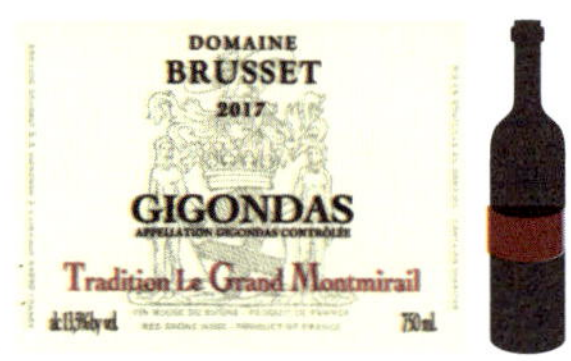

GIGONDAS
Le Clos des Cazaux
PRESTIGE 2016 ***

Production : 7 000 b. | Élevage :
15 à 20 €

Des origines templières pour ce domaine dans la famille Archimbaud-Vache depuis cinq générations. Aux commandes aujourd'hui, deux frères, Frédéric à la cave et Jean-Michel à la vigne, à la tête de 20 ha en gigondas et de 25 ha en vacqueyras. Une valeur sûre.
Ce domaine de référence signe une cuvée Prestige qui n'usurpe pas son nom. Cet assemblage grenache, syrah et mourvèdre, élevé douze mois en fût, aura enthousiasmé le jury. De la robe grenat lumineux, en passant par le nez, juteux, mûr et fin, fruité et floral, nuancé de sous-bois, jusqu'à la bouche douce à l'attaque, charnue et sertie de tanins satinés, d'une pureté de fruit immaculée, tout est parfait et séduisant dans ce rouge de haut vol, taillé pour défier le temps mais d'une plénitude déjà très tentante. ⧗ 2021-2030

EARL ARCHIMBAUD-VACHE, 317, chem. du Moulin, 84190 Vacqueyras, tél. 04 90 65 85 83, closdescazaux@wanadoo.fr

GRIGNAN-LES-ADHÉMAR

Pierre Vidal

VIEILLES VIGNES 2018 ★★

Production : 53 000 b. | Élevage :
5 à 8 €

Pierre Vidal, installé à Châteauneuf-du-Pape avec son épouse vigneronne, a créé son négoce en 2010. Une maison déjà bien implantée grâce aux sélections parcellaires vinifiées par ce jeune œnologue formé en Bourgogne, qui s'est développée depuis 2015 vers les vins bio et les vins «vegan».

On ne compte plus les coups de cœur glanés par Pierre Vidal. Celui-ci va à son grignan Vieilles Vignes (35 ans) composé de syrah et de grenache avec une touche de mourvèdre en appoint. Au nez, c'est la syrah qui l'emporte avec ses parfums de cassis et d'épices. On les retrouve nuancés de notes puissamment fumées dans une bouche expressive, juteuse, moderne, qui enchante par sa plénitude et son harmonie. Redoutable de gourmandise. ⧗ 2020-2024

EURL PIERRE VIDAL, 631, rte de Sorgues, 84230 Châteauneuf-du-Pape, tél. 06 88 88 07 58, contact@pierrevidal.com

---

HERMITAGE

Yann Chave Bio

2017 ★★

Production : 6 000 b. | Élevage :
75 à 100 €

Un domaine créé en 1969 par Bernard et Nicole Chave, repris en 1996, restructuré et agrandi (19,5 ha aujourd'hui, conduits en bio) par leur fils Yann. Ce dernier en a fait l'une des belles références des appellations hermitage et crozes-hermitage.

Élevée douze mois en demi-muid, la cuvée s'ouvre sur un nez d'abord timide qui libère à l'aération des notes bien mûres de fruit à noyau sur un fond délicatement épicé et vanillé. Nullement démonstrative, la bouche séduit par sa grande élégance, sa fraîcheur de fruit soutenue par des tanins aussi fins que fermes et par un élevage au cordeau. Un ensemble fringant, très abouti, qui ira loin. ⧗ 2023-2035

SCEA CHAVE PÈRE ET FILS, 1170, chem. de la Burge, 26600 Mercurol-Veaunes, tél. 04 75 07 42 11, chaveyann@yahoo.fr

Vigneron de l'année

HERMITAGE

Jean-Louis Chave

2016 ★★★

Production : n.c. | Élevage :
+ de 100 €

Au XV^{e}s. déjà, les Chave cultivaient la vigne à Mauves. Aujourd'hui, Jean-Louis, fils de Gérard Chave, dirige un domaine de 12 ha dédié à l'hermitage. La réputation de ses vins dépasse depuis longtemps les frontières de l'Europe grâce à son travail méticuleux à la vigne (cultivée en bio sans certification) comme au chai. Les vendanges sont toujours tardives pour récolter le raisin à parfaite maturité, et le travail à la cave privilégie une vinification et un élevage séparés pour chaque terroir.

Envoûtant le 2016 de Jean-Louis Chave. Au nez, des parfums gourmands de fruits confiturés «qui rappelle la joie enfantine de nos goûters» note un dégustateur, se mêlent aux épices douces d'un boisé impeccable. En bouche, le vin est tout velours, d'une douceur et d'une délicatesse inimitables, avec en soutien des tanins à la fois fermes et fins qui poussent loin la finale. On imagine le premier mouvement du concerto pour violon de Tchaïkovski, tout en légèreté et en complexité… ⧗ 2025-2040

SCEA DOM. JEAN-LOUIS CHAVE, 37, av. du Saint-Joseph, 07300 Mauves, tél. 04 75 08 24 63

HERMITAGE

Cave de Tain

GRAND CLASSIQUE 2017 ★★

Production : 18 000 b. | Élevage :
30 à 50 €

Créée en 1933 par Louis Gambert de Loche, la très qualitative cave coopérative de Tain-l'Hermitage rassemble 310 adhérents et vinifie à elle seule, avec plus de 1 000 ha de vignes, environ 50 % des appellations de la vallée du Rhône septentrionale. Elle possède aussi 26 ha en propre, dont 21 ha en AOC hermitage. Une valeur sûre de la région, qui s'est dotée en 2014 de structures de production flambant neuves permettant de multiplier les sélections parcellaires.

On ne compte plus les coups de cœur, encore moins les étoiles, obtenus par cette coopérative exemplaire. Celui-ci va à son Grand Classique, 100 % marsanne, élevé en cuve et fût. Délicat et expressif, le nez évoque l'acacia, le jasmin et le sureau, juste soulignés d'un trait de vanille. La même élégance s'impose dans une bouche tout en mesure, compromis idéal entre gras, fraîcheur, expression du fruit et justesse de l'élevage. Un blanc raffiné, plein et frais, d'un équilibre magistral. ⧗ 2021-2025

SCA CAVE DE TAIN, 22, rte de Larnage, 26602 Tain-l'Hermitage, tél. 04 75 08 20 87, contact@cavedetain.com

IGP PRINCIPAUTÉ D'ORANGE

Dom. Saint-Cosme Bio

LES DEUX ALBION 2018 ★★

Production : 60 000 b. | Élevage :
8 à 11 €

Aménagé sur un site de vinification gallo-romain, parvenu jusqu'à nous avec ses cuves de fermentation taillées dans le rocher, ce domaine est dans la famille Barruol depuis… 1490. Dès lors, quinze générations de vignerons se sont succédé sur cette exploitation de 38 ha conduite depuis longtemps selon les préceptes bio. Fort de ce long passé vigneron, Louis Barruol, l'actuel propriétaire, a développé en 1997 une activité de négoce.

Vigneron vedette de Gigondas, le talentueux Louis Barruol a eu la bonne idée de réhabiliter les terroirs calcaires, jadis estimés pour ses blancs, de Saint-Martin. Il en tire cet assemblage viognier, picpoul et marsanne qui a fait l'objet d'un élevage complexe associant cuves et fûts de différents contenances. Intense, le nez décline les fruits exotiques, le fruit jaune, le beurre frais et les nuances vanillées du chêne. Bien méridionale, la bouche brille par sa texture suave mais aérienne et par la justesse de l'élevage qui enrichit les flaveurs de fruits mûrs de subtiles notes boisées. Une singulière sensation d'harmonie, de plénitude et d'équilibre qui vaut à la cuvée un coup de cœur et une certaine capacité de garde. ⧗ 2019-2023

LOUIS ET CHERRY BARRUOL, 126, rte des Florêts, Saint-Cosme, 84190 Gigondas, tél. 04 90 65 80 80, barruol@chateau-st-cosme.com

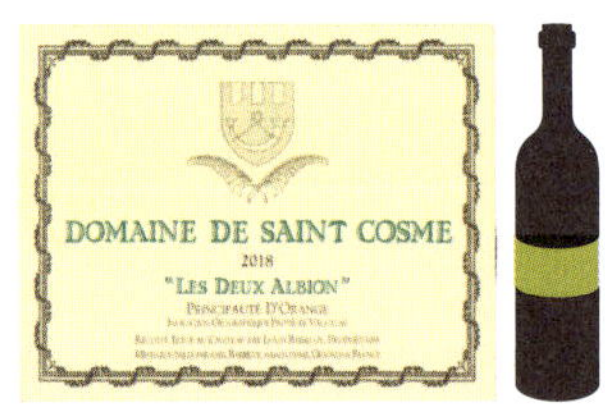

Zoom
Le chevalier de l'Hermitage

Au nord-est de Tain-l'Hermitage, sur la rive gauche du Rhône, le vignoble de l'Hermitage s'accroche à un magnifique coteau escarpé où s'inscrivent les noms de négociants réputés, tels Jaboulet ou Chapoutier. Déjà célèbre à l'époque romaine, il doit plus encore sa renommée à un chevalier légendaire qui, de retour de croisades, se serait retiré près de la chapelle de l'Hermitage et y aurait planté des ceps.

IGP VAUCLUSE

Clos de Garaud

LÉLUZA 2018 ★★★

Production : 7 500 b. | Élevage :

8 à 11 €

Niché à Caromb, entre le Mont Ventoux et les Dentelles de Montmirail, le Clos de Garaud a été créé en 2014 par Jérémy Sagnier, issu d'une lignée enracinée dans cette région depuis 1560. Le domaine produit à la fois des ventoux et des vins en IGP sur une superficie de 20 ha.

Jérémy Sagnier a eu la bonne idée de s'essayer au cabernet franc, manifestement très à l'aise sous le soleil du Vaucluse. Les arômes de tabac et de sous-bois typiques du cépage s'entichent de nuances clairement sudistes de fruits rouges bien mûrs et de garrigue. Une belle maturité que confirme la bouche résolument solaire dont on retiendra la richesse, la rondeur des tanins, la longueur et l'harmonie. Les trois petits enfants du vigneron, Léya, Luce et Zadig (Léluza) n'en seront que plus flattés. De belle garde. ⧗ 2020-2025

SAS DOM. CLOS DE GARAUD, 974, chem. de Serres, 84330 Caromb, tél. 06 14 63 25 76, closdegaraud@gmail.com

LIRAC

Ch. Correnson

2018 ★★

Production : 10 000 b. | Élevage :

5 à 8 €

Le blason du château représente un casque et une épée étrusques trouvés dans les vignes par le grand-père de Vincent Peyre. Installé depuis 2000 sur un vignoble de 70 ha, ce dernier représente la troisième génération à la tête du domaine familial, souvent en vue pour ses lirac.

Habitué du Guide, le domaine décroche un coup de cœur avec ce rosé de caractère, assemblage de quatre cépages macérés (12 à 24 h) séparément. Le vin en tire une robe soutenue, rubis clair, et un nez franchement fruité, aux notes épanouies de groseille, de fraise et de framboise. La texture suave et la belle maturité du fruit (fruits rouges toujours) nous rappellent que nous sommes bien à Lirac, mais il n'y a rien de lourd dans cette bouche équilibrée, savoureuse, avec un trait de fruits acidulés qui dynamise la finale. ⧗ 2019-2020

EARL LES COSTES DE SAINT-GENIÈS, Ch. Correnson, rte de Roquemaure, 30150 Saint-Geniès-de-Comolas, tél. 04 66 50 05 28, contact@chateau-correnson.fr

LIRAC

Dom. Maby

LA FERMADE 2017 ★★

Production : 38 000 b. | Élevage :

11 à 15 €

Ce domaine très régulier en qualité, notamment pour ses lirac, dans les trois couleurs, et ses tavel, a été créé en 1950 par Armand Maby. En 2005, son petit-fils Richard a pris les rênes du vignoble, 64 ha situés pour l'essentiel sur les galets roulés du plateau de Vallongue; des vignes cultivées «au naturel», mais sans certification bio. Depuis 2011, l'éminent œnologue rhodanien Philippe Cambie conseille le domaine.

Pas une once de chêne dans cette cuvée qui donne à la syrah (50 %) le premier rôle. Elle en tire sa robe profonde et son nez généreux qui décline la violette, la réglisse, le menthol et les fruits rouges. Cette même déclinaison d'arômes s'épanouit dans une bouche certes puissante mais civilisée, charnue, ample, soutenue par des tanins gras et soyeux qui laissent longuement s'exprimer le fruit en finale. Un lirac qui ne renie rien de ses origines et qui y ajoute une vraie dimension d'élégance. Déjà délicieux, et pour longtemps. ⧗ 2020-2027

SCEA DOM. MABY, 249, rue Saint-Vincent, 30126 Tavel, tél. 04 66 50 03 40, domaine-maby@wanadoo.fr

LIRAC

Dom. de la Mordorée

Bio

REINE DES BOIS 2017 ★★

Production : 25 000 b. | Élevage :
15 à 20 €

Un domaine créé en 1986 par Francis Delorme et son fils Christophe (disparu prématurément en 2015), entrepreneurs issus d'une famille vigneronne, rejoints par Fabrice en 1999. Le vignoble couvre 50 ha (en bio certifié depuis 2013), répartis sur 38 parcelles et huit communes. Partisans des petits rendements, les Delorme déclinent les millésimes avec une aisance déconcertante, aussi bien en tavel, leur fief d'origine, et en lirac, qu'en châteauneuf-du-pape ou en « simple » côtes-du-rhône. Incontournable.

On ne compte plus les coups d'éclat de ce domaine exemplaire. Contentons-nous d'en ajouter un de plus avec cette Reine bien en chair qui trône au sommet de l'appellation. Le nez encore discret, sur les épices, ne laisse pas deviner l'ampleur hors norme de la bouche. Puissante, volumineuse, chaleureuse, sertie de tanins totalement intégrés, imprégnée de fruits noirs, d'épices, de réglisse et de vanille, elle n'en oublie pas non plus d'être gourmande et conviviale. Voluptueux et irrésistible. ⧗ 2020-2027

SCA DOM. DE LA MORDORÉE, *250, chem. des Oliviers, 30126 Tavel, tél. 04 66 50 00 75, info@domaine-mordoree.com*

LUBERON

Dom. la Garelle

CUVÉE DU SOLSTICE 2018 ★★

Production : 20 000 b. | Élevage :
8 à 11 €

Un domaine créé en 1995 par le Néerlandais Robert Vlasman, repris et rénové (nouvelles plantations, climatisation des chais, création d'un sentier œnologique) à partir de 2008 par l'ingénieur agronome Alain Audet, à la tête aujourd'hui de 30 ha de vignes.

Ce rosé mi-syrah mi-grenache en impose dès le premier regard avec sa robe claire, limpide, ornée de jolis reflets bleutés. Le nez, intense, fleure bon la fraise. En bouche, une attaque vive précède un développement tout en fraîcheur et en longueur autour du fruit. Un vin des plus harmonieux, net et tonique. ⧗ 2019-2021

SCA DOM. LA GARELLE, *4803, rte de Ménerbes, 84580 Oppède, tél. 04 90 72 31 20, info@lagarelle.fr*

RASTEAU SEC

Ortas

TRADITION 2017 ★★

Production : 70 000 b. | Élevage :
8 à 11 €

Fondée en 1925, cette coopérative qui regroupe plus de 650 ha de vignes et 80 adhérents est l'une des plus anciennes caves rhodaniennes et le principal producteur de l'AOC rasteau. Ortas est sa marque ombrelle. Elle a rejoint en 2015 le Cercle des Vignerons du Rhône, regroupant également les coopératives de Sablet (Cave le Gravillas) et de Visan (les Coteaux de Visan).

Un assemblage classique dominé par le grenache, élevé en cuve, pour un rasteau de haut vol, puissant, comme le veut l'appellation, et harmonieux. Au nez, un bouquet d'une rare complexité, centré sur les fruits noirs très mûrs agrémentés de fleurs sèches, de Zan, de sous-bois ou d'olive noire. L'attaque intense précède un palais intense, expressif, juteux, sur le fruit mûr et le poivre, bien cadré par de beaux tanins suaves et une acidité au cordeau qui tend le vin comme il faut. Riche, nerveux, fringant, un magnifique rasteau. ⧗ 2021-2025

ORTAS - CAVE DE RASTEAU, *rte des Princes d'Orange, 84110 Rasteau, tél. 04 90 10 90 10, vignoble@rasteau.com*

SAINT-JOSEPH

Dom. Courbis

LA COTTE SUD 2017 ★★

Production : 3 000 b. | Élevage :
30 à 50 €

Une valeur sûre de la vallée du Rhône septentrionale, notamment dans les AOC cornas et saint-joseph. Dominique et Laurent Courbis conduisent depuis la fin des années 1980, à la suite de leur père, un domaine de 35 ha dont les origines remontent au XVIIe s. L'essentiel des vignes est perché sur des coteaux très abrupts à plus de 250 m d'altitude.

Après La Sarabotte l'année dernière, c'est au tour de La Cotte Sud de décrocher le Graal, à l'unanimité du jury. Un grand vin donc que cette syrah au nez très intense, mûr, frais, épicé et généreusement boisé. Le chêne imprime son empreinte en bouche mais tout est au diapason : la matière, les arômes solaires, riches et complexes, les tanins puissants mais enrobés, la finale très longue. Un vin impressionnant, à la puissance assumée, qui donnera de belles émotions. ⧗ 2022-2032

EARL DOM. COURBIS, rte de Saint-Romain, 07130 Châteaubourg, tél. 04 75 81 81 60, contact@domaine-courbis.fr

SAINT-JOSEPH

Gilles Flacher

LES REINES 2017 ★★

Production : 12 000 b. | Élevage :
15 à 20 €

Un domaine fondé en 1806, repris en 1991 par Gilles Flacher qui a depuis porté sa superficie de 1,5 ha à 8 ha de vignes plantées en coteau, en saint-joseph et en condrieu.

Troisième coup de cœur en trois ans pour Gilles Flacher et le deuxième pour cette cuvée issue du terroir des Reines. Au nez, des fruits rouges bien mûrs (fraise) à foison, saupoudrés de cannelle et muscade. La bouche confirme les belles dispositions du nez : rondeur, toucher caressant, tanins soyeux, longue persistance du fruit qui s'entiche de notes boisées en finale. Un vin d'une élégance absolue qui aura charmé le jury. ⧗ 2020-2025

EARL FLACHER, 971, rue Principale, 07340 Charnas, tél. 06 07 64 06 00, secretariat-flacher@orange.fr

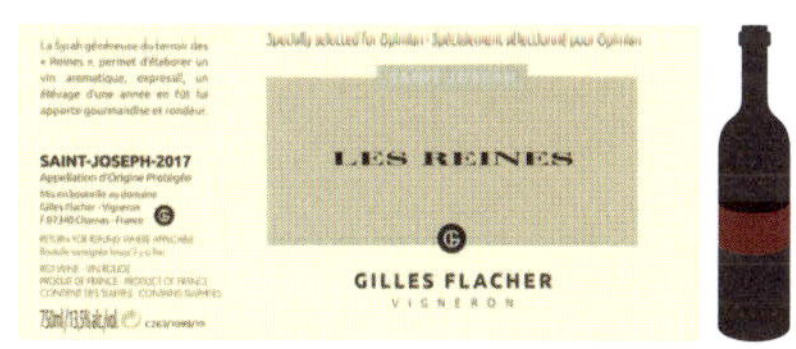

SAINT-JOSEPH

Dom. Bernard Gripa

2017 ★★

Production : 13 000 b. | Élevage :
20 à 30 €

La famille Gripa arrive à Saint-Péray au XVIIe s., puis s'établit à Mauves vers 1850. Valeur sûre de la vallée du Rhône septentrionale, tant pour ses saint-péray que pour ses saint-joseph (en témoignent les nombreux coups de cœur obtenus dans les deux appellations), le domaine est conduit depuis 2001 par Fabrice Gripa, fils de Bernard, aujourd'hui à la tête de 17 ha de vignes.

La marsanne (70 %) et la roussanne s'associent dans ce blanc parfumé, aux flagrances de fleur d'acacia et d'agrumes. Suave et dense, délicatement enrobée par un élevage en fût qui sait rester discret, la bouche délivre ces mêmes senteurs relevées par ce qu'il faut de vivacité et ponctuées par une longue finale saline. Un blanc abouti, harmonieux qui fera mouche à table. ⧗ 2019-2023

EARL DOM. BERNARD GRIPA, 5, av. Ozier, 07300 Mauves, tél. 04 75 08 14 96, gripa@wanadoo.fr

SAINT-PÉRAY

Dom. du Tunnel

ROUSSANNE 2017 ★★

Production : 10 200 b. | Élevage :
20 à 30 €

Depuis son installation en 1994, Stéphane Robert, qui n'est pas issu du monde viticole, s'est imposé comme une référence dans le paysage des crus septentrionaux. Il a créé son vignoble de toutes pièces, aujourd'hui 12 ha très morcelés, avec des vignes en cornas, saint-joseph, saint-péray et condrieu. Des vignes qui longent une ancienne voie ferrée et un tunnel de 160 m, toujours visible, qui donne son nom au domaine et dans lequel ont été aménagés en 2013 une nouvelle cuverie et le chai d'élevage. Connu pour ses rouges, le domaine ne néglige aucunement ses blancs. En témoigne cette roussanne, finement élevée, qui aura fait le bonheur du jury. Le cépage libère au nez ses senteurs complexes de pêche, de poire, de miel, de fleurs ou d'agrume confit, à peine soulignées de chêne. La même qualité de fruit s'impose dans une bouche puissante, charnue et charnelle, sans une once de mollesse, impressionnante de plénitude, d'harmonie et de longueur. Un grand blanc de gastronomie. ⧗ 2019-2024

EARL STÉPHANE ROBERT (DOM. DU TUNNEL), 20, rue de la République, 07130 Saint-Péray, tél. 06 81 07 31 89, domaine-du-tunnel@wanadoo.fr

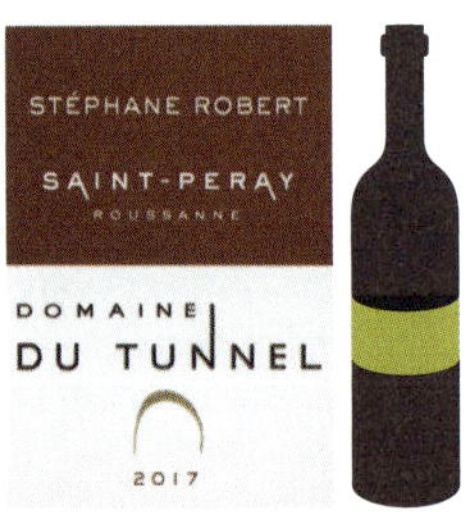

TAVEL

Ch. la Genestière

2018 ★★

Production : 20 600 b. | Élevage :
8 à 11 €

Implanté sur le site d'une ancienne magnanerie, ce domaine fondé en 1930 par la famille Bernard est aujourd'hui dirigé par Christian Latouche. Une bastide du XVI[e]s. commande le vaste vignoble en lirac et tavel. Après l'acquisition d'autres propriétés, les vignobles familiaux comptent aujourd'hui 200 ha sur la rive droite du Rhône. Intense en couleur, orné de beaux reflets violines, ce 2018 associe intensité et finesse à l'olfaction autour d'arômes d'agrumes et de cerise. En bouche, il se révèle rond, suave, puissant, vineux, long et très volumineux. Un grand tavel de gastronomie. ⧗ 2019-2022

SCEA CH. LA GENESTIÈRE, chem. de Cravailleux, 30126 Tavel, tél. 04 66 50 07 03, contact@domaine-genestiere.com

Zoom
La roussanne

Native du Rhône, la roussanne est connue pour produire les plus grands vins du nord de la vallée en association avec la marsanne (hermitage, crozes-hermitage, saint-joseph, saint-péray). D'abord délaissée car difficile à cultiver, elle jouit d'une bonne réputation lui ouvrant de nouveaux horizons (sud de la vallée du Rhône, Provence, Languedoc- Roussillon…) qui s'étendront au Nouveau Monde dans les années à venir. Elle est aussi l'unique cépage autorisé (appelé bergeron) à Chignin-Bergeron (Savoie). Elle donne en général des vins élégants aux arômes de miel, d'abricot et d'aubépine, dont l'acidité permet une bonne aptitude à la garde. Synonyme : bergeron.

TAVEL

Dom. de la Mordorée

LA DAME ROUSSE 2018 ★★★

Production : 45 000 b. | Élevage :

11 à 15 €

Un domaine créé en 1986 par Francis Delorme et son fils Christophe (disparu prématurément en 2015), entrepreneurs issus d'une famille vigneronne, rejoints par Fabrice en 1999. Le vignoble couvre 50 ha (en bio certifié depuis 2013), répartis sur 38 parcelles et huit communes. Partisans des petits rendements, les Delorme déclinent les millésimes avec une aisance déconcertante, aussi bien en tavel, leur fief d'origine, et en lirac, qu'en châteauneuf-du-pape ou en « simple » côtes-du-rhône. Incontournable.

Ce rosé se présente avec grande élégance dans sa robe grenadine d'une belle limpidité. Au nez, le cassis, la mûre et la fraise composent une approche remarquable d'intensité. Une intensité que l'on retrouve dans une bouche ample, puissante, riche et longue, soutenue par une fraîcheur parfaitement dosée. Un grand tavel assurément, paré pour la garde. ⧗ 2019-2022

SCA DOM. DE LA MORDORÉE,
250, chem. des Oliviers, 30126 Tavel, tél. 04 66 50 00 75,
info@domaine-mordoree.com

TAVEL

Vignobles et Compagnie

RÉSERVE DES CHASTELLES 2018 ★★

Production : 250 000 b. | Élevage :

8 à 11 €

Établie à Castillon, près du pont du Gard, Vignobles et Compagnie (anciennement la Compagnie rhodanienne) est une maison de négoce créée en 1963, dans le giron du groupe Taillan. Elle propose des vins (marques ou cuvées de domaine) dans de nombreuses AOC de la vallée du Rhône, de la Provence et du Languedoc.

Une magnifique robe rubis habille ce tavel au nez intense de cerise et de fraise. Une intensité aromatique à laquelle fait écho une bouche ronde, ample et suave, étirée dans une longue finale aux tonalités minérales et poivrées. De la complexité et de la personnalité. ⧗ 2019-2021

SA VIGNOBLES ET COMPAGNIE,
SPECR 19, chem. Neuf, CS_80002, 30210 Castillon-du-Gard,
tél. 04 66 37 49 50, nicolas.rager@vignoblescompagnie.com

VENTOUX

Dom. de Fondrèche

2017 ★★

Production : 50 000 b. | Élevage :

8 à 11 €

Nanou Barthélemy et son fils Sébastien Vincenti ont acquis cette propriété en 1995, construit puis régulièrement perfectionné la cave, et recomposé le vignoble – 40 ha conduits en bio et biodynamie (sans certification) – faisant ainsi de Fondrèche l'une des références de l'AOC ventoux.

Vigneron talentueux, soignant la maturité tout autant que la fraîcheur de ses raisins, Sébastien Vincenti nous régale d'un rouge de grande classe, déjà coup de cœur dans le millésime 2013. Il ne faut pas se fier à la discrétion du nez, qui mérite une longue aération, la bouche est bien plus volubile. Pleine de jeunesse et de promesses, elle affiche une vigueur remarquable : tanins crayeux, grande fraîcheur, texture noble et concentrée, puissance des arômes encore sous le joug de l'élevage. Bref, tout est en place pour donner de belles émotions dans une paire d'années. ⧗ 2021-2025

SARL BARTHÉLEMY-VINCENTI, Dom. de Fondrèche, 2589, La Venue-de-Saint-Pierre-de-Vassols, 84380 Mazan, tél. 04 90 69 61 42, contact@fondreche.com

VENTOUX

Ch. Pesquié Bio

TERRASSES 2018 ★★

Production : 86 400 b. | Élevage :

8 à 11 €

Acquis en 1970 par Odette et René Bastide, ce vaste domaine de 100 ha, régulier en qualité, est conduit depuis 2003 par la troisième génération (Frédéric et Alexandre Chaudière). L'ensemble du vignoble est certifié bio et en cours de conversion à la biodynamie.

Cinsault, grenache et syrah sont assemblés pour le meilleur dans ce rosé épatant de bout en bout : robe claire et lumineuse, nez complexe et élégant de cassis, d'orange amère, d'aubépine et d'acacia, bouche tout aussi expressive, ample, fraîche, longue, encore dynamisée par de beaux amers en finale. ⧗ 2019-2021

SARL FAMILLE CHAUDIÈRE, Ch. Pesquié, 1365_bis, rte de Flassan, 84570 Mormoiron, tél. 04 90 61 94 08, contact@chateaupesquie.com

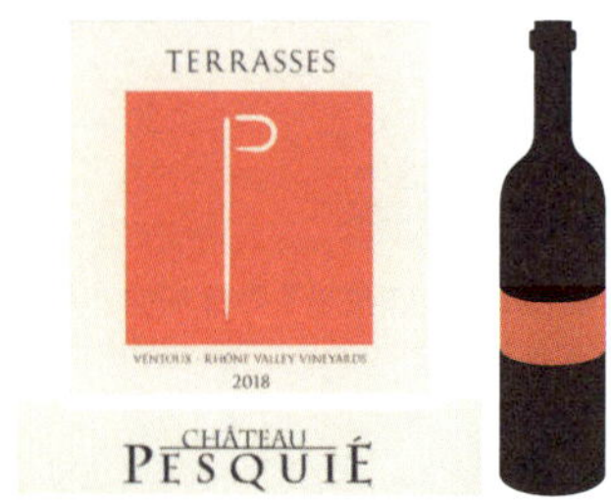

VINSOBRES

Pierre Vidal Bio

2017 ★★

Production : 60 000 b. | Élevage :

8 à 11 €

Pierre Vidal, installé à Châteauneuf-du-Pape avec son épouse vigneronne, a créé son négoce en 2010. Une maison déjà bien implantée grâce aux sélections parcellaires vinifiées par ce jeune œnologue formé en Bourgogne, qui s'est développée depuis 2015 vers les vins bio et les vins « vegan ».

Et un nouveau coup de cœur pour Pierre Vidal. Celui-ci va à son vinsobres bio, assemblage très classique dominé par le grenache, élevé en fût principalement. Tout y est mûr et de bon goût : le nez, intense, qui fleure bon les fruits rouges et les épices, la bouche, grasse, généreuse, portée par des tanins à point et enrobée par un élevage qui sait rester discret. Un vin complet, savoureux, charmeur, de bonne longueur qui fera une magnifique bouteille avec un peu de garde. ⧗ 2020-2025

EURL PIERRE VIDAL, 631, rte de Sorgues, 84230 Châteauneuf-du-Pape, tél. 06 88 88 07 58, contact@pierrevidal.com

VINSOBRES

La Vinsobraise

DIAMANT NOIR 2017 ★★

Production : 60 000 b. | Élevage :

5 à 8 €

Fondée en 1947, la très qualitative cave de Vinsobres vinifie aujourd'hui plus de 95 000 hl produits sur 1 800 ha de vignes (dont 10 % exploités en bio). Une valeur sûre de la vallée du Rhône méridionale.

Habituée aux éloges dans le Guide, la cave décroche le coup de cœur avec ce joyau poli à partir du grenache et de la syrah, à parité. Derrière une robe rubis, un nez éclatant de fruits noirs et rouges bien mûrs. On les retrouve dans une bouche « explosive », puissante et juteuse, d'une intensité exceptionnelle. La structure est à la mesure, fringante par ses tanins mûrs et corsés, très fraîche par sa belle acidité. Un vin d'une rare plénitude, de longue garde. ⧗ 2021-2028

CAVE LA VINSOBRAISE, 26110 Vinsobres, tél. 04 75 27 64 22, infos@la-vinsobraise.com

Zoom
Suze-la-Rousse, forteresse et université du vin

Construit au XIIe siècle par les princes d'Orange, le château de Suze-la-Rousse, haut lieu touristique du département de la Drôme, est une impressionnante forteresse médiévale qui domine le village et ses alentours, et offre une vue, par temps clair, jusqu'au mont Ventoux et aux Dentelles de Montmirail. Il abrite l'université du Vin, un centre de formation aux métiers du vin et de la vigne ouvert aux étudiants comme aux œnophiles amateurs.

INDEX

Appellations

A

Ajaccio 222
Aloxe-corton 89
Alsace gewurztraminer 12
Alsace grand cru 13-15
Alsace pinot gris 16
Alsace pinot noir 17-18
Alsace riesling 18-20
Alsace sylvaner 21
Anjou 255
Anjou-villages 255-256
Arbois 144
Auxey-duresses 89

B

Bandol 210-211
Banyuls 188
Banyuls grand cru 189
Beaujolais 28
Beaujolais-villages 28-29
Beaumes-de-venise 289
Beaune 90
Bergerac 233
Bergerac 233-234
Blanquette-de-limoux 160
Blaye-côtes-de-bordeaux 41
Blaye-côtes-de-bordeaux 41-42
Bonnezeaux 256
Bordeaux 42-43
Bordeaux blanc 43-44
Bordeaux clairet 44
Bordeaux rosé 44-45
Bordeaux supérieur 46-48
Bourgogne 90-92
Bourgogne-côte-chalonnaise 92
Bourgogne-hautes-côtes-de-beaune 93
Bourgogne-hautes-côtes-de-nuits 93
Bourgueil 256-257
Bouzeron 93
Brouilly 29
Brulhois 234
Buzet 234-235

C

Cabardès 160-161
Cabernet-d'anjou 257
Cadillac-côtes-de-bordeaux 48
Cahors 235-236
Cairanne 289
Canon-fronsac 49
Cassis 212
Castillon-côtes-de-bordeaux 49-50
Cérons 50
Chablis 94-95
Chablis grand cru 95
Chablis premier cru 96
Chambertin-clos-de-bèze 97
Chambolle-musigny 97
Champagne 127-138
Charmes-chambertin 97
Chassagne-montrachet 98
Château-chalon 145-146
Châteaumeillant 258
Châteauneuf-du-pape 290-291
Chénas 30
Cheverny 258
Chinon 259
Chiroubles 30
Chorey-lès-beaune 99
Clairette-de-die 292
Clos-de-vougeot 99
Collioure 190
Condrieu 292
Corbières 161-163
Corbières-boutenac 164
Cornas 292
Corse ou vin-de-corse 222-225
Costières-de-nîmes 293
Coteaux-champenois 138
Coteaux-d'aix-en-provence 212
Coteaux-d'ancenis 259
Coteaux-du-giennois 260
Coteaux-du-layon 260-262
Coteaux-du-Lyonnais 31
Coteaux-du-quercy 238
Coteaux-du-vendômois 262
Coteaux-varois-en-provence 213-214
Côte-de-brouilly 31
Côte-de-nuits-villages 100
Côte-roannaise 262-263
Côte-rôtie 293-294
Côtes-d'auvergne 263
Côtes-de-bourg 50-52
Côtes-de-duras 236-237
Côtes-de-provence 215-217
Côtes-de-toul 21-22
Côtes-du-forez 264
Côtes-du-jura 146-147
Côtes-du-marmandais 237-238
Côtes-du-rhône 295-296
Côtes-du-rhône-villages 296-298
Côtes-du-roussillon 191-192
Côtes-du-roussillon-villages 193-194
Côtes-du-vivarais 299
Cour-cheverny 264
Crémant-de-bordeaux 52
Crémant-de-bourgogne 100-101
Crémant-de-limoux 165
Crémant-de-loire 265
Crémant-du-jura 148
Crozes-hermitage 299-300

E

Entre-deux-mers 52-53
Entre-deux-mers haut-benauge 54

F

Faugères 165
Fiefs-vendéens 265
Fitou 166-167
Fixin 101
Fleurie 32
Floc-de-gascogne 238
Fronsac 54-55
Fronton 239

G

Gaillac 240-241
Gigondas 300
Givry 101
Graves 56-57
Graves-de-vayres 57-58
Grignan-les-adhémar 301
Gros-plant-du-pays-nantais 266

H

Haut-médoc 58-59
Haut-poitou 203
Hermitage 301-302

I

IGP Ariège 241
IGP Calvados 266
IGP Charentais 203
IGP Comté tolosan 242
IGP Coteaux de Coiffy 138
IGP Côtes catalanes 195-196
IGP Côtes de Gascogne 242
IGP Côtes de Meuse 22
IGP Côtes de Thau 167
IGP Côtes de Thongue 168
IGP Côtes du Tarn 243
IGP Franche-Comté 148
IGP Gard 168
IGP Île de Beauté 226-227
IGP Landes 243
IGP Maures 217
IGP Pays d'Oc 168-170
IGP Périgord 243
IGP Principauté d'Orange 302
IGP Puy-de-Dôme 266
IGP Rancio sec 197
IGP Tarn-et-Garonne 244
IGP Val de Loire 267, 270, 282
IGP Vaucluse 303
Irancy 102
Irouléguy 244

J

Juliénas 32-33
Jurançon 245-246

L

L'Étoile 149
La Clape 171
Ladoix 103
Lalande-de-pomerol 59-60
Languedoc 171-174
Limoux 174-175
Lirac 303-304
Luberon 304
Lussac-saint-émilion 60

M

Mâcon et mâcon-villages 103-104
Macvin-du-jura 149
Madiran 246
Malepère 175
Maranges 105
Marcillac 246
Margaux 60-61
Marsannay 105
Maury 197-198
Maury sec 198
Médoc 62
Menetou-salon 282-283
Mercurey 105-106
Meursault 106-108
Minervois 176-177
Minervois-la-livinière 177-178
Monbazillac 247
Montagne-saint-émilion 63
Montagny 108
Monthélie 109
Montlouis-sur-loire 283
Montravel 247-248
Morgon 33
Moselle 23
Moulin-à-vent 34
Muscadet-sèvre-et-maine 268-269
Muscat-de-frontignan 178
Muscat-de-mireval 179
Muscat-de-rivesaltes 198-199
Muscat-de-saint-jean-de-minervois 179
Muscat-du-cap-corse 227

N

Nuits-saint-georges 109-110

O

Orléans 269

P

Pacherenc-du-vic-bilh 248-249
Patrimonio 227
Pauillac 64-66
Pécharmant 249
Pernand-vergelesses 110-111
Pessac-léognan 67-68
Petit-chablis 111
Picpoul-de-pinet 180
Pic-saint-loup 180-181
Pineau-des-charentes 204
Pomerol 69-71
Pommard 111-112
Pouilly-fuissé 112
Pouilly-fumé 270-271
Pouilly-sur-loire 271
Puligny-montrachet 113

Q

Quarts-de-chaume 271
Quincy 272

R

Rasteau sec 304
Régnié 35
Reuilly 272-273
Richebourg 113
Rivesaltes 199
Romanée-saint-vivant 114
Rosé-de-loire 273
Rosette 249
Roussette-de-savoie 154
Ruchottes-chambertin 114
Rully 115

S

Saint-amour 35
Saint-aubin 116
Saint-chinian 181-182
Sainte-croix-du-mont 72
Sainte-foy-bordeaux 72
Saint-émilion 73
Saint-émilion grand cru 74-79
Saint-estèphe 79
Saint-georges-saint-émilion 80
Saint-joseph 305
Saint-julien 80-81
Saint-nicolas-de-bourgueil 274
Saint-péray 306
Saint-pourçain 274
Saint-romain 117
Saint-véran 118
Sancerre 275-276
Santenay 118-120
Saumur 276-277
Saumur-champigny 277-278
Sauternes 82-83
Savennières 278
Savennières-coulée-de-serrant 279
Savigny-lès-beaune 120

T

Tavel 306-307
Terrasses-du-larzac 183
Touraine 279-280
Touraine-oisly 280

V

Valençay 281
Ventoux 308
Vin-de-savoie 154-155
Vinsobres 308-309
Volnay 120-121
Vougeot 121
Vouvray 281-282

Vins

A

ALZIPRATU Dom. d' • Corse ou vin-de-corse 222
AMANDIERS Les • Côtes-d'auvergne 263
AMANTS DE LA VIGNERONNE Les • Faugères 165
AMBE TOUR POURRET Ch. • Saint-émilion grand cru 74
AMBLARD Dom. • Côtes-de-duras 236
ANDREU Bruno • IGP Pays d'Oc 168
ANGES DE BACCHUS Dom. les • Languedoc 171
ANGLADE Dom. de l' • IGP Maures 217
ANNA Ch. d' • Sauternes 82
ANTECH • Crémant-de-limoux 165
ARCHANGE L' • Saint-émilion 73
ARCISON Vignoble de l' • Anjou 255
ARDHUY Dom. d' • Savigny-lès-beaune 120
ARNAUD DE GRAVETTE Ch. • Lalande-de-pomerol 59
ARPENTS DU SOLEIL • IGP Calvados 266
ARQUE Les Vignes de l' • IGP Pays d'Oc 169
ARROUCATS Ch. des • Sainte-croix-du-mont 72
AUCŒUR Arnaud • Morgon 33
Moulin-à-vent 34
AURIS Ch. • Corbières 161
AUSONE Ch. • Saint-émilion grand cru 74
AUZIAS Ch. • Cabardès 160

B

BACHEY-LEGROS Dom. • Chassagne-montrachet 98
BAILLON Alain • Côte-roannaise 262
BAILLY-LAPIERRE • Crémant-de-bourgogne 100
BARBANAU Ch. • Cassis 212
BARBEBELLE Ch. • Coteaux-d'aix-en-provence 212
BARMÈS-BUECHER Dom. • Alsace grand cru 13
BARON D'ALBRET • Buzet 234
BARON D'ORNEZAN • Buzet 235
BARON DE L'ÉCLUSE Dom. • Côte-de-brouilly 31
BARON KIRMANN • Alsace pinot noir 17
BARROUBIO Dom. de • Muscat-de-saint-jean-de-minervois 179
BASTIDE DES DEUX LUNES • Côtes-de-provence 215
BASTIDE SAINT-DOMINIQUE La • Cairanne 289
BASTIDE Ch. la • Côtes-du-marmandais 237
BAUDARE Ch. • Fronton 239
BEAUPRÉ Ch. de • Coteaux-d'aix-en-provence 212
BEAUREGARD Ch. • Pomerol 69
BEAU-SÉJOUR BÉCOT Ch. • Saint-émilion grand cru 75
BECHT Pierre et Frédéric • Alsace riesling 18
BEL AIR PERPONCHER Ch. • Entre-deux-mers 52
BEL-AIR Dom. de • Fleurie 32
BEL-AIR Vignerons de • Côte-de-brouilly 31
BELLE DAME Dom. de la • Muscat-de-mireval 179
BENOIT Patrice • Montlouis-sur-loire 283
BERGERIE DU CAPUCIN • Pic-saint-loup 180
BERSAN Dom. • Bourgogne 90
BERSAN Dom. J.-L. et J.-C. • Irancy 102
BERTAGNA Dom. • Vougeot 121
BERTHENET François • Montagny 108
BERTRAND Gérard • IGP Pays d'Oc 169
BERTRAND-BERGÉ Dom. • Fitou 166
BOBÉ Dom. • Muscat-de-rivesaltes 198
BODINEAU Dom. • Anjou-villages 255
BOIS DE LA SALLE Dom. du • Juliénas 32
BON PASTEUR Ch. le • Pomerol 69
BONNES GAGNES Dom. des • Cabernet-d'anjou 257
BORÈS Marie-Claire et Pierre • Alsace riesling 19
BOSSIS Raymond • Pineau-des-charentes 204
BOTT FRÈRES • Alsace grand cru 13
BOUDAU Dom. • Côtes-du-roussillon 191
BOUFFEVENT Ch. • Bergerac 233
BOULEY Dom. Réyane et Pascal • Volnay 120
BOULON Dom. J. • Beaujolais 28
BOURG NEUF Dom. du • Saumur 276
BOURSAULT Ch. de • Champagne 127
BOUVIER Dom. Régis • Marsannay 105
BOUZEREAU-GRUÈRE ET FILLES Hubert • Meursault 106
BOYD-CANTENAC Ch. • Margaux 60
BRANDEAUX Ch. les • Bergerac 233
BRAULTERIE DE PEYRAUD Ch. la • Blaye-côtes-de-bordeaux 41
BRAVES Dom. des • Régnié 35
BROSSAY Ch. de • Coteaux-du-layon 260
BROWN Ch. • Pessac-léognan 67
BRUNEAU Sylvain • Saint-nicolas-de-bourgueil 274
BRUSSET Dom. • Gigondas 300
BURGUÉ-SÉRÉ Dom. de • Jurançon 245
BUTIN Philippe • Château-chalon 145

C

CABIDOS • IGP Comté tolosan 242
CABIRON Ch. • Bordeaux 42
CADIOT • Bordeaux 42
CAILLOT Dom. Michel • Pommard 111
CALISSE Ch. la • Coteaux-varois-en-provence 213
CANADEL Ch. • Bandol 210
CANON Ch. • Canon-fronsac 49
CAPRIERS Dom. des • IGP Côtes de Thongue 168
CAPUANO-FERRERI • Beaune 90 • Pommard 112
CASTAGNIER Dom. • Charmes-chambertin 97
CATHALA Dom. • Saint-chinian 181
CATROUX Philippe • Touraine 279
CAUHAPÉ Dom. • Jurançon 245
CELLIER DE LA SAINTE-BAUME Le • Coteaux-varois-en-provence 213
CELLIER DES CHARTREUX • IGP Gard 168
CELLIER SAINT-BENOIT • Arbois 144
CELLIERS D'ORFÉE Les • Corbières 162
CERF NOIR Le • IGP Périgord 243
CH. DE CÉRONS • Cérons 50
CHAINCHON Ch. de • Bordeaux rosé 44
CHAMP CHAPRON Dom. du • Gros-plant-du-pays-nantais 266
CHAMPAULT Roger • Sancerre 275
CHANTELUNE Ch. • Margaux 61
CHANZY Maison • Bouzeron 93
CHAPELLE Maison de la • Irancy 102
CHASSENAY D'ARCE • Champagne 127
CHÂTEAU DE CÉRONS • Graves 56
CHAUDRON • Champagne 127
CHAUSSIN Jocelyne • Bourgogne-côte-chalonnaise 92

CHAUVIN Ch. • Saint-émilion grand cru 75
CHAVE Jean-Louis • Hermitage 301
CHAVE Yann • Crozes-hermitage 299 • Hermitage 301
CHEMINS DE CARABOTE Les • Terrasses-du-larzac 183
CHÉNAS Cave des Vignerons réunis de • Chénas 30
CHEVAL BLANC Ch. • Saint-émilion grand cru 76
CHEVEAU Dom. • Mâcon et mâcon-villages 103
CHOUPETTE Dom. de la • Puligny-montrachet 113
CÎTEAUX Ch. de • Meursault 107
CLAIR Françoise et Denis • Saint-aubin 116 • Santenay 118
CLARTIÈRE Dom. de la • Crémant-de-loire 265
CLÉMENT SAINT-JEAN • Médoc 62
CLOS ALBERTUS • Saint-georges-saint-émilion 80
CLOS ALIVU • Patrimonio 227
CLOS D'ALZETO • Ajaccio 222
CLOS D'UN JOUR Le • Cahors 235
CLOS DE GARAUD • IGP Vaucluse 303
CLOS DE L'ABBÉ DUBOIS • Côtes-du-vivarais 299
CLOS DE L'AMANDAIE • Languedoc 172
CLOS DE LA COULÉE DE SERRANT • Savennières-coulée-de-serrant 279
CLOS DE LA ROUE • Coteaux-du-Lyonnais 31
CLOS DES CAZAUX Le • Gigondas 300
CLOS DES NATICES Le • Cabardès 161
CLOS DES NINES • Languedoc 172
CLOS DES VINS D'AMOUR • Maury sec 198
CLOS FLORIDÈNE • Graves 56
CLOS LA CROIX D'ARRIAILH • Montagne-saint-émilion 63
CLOS LE BRÉGNET • Saint-émilion 73
CLOS MANOU • Médoc 62
CLOSSERONS Dom. des • Coteaux-du-layon 261
COLBOIS Dom. • Bourgogne 91
COLIN Bruno • Maranges 105
COLIN Dom. Bruno • Santenay 119
COLLET ET FILS Dom. Jean • Chablis 94
COMBE BLANCHE Dom. • Minervois-la-livinière 177
COMBES CACHÉES Dom. les • Minervois 176
CONDOM Cave de • Floc-de-gascogne 238
CORBIAC Ch. • Pécharmant 249
CORMERAIS Bruno • IGP Val de Loire 267
CORNU-CAMUS Dom. • Bourgogne-hautes-côtes-de-nuits 93
CORRENSON Ch. • Lirac 303
COTEAUX DE COIFFY Les • IGP Coteaux de Coiffy 138
CÔTES DE CHAMBEAU Ch. • Lussac-saint-émilion 60
COTOYON Dom. le • Saint-amour 35
COULY-DUTHEIL • Chinon 259
COUME DEL MAS • Collioure 190
COUME-LUMET La • Limoux 174
COURBIS Dom. • Saint-joseph 305
COURONNEAU Ch. • Bordeaux supérieur 46
COURTINAT Ch. • Saint-pourçain 274
COUTURIER Marcel • Mâcon et mâcon-villages 103
CREUZE NOIRE Dom. de la • Saint-véran 118
CROS Pierre • Minervois 176
CROS-PUJOL Famille • IGP Pays d'Oc 170
CRU LAROSE • Jurançon 245

D

DALEM Ch. • Fronsac 54
DAULNY Dom. • Sancerre 275
DAUVISSAT Agnès et Didier • Petit-chablis 111
DELABAYE ET FILS Maurice • Champagne 128
DELAMOTTE • Champagne 128
DEMOUGEOT Rodolphe • Pommard 112
DESTRIER Ch. le • Saint-émilion 73
DÉTOURS DE PIERRE Les • IGP Puy-de-Dôme 266
DEUX ROCHES • Saint-véran 118
DEUX VALLÉES Dom. des • Coteaux-du-layon 261
DOCK Dom. • Alsace gewurztraminer 12
DOM PÉRIGNON • Champagne 129
DOMANOVA Dom. • Côtes-du-roussillon 191
DONJON DE BRUIGNAC Ch. • Bordeaux supérieur 46
DOPFF AU MOULIN • Alsace grand cru 14
DROIN Jean-Paul et Benoît • Chablis grand cru 95
DROUHIN Joseph • Chassagne-montrachet 98
DROUHIN-LAROZE Dom. • Clos-de-vougeot 99
DUBOIS ET FILS R. • Bourgogne-hautes-côtes-de-beaune 93
DUBUET-MONTHELIE Dom. • Monthélie 109
DUGOIS Dom. Daniel • Arbois 144
DUPOND Pierre • Juliénas 33
DURAND Dom. Xavier • Aloxe-corton 89

E

EBLIN-FUCHS • Alsace grand cru 14
ENCLOS DES ROSES Ch. l' • Gaillac 240
ESCARELLE Ch. de l' • Coteaux-varois-en-provence 214
ESPEYRAN Dom. d' • Costières-de-nîmes 293
ESPRIT Jean • Crozes-hermitage 299
ÉTOILE DE CLOTTE Ch. l' • Saint-émilion grand cru 76
ÉTOILE L' • Banyuls grand cru 189
ÉVANGILE Ch. L' • Pomerol 70

F

FAGÉ Ch. le • Monbazillac 247
FAGOLET Dom. le • Beaujolais-villages 28
FERRANT Dom. de • Côtes-de-duras 237
FÉRY ET FILS Jean • Pernand-vergelesses 110
FEUILLAT-JUILLOT Dom. • Montagny 108
FIEF-SEIGNEUR Dom. du • Muscadet-sèvre-et-maine 268
FLACHER Gilles • Saint-joseph 305
FLEUR CHANTECAILLE Ch. la • Saint-émilion grand cru 77
FLEUR DES GRAVES Ch. la • Graves-de-vayres 57
FLEURIE Ch. de • Fleurie 32
FLEUR-PÉTRUS Ch. la • Pomerol 70
FLORENSAC Les Vignerons de • IGP Côtes de Thau 167
FONDIS Dom. du • Saumur-champigny 277
FONDRÈCHE Dom. de • Ventoux 308
FONPLÉGADE Ch. • Saint-émilion grand cru 77
FONTAVIN Dom. de • Châteauneuf-du-pape 290
FONTENAY Ch. de • Touraine 280
FONTENELLES Ch. de • Corbières 162
FONTIS Ch. • Médoc 62
FOUR À CHAUX Dom. du • Coteaux-du-vendômois 262
FULCRAND CABANON • Languedoc 172

G

GALOUCHEY Ch. • Sainte-foy-bordeaux 72
GARBASSES Les Vignes de • IGP Côtes du Tarn 243
GARELLE Dom. la • Luberon 304
GARNIER ET FILS • Chablis premier cru 96
GAUTHERON Dom. • Chablis premier cru 96
GAVIGNET Philippe • Nuits-saint-georges 109
GEILER Jean • Alsace pinot gris 16
GELIN Dom. Pierre • Chambertin-clos-de-bèze 97
GENELETTI PÈRE ET FILS Dom. • L'Étoile 149
GENESTIÈRE Ch. la • Tavel 306
GIRARD Dom. • Malepère 175
GOISOT Guilhem et Jean-Hugues • Bourgogne 91
GOSSET • Champagne 129

GOYER Dom. • Châteaumeillant 258
GRAINS D'ESTUAIRE • IGP Charentais 203
GRANAJOLO Dom. de • Corse ou vin-de-corse 223
GRAND BOIS Dom. • Côtes-de-duras 237
GRAND CHÊNE Ch. • Brulhois 234
GRAND MOULIN Ch. • Corbières-boutenac 164
GRAND PEYROU Ch. • Castillon-côtes-de-bordeaux 49
GRAND TERROIR Le • Minervois-la-livinière 178
GRAND Dom. • Château-chalon 145
GRANDE BELLANE Dom. • Côtes-du-rhône-villages 296
GRANGE MASSON Dom. • Brouilly 29
GRANGE Dom. de la • Muscadet-sèvre-et-maine 268
GRANZAMY PÈRE ET FILS • Champagne 129
GRAS Alain • Auxey-duresses 89
GRAVELLE Ch. de la • Muscadet-sèvre-et-maine 269
GRAVIÈRE Ch. la • Côtes-de-bourg 50
GRAVIERS Dom. Les • IGP Pays d'Oc 170
GRIPA Dom. Bernard • Saint-joseph 305
GRIVAULT Albert • Meursault 107
GROLEAU Ch. • Côtes-de-bourg 51
GROS Dom. A.-F. • Richebourg 113
GROS Dom. Michel • Nuits-saint-georges 110
GROSBOIS Dom. • Chinon 259
GROSSOT Corinne et Jean-Pierre • Chablis 94
GUEISSARD Les Vignobles • Côtes-de-provence 215
GUÉRET Dom. du • Moulin-à-vent 34
GUIGOURET Dom. • Clairette-de-die 292
GUILLAU Dom. de • IGP Tarn-et-Garonne 244
GUILLAUME Vignoble • IGP Franche-Comté 148
GUILLON ET FILS Dom. Jean-Michel • Côte-de-nuits-villages 100
GUILLON ET FILS Jean-Michel • Fixin 101

H

HAEGELIN Bernard • Alsace pinot noir 17
HAUT CLARIBÈS Ch. • Bordeaux supérieur 46
HAUT COUSTET Ch. • Sauternes 82
HAUT PLESSIS Dom. du • Coteaux-d'ancenis 259
HAUT-BAILLY Ch. • Pessac-léognan 68
HAUT-BRION Ch. • Pessac-léognan 68
HAUT-CAPITOLE • Fronton 239
HAUT-CARLES • Fronsac 54
HAUT-GOUJON Ch. • Lalande-de-pomerol 60
HERBERT Stéphane • Champagne 130
HUMBRECHT 1619 • Alsace riesling 19
HUNAWIHR Cave vinicole de • Alsace riesling 20

I

IDYLLE Dom. de l' • Roussette-de-savoie 154

J

JACOURETTE Dom. • Côtes-de-provence 216
JACUMIN Dom. Albin • Châteauneuf-du-pape 290
JAFFELIN • Rully 115
JAMBON Guénaël • Morgon 33
JEANNOT Dom. • Santenay 119
JOLLY FERRIOL • IGP Rancio sec 197
JUILLOT Dom. Michel • Rully 115
JULLION Thierry • Pineau-des-charentes 204

K

KRUG • Champagne 131

L

LABASTIDE Grande Réserve de • Gaillac 240
LABATUT Ch. • Bordeaux supérieur 47
LABBE ET FILS • Champagne 130
LAC Ch. du • Rosette 249
LACAUSSADE SAINT-MARTIN Ch. • Blaye-côtes-de-bordeaux 41
LACHASSAGNE Clos du Ch. de • Bourgogne 92
LACOSTE Dom. de • Coteaux-du-quercy 238
LACOUTURE Ch. • Côtes-de-bourg 51
LAFITE-ROTHSCHILD Ch. • Pauillac 64
LAFOUX Ch. • Coteaux-varois-en-provence 214
LAGRÉZETTE Ch. • Cahors 235
LALIS Ch. • Corbières 162
LAMBERT Dom. Frédéric • Côtes-du-jura 146
LANCYRE Ch. • Pic-saint-loup 181
LANDONNE La • Côte-rôtie 293
LANDRAT-GUYOLLOT Dom. • Pouilly-sur-loire 271
LANGOA BARTON Ch. • Saint-julien 80
LANGOUREAU Dom. Sylvain • Saint-aubin 116
LAOUGUÉ Dom. • Pacherenc-du-vic-bilh 248
LARROQUE Ch. • Bordeaux blanc 43
LASSERRE Dom. • Jurançon 246
LASTRONQUES Dom. de • IGP Ariège 241
LATOUR ET FILS Henri • Crémant-de-bourgogne 100
LATOUR Ch. • Pauillac 65
LAUBAREL Dom. • Gaillac 240
LAULERIE Ch. • Montravel 247
LECCIA Yves • IGP Île de Beauté 226
LEHIA • Irouléguy 244
LEMAIRE Patrice • Champagne 132
LÉOVILLE LAS CASES Ch. • Saint-julien 81
LÉOVILLE POYFERRÉ Ch. • Saint-julien 81
LÉRY Dom. de • Cour-cheverny 264
LESPARRE Ch. • Graves-de-vayres 58
LISENNES Ch. de • Bordeaux rosé 45
LUC L'Orangerie de • Languedoc 173
LYNCH-BAGES Ch. • Pauillac 65

M

MABILEAU Lysiane et Guy • Saint-nicolas-de-bourgueil 274
MABY Dom. • Lirac 303
MADAME ÉTIENNE • Bordeaux blanc 44
MADE IN PROVENCE • Côtes-de-provence 216
MAGNIEN Dom. Henri • Ruchottes-chambertin 114
MAIRE ET FILS Dom. • Côtes-du-jura 147
MALANDES Dom. des • Chablis grand cru 95
MALESCASSE Ch. • Haut-médoc 58
MALLARD ET FILS Dom. Michel • Aloxe-corton 89
MANSARD Gilles • Champagne 132
MARGAUX Ch. • Margaux 61
MARGUERITE La Grande Cuvée du Ch. • Fronton 239
MARIN Dom. Robert • Mâcon et mâcon-villages 104
MARMANDAIS Cave du • Côtes-du-marmandais 238
MARTELLIÈRE Dom. J. • IGP Val de Loire 267
MARTENOT MALLARD Dom. • Saint-romain 117
MAS CRÉMAT Dom. • IGP Côtes catalanes 195
MAS DE LA DEVÈZE • Côtes-du-roussillon-villages 193
MAS KAROLINA • IGP Côtes catalanes 195
MAS LAVAIL • Maury 197
MAUCOIL Ch. • Châteauneuf-du-pape 291
MAUFOUX Prosper • Santenay 120
MAURAC Ch. • Haut-médoc 58
MAURY Les Vignerons de • Côtes-du-roussillon-villages 193
MAURY 198

MENHIRS Les • Fiefs-vendéens 265
MÉRIGUET Dom. de • Cahors 236
MESSEY Ch. de • Mâcon et mâcon-villages 104
MEYER-FONNÉ • Alsace gewurztraminer 12
MIGNON Pierre • Champagne 133
MIGOT Dom. • Côtes-de-toul 21
MIHOUDY Dom. de • Rosé-de-loire 273
MILLOT Dom. Bernard • Meursault 108
MINCHIN Dom. • Valençay 281
MIRAUSSE Ch. • Minervois 177
MISELLE Dom. de • IGP Côtes de Gascogne 242
MOLTÈS • Alsace grand cru 15
MONBAZILLAC Ch. • Monbazillac 247
MONETTE Dom. de la • Mercurey 105
MONT Dom. le • Bonnezeaux 256
MONTBOURGEAU Dom. de • Crémant-du-jura 148
MONTELS Ch. • Gaillac 241
MONTEZ DU MONTEILLET Stéphane • Condrieu 292
MONTGRIGNON Dom. de • IGP Côtes de Meuse 22
MONTMAL Ch. de • Fitou 166
MONTROSE Ch. • Saint-estèphe 79
MORDORÉE Dom. de la • Lirac 304 • Tavel 307
MORET David • Chassagne-montrachet 98
MOTTE Dom. de la • Coteaux-du-layon 262
MOULIN CARESSE Ch. • Montravel 248
MOULIN DE L'HORIZON Dom. du • Saumur 277
MOULIN FAVRE Ch. • Beaujolais 28
MOULIN-POUZY Dom. de • Bergerac 233
MOUTON ROTHSCHILD Ch. • Pauillac 66
MULLER ET FILS Charles • Alsace pinot noir 17

N

NADAL-HAINAUT Ch. • Côtes-du-roussillon 192
NOBLESSE Ch. de la • Bandol 210
NOËL Patrick • Pouilly-fumé 270
NOUVELLES Ch. de • Fitou 167
NUDANT Dom. • Ladoix 103

O

OCTAVIE Dom. • Touraine-oisly 280
ORANGERIE Ch. de l' • Entre-deux-mers 53
ORMARINE Cave de l' • Picpoul-de-pinet 180
ORSINI Dom. • Corse ou vin-de-corse 223
ORTAS • Côtes-du-rhône-villages 297 • Rasteau sec 304
OU Ch. de l' • Côtes-du-roussillon-villages 194
OU Infiniment de l' • IGP Côtes catalanes 196
OUDIN Dom. • Chablis 95

P

PABIOT ET FILS Jean • Pouilly-fumé 270
PAGERIE Dom. de la • Reuilly 272
PAÏSSELS Dom. les • Saint-chinian 182
PARENCHÈRE Ch. de • Bordeaux supérieur 47
PARIGOT Dom. • Beaune 90
PASQUIERS Dom. des • Côtes-du-rhône-villages 297
PASTOURET Dom. • Costières-de-nîmes 293
PAVELOT Dom. • Pernand-vergelesses 110
PAVIE DECESSE Ch. • Saint-émilion grand cru 78
PAYER ET FILLE Ghislain • Champagne 133
PÉLAQUIÉ Dom. • Côtes-du-rhône-villages 297
PÉLISSIER David • Côtes-d'auvergne 263
PELTIER FRÈRES Maison • Vouvray 281
PENIN Ch. • Bordeaux clairet 44
PERCEVAL Vignobles • Vin-de-savoie 154
PERDRIX Dom. de la • Côtes-du-roussillon 192
PÈRES DE L'ÉGLISE Dom. des • Châteauneuf-du-pape 291
PERRUCHE Dom. de la • Saumur-champigny 278
PERTUZOT Romain • Chorey-lès-beaune 99
PESQUIÉ Ch. • Ventoux 308
PÉTARD-BAZILE • Muscadet-sèvre-et-maine 269
PETIT BONDIEU Dom. du • Bourgueil 256-257
PETIT CHAMBORD Le • Cheverny 258
PETIT MÉTRIS Dom. du • Savennières 278
PETIT TRÉSOR Dom. du • Vouvray 281
PETIT Dom. Désiré • Château-chalon 146
PETRUS • Pomerol 71
PEYREGRANDES • Faugères 165
PEYRINES Ch. • Entre-deux-mers haut-benauge 54
PEYROU Ch. • Castillon-côtes-de-bordeaux 50
PHILIPPONNAT • Champagne 134
PICAMELOT Louis • Crémant-de-bourgogne 101
PICARO'S Dom. • IGP Pays d'Oc 170
PICHAT Dom. • Côte-rôtie 294
PICHON BARON Ch. • Pauillac 66
PICONAT Ch. • Bordeaux rosé 45
PIERETTI Dom. • Muscat-du-cap-corse 227
PIERRE Dom. de • Touraine 280
PIERRES ÉCRITES Dom. Les • Montlouis-sur-loire 283
PIÉTRI-GÉRAUD Dom. • Collioure 190
PIGUET Stéphane • Puligny-montrachet 113 • Saint-romain 117
PIQUEMAL Dom. • Côtes-du-roussillon-villages 194
PLANÈRES Ch. • Côtes-du-roussillon-villages 194
PLESSIS-DUVAL • Cabernet-d'anjou 257
PORTIER Philippe • Reuilly 272
POTARDIÈRE Dom. de la • IGP Val de Loire 270
POUILLY Ch. • Pouilly-fuissé 112
POULARD Dom. • Chiroubles 30
POURCIEUX Ch. de • Côtes-de-provence 217
POYET Dom. du • Côtes-du-forez 264
PRATAVONE Dom. de • Ajaccio 222
PRESTIGE DU PRÉSIDENT • Corse ou vin-de-corse 223-224
PRÉVOST Cave • Menetou-salon 282
PRIEUR ET FILS Paul • Sancerre 275
PRIEURÉ DE SAINT-CÉOLS Le • Menetou-salon 283
PRIEURÉ La Cave du • Vin-de-savoie 154
PRUDHON ET FILS Henri • Saint-aubin 116
PRUNIER Dom. Vincent • Saint-romain 117
PY Dom. • Corbières 163

R

RABICHATTES Dom. des • Pouilly-fumé 271
RAQUILLET François • Mercurey 106
RAVIER Philippe et Sylvain • Vin-de-savoie 155
REBOURGEON-MURE Dom. • Bourgogne 92
RÉGINA Dom. • Côtes-de-toul 22
REMIZIÈRES Dom. des • Crozes-hermitage 300
REMIZIÈRES Les • Cornas 292
RENARD Dom. le • Cairanne 289
RÉSERVE D'O Dom. de la • Terrasses-du-larzac 183
RÉSERVE DU PRÉSIDENT • IGP Île de Beauté 226
REVERCHON Xavier • Macvin-du-jura 149
RICAUD Grand Vin de Ch. de • Cadillac-côtes-de-bordeaux 48
RICHARD Dom. Pierre • Côtes-du-jura 147
RICHÈRES Dom. des • Anjou-villages 256
RIGAL • IGP Comté tolosan 242
ROCHE LAMBERT Dom. de la • Crémant-de-loire 265
ROCHECOLOMBE Ch. • Côtes-du-rhône 295 • Côtes-du-rhône-villages 298
ROGER Dominique • Sancerre 276

ROLLIN PÈRE ET FILS Dom. • Pernand-vergelesses 111
ROMANÉE-CONTI Dom. de la • Romanée-saint-vivant 114
ROQUETAILLADE LA GRANGE Ch. • Graves 57
ROSE DES VENTS Dom. la • Coteaux-varois-en-provence 214
ROSIER Dom. • Blanquette-de-limoux 160
ROSSIGNOLE Dom. de la • Sancerre 276
ROTIER Dom. • Gaillac 241
ROY ET FILS Dom. Georges • Chorey-lès-beaune 99
RUINART Dom • Champagne 135
RUINART R de • Champagne 135

S

SABLARD Ch. le • Côtes-de-bourg 52
SAINT-ANTOINE Cave de • Corse ou vin-de-corse 224
SAINT-AVIT Dom. • Orléans 269
SAINT-COSME Dom. • IGP Principauté d'Orange 302
SAINTE-LÉOCADIE Dom. • Minervois 177
SAINTE-MARIE Ch. • Entre-deux-mers 53
SAINT-ESTÈVE Ch. • Corbières-boutenac 164
SAINT-EUTROPE Ch. de • Corbières 163
SAINT-GEORGES CÔTE PAVIE Ch. • Saint-émilion grand cru 78
SAINT-JULIEN Cave de • Beaujolais-villages 29
SAINT-MARTIN • Pacherenc-du-vic-bilh 249
SAINT-MARTIN DE LA GARRIGUE Ch. • Languedoc 173
SAINT-MARTIN DES CHAMPS Ch. • Saint-chinian 182
SAINT-NABOR Ch. • Côtes-du-rhône 295
SAINT-PAUL Ch. • Haut-médoc 59
SAINT-ROCH Dom. • Beaumes-de-venise 289
SAINT-VINCENT Ch. • Fronsac 55
SALETTES Ch. • Bandol 211
SALON • Champagne 136
SALVARD Dom. du • Cheverny 258
SAMULETTO Vignerons de • IGP Île de Beauté 226
SAN MICHELI Dom. • Corse ou vin-de-corse 225
SARRAT DE GOUNDY Dom. • La Clape 171
SARRAZIN ET FILS Michel • Givry 101
SCHARSCH Dom. Joseph • Alsace grand cru 15
SCHIRMER Dom. • Alsace sylvaner 21
SCHISTES Dom. des • Muscat-de-rivesaltes 199
SEIGNEURIE La • Saumur-champigny 278
SERGENT Dom. • Madiran 246
SÉROL Dom. • Côte-roannaise 263
SIGAUT Dom. Anne et Hervé • Chambolle-musigny 97
SIGOULÈS Les Vignerons de • Bergerac 234
SILLON CÔTIER Dom. du • IGP Val de Loire 282
SIMON Aline et Rémy • Alsace pinot gris 16
SIX TERRES Ch. • Muscat-de-frontignan 178
SMITH HAUT LAFITTE Ch. • Pessac-léognan 68
SORBE Jean-Michel • Reuilly 273
SUFFRÈNE Dom. la • Bandol 211

T

TAIN Cave de • Hermitage 302
TARLANT • Coteaux-champenois 138
TERAMAS ASTRUC Ch. • Limoux 175
TERRA NOSTRA • Corse ou vin-de-corse 224
TERRANEA • Côtes-du-rhône 295
TERRE DE GAULHEM • Côtes-du-rhône 296
TERRES DE CHATENAY Dom. des • Mâcon et mâcon-villages 104
TERRES DES TEMPLIERS • Banyuls 188
TERRIÈRE Ch. de la • Brouilly 29
THIEULEY Ch. • Bordeaux supérieur 48
TOUR MAILLET Ch. • Pomerol 71
TOUR VIEILLE Dom. la • Banyuls 188
TREMBLAY Dom. du • Quincy 272
TRIBAUT-SCHLOESSER • Champagne 136
TRIGUEDINA • Cahors 236
TUFFIÈRE Dom. de la • Anjou 255
TUNNEL Dom. du • Saint-péray 306
TUPINIER-BAUTISTA Dom. • Mercurey 106
TURCAUD Ch. • Bordeaux supérieur 48

U

USSEGLIO ET FILS Dom. Pierre • Châteauneuf-du-pape 291

V

VACHER Adrien • Vin-de-savoie 155
VALANDRAUD Ch. • Saint-émilion grand cru 78
VALLON Les Vignerons du • Marcillac 246
VALLON Louis • Crémant-de-bordeaux 52
VALVIGNES Ch. • Bordeaux 43
VARIÈRE Ch. la • Quarts-de-chaume 271
VAUDOISEY Christophe • Volnay 121
VAUGONDY Dom. de • Vouvray 282
VAUX Ch. de • Moselle 23
VECCHIO Dom. • IGP Île de Beauté 227
VERGNON J.-L. • Champagne 137
VERRET Dom. • Chablis premier cru 96 • Irancy 102
VESSELLE Georges • Champagne 137
VEUVE BARON ET FILS • Pineau-des-charentes 204
VICO Dom. • Corse ou vin-de-corse 225
VIDAL Pierre • Côtes-du-rhône-villages 298 • Grignan-les-adhémar 301 • Vinsobres 308
VIEILLE FORGE Dom. de la • Alsace pinot noir 18
VIEUX CHÂTEAU PALON • Montagne-saint-émilion 63
VIEUX LAVOIR Dom. le • Côtes-du-rhône 296
VIEUX MOULEYRE Ch. • Fronsac 55
VIEUX PLANTY Ch. • Blaye-côtes-de-bordeaux 41
VIEUX PRESSOIR Dom. du • Saumur 277
VIGNERONS CATALANS • Rivesaltes 199
VIGNERONS LANDAIS Les • IGP Landes 243
VIGNOBLES ET COMPAGNIE • Tavel 307
VILLA DONDONA • Languedoc 174
VILLA SYMPOSIA • Languedoc 174
VILLAMONT Henri de • Monthélie 109
VILLARD François • Côte-rôtie 294
VILLARGEAU Dom. de • Coteaux-du-giennois 260
VILLEMONT Dom. de • Haut-poitou 203
VINSOBRAISE La • Vinsobres 309
VIOLETTE Dom. du Ch. de la • Vin-de-savoie 155
VIROU Ch. le • Blaye-côtes-de-bordeaux 42
VOISIN Ch. Jean • Saint-émilion grand cru 79
VORBURGER • Alsace riesling 20

W

WARIS ET FILLES • Champagne 138

Y

YQUEM Ch. d' • Sauternes 83

Notes

IDENTITÉ DU VIN

Nom du vin

Millésime

Cuvée

Appellation

Région / Pays

Cépages

- vin tranquille blanc
- vin blanc doux
- vin tranquille rosé
- vin tranquille rouge

- vin effervescent blanc
- vin effervescent rosé
- vin effervescent rouge

ACHAT

Lieu d'achat

Date d'achat

Prix

Producteur

Contact

GESTION

Apogée

Emplacement

Quantités entrées

Solde

DÉGUSTATION

Note du Guide : cité ★ ★★ ★★★ ♥

Commentaires du Guide

Mes commentaires

MÉMOIRE GOURMANDE

Servi le

Avec qui

Avec quoi

Appréciation

Servi le

Avec qui

Avec quoi

Appréciation

IDENTITÉ DU VIN

Nom du vin ____________________

____

Millésime ____________________

Cuvée ____________________

Appellation ____________________

Région / Pays ____________________

Cépages ____________________

- vin tranquille blanc
- vin blanc doux
- vin tranquille rosé
- vin tranquille rouge

- vin effervescent blanc
- vin effervescent rosé
- vin effervescent rouge

ACHAT

Lieu d'achat ____________________

Date d'achat ____________________ Prix ____________________

Producteur ____________________

Contact ____________________

____

GESTION

Apogée ____________________

Emplacement ____________________

Quantités entrées ____________________ Solde ____________________

DÉGUSTATION

Note du Guide : cité ★ ★★ ★★★ ♥ ____________________

Commentaires du Guide ____________________

____

Mes commentaires ____________________

____

MÉMOIRE GOURMANDE

Servi le ____________________

Avec qui ____________________

____

Avec quoi ____________________

____

Appréciation ____________________

____

____

Servi le ____________________

Avec qui ____________________

____

Avec quoi ____________________

____

Appréciation ____________________

____

____

IDENTITÉ DU VIN

Nom du vin ____________________

____

Millésime ____________________

Cuvée ____________________

Appellation ____________________

Région / Pays ____________________

Cépages ____________________

- vin tranquille blanc
- vin blanc doux
- vin tranquille rosé
- vin tranquille rouge

- vin effervescent blanc
- vin effervescent rosé
- vin effervescent rouge

ACHAT

Lieu d'achat ____________________

Date d'achat ____________________ Prix ____________________

Producteur ____________________

Contact ____________________

____

GESTION

Apogée ____________________

Emplacement ____________________

Quantités entrées ____________________ Solde ____________________

DÉGUSTATION

Note du Guide : cité ★ ★★ ★★★ ♥ ____________________

Commentaires du Guide ____________________

____

Mes commentaires ____________________

____

MÉMOIRE GOURMANDE

Servi le ____________________

Avec qui ____________________

____

Avec quoi ____________________

____

Appréciation ____________________

____

____

Servi le ____________________

Avec qui ____________________

____

Avec quoi ____________________

____

Appréciation ____________________

____

____

IDENTITÉ DU VIN

Nom du vin ______

______

Millésime ______

Cuvée ______

Appellation ______

Région / Pays ______

Cépages ______

- vin tranquille blanc
- vin blanc doux
- vin tranquille rosé
- vin tranquille rouge

- vin effervescent blanc
- vin effervescent rosé
- vin effervescent rouge

ACHAT

Lieu d'achat ______

Date d'achat ______ Prix ______

Producteur ______

Contact ______

______

GESTION

Apogée ______

Emplacement ______

Quantités entrées ______ Solde ______

DÉGUSTATION

Note du Guide : cité ★ ★★ ★★★ ♥ ______

Commentaires du Guide ______

______

Mes commentaires ______

______

MÉMOIRE GOURMANDE

Servi le ______

Avec qui ______

______

Avec quoi ______

______

Appréciation ______

______

______

Servi le ______

Avec qui ______

______

Avec quoi ______

______

Appréciation ______

______

______

IDENTITÉ DU VIN

Nom du vin

Millésime

Cuvée

Appellation

Région / Pays

Cépages

- vin tranquille blanc
- vin blanc doux
- vin tranquille rosé
- vin tranquille rouge
- vin effervescent blanc
- vin effervescent rosé
- vin effervescent rouge

ACHAT

Lieu d'achat

Date d'achat Prix

Producteur

Contact

GESTION

Apogée

Emplacement

Quantités entrées Solde

DÉGUSTATION

Note du Guide : cité ★ ★★ ★★★ ♥

Commentaires du Guide

Mes commentaires

MÉMOIRE GOURMANDE

Servi le

Avec qui

Avec quoi

Appréciation

Servi le

Avec qui

Avec quoi

Appréciation

IDENTITÉ DU VIN

Nom du vin ____________________

____

Millésime ____________________

Cuvée ____________________

Appellation ____________________

Région / Pays ____________________

Cépages ____________________

- vin tranquille blanc
- vin blanc doux
- vin tranquille rosé
- vin tranquille rouge

- vin effervescent blanc
- vin effervescent rosé
- vin effervescent rouge

ACHAT

Lieu d'achat ____________________

Date d'achat ____________________ Prix ____________________

Producteur ____________________

Contact ____________________

____

GESTION

Apogée ____________________

Emplacement ____________________

Quantités entrées ____________________ Solde ____________________

DÉGUSTATION

Note du Guide : cité ★ ★★ ★★★ ♥ ____________________

Commentaires du Guide ____________________

____

Mes commentaires ____________________

____

MÉMOIRE GOURMANDE

Servi le ____________________

Avec qui ____________________

____

Avec quoi ____________________

____

Appréciation ____________________

____

____

Servi le ____________________

Avec qui ____________________

____

Avec quoi ____________________

____

Appréciation ____________________

____

____

IDENTITÉ DU VIN

Nom du vin

Millésime
Cuvée
Appellation
Région / Pays
Cépages

- vin tranquille blanc
- vin blanc doux
- vin tranquille rosé
- vin tranquille rouge

- vin effervescent blanc
- vin effervescent rosé
- vin effervescent rouge

ACHAT

Lieu d'achat
Date d'achat Prix
Producteur
Contact

GESTION

Apogée
Emplacement
Quantités entrées Solde

DÉGUSTATION

Note du Guide : cité ★ ★★ ★★★ ♥
Commentaires du Guide

Mes commentaires

MÉMOIRE GOURMANDE

Servi le
Avec qui

Avec quoi

Appréciation

Servi le
Avec qui

Avec quoi

Appréciation

IDENTITÉ DU VIN

Nom du vin ______

______

Millésime ______

Cuvée ______

Appellation ______

Région / Pays ______

Cépages ______

- vin tranquille blanc
- vin blanc doux
- vin tranquille rosé
- vin tranquille rouge

- vin effervescent blanc
- vin effervescent rosé
- vin effervescent rouge

ACHAT

Lieu d'achat ______

Date d'achat ______ Prix ______

Producteur ______

Contact ______

______

GESTION

Apogée ______

Emplacement ______

Quantités entrées ______ Solde ______

DÉGUSTATION

Note du Guide : cité ★ ★★ ★★★ ♥ ______

Commentaires du Guide ______

______

Mes commentaires ______

______

MÉMOIRE GOURMANDE

Servi le ______

Avec qui ______

______

Avec quoi ______

______

Appréciation ______

______

______

Servi le ______

Avec qui ______

______

Avec quoi ______

______

Appréciation ______

______

______

IDENTITÉ DU VIN

Nom du vin ____________________

Millésime ____________________
Cuvée ____________________
Appellation ____________________
Région / Pays ____________________
Cépages ____________________

- vin tranquille blanc
- vin blanc doux
- vin tranquille rosé
- vin tranquille rouge

- vin effervescent blanc
- vin effervescent rosé
- vin effervescent rouge

ACHAT

Lieu d'achat ____________________
Date d'achat ____________________ Prix ____________________
Producteur ____________________
Contact ____________________

GESTION

Apogée ____________________
Emplacement ____________________
Quantités entrées ____________________ Solde ____________________

DÉGUSTATION

Note du Guide : cité ★ ★★ ★★★ ♥ ____________________
Commentaires du Guide ____________________

Mes commentaires ____________________

MÉMOIRE GOURMANDE

Servi le ____________________
Avec qui ____________________

Avec quoi ____________________

Appréciation ____________________

Servi le ____________________
Avec qui ____________________

Avec quoi ____________________

Appréciation ____________________

IDENTITÉ DU VIN

Nom du vin ____________________

____

Millésime ____________________

Cuvée ____________________

Appellation ____________________

Région / Pays ____________________

Cépages ____________________

- vin tranquille blanc
- vin blanc doux
- vin tranquille rosé
- vin tranquille rouge

- vin effervescent blanc
- vin effervescent rosé
- vin effervescent rouge

ACHAT

Lieu d'achat ____________________

Date d'achat ____________________ Prix __________

Producteur ____________________

Contact ____________________

____

GESTION

Apogée ____________________

Emplacement ____________________

Quantités entrées ____________________ Solde __________

DÉGUSTATION

Note du Guide : cité ★ ★★ ★★★ ♥ __________

Commentaires du Guide ____________________

____

Mes commentaires ____________________

____

MÉMOIRE GOURMANDE

Servi le ____________________

Avec qui ____________________

____

Avec quoi ____________________

____

Appréciation ____________________

____

____

Servi le ____________________

Avec qui ____________________

____

Avec quoi ____________________

____

Appréciation ____________________

____

____

IDENTITÉ DU VIN

Nom du vin ____________________

Millésime ____________________
Cuvée ____________________
Appellation ____________________
Région / Pays ____________________
Cépages ____________________

- vin tranquille blanc
- vin blanc doux
- vin tranquille rosé
- vin tranquille rouge

- vin effervescent blanc
- vin effervescent rosé
- vin effervescent rouge

ACHAT

Lieu d'achat ____________________
Date d'achat ____________________ Prix ____________________
Producteur ____________________
Contact ____________________

GESTION

Apogée ____________________
Emplacement ____________________
Quantités entrées ____________________ Solde ____________________

DÉGUSTATION

Note du Guide : cité ★ ★★ ★★★ ♥ ____________________
Commentaires du Guide ____________________

Mes commentaires ____________________

MÉMOIRE GOURMANDE

Servi le ____________________
Avec qui ____________________

Avec quoi ____________________

Appréciation ____________________

Servi le ____________________
Avec qui ____________________

Avec quoi ____________________

Appréciation ____________________

IDENTITÉ DU VIN

Nom du vin ______

______

Millésime ______

Cuvée ______

Appellation ______

Région / Pays ______

Cépages ______

- vin tranquille blanc
- vin blanc doux
- vin tranquille rosé
- vin tranquille rouge

- vin effervescent blanc
- vin effervescent rosé
- vin effervescent rouge

ACHAT

Lieu d'achat ______

Date d'achat ______ Prix ______

Producteur ______

Contact ______

______

GESTION

Apogée ______

Emplacement ______

Quantités entrées ______ Solde ______

DÉGUSTATION

Note du Guide : cité ★ ★★ ★★★ ♥ ______

Commentaires du Guide ______

______

Mes commentaires ______

______

MÉMOIRE GOURMANDE

Servi le ______

Avec qui ______

______

Avec quoi ______

______

Appréciation ______

______

______

Servi le ______

Avec qui ______

______

Avec quoi ______

______

Appréciation ______

______

______

IDENTITÉ DU VIN

Nom du vin ______

Millésime ______
Cuvée ______
Appellation ______
Région / Pays ______
Cépages ______

- vin tranquille blanc
- vin blanc doux
- vin tranquille rosé
- vin tranquille rouge

- vin effervescent blanc
- vin effervescent rosé
- vin effervescent rouge

ACHAT

Lieu d'achat ______
Date d'achat ______ Prix ______
Producteur ______
Contact ______

GESTION

Apogée ______
Emplacement ______
Quantités entrées ______ Solde ______

DÉGUSTATION

Note du Guide : cité ★ ★★ ★★★ ♥ ______
Commentaires du Guide ______

Mes commentaires ______

MÉMOIRE GOURMANDE

Servi le ______
Avec qui ______

Avec quoi ______

Appréciation ______

Servi le ______
Avec qui ______

Avec quoi ______

Appréciation ______

IDENTITÉ DU VIN

Nom du vin ____________

Millésime ____________
Cuvée ____________
Appellation ____________
Région / Pays ____________
Cépages ____________

- vin tranquille blanc
- vin blanc doux
- vin tranquille rosé
- vin tranquille rouge

- vin effervescent blanc
- vin effervescent rosé
- vin effervescent rouge

ACHAT

Lieu d'achat ____________
Date d'achat ____________ Prix ____________
Producteur ____________
Contact ____________

GESTION

Apogée ____________
Emplacement ____________
Quantités entrées ____________ Solde ____________

DÉGUSTATION

Note du Guide : cité ★ ★★ ★★★ ♥ ____________
Commentaires du Guide ____________

Mes commentaires ____________

MÉMOIRE GOURMANDE

Servi le ____________
Avec qui ____________

Avec quoi ____________

Appréciation ____________

Servi le ____________
Avec qui ____________

Avec quoi ____________

Appréciation ____________

Crédits photographiques

Direction Hachette Pratique : Catherine Saunier-Talec.
Direction de l'ouvrage : Stéphane Rosa.
Responsable éditoriale : Anne Le Meur.
Suivi éditorial : Léa Delourme.

Ont collaboré : Guillaume Baroin ; Claude Bérenguer ; Richard Bertin, *œnologue* ; Pierre Bichonnier ; Anne Buchet, *chambre d'Agriculture du Loir-et-Cher* ; Jean-Jacques Cabassy, *œnologue* ; Philippe Cazali ; Éric Champion ; Pierre Carbonnier ; Étienne Carre, *laboratoire de Touraine* ; Béatrice de Chabert, *œnologue* ; Jacques Conscience ; François Constand ; Christine Cuperly ; Gérard Delorme ; Sébastien Durand-Vieil ; Régis d'Espinay ; Michel Garat ; Laurent Gotti ; Melvin Knight ; Robert Lala, *œnologue* ; Évelyne Léard-Viboux ; Antoine Lebègue ; Cécile Marot ; François Merveilleau ; Paco Mouliet ; Mariska Pezzutto, *œnologue* ; Stéphane Pillias ; Alex Schaeffer, *œnologue* ; Anne Seguin ; Pauline Vey ; Yves Zier.
Lecture-correction : Stéphane Deschamps ; Kathy Koch ; Martine Lavergne ; Hélène Nguyen.
Informatique éditoriale : Sébastien Lequime, Marie-Line Gros-Desormeaux, Anne Le Marois, Christianna Pappa, Marjorie Poitte.

Nous exprimons nos très vifs remerciements aux 1 500 membres des commissions de dégustation réunies spécialement pour l'élaboration de ce guide, lesquels, selon l'usage, demeurent anonymes, ainsi qu'aux organismes qui ont bien voulu apporter leur appui à l'ouvrage ou participer à sa documentation générale : l'Institut national de l'Origine et de la Qualité, INAO ; l'Institut national de la Recherche agronomique, INRA ; la direction de la Concurrence de la consommation et de la répression des fraudes ; UBIFRANCE ; la DGDDI ; les Comités, Conseils, Fédérations et Unions interprofessionnels ; FranceAgriMer ; l'Institut des hautes études de la vigne de Montpellier et l'Agro-Montpellier ; l'université Paul Sabatier de Toulouse et l'ENSAT ; les Syndicats viticoles ; les Chambres d'agriculture ; les laboratoires départementaux d'analyse ; les lycées agricoles d'Amboise, d'Avize, de Blanquefort, de Bommes, de Montagne-Saint-Émilion, de Montreuil-Bellay, d'Orange ; le lycée hôtelier de Tain-l'Hermitage ; le CFPPA d'Hyères ; l'Institut rhodanien ; l'Union française des œnologues et les Fédérations régionales d'œnologues.

Responsable artistique : Nicolas Beaujouan.
Conception graphique : Pauline Ricco.
Production : Cécile Alexandre.
Composition et photogravure : Nord Compo (Villeneuve-d'Asq).

PAPIER À BASE DE
FIBRES CERTIFIÉES

hachette s'engage pour
l'environnement en réduisant
l'empreinte carbone de ses livres.
Celle de cet exemplaire est de :
2,540 kg. éq. CO_2
Rendez-vous sur
www.hachette-durable.fr

L'éditeur utilise des papiers composés de fibres naturelles, renouvelables, recyclables et fabriquées à partir de bois issus de forêts qui adoptent un système d'aménagement durable.
L'éditeur attend également de ses fournisseurs de papier qu'ils s'inscrivent dans une démarche de certification environnementale reconnue.

Achevé d'imprimer par Estella Graficas
(Espagne) en octobre 2019
Dépôt légal : octobre 2019
77-6445-1
ISBN : 978-2-01-7075-00-4